西北公法论丛

U0711483

纪检监察工作十八讲

姬亚平◎主编

Jijian Jiancha Gongzuo Shibajiang

副主编◎徐　翔

撰稿人◎（按撰写章节顺序）

邓峰彬　樊　彬　姬亚平　李大勇

杨　全　赵晓风　徐　翔　桂梦美

郑宁波　张　泽　李　芳　马思洁

岳智慧　井凯笛　褚宸舸　张佐国

中国政法大学出版社

2024·北京

图书在版编目（ＣＩＰ）数据

纪检监察工作十八讲/姬亚平主编. —北京：中国政法大学出版社，2024.4
ISBN 978-7-5764-1391-5

Ⅰ.①纪⋯　Ⅱ.①姬⋯　Ⅲ.①中国共产党－纪律检查－工作－学习参考资料
Ⅳ.①D262.6
中国国家版本馆CIP数据核字(2024)第058903号

出 版 者	中国政法大学出版社
地　　址	北京市海淀区西土城路 25 号
邮　　箱	fadapress@163.com
网　　址	http://www.cuplpress.com (网络实名：中国政法大学出版社)
电　　话	010-58908435(第一编辑部) 58908334(邮购部)
承　　印	北京中科印刷有限公司
开　　本	720mm×960mm　1/16
印　　张	22
字　　数	327 千字
版　　次	2024 年 4 月第 1 版
印　　次	2024 年 4 月第 1 次印刷
定　　价	96.00 元

总　序

巍巍终南，积厚流光。

《西北公法论丛》是西北政法大学行政法学院（纪检监察学院）学科建设的成果展示。

西北政法大学行政法学院（纪检监察学院）坐落于古城西安，是国内以宪法学、行政法学、行政诉讼法学、监察法学、党内法规为核心，集教学与科研为一体，本科生和研究生培养并重的、公法特色鲜明、规模较大的专门学院。

学院前身是成立于 1988 年 7 月的行政管理（行政法）系，是经国务院批准的全国第一个法学本科行政法专业（系），1999 年 9 月组建为法学三系，2006 年 10 月成立行政法学院。为了适应从严治党、依规治党的新要求，经西北政法大学批准，2019 年 6 月，行政法学院挂牌纪检监察学院，致力于建设纪检监察学科。

学院现设法学（行政法学方向）本科专业和宪法学与行政法学、监察法2 个硕士点。宪法与行政法学科为陕西省重点学科，行政法学教学团队为陕西省优秀教学团队，宪法学、行政法与行政诉讼法学为陕西省精品课程。行政法学获批教育部国家级"线上线下混合式"一流课程。学院"地方政府法治建设研究中心"为陕西省高校哲学社会科学重点研究基地，并管理"法治陕西协同创新研究中心"等研究机构。

学院坚持"师资兴院、学生旺院、教学立院、科研强院"的理念，高度重视学术创新空间的拓展与延伸，鼓励教师关注、思考法治国家建设中的公权力规范运行问题，努力在法治轨道上为推进国家治理体系与治理能力现代化提供学理支撑、实践指引。《西北公法论丛》正是在前述理念与背景下出版问世的。

《西北公法论丛》的出版,不仅是西北政法大学行政法学院(纪检监察学院)继续实现高水平发展的标志,更为西北政法大学行政法学院(纪检监察学院)教师展示学术风貌、彰显创新性观点提供了科研平台。相信读者会从《西北公法论丛》的诸多著作中感受到西北政法大学公法学人对学术的敬畏、执着与探求!

西北政法大学行政法学院(纪检监察学院)

2022 年 8 月 11 日

目　录

第一讲　习近平法治思想中的权力监督理论

陕西省纪委监委常委、办公厅主任　邓峰彬

2020 年 11 月 16 日，中共中央在全面依法治国的工作会议上明确提出"习近平法治思想"，这不仅是习近平新时代中国特色社会主义思想的重要组成，更是新时代全面依法治国的根本遵循和行动指南。习近平总书记在这次会议中精辟总结了"十一个坚持"，涉及国家治理从微观层面到宏观层面的方方面面，真正构成了"习近平法治思想"。其实早在 2014 年，习近平同志已经就"权力制约与监督"进行了重要论述，"要强化制约，合理分解权力，科学配置权力，不同性质的权力由不同部门、单位、个人行使，形成科学的权力结构和运行机制"。[1] 只有通过这样的制度设计，才可能对权力进行有效地监督，尤其针对集中行使权力的"一把手"和领导班子进行制约监督。"习近平法治思想"中关于权力监督的讨论，不仅是对这一问题的继续深化和拓展，而且也和党的十九届四中全会精神完全契合，即完善党内监督和国家监督的相关制度、科学配置权力和运行制度机制、构建不敢腐、不能腐和不想腐的一体化机制。[2]

2021 年 1 月中共召开了第十九届中央纪委五次全会，习近平总书记要求将监督融入"十四五"建设之中，并加强政治监督及对公权力运行的制约和监督，凸显权力的制约监督在国家治理中的重要作用，完善纪检监察体制配

---

〔1〕　中共中央纪律检查委员会、中共中央文献研究室编：《习近平关于党风廉政建设和反腐败斗争论述摘编》，中国方正出版社、中央文献出版社 2015 年版，第 128 页。

〔2〕　"中共中央关于坚持和完善中国特色社会主义制度 推进国家治理体系和治理能力现代化若干重大问题的决定"，载《人民日报》2019 年 11 月 6 日，第 1 版。

套。随着《监察法》[1]的出台，纪检监察体制改革全面推动，权力的制约和监督从理论探索进一步上升到国家治理体系的实践层面。由此看来，习近平法治思想中的权力监督论述全面深入地讨论了权力制约和监督的方方面面，是未来健全监督体系、更好融入国家治理体系的重要遵循，所以值得在学理上进行深入分析。本文的结构分为三个部分，首先揭示习近平权力监督思想的理论渊源，其次讨论其思想内涵的基本构成，最后讨论权力监督思想的意义价值。

一、习近平法治思想中权力监督的理论渊源

事实上，从 2012 年以来，以习近平同志为核心的党中央就开始了以全面从严治党为鲜明特征的党的新的伟大工程建设，全面贯彻党的群众路线方针，大力加强反腐斗争，建立健全党和国家权力运行与监督体系。2018 年，在第十三届全国人民代表大会上，《监察法》的出台成为新时代习近平权力监督理论的重大成果和生动实践。然而，习近平同志关于权力监督问题的理论思考绝非凭空构建，而是对马克思主义的深化和发展，是中国共产党治理实践的智慧结晶，以及对新时代全面从严治党管党、中国特色社会主义法治国家、法治政府、法治社会建设的有力回应。

1. 马克思主义传统中的权力监督思想。西方政治哲学传统在近现代以来的重心是权力的正当性问题。权力的分离与制衡被认为是确保权力正当运行的主要方式，因而成为一个热门话题，几乎所有重要的思想家都对此有过或多或少的讨论。无论是近代的霍布斯、洛克、孟德斯鸠，还是现代的罗尔斯、诺齐克、哈贝马斯，都将权力问题作为思考政治哲学问题的根本所在。就思想的谱系而言，从亚里士多德的政体三要素提出法治优于人治的观点开始；西塞罗在亚里士多德理论的基础上进一步提出权力从属于法律，法律是最高的权威；最终经过洛克与孟德斯鸠，该理论演进为三权分立理论，即将立法

---

〔1〕 即《中华人民共和国监察法》，为方便表述，本书涉及我国法律均省去"中华人民共和国"字样，全书统一，不再赘述。

权、行政权、司法权分立从属于不同主体，形成相互监督、相互制约的权力格局，以有助于法治国家的形成，该理论在 20 世纪同样被奉为圭臬。

然而，马克思关于权力的讨论与近代以来的政治哲学传统完全不同，"劳动、暴力和自由，表达了近代三个巨大的事件中出现的对传统的挑战。马克思不过是把它公式化了，考虑得更彻底。"〔1〕在马克思看来，劳动创造了人类，暴力是历史的助产婆，而支配他者的人不能获得自由，因此工人阶级想要在政治上获得解放，劳动就不再纯粹是私人领域的行为，而必须要光明正大地进入到公共领域或政治领域，因为在劳动中必然存在着支配问题。"几乎在亚里士多德之后不久，权力问题就成了决定性的政治问题，人的生活整个领域，都不是作为生活领域，都成了围绕'谁统治谁'这样决一雌雄的那种权力斗争的领域。"〔2〕尽管西方政治哲学传统着眼于"正当统治"这个根本问题，但马克思认为传统的政治哲学并没有论及权力背后的阶级力量对比，所以才给以特别强调，"你们的法律不过是被奉为法律的你们这个阶级的意志"〔3〕马克思主义传统普遍承认，社会主义的法律是维护全体劳动人民的法律，任何人都没有超越法律的特权，即使是掌握公权力的人。恩格斯也补充说，"一切公务人员在自己的一切职务活动方面都应当在普通法庭上按照一般法律向每一个公民负责"〔4〕列宁随后也深化了问题，主张通过中央监察委员会来实现制约监督权力的目的，"形成一个紧密的集体，这个集体应该'不顾情面'，应该注意不让任何人的威信，不管是总书记，还是某个其他中央委员的威信，来妨碍他们提出质询、检查文件，以至做到绝对了解情况，并使各项事务严格按照规定办事"〔5〕。

---

　　〔1〕 ［美］汉娜·阿伦特：《马克思主义与西方政治思想传统》，孙传钊译，江苏人民出版社 2012 年版，第 41 页。

　　〔2〕 ［美］汉娜·阿伦特：《马克思主义与西方政治思想传统》，孙传钊译，江苏人民出版社 2012 年版，第 38 页。

　　〔3〕 中共中央马克思、恩格斯、列宁、斯大林著作编译局编《马克思恩格斯选集》第 1 卷，中央编译局译，人民出版社 1995 年版，第 280 页。

　　〔4〕 中共中央马克思、恩格斯、列宁、斯大林著作编译局编《马克思恩格斯全集》第 34 卷，人民出版社 1972 年版，第 123 页。

　　〔5〕 中共中央马克思、恩格斯、列宁、斯大林著作编译局编：《列宁选集》第 4 卷，人民出版社 1995 年版，第 782 – 783 页。

由此可见，传统的政治分权理论无法阻止国家权力在资本面前的异化，或者避免权力运行受到阶级意志等根本因素的影响，权力制约的本质应当是从权力这一事物产生运行的根本层面出发，从权力类型和阶段的配置入手，进行更为科学合理的制度设计。作为一个人民民主专政的社会主义国家，中国的一切权力属于人民，人民才是国家的主人。权力机关及其工作人员只能在人民授权的范围内行使国家权力。因此，只有将权力牢牢为人民群众所控制，权力才能得到真正的制约，这完全符合党和国家提倡的"以人民为中心"基本宗旨。

2. 中国共产党关于权力监督问题的经验总结。中国共产党自建党伊始，就高度重视权力的监督问题，并且一直将其作为政党治理、国家治理的核心问题。党的第一代领导人毛泽东同志在各种不同的场合多次强调党和国家制定政策法规时必须接受监督，"我们的政策，不光要领导者知道，干部知道，还要使广大的群众知道"。[1]这是扩大民主生活的根本途径，涉及党的发展和兴亡，更是对各种腐败行为的有效制约，"加强纪检工作，健全党内的组织生活和民主生活，充分发挥支部的堡垒作用，发动对党员干部违法乱纪行为的揭发和检举"。[2]毛泽东同志关于权力监督的主张在邓小平同志这里得到了传承。自改革开放以来，邓小平同志要求党员同志严格律己，接受广泛的社会监督，"对于我们党来说，更加需要听取来自各个方面包括各民主党派的不同意见，需要接受各个方面的批评和监督"。[3]这才能有效地避免官僚主义、形式主义等不良作风，才能确保党和国家的民主生活的有序进行。相反，如果党和国家的权力不受监督，完全是关起门来自行其是，让人民群众无从监督，最终不仅是社会和国家治理走入歧途，而且也犯了脱离群众的严重错误，更加与党的群众路线截然相悖。在这个意义上，从毛泽东时代到邓小平时代，新中国经历从建设到改革的转型之路。转型的经验提醒我们，在国家治理的层面上，权力不受制约和监督将引发各种严重后果，所以我们才需要以积极

---

〔1〕《毛泽东选集》第四卷，人民出版社1991年版，第1031页。

〔2〕中共中央文献研究室编：《毛泽东年谱（一九四九——一九七六）》第一卷，中央文献出版社2013年版，第568页。

〔3〕《邓小平文选》第一卷，人民出版社1994年版，第205页。

的态度和立场面对权力监督的重要意义和实践价值。

受益于前述的认识和实践，江泽民同志关于权力监督的讨论在理论和实践上进一步实质性推进。他在党的十六大报告中指出，"坚决反对和防止腐败，是全党一项重大的任务"。[1]如果在腐败问题上无所作为，将会使党失去人民的支持，也将有损于党的执政地位，甚至会造成党走向自我毁灭的风险，江泽民同志因此特别强调权力监督的重要性，并直接促进了后来的制度化建设，即通过健全制度来制约监督权力，尤其要从政治法律建设的角度对权力进行规制。通过严格的程序、合理的结构、科学的配置，确保权力从决策到执行的各个环节都能处于监督之下，毕竟公权力源自人民的授权，其运用也是要服务于人民的，同时接受人民和法律的监督。正是因此，在相应的制度建设中，就要从权力滥用的各种腐败现象入手，将权力的配置进行分散化，提高制度的执行力和约束力。这些制度建设在党的十七大报告中得到了深化，"落实党内监督条例，加强民主监督，发挥好舆论监督作用，增强监督合力和实效"。[2]后来党在十七届四中全会上通过了《中共中央关于加强和改进新形势下党的建设若干重大问题的决定》，并继续强调权力的制约监督问题，"建立健全决策权、执行权、监督权既相互制约又相互协调的权力结构和运行机制，推进权力运行程序化和公开透明"。[3]新时代所提到的"制度笼子"和"权力清单"制度就是落实监督制度的写照。

3. 新时代党和国家权力监督实践的理论探索。中国共产党的领导是全面依法治国的前提依据，也是中国特色社会主义的必然要求，"要把制度建设摆在党的建设的重要位置，以制度建设巩固思想建设、组织建设、作风建设、反腐倡廉建设成果，加强制度执行力建设，为党的长治久安提供坚强制度保障"。[4]党的制度建设旨在增强党的自我净化、自我完善、自我革新以及自我

〔1〕《江泽民文选》第三卷，人民出版社 2006 年版，第 573 页。

〔2〕 胡锦涛：《高举中国特色社会主义伟大旗帜 为夺取全面建设小康社会新胜利而奋斗——在中国共产党第十七次全国代表大会上的报告》，人民出版社 2007 年版，第 35 页。

〔3〕《中共中央关于加强和改进新形势下党的建设若干重大问题的决定》，人民出版社 2009 年版，第 36 页。

〔4〕 中共中央纪律检查委员会、中共中央文献研究室编：《习近平关于严明党的纪律和规矩论述摘编》，中央文献出版社、中国方正出版社 2016 年版，第 127～128 页。

提高能力，这样才能够带领中国人民走向伟大的民族复兴。

历史经验告诉我们，中国共产党在领导中国人民进行革命、建设和改革的过程中越是步入深水区、面临重大危机与风险时，党的自身建设越是一次次使中国共产党化险为夷、转危为安。越是遇到国际国内的复杂环境，就越需要强化党的执政地位、提高党的执政能力，以确保党和国家的稳定繁荣。当然，党的领导与国家治理是相辅相成的。一方面，党领导全国人民协调不同国家机关积极履行职责；另一方面，党通过纪律检查监察监督促使各个国家机关根据宪法和法律积极履行职责，只有这两方面结合起来才会真正落实全面依法治国的制度设想。在此过程中，各级机关的领导都必须以宪法和法律为行为之准绳，"不断提高运用法治思维和法治方式深化改革、推动发展、化解矛盾、维护稳定、应对风险的能力"。[1]与此同时，也要强化党内监督以防止个别党员的腐败行为损害党的廉洁性，所以"党内监督，首先要监督好主要领导干部，主要领导干部权力集中、岗位关键，强化监督至关重要"。[2]

全面从严治党与全面依法治国都要求健全完善权力运行制度和监督体系。"全面从严治党"就是要健全党内监督，将自我监督作为最基本的监督是由中国共产党作为执政党的独特地位所决定的。基于此，中共中央先后制定了《关于新形势下党内政治生活的若干准则》（2016）《中国共产党党内监督条例》（2016）《中国共产党巡视工作条例》（2017）《党委（党组）落实全面从严治党主体责任规定》（2020）《关于进一步加强对"一把手"和领导班子监督的意见》（2021）等一系列党内法规，建立了全方位、多层级、交叉型的监督制度。另外，强化权力监督的同时也要强化权力制约，这是党的十八大以来全面从严治党的重点内容，具体表现在科学地配置权力以及合理地分解权力，不同性质的权力由不同的机关、部门或个人来行使，保证权力的纵向和横向都得到有效的制约，权力的腐败也由此得到遏制。党的十九大更进一步指出，"构建党统一指挥、全面覆盖、权威高效的监督体系，把党内监督同

〔1〕 习近平：《坚定不移走中国特色社会主义法治道路 为全面建设社会主义现代化国家提供有力法治保障》，载《求是》2021年第5期。

〔2〕 中共中央宣传部理论局：《全面从严治党面对面：理论热点面对面》，学习出版社、人民出版社2017年版，第39页。

国家机关监督、民主监督、司法监督、群众监督、舆论监督贯通起来，增强监督合力"。[1]质言之，完善监督体系首先要坚持和加强党对反腐败工作的集中统一领导，构建党和国家一体化的监察体制，是反腐工作转向治本的关键，也是反腐败斗争的重要制度成果，更加健全了中国特色社会主义监察制度。

二、习近平权力监督理论的核心内涵

党的十七届四中全会通过的《中共中央关于加强和改进新形势下党的建设若干重大问题的决定》提出，"以加强领导干部特别是主要领导干部监督为重点，建立健全决策权、执行权、监督权既相互制约又相互协调的权力结构和运行机制，推行权力运行程序化和公开透明"。[2]到党的十九大报告中提出，"要加强对权力运行的制约和监督，让人民监督权力，让权力在阳光下运行，把权力关进制度的笼子"，[3]习近平同志关于权力制约监督的思想逐步得到强化深化，权力制约监督是实现中国特色社会主义法治的内在要求，是事关党和国家全局的重大课题，举国上下在这一点上的共识在实践中得到凝聚。

法国思想家孟德斯鸠曾指出："一切有权力的人都容易滥用权力，这是万古不易的一条经验。有权力的人使用权力一直到遇有界限的地方才休止。"[4]这是人类文明的普遍共识，习近平同志将这种共识进一步深化，"权力不论大小，只要不受制约和监督，都可能被滥用"。[5]除此之外，习近平同志关于权力监督的认识也受到了中国古代监察制度的启发。中国历史上的监察制度，

---

〔1〕 习近平：《决胜全面建设小康社会 夺取新时代中国特色社会主义伟大胜利——在中国共产党第十九次全国代表大会上的报告》，载《党的十九大报告辅导读本》，人民出版社 2017 年版，第 67 页。

〔2〕《中共中央关于加强和改进新形势下党的建设若干重大问题的决定》，人民出版社 2009 年版，第 36 页。

〔3〕 习近平：《决胜全面建设小康社会 夺取新时代中国特色社会主义伟大胜利——在中国共产党第十九次全国代表大会上的报告》，载《党的十九大报告辅导读本》，人民出版社 2017 年版，第 66 页。

〔4〕〔法〕孟德斯鸠：《论法的精神》，张雁深译，商务印书馆 1963 年版，第 154 页。

〔5〕 中共中央文献研究室编：《习近平关于全面依法治国论述摘编》，中央文献出版社 2015 年版，第 59 页。

主要是监督整个官僚系统的顺畅运行，任何滥用权力的官员都可能面临被"弹劾"的惩罚。正是这一制度的存在，为传统中国的官僚系统的稳定运行提供了有力的保障。所以习近平同志才指出，"我们古代很早就有监察、御史、弹劾、谏官等方面的制度。这些制度有不少在历代反腐倡廉中发挥了重要作用，对我们推进反腐倡廉制度建设具有借鉴意义"。[1]职是之故，习近平同志关于权力监督的讨论有着深厚的思想基础，同时又结合了新时代监察监督的社会现实，从而成为习近平法治思想的重要构成，其核心要义主要包括五个方面的内容。

1. 坚持及加强党的全面领导是权力监督的根本保证。习近平同志的权力监督思想是习近平法治思想的重要组成部分，也是中国特色社会主义法治的经验和成就，更是马克思主义权力监督思想的中国化的最新成果。

中国特色社会主义法治建设必须要加强党的领导，这是由全面依法治国的性质和任务所规定的。党将治国理念上升为国家治理的政策、法律和制度，并推动国家治理走向现代化，其后果不仅不会虚弱党的领导反而会加强党的领导。这样的认知在我们的宪法中也得到了明确的体现，《宪法》第1条就清晰地规定了"中国共产党领导是中国特色社会主义最本质的特征"，任何公民、组织都不能反对党的领导，否则就会构成违宪行为，是对中国特色社会主义法治的破坏。宪法是所有其他法律法规的基础，其他法律法规自然不能违反宪法，而且必须坚决遵从宪法的指引，将"党的领导"彻底落实。习近平同志在各种讲话中都不断地强调"党的执政地位是宪法赋予的"，并将其作为中国特色社会主义最为根本的特征，中国特色社会主义法治也正是立足于此，从而与现代西方国家的法治形成了明显的差别。

明确"党的领导"的宪法地位之后，社会主义法治建设必然要在制度设计上体现"党的领导"，然后从立法、执法到司法的整个过程落实"党的领导"，最终才能确保全面依法治国的真正落实。职是之故，"坚持党的领导，坚持中国特色社会主义制度，贯彻中国特色社会主义法治理论，这三个方面

---

[1] 中共中央纪律检查委员会、中共中央文献研究室编：《习近平关于党风廉政建设和反腐败斗争论述摘编》，中国方正出版社、中央文献出版社2015年版，第124页。

是中国特色社会主义法治道路的核心要义，规定和确保了中国特色社会主义法治体系的制度属性和前进方向”。[1]在中国的法治建设实践中，坚持党的领导就是坚持党领导立法，将党的主张通过立法程序上升为国家意志，然后通过宪法、法律等制度得以呈现出来，进而在法律实践的各个层面严格执行，同时借助纪检监察对执行情况进行有效地监督。这个过程将确保党的政策能够完全进入到国家和社会治理的方方面面，也完全实现了党对全面依法治国的总指导。这与习近平同志关于党全面领导依法治国的思想是完全吻合的。中国共产党作为执政党，在国家事务中处于顶层设计的位置，是领导各方的核心枢纽，保证全面依法治国的落实执行，同时也有监督法律运行的监督职责。质言之，坚持“党的领导”要从口号变成行动，从立法、执法到司法，贯穿法律运行的整个过程。党领导立法是基础和前提，然后在执法过程中形成廉洁高效、守法诚信的法治政府，保证司法权的独立公正行使，维护社会公平正义，真正让党的领导全面落实，特别在是司法实践中，党员干部要身先士卒，党和国家也要积极推进这种做法。例如2015年3月，中共中央办公厅、国务院办公厅印发了《领导干部干预司法活动、插手具体案件处理的记录、通报和责任追求规定》，就是党员干部带头支持司法的典型表现。从立法到执法再到司法再到守法的法治运行过程中，各级党政领导干部尊法学法守法用法，真正实现良法善治。

质言之，坚持党的领导是坚持中国特色社会主义法治道路的独特性所在，因为党的领导是中国特色社会主义法治与现代西方国家的法治最为根本的区别，是中国法治实践的经验总结，是党领导人民进行革命、建设、改革所取得的丰硕成果，所以应该理直气壮、大张旗鼓地讲出来，让干部群众完全知道党的历史、党的贡献所在，知道全面加强党的领导的意义所在，从而做到正本清源、以正视听。在这个意义上，我们坚持党的领导，让党领导人民有效地治理国家，不仅体现了人民当家作主的基本宗旨，而且也夯实了党的群众路线基础，从而社会主义的人民民主制度得到了切实贯彻。

---

〔1〕　中共中央文献研究室编：《十八大以来重要文献选编》（中），中央文献出版社2016年版，第146页。

中国共产党作为执政党，在国家治理中处于核心地位，监督权的运行自然离不开党的领导。在监督权自上而下的运行过程中，党的纪律检查机关的第一要务就是维护政治纪律，特别要监督党的各级机关在政治纪律上的执行情况。从中央的层面来看，中央纪委及国家监委应该率先做出榜样，中共中央纪委、国家监察委要加强纪检监察的力度，执纪问责、审查调查并行不悖。从地方的落实情况来看，习近平同志明确要求"各级党委（党组）要坚持全面从严治党、依规治党，坚持不懈加强领导班子建设，完善党内监督体系，健全党内法规制度，锲而不舍落实中央八项规定精神，把党风廉政建设和反腐败斗争引向深入"。[1]在权力监督的整个体系中，上级纪委对下级党委和纪委的监督也要有的放矢、切实有效，碰到下级纪委不积极履行职责，各种推诿，拒不报告问题线索或案件查处情况的，要进行必要的追责，因为的确存在地方纪委知情不报的情况，特别是同级监督在实践中往往落空，领导岗位上的一把手腐败问题往往难以到同级纪委手中。基于此，习近平同志强调纪委要充分发挥监督的专门职能，落实各级党委（党组）的主体责任，强化党风廉政建设，纪委监委要忠于职守，纪检监督和监察监督的作用真正得到发挥而非流于形式。为了保证权力监督能够真正实现，习近平同志要求监督权的实现不受额外的限制和干扰，"增强权力制约和监督效果，必须保证各级纪委监督权的相对独立和权威性"。[2]这样一来，监督权才能完全有效发挥作用，将反腐斗争彻底进行到底，最终实现政治清明的良好效果。

2. 人民性是权力监督的最终依归。习近平同志谈到权力监督的问题强调"以人民为中心"，旨在强调中国的法治建设是为了人民，中国法治的发展必须依靠人民，中国法治的成果由人民共享。这是巩固我国建设新型权力制衡体系、发展权力制约和监督的社会主义法治实践的必然结果，也体现了党在新时代加强治理体系和治理能力现代化的决心和能力。无论何时，中国共产党的群众观点不能变，中国共产党的主体执政地位不能变，中国共产党人遵

---

〔1〕 中共中央纪律检查委员会、中共中央文献研究室编：《习近平关于严明党的纪律和规矩论述摘编》，中央文献出版社、中国方正出版社2016年版，第127页。

〔2〕 中共中央纪律检查委员会、中共中央文献研究室编：《习近平关于严明党的纪律和规矩论述摘编》，中央文献出版社、中国方正出版社2016年版，第112页。

循法治的决心和能力不能变，中国共产党人坚持一切为了人民、一切依靠人民的初衷不能变，所有的行动都是让要人民群众在依法治国、从严治党中感受到公平正义。

人民性必须坚持走群众路线。因为中国共产党的执政地位是人民赋予的，我们必须时刻遵循人民的主体地位，正如习近平同志在多个场合中提到，"以人民为中心"就是"坚持把人民群众的小事当作自己的大事，从人民群众关心的事情做起，从让人民群众满意的事情做起，带领人民不断创造美好生活！"[1]让人民利益成为制约和监督权力的重要依据，确保权力的决策、运行都是以人民群众的利益为最终皈依，否则将会导致权力的误用或滥用。在社会主义国家中，最广大的人民群众是统治阶级、专政阶级，这与资本主义国家存在着根本的不同。立足人民群众的需求和期盼，做好国家的纪检监察工作，是指导我国未来纪检监察工作发展的重要指针，是新时代习近平监察法治工作理论的重点要求，是我们党和人民的必然选择。

法律的生命在于实践，实践的主体是广大人民群众。人民群众是中国最大的政治基础和执政现实，让人民群众参与到监督实践中来并不单单是由人民群众进行监督，而是由专职的纪检监察机关监督权力的行使是否为了人民群众的利益，是否以人民群众的利益为归宿。只有这样，才能真正将习近平同志的权力监督理论落到实处，才能强化中国共产党的执政能力和执政水平并促进中国特色社会主义法治建设，发挥好监察法在国家治理体系中的关键作用，最终以促成法治国家、法治政府和法治社会的真正实现。

3. 权力配置的法治化道路。根据前述讨论可知，权力会导致腐败，绝对的权力导致绝对腐败，因此将权力纳入法治的轨道就成为人类的普遍共识，"纵观人类政治文明史，权力是一把双刃剑，在法治轨道上行使可以造福人民，在法律之外行使则必然祸害国家和人民"。[2]"把权力关进制度的笼子里"旨在让整个社会强化对公权力的监督。权力无论大小，只有监督到位，才不

---

〔1〕 习近平：《决胜全面建设小康社会 夺取新时代中国特色社会主义伟大胜利——在中国共产党第十九次全国代表大会上的报告》，载《党的十九大报告辅导读本》，人民出版社2017年版，第49页。

〔2〕 中共中央文献研究室编：《习近平关于全面依法治国论述摘编》，中央文献出版社2015年版，第37～38页。

会构成滥用，才会真正杜绝各种各样的腐败。目前各级各地推行的"权力清单制度"，就是规范权力运行机制的有益探索，尤其对公权力行使形成了有效制约，很大程度上压缩了权力寻租空间，未来将会继续加大体系化的规制，"依法设定权力、规范权力、制约权力、监督权力"。[1]事实上，早在2014年的第十八届中央纪委第三次全体会议上，习近平同志就指出了影响我国反腐败工作与权力监督工作的根本问题，"影响反腐败问题成效的问题主要是两个，一是反腐败体制机制不健全，机构职能分散，无法形成监督合力；二是有些案件受到各种因素影响难以坚决查办，有的地方腐败案件频发却追究责任不力，解决存在的问题，还得靠制度"。[2]在新时代的历史大背景下，我国的纪检监察法治建设的新目标就是将党的领导、人民当家作主、依法治国有机地统一起来，深化国家监察体制改革，以加强国家监察力量、完善党内监督体系。

监督权的有效实现要依靠法治思维和法治方式。不同机关的职权分工要科学合理，各项职权行使必须有宪法、法律的明确授权，执法过程也要符合比例原则，司法实践公开透明，整个官僚体系的运作必须以廉洁高效、公开透明为目标。国家公权力的各种不同职能，应该由宪法、法律等进行规定。不同职能部门的权力边界应该是清晰明确的，这样可以最大限度地防止权力寻租的空间，从而保证公权力的正当运行。各个国家机构是以宪法、法律为依据而产生的，其相应的权力当然来自宪法、法律的授权，所以各个国家机关不仅是依法行政，而且违法也必然要承担相应责任。只有这样才能确保国家机关的权威及公信力。公权力运行的法治化包括两个维度，一方面是纵向的各级政府权力的运用，不同层级政府的权力产生必须于法有据，各级政府在行使职权的过程中要做到权责一致，有权力而无责任会导致权力滥用，而有责任无权力会造成政府无能。以上是政府的权力来源上必须符合法治的要求，在政府的权力实践中也要遵守同样的原则。另一方面是横向的同级政府不同职能部门的权力运用，这在美国这种三权分立的国家非常明显，也就是

---

〔1〕 中共中央文献研究室编：《习近平关于全面依法治国论述摘编》，中央文献出版社2015年版，第128页。

〔2〕 中共中央文献研究室编：《习近平关于全面深化改革论述摘编》，中央文献出版社2014年版，第79～80页。

所谓的立法、行政、司法三种权力进行横向的制约监督。然而，中国的权力运行逻辑与美国的分权制衡有着根本差别，中国的权力并没有性质上的区别，更多的是职能上的分工。换言之，西方的分权制衡是在不同权力机构之间进行必要的约束与制衡，而在中国特色社会主义的现实语境下，横向权力都是以党的路线方针政策为圭臬，以人民的根本利益为归宿，根本上不存在分权制衡的情形，在处理相关的社会问题时，尽量保持政府在社会事务上的宏观管理从而让社会保持足够的活力，尤其是各种行政管理事务上，全面推行"权力清单"制度，限制公权力的自由裁量权。不同职能机关面对人民群众的重大问题，不应相互推诿而是应该积极协调，最终得到落实。只有人民群众的问题得到了及时有效的解决，才能集中精力创造更多的社会财富，才能确保人民更有动力追求美好生活。西方的政治理论主张"小政府大社会"，中国的传统治理也要求"藏富于民"，都说明公权力的正当运行对社会良好发展的奠基意义。

公权力配置的法治化，是防止权力滥用的有效途径，也是全面依法治国的重要手段，这为无数的经验教训所证明。几乎所有的文明社会，都以法治作为国家建设的基石，放弃法治的治理也同样被证明是不可持续的，所以习近平同志才特别强调，"法治兴则国家兴，法治衰则国家乱。什么时候重视法治、法治昌明，什么时候就国泰民安；什么时候忽视法治、法治松弛，什么时候就国乱民怨"。[1]

4. 权力制约是权力监督的内在构成。据前所述，中国语境下的权力制约与监督，并非不同权力之间的制约监督，而是权力运行中不同阶段或环节的制约监督，最终都是以人民群众的利益为归宿，以保障公民权利的实现。在这个意义上，人民群众的利益就是评价权力是否正当的标准，所以习近平同志才强调，"让人民监督权力，让权力在阳光下运行，确保国家机关按照法定权限和程序行使权力"。[2]

只有权力的产生、运行做到合法、公开、透明，才会最大限度地遏制各

---

〔1〕　中共中央文献研究室编：《习近平关于全面依法治国论述摘编》，中央文献出版社 2015 年版，第 8 页。

〔2〕　中共中央文献研究室编：《十八大以来重要文献选编》（上），中央文献出版社 2016 年版，第 720 页、第 135～136 页。

种各样的腐败，因为"阳光是最好的防腐剂"。[1]如果没有公开透明，政府的权威就难以建立，更有可能造成更大的信用危机，"权力运行不见阳光，或有选择地见阳光，公信力就无法树立"。[2]职是之故，探索权力的制约监督方式就成为未来的方向。由于中国的一切权力属于人民，全国人大是最高权力机关，其他国家机关都由人大产生并向人大负责，各个国家机关的权力是职能上的划分而非性质上的差别，不是西方意义上的分权制衡模式。在中国，权力自上而下的运行过程中，存在决策、执行、监督三个不同的环节。为了避免权力运行中可能出现的腐败行为，现实中主要从"权""事""人"三个方面展开。规制"权"的方式体现在"权力清单"制度上，各级政府及相应的职能部门主动公开权力清单，并积极向人民群众进行广泛宣传。这不仅对权力机关自身构成了有效的约束，防止其滥用权力，更是方便了人民群众对公权力的有效监督。除涉及国家秘密的事宜之外，权力的产生、运行都应该坚持公开透明的原则，甚至从决策到执行再到监督，都应该坚持公开。只有这样，才能形成全方位的监督。如果在权力的决策环节中进行了公开，但执行中并未公开透明，那么相关的政策是否得到执行，群众完全无从知晓，更何谈监督。相应地，在决策过程、执行过程公开透明，但监督环节却没有做到位，那么相关的政策法律是否"违背初心"，是否流于形式，这些都会产生问题，所以推行"权力清单"制度，推动政府的信息公开透明，对国家与社会是双向利好。只有涉及人民群众的公共利益公开透明，才能真正增强政府的权威和公信力。规制"事"的方式体现在政府决策中的社会民主参与制度以及政府审批中的流程控制原则，涉及重大公共利益的问题，必须进行相应的听证程序，增加民主监督的环节，特定"事项"决策权过于集中的机构和岗位要进行权力分散、交叉任职、岗位轮换等控制措施，避免权力因过于集中而可能产生的滥用问题。规制"人"的方式体现为抓住领导干部这个"关键少数"，因为他们是具体使用国家权力的人，"领导干部具体行使党的执政权

---

〔1〕 中共中央文献研究室编：《十八大以来重要文献选编》（上），中央文献出版社 2016 年版，第 720 页。

〔2〕 中共中央文献研究室编：《十八大以来重要文献选编》（上），中央文献出版社 2016 年版，第 720 页。

和国家立法权、行政权、监察权、司法权，是全面依法治国的关键"。[1]通过对权力本身、公共事务以及掌握公权力的人进行制度上的规制，使"权""事""人"都能够在合法的轨道上且以合法的方式运行，这本身就实现了权力监督的目标。

需要指出的是，在权力的运行过程中，制约与监督是一体两面。如果权力的运行通过相关的制约机制能够有效地防止权力腐败，那无疑是事半功倍，反之权力的监督机制跟进就显得非常必要。通常而言，监督权力从后果上看，可以分为专责监督和非专责监督。前者是由专门的国家监督机关进行监督，例如国家监察委；后者所说的各种机构虽具有监督职责，但监督权的落实一般最终仍然要归到专责监督机构，例如审计监督，审计机关发现问题后最终要移交到监委调查相关问题并做出相应的处理。除了这种分类之外，根据是否有公权力的参与，还分为两类，一类是来自公权力机关的监督，即强化对政府自身权力的监督，尤其针对行政权力的监督，通过相应的程序形成一系列完善的问责机制和常态化的监督模式，同时也会对相关责任人给予公开道歉、开除公职、甚至罢免等处罚措施，让监督切实落地；另一类是来自社会领域的监督，尤其人民群众的监督，"人民的眼睛是雪亮的，人民是无所不在的监督力量。只有让人民来监督政府，政府才不会懈怠；只有人人起来负责，才不会人亡政息"。[2]只有将各种监督结合起来，形成健全完善的监督机制、全面覆盖的监督体系，使得各种监督在法治的框架内运行，不断提升监督的规范化法治化水平，才能真正防止权力的腐败和滥用。

健全权力的制约监督体系可以完善社会主义法治体系，更可以推进党风廉政建设和反腐败斗争，最终归宿是保障人民群众的利益，这可以说是利国利民的根本手段。将监督权理论通过国家法律的形式固定下来，是深化国家监察体制改革决策部署的重大举措，也是坚持和加强党对反腐败工作领导，构建集中统一、权威高效的国家监察体系的必然选择，更是坚持党内监督与

---

〔1〕 习近平：《加强党对全面依法治国的领导》，载《求是》2019 年第 4 期。

〔2〕 中共中央文献研究室编：《十八大以来重要文献选编》（中），中央文献出版社 2016 年版，第 57 页。

国家监察一体化运行，坚持走中国特色监察制度的创制之举。

5. 反腐防腐是权力监督的核心功能。避免权力腐败异化的有效方法就是让权力从产生到运行都受到制度的约束和监督，例如党和国家已经推行的"权力清单"制度，让掌权者清楚地认识到权力的边界、公权私权的范围、能够使用以及如何使用，相应的制度设计就是要让掌握权力之人清醒地认识到，"手中的权力是党和人民赋予的，是上下左右有界受控的，不是可以为所欲为、随心所欲的"。[1]当掌握权力的人对此有了清晰明确的认识，才有可能避免公权私用，但并非所有掌握权力之人都能认识到这一点并严格要求自己，所以对掌握权力之人的监督就是必要的。"没有健全的制度，权力没有关进制度的笼子里，腐败现象就控制不住。"[2]当前，党和国家开展了一系列的"反腐倡廉"行动，旨在让手握权力之人受到有效地制约和监督，防止权力的私用或滥用，正如习近平所指出的，"要加大治本力度，推进标本兼治，深化相关改革，加强对权力运行的监督和制约，不断压缩腐败现象生存空间和滋生土壤。"[3]我们也须清楚地认识到"反腐倡廉"是一体两面。党和国家当然希望掌握权力之人能够廉洁奉公，但"提倡"更多的是呼吁而无法强制，未必能够制约权力的滥用，所以"反腐"才需要真正落实。落实反腐行动的根本途径就是法治反腐，就是在法治的框架下对各种权力腐败行为追究相应的法律责任。

"法治反腐"在宏观层面表现为，立足于中国特色社会主义法治，建立完善的法律体系、形成完整的监督体系及保障体系，让腐败行为彻底无处遁形。"法治反腐"在微观层面表现为，权力机关的职能设置、权力边界等首先要于法有据，然后不同职能的赋权既要科学合理，也要高效顺畅，既能形成制约机制，也能产生有效制约，其次是依法监督权力，不仅要强化自上而下的组织监督，同时也要改进自下而上的民主监督，并将两者进行

〔1〕 中共中央纪律检查委员会、中共中央文献研究室编：《习近平关于严明党的纪律和规矩论述摘编》，中央文献出版社、中国方正出版社2016年版，第59页。

〔2〕 中共中央纪律检查委员会、中共中央文献研究室编：《习近平关于党风廉政建设和反腐败斗争论述摘编》，中国方正出版社、中央文献出版社2015年版，第125页。

〔3〕 中共中央纪律检查委员会、中共中央文献研究室编：《习近平关于严明党的纪律和规矩论述摘编》，中央文献出版社、中国方正出版社2016年版，第127页。

有效地结合，毕竟现代文明国家的共识之一就是坚持法治，所有主体的行为都必须在法治的框架之下。在法治的基础上，大力强化各种公开制度，包括决策公开、执行公开、结果公开等，"坚持有责必问、问责必严，把监督检查、目标考核、责任追究有机结合起来，形成法规制度执行的强大推动力。问责的内容、对象、事项、主体、程序、方式都要制度化、程序化"。[1]所有这些措施旨在强调权力运行的公开透明，像阳光普照大地一样，让任何权力腐败都无处藏身。与此同时，要坚定不移推进反腐败斗争，实现不敢腐、不能腐、不想腐一体推进的战略目标。

三、习近平法治思想中权力监督理论的重要意义

习近平法治思想中的权力监督理论，立足于马克思主义传统，又创新了现代法治理论，从而将马克思主义权力监督理论推向了崭新阶段，凝聚了中国法治建设的经验和智慧，使得国际社会更加深入地了解中国特色社会主义法治，从而积极学习借鉴中国法治建设的经验和智慧，最终让"中国之治"逐渐走入全球法治舞台的中央。

1. 丰富了监督理论的基本内涵。习近平同志的权力监督理论关注的重点是监督权力本身，旨在保证手握公权之人能合法正当地履行职责，防止其可能出现的腐败行为，这种制度设计完全不同于西方的分权制衡制度。尽管分权制衡制度在西方已运行了数百年，却也会引发相应的问题，例如将立法、行政和司法分别赋予不同的机构来行使，看似能够独立行使又相互制约，但党派之间的政治分歧与政府、国会和法院的权力分置同时存在，面对重大公共危机，分权制衡体制就会面临议而不决、决而不行等内耗问题，正如有学者所指出的，"制度运行机制的低效率问题，各机构、各政党之间推诿扯皮的问题长期存在，且一直无法消除此弊端"。[2]

与之不同的是，习近平权力监督理论是"中国特色"的制度表达，植根

---

〔1〕 中共中央纪律检查委员会、中共中央文献研究室编：《习近平关于严明党的纪律和规矩论述摘编》，中央文献出版社、中国方正出版社 2016 年版，第 125 页。

〔2〕 孟鑫：《中国特色社会主义制度的比较优势》，载《思想理论教育》2020 年第 8 期。

于中国的国家治理之道，正如习近平同志指出的，"一个国家选择什么样的国家制度和国家治理体系，是由这个国家的历史文化、社会性质、经济发展水平决定的"。[1]中国的国家治理必然立足于中国的历史与现实。首先，中国共产党的革命实践和执政经验是马克思主义中国化的完美呈现，尤其抗战时期的"游击战""群众路线"以及改革开放经验等；其次，传统中国的治国思想也为现代中国的治理提供了思想资源，例如习近平权力监督理论就充分吸收和借鉴了中国传统监察体制的制度设计，这完全不同于现代西方的监察专员制度，因为后者并非真正的全面监督，再如传统中国的贤能政治在现代中国依然发挥着重要作用，贝淡宁（Daniel A. Bell）教授曾专门讨论"为何贤能政治比单纯的民主制更适合中国"；[2]最后，我们对其他国家治理经验的吸收和借鉴，发挥它山之石可以攻玉的作用。"中国特色"就是立足新时代国家治理的现实需要，将这三种思想和制度资源结合起来，从而形成了既非纯粹学习西方又非仅仅依靠传统的治理模式，这种创造性的融合转化使中国的国家治理真正充满了中国特色和时代特征，体现了国家治理的独特性和生命力，极大地丰富和发展了现代国家的权力监督理论。

2. 提升了反腐防腐的治理效能。党的十八大以来，"反腐"这一主题在多个场合中频频被习近平同志提及，成为当前国家治理的重要关注点之一。党和国家也在制度设计上进行了精密筹划，当前的纪检监察体制改革正是大力反腐的行动落实。习近平同志强调"反腐"的目的就是要真正实现"不敢腐、不能腐、不想腐"一体推进战略目标，途径就是要整合各类监督，例如将党内监督、监察监督、人民监督、舆论监督等监督方式聚集起来形成合力，最终来提高监督的实效。这不仅是党和国家对广大人民群众的庄严承诺，也是纪检监察体制发挥作用的根本途径，更是国家治理体系和治理能力现代化的重要表现。在具体操作中主要体现在两个方面：一方面是完善党内监督，增强党内法规的执行力，牢牢把握关键矛盾，强化党内政治思想教育，使红脸、吹风、出汗成为常态，严肃党的政治纪律和政治规矩，使政治透明度显

---

〔1〕《习近平谈治国理政》第3卷，外文出版社2019年版，第119页。

〔2〕［加］贝淡宁：《贤能政治：为什么尚贤制比选举民主制更适合中国》，吴万伟译，中信出版社2016年版。

著提高，夯实党的执政基础；另一方面是强化监察监督，特别是权力的纵向和横向监督，综合运用监督调查处置职能，推动监督落向实处，对监督中发现的问题严肃调查处置，对可能出现的问题防患于未然。事实上，纪检监察体制改革，也为权力的重新配置提供了可能，在未来自然会形成新的权力分工体系、配合制约体系，新的监督机制也会随之诞生，权力出轨或寻租的可能性将会被极大的遏制。只有让纪检监察监督真正落到实处而非走形式，才有可能实现有力监督、有效监督、精准监督，促使掌握公权之人正当地运用其权力，那么反腐防腐工作才会真正取得成效。

众所周知，党政机关在党纪国法的框架内联合起来积极行动是权力监督的根本要求，但现实却不容乐观，所以习近平同志才明确强调，"担负起宪法法律赋予的监督职责，维护国家法制统一、尊严、权威，加强对'一府两院'执法、司法工作的监督，确保法律法规得到有效实施，确保行政权、审判权、检察权得到正确行使"。[1]纪检监察监督的最终归宿是确保权力的正当运行、政令畅通、令行禁止，这与党和国家的治理水平和治理效能密切相关。单凭纪检监察监督仍然是不够的，还要联合诸如舆论监督、司法监督及群众监督的方式，形成全方位多渠道的监督合力，最终才能真正提高监督治理效能，所以我们必须在习近平法治思想的指引下，提升中国共产党的执政能力和执政水平，增强人民群众的获得感和幸福感，努力实现国家治理体系和治理能力现代化。

3. 推动完善党和国家监督体系。以习近平法治思想为指导，推进中国共产党的党内立法，促进反腐行动的长期展开，就是要加强权力的制约监督，通过制度进行治理。习近平同志反复强调的"制度笼子"其实就是广义的法治。古人常说"绳之以法"，就是将法律作为准绳，对社会公众的行为提供指引、规范、教育、评价、惩罚作用，这被称之为法治，准确地说是中国法治。这完全不同于西方的法治概念，它不仅强调制约权力，也强调社会治理，新时代的法治建设正是由此而展开的。在中国的语境下，法治要求权力的配置、

〔1〕 中共中央文献研究室编：《十八大以来重要文献选编》（中），中央文献出版社2016年版，第57页。

运行、结果、程序等都应该于法有据，任何掌权之人都不可超越法律的界限。在这个意义上，法治更注重程序性或形式性。通过相应的程序或步骤，权力被限制在特定的规矩之内，逾矩将构成滥用权力，这就是习近平同志反复提到的"制度笼子"。它在实践中通常表现为权力、事务、人员都要受到制度的规制。此处的制度不仅指国家的法律，还包括党的纪律以及军事纪律等，毕竟权力也存在各种类型，自然需要不同的制度来约束。政治权力、国家公权力以及军事权力，都存在滥用或寻租的可能，毕竟它们与特定资源或利益密切相关，非常容易危及公民、社会甚至国家利益。倘若没有相关制度的规制，权力的异化、腐败可能会给党和国家带来灭顶之灾，所以"制度笼子"就是要对权、事、人进行全方位、多角度的规制，确保权力的正当运行。然而，将权力关进制度的笼子，要真正落到实处且完全发挥作用，并不是件容易的事情。实践中的许多权力机构出于特权思想和本位主义，对党和国家的要求阳奉阴违，看似制定了许多制约和监督权力的规章制度，却完全是虚有其表或流于形式，尤其制定的相关规范从根本上缺乏可操作性，或者与现实情况完全脱节，或者缺乏有效的衔接配套等问题，最后不但没有防止权力的腐败反而导致腐败更加难以控制。

为了能够让监督权真正落到实处，杜绝各种监督中的"花拳绣腿"，则应该形成严密的法治监督体系。面对权力监督中存在的问题，例如监督目标模糊、范围不清楚、程序不健全、机制不完善等，则要加大各种监督方式的协调统一，将不同类型的监督通过相应的制度配套整合起来，形成系统全面的监督体系和强大的监督合力。与此同时，完善监督工作的规范化、程序化和制度化，让党和国家机关工作人员全覆盖全方位无死角地处在监督体系的规制之下，最终实现权力监督的精准性，也健全了国家的监督体系。

4. 确保国家治理现代化有序推进。习近平的权力监督理论是国家治理现代化的基本要义。中国共产党即将迎来建党一百周年，当前中国距离成为一个现代化强国的目标愈来愈近。我们也将继续深化改革，扩大开放，将国家治理现代化推向更高的层面。国家治理现代化的一个重要维度就是国家治理的法治化。建立一整套国家制度体系，包括以党章为核心的党内法规体系、以党的基本路线为基础的政策制度体系以及以宪法为统领的法律体系；然后通过党内法规和方针政策的宣传教育，让人民群众了解并知晓党和国家的治国理念和经验；最后通过宪法和法律对相关的理念和经验加以法律化定型化。这样一来，国家治理的现代化就会自然而然地走向法治化。

国家治理现代化不仅涉及政治、经济等方面，更涉及法律方面，尤其是需要在法治的框架下实现治理现代化。准确地说，就是把法治理念、法治思想、法治方式贯通于国家治理的各个领域、各个方面、各个环节，"我国社会主义法治凝聚着我们党治国理政的理论成果和实践经验，是制度之治最基本最稳定最可靠的保障"。[1] 质言之，国家治理现代化的表现之一就是推进国家治理走向法治化，所以中国特色社会主义法治建设，特别是在立法、行政、监察、司法等领域的制度建设，都是在为国家治理现代化提供制度准备的。

如前所述，国家治理现代化在社会主义法治语境下的基本要义就是治理的法治化。而实现治理的法治化，就必须坚持习近平法治思想中的"十一个坚持"，使之成为国家治理现代化的行动指南和基本遵循，最终真正实现从思想到行动的转化落实。

结语

权力监督理论是习近平法治思想不可或缺的构成部分，也是中国特色社会主义法治的核心要义，更是未来监察法实践的指导思想。为此，要从如下三个方面入手，首先是完善监督体系，促进各种监督方式进行有效的衔接和配合，让权力的制约监督真正发挥作用并产生实效；其次是强化制约机制，不同类型的权力以及不同阶段的权力，进行科学地配置和分工，形成相互配合又相互制约的良性机制；最后是确保公开公正，使人民群众最终成为受益人，"让权力在阳光下运行，做到依法行政，才能更好把政府职能转变过来"。[2]

中国共产党第十九届中央委员会第五次会议于 2020 年 10 月 29 日通过了

---

〔1〕 习近平：《论坚持全面依法治国》，中央文献出版社 2020 年版，第 272～273 页。
〔2〕 中共中央纪律检查委员会、中共中央文献研究室编：《习近平关于党风廉政建设和反腐败斗争论述摘编》，中国方正出版社、中央文献出版社 2015 年版，第 123 页。

《中共中央关于制定国民经济和社会发展第十四个五年规划和二〇三五年远景目标的建议》，其中明确提出"完善党和国家监督体系，加强政治监督，强化对公权力运行的制约和监督。坚持无禁区、全覆盖、零容忍，一体推进不敢腐、不能腐、不想腐，营造风清气正的良好政治生态"[1]2021 年 1 月 22 日召开的中国共产党第十九届中央纪律检查委员会第五次全体会议强调，"坚定不移全面从严治党，坚持和完善党和国家监督体系，忠实履行党章和宪法赋予的职责，有力推动党中央决策部署有效落实，围绕现代化建设大局发挥监督保障执行、促进完善发展作用，一体推进不敢腐、不能腐、不想腐，深化纪检监察体制改革，扎实推进规范化法治化建设，切实加强干部队伍建设，为'十四五'开好局提供坚强保障，以优异成绩庆祝建党 100 周年"[2]将监督机制融入"十四五"规划，就是要贯彻四中、五中全会精神，让监督体系更好地融入国家治理体系，就是促使监督自上而下地发挥作用，实现让人民群众满意的监督。只有这样，才能让习近平同志的权力监督思想真正成为监督实践发展的指导和依据，才能真正推进新时代全面依法治国的实现，真正提升国家治理现代化的水平。

---

〔1〕《〈中共中央关于制定国民经济和社会发展第十四个五年规划和二〇三五年远景目标的建议〉辅导读本》，人民出版社 2020 年版，第 58 页。

〔2〕《中国共产党第十九届中央纪律检查委员会第五次全体会议公报》，载《中国纪检监察》2021 年第 3 期。

第二讲　关于新时代纪检监察工作高质量发展的特点和规律[1]

陕西省纪委监委研究室主任　樊　彬

推动高质量发展，是以习近平同志为核心的党中央，着眼于中国特色社会主义新时代、适应我国社会主要矛盾变化，提出的治国理政重大方略。纪检监察工作高质量发展，是对标高质量发展方略，贯彻落实党中央决策部署的集中体现。坚持新时代纪检监察工作高质量发展，必须准确把握高质量发展的内涵，明晰厘清新时代纪检监察工作的目标任务、标准要求和特点规律，深入探索新时代纪检监察工作高质量发展的内涵要义、基本原则和实现路径。

一、关于高质量发展相关问题

（一）高质量发展的时代背景

党的十八大以来，中国特色社会主义进入新时代，我国社会主要矛盾发生新变化，已由人民日益增长的物质文化需要同落后的社会生产之间的矛盾，转化为人民日益增长的美好生活需要和不平衡不充分的发展之间的矛盾，对我国发展全局产生广泛而深刻的影响，客观要求在继续推动发展的基础上，大力提升发展质量和效益，更好满足人民各方面日益增长的美好生活需要，

---

[1]　本文写作期间参考了习近平总书记在十九届中央纪委二次、三次、四次、五次全会上的重要讲话和全会报告，中共中央宣传部《习近平新时代中国特色社会主义思想学习问答》有关章节，2020 年中央纪委调研报告《关于把握新时代纪检监察工作的特点和规律推进高质量发展》，中国纪检监察杂志文章《推动纪检监察工作高质量发展的思考》等文献。

更好推动人的全面发展、社会全面进步。习近平总书记总揽全局，作出我国经济发展进入新常态的重大判断，提出创新、协调、绿色、开放、共享的新发展理念。

党的十九大综合分析国际国内形势和我国发展条件，明确实现"两个一百年"奋斗目标的时间表、路线图，明确我国经济发展已由高速增长阶段转向高质量发展阶段。习近平总书记指出，推动高质量发展，是保持经济持续健康发展的必然要求，是适应我国社会主要矛盾变化和全面建成小康社会、全面建设社会主义现代化国家的必然要求，是遵循经济规律发展的必然要求。

党的十九届五中全会审议通过《中共中央关于制定国民经济和社会发展第十四个五年规划和二〇三五年远景目标的建议》，对"十四五"时期我国经济社会发展做出系统谋划和战略部署，明确提出，"十四五"时期经济社会发展要"以推动高质量发展为主题""经济、社会、文化、生态等各领域都要体现高质量发展的要求"。

可以说，进入新时代，世情、国情、党情和我国发展阶段均已发生重大变化，高质量发展是以习近平同志为核心的党中央审时度势提出的科学命题，是新时代党和国家事业发展的主题、经济社会发展的主题。

（二）高质量发展的定义及内涵

高质量发展，就指能够很好满足人民日益增长的美好生活需要的发展，是指体现新发展理念的发展，是指创新成为第一动力、协调成为内生特点、绿色成为普遍形态、开放成为必由之路、共享成为根本目的的发展。

"十四五"时期，我国将进入新发展阶段。必须深入学习贯彻习近平新时代中国特色社会主义思想，科学把握新发展阶段，深入贯彻新发展理念，加快构建新发展格局，以推动高质量发展为主题，把发展质量问题摆在更为突出的位置，着力提高发展质量和效益。

推动高质量发展，是保持经济持续健康发展的必然要求，是适应我国社会主要矛盾变化和全面建成小康社会、全面建设社会主义现代化国家的必然要求，是遵循经济规律发展的必然要求。具体地讲，就是要坚持发展是第一要务，人才是第一资源，创新是第一动力；牢牢把握供给侧结构性改革这条主线，不断改善供给结构，提高经济发展质量和效益；加快现代化经济体系建设，推动农业、制造业、服务业高质量发展，加强基础设施建设，推动形成优势互补、高质量发展的区域经济布局；充分发挥国内超大规模市场优势，逐步形成以国内大循环为主体、国内国际双循环相互促进的新发展格局，提升产业链供应链现代化水平；坚持对内开放和对外开放相结合，以更高水平开放促进更高质量发展；努力在推动高质量发展过程中办好各项民生事业、补齐民生领域短板，以共建共治共享拓展社会发展新局面。

二、关于纪检监察工作高质量发展相关问题

（一）纪检监察工作高质量发展的时代背景

高质量发展不仅是经济社会发展的战略目标，也是管党治党、全面从严治党的战略目标。党的十八大以来，以习近平同志为核心的党中央总结运用历史经验，顺应时代发展要求，把全面从严治党纳入"四个全面"战略布局，以党的革命性锻造推动党和国家事业取得历史性成就、发生历史性变革。

党和国家工作的快速的、高质量的发展，决定了纪检监察工作面对的是变化的对象、变动的情况，需要不断适应这种变化、变动。一方面，推动纪检监察工作高质量发展，是应对党面临的风险挑战、深化纪检监察体制改革、巩固发展反腐败斗争压倒性胜利的迫切要求，这实质是人民群众的热切期盼，人民群众在为"打虎""拍蝇""猎狐"叫好的同时，进而希望标本兼治，建设良好政治生态、社会风气、法制秩序。另一方面，推动纪检监察工作高质量发展，纪检监察机关既要进一步让人民群众感受到纪检监察工作就在身边，又要解决工作和队伍中存在的突出问题，这也是倒逼纪检监察工作高质量发展的重要原因。

正是在这种背景和形势下，习近平总书记在十九届中央纪委三次全会上明确要求，统筹推进党的纪律检查体制改革、国家监察体制改革、纪检监察机构改革，在更高水平上深化转职能、转方式、转作风，推动纪检监察工作高质量发展。可见，推动纪检监察工作高质量发展，是习近平总书记和党中央的部署要求，是我国进入高质量发展阶段的客观需要，是提高党的建设质

量的重要支撑，是推进国家治理体系和治理能力现代化的有力保障，是纪检监察工作的一次系统性、格局性重塑。新时代纪检监察机关必须顺应时势变化和人民需求，坚持以高质量发展为主题主线，胸怀大局、登高望远、深谋远虑，立足职能职责、苦干实干、担当有为，以高质量发展的实绩新绩作出应有贡献。

（二）从中央纪委国家监委部署要求深刻理解把握新时代纪检监察工作高质量发展

2019年1月召开的十九届中央纪委三次全会工作报告的主题就是"忠实履行党章和宪法赋予的职责，努力实现新时代纪检监察工作高质量发展"，年度工作的总体要求也是"努力实现新时代纪检监察工作高质量发展"。报告强调，要坚持稳中求进工作总基调，适应"时"与"势"的变化，把握"稳"的内涵、强化"进"的措施，实现新时代纪检监察工作高质量发展。报告指出，实现高质量发展是纪检监察工作的努力方向，要持续深化"三转"，在坚持思想政治引领上下功夫，带头坚定信仰、带头对党忠诚、带头担当尽责，自觉把思想政治工作贯穿纪检监察工作全过程；在坚持实事求是上下功夫，精准把握、统筹把握、辩证把握，准确运用监督执纪"四种形态"，实现政治效果、纪法效果、社会效果相统一，确保每一起案件都经得起实践、人民、历史的检验；在坚持依规依纪依法上下功夫，严格按照规定权限、规则、程序开展工作，在行使权力上慎之又慎，在自我约束上严之又严，使各项工作思路举措更加科学、更加严密、更加有效。

2019年8月28日，中央纪委国家监委召开"不忘初心、牢记使命"专题民主生活会。会议强调，"在推进纪检监察工作高质量发展上下功夫，更好地履行新时代赋予的职责使命"。会议指出，推进高质量发展必须牢牢把握、始终坚持四个方面。一是稳中求进。稳高压态势、稳惩治力度、稳群众对正风反腐的预期。二是坚持实事求是。这是高质量发展的生命线。每条线索处理、每个案件查办、每件事情结论，都关系到党员干部的政治生命、名誉等切身利益，关系到党的形象、党的威信，关系到社会公平正义。三是依规依纪依法。要经得起时间的考验、历史的考验、实践的考验，达到政治效果、纪法效果和社会效果的统一。四是强化监督基本职责、第一职责。五是坚持"不敢腐、不能腐、不想腐"一体推进。"三不"是一个整体，不仅适用于反腐败，而且对纠正"四风"、巡视巡察、追责问责等各个方面都适用。

2019 年 11 月 19 日，中央纪委常委会会议围绕"深入学习贯彻党的十九届四中全会精神、推进新时代纪检监察工作高质量发展"举行集体学习研讨。会议指出，贯彻落实四中全会精神，要落脚到推进新时代纪检监察工作高质量发展，坚持党的领导、坚决做到"两个维护"，坚持以人民为中心，坚持稳中求进、实事求是、依规依纪依法，坚持"三不"一体推进。

2020 年 1 月，十九届中央纪委四次全会报告在肯定一年来的工作时强调，纪检监察工作坚定稳妥、扎实有效，在高质量发展上取得新的成绩。在部署任务时强调，高质量发展要做到两个方面：其一，高质量发展是具体的、实践的，必须聚焦主责主业，持续深化"三转"，依规依纪依法做好每一项工作、办好每一起案件。其二，要把实事求是作为新时代纪检监察工作高质量发展的生命线，一是一、二是二，客观公正处理问题，推动协助职责和监督责任贯通协同、主体责任和监督责任一贯到底，使各项工作更加科学、更加严密、更加有效。

2020 年 9 月 23 日，中央纪委常委会集体学习、交流学习《习近平谈治国理政》第三卷心得体会和 2020 年度中央纪委国家监委机关重点课题调研成果，对推进新时代纪检监察工作高质量发展作出部署。会议强调了三个问题：一是把握高质量发展的形势任务。从国内国际两个大局看，从反"四风"反腐败形势看，从新时代纪检监察工作使命责任看，新时代纪检监察机关尤其要履行好促进全党增强"四个意识"、坚定"四个自信"、做到"两个维护"的根本政治责任，推动中国特色社会主义监督制度转化为治理效能的重大战略任务，履行监督保障执行、促进完善发展的基本职能职责三项使命责任。二是把握高质量发展的实践要求。进一步推动政治监督、审查办案、纠治"四风"、巡视视察、规范化法治化建设、自身建设等六个方面工作高质量发展。三是把握高质量发展的科学方法。坚持"三不"一体推进，坚持稳中求进、坚定稳妥，坚持实事求是，坚持发挥组织作用和系统优势，坚持纪法情理贯通融合，坚持边学习、边调研、边工作、边总结。

2021 年 1 月，十九届中央纪委五次全会工作报告的主题就是"推动新时代纪检监察工作高质量发展，以优异成绩庆祝中国共产党成立 100 周年"。"以推动高质量发展为主题"也是年度工作总体要求。会议强调，全面建设社会主义现代化国家，必须自觉适应新发展阶段，贯彻新发展理念，构建新发展格局，统筹发展和安全，着力提升发展质量和效益，更好满足人民日益增长的美好生活需要，促进人的全面发展、社会全面进步、全体人民共同富裕，这对新时代纪检监察工作提出更高要求。纪检监察工作要因时因势、与时俱进，更加突出政治监督，更加突出高质量发展主题，更加突出整治群众身边腐败和作风问题，更加突出发挥监督治理效能，更加突出严管厚爱结合、激励约束并重，使正风肃纪反腐更好适应现代化建设需要，使监督体系更好融入国家治理体系，释放更大治理效能，在完成新时代新阶段党的历史使命中发挥重要作用。

（三）纪检监察工作高质量发展的新理念新要求新实践

在工作理念上，新时代纪检监察工作的新发展新进步，必须与其他工作是相联系的，不是割裂的。在工作方式、工作理念、工作要求上都要有新发展、新进步、新理念。既不能把纪检监察机关与党和国家其他部门分得太开、离得太远，也不能把我们完全独立出来搞监督，要贯通联系起来。同时，纪检监察机关内部各部门和业务之间也要联系起来，纪法贯通、法法衔接、一体推进。要把坚持边学习、边调研、边工作、边总结作为纪检监察工作的主题主线，在工作方式方法上贯通结合、协同推进、一体落实、融合衔接，推动调研、监督、办案贯通融合。要严格落实纪委监委委员会制度、双重领导体制，坚持民主集中制，抓好班子、带好队伍，充分发挥组织作用和系统优势。要坚持纪法情理贯通融合，心怀大道大德大爱，在思想教育中释纪释法，在执纪执法中传道传情，启发良知、唤醒党性、感化人心。

在基本要求上，一是围绕"两个维护"强化政治监督。纪委监委各项工作都具有很强的政治性，"两个维护"是新时代纪检监察工作的根本职责使命。纪检监察工作高质量发展要从政治上衡量，必须旗帜鲜明讲政治，不断提高政治判断力、政治领悟力、政治执行力。必须紧紧围绕党和国家大局强化政治监督，提高政治站位、承担政治责任、提高政治能力，真正把讲政治的要求落实到推动纪检监察工作高质量发展全过程和各方面。二是认真履行监督保障执行、促进完善发展职能职责。监督保障执行、促进完善发展，是党章宪法赋予纪检监察机关的基本职能职责，是实现新时代纪检监察工作高质量发展的必然要求。在监督保障执行上，要以精准有力的政治监督、日常监督，以正风肃纪反腐释放出的监督推力，保障习近平总书记重要指示批示精神和党中央决策部署落实。在促进完善发展上，要把正风肃纪反腐"后半篇文章"做细做实做到位，结合监督执纪执法案例和巡视巡察发现的体制性障碍、机制性梗阻、政策性创新等方面问题，督促推动有关方面和责任主体以案为鉴、以案促改、以案促治，推动构建系统完备、科学规范、运行有效的制度体系，推进国家治理体系和治理能力现代化。三是坚持一体推进不敢腐、不能腐、不想腐。"三不"一体推进，不仅是反腐败斗争的基本方针，也是新时代全面从严治党的重要方略，更是指引实现夺取反腐败斗争彻底胜利的战略目标。纪检监察机关必须用好标本兼治这一重要方法，加强系统谋划，坚持不敢腐、不能腐、不想腐一体推进，打通"三不"内在联系，推动工作贯通、力量贯通、责任贯通，形成叠加效应、综合效能。把"三不"一体推进理念融入各级党组织和党员领导干部思想和行动中、融入履行监督职责和健全监督体系中、融入"两个责任"贯通联动一体落实中、融入有效途径和实践载体中、融入理想信念、党史党纪党规和优良传统教育中，在形成不敢腐震慑的同时，健全不能腐的机制，强化不想腐的自觉，推动"三不"贯通融合，不断提升纪检监察工作质效。四是坚持稳中求进、坚定稳妥。稳中求进工作总基调是党中央治国理政的重要原则，是实事求是思想路线在现阶段的具体体现。全面从严治党永远在路上，反腐败斗争是一场攻坚战、持久战，要讲求"稳"与"进"的辩证统一，保持定力、耐力、活力，把握力度、节奏、火候，讲究工作、政策、措施的连续性稳定性前瞻性，稳高压态势、稳惩治力度、稳从严氛围、稳干部群众预期，在理念思路上有所拓展、在方式方法上有所创新、在薄弱环节上有所突破、在工作水平上有所提高，以稳促进、以进固稳、行稳致远。五是坚持实事求是、依规依纪依法。适应新形势新任务，推进纪检监察工作高质量发展，必须更加注重实事求是，更加注重以法治思维和法治方式推进监督、防治腐败，更加注重政治效果、纪法效果、社会效果的有机统一。坚持一切从实际出发，是就是是、非就是非，一是一、二是二，事实为上、证据为王。坚持全面、历史、辩证看待问题，综合考虑历史背景、环境条件、个人动机、造成危害等因素，具体问题具体分析，精准量纪执法，坚决防止主观臆断，经得起实践、人民、历史检验。六是坚持将思想政治工作贯穿履职全过程。纪委监委是政治机关，纪检监察工作是政治工作，必须坚持惩前毖后、治病救人方针，既要查处腐败，更要教育、转化、挽救党员干部。纪检监察机关不是党内的"公检法"，主要面对的是党员领导干部，查办的大多数案件属于第一种、第二种形态，特别是在基层，轻处分案件更多。必须坚持把思想政治工作摆在审查调查的首位，深化执纪执法理念，在监督检查、审查调查中突出思想政治工作，大力推行"同志式"谈话。对可能运用第一种、第二种形态处理的，相信组织、主动配合的第三种、第四种形态案件，根据实际情况采取"同志式"谈话，通过深入细致的思想政治工作，让审查调查对象感受到组织的善意诚意，感受到组织的帮助关爱，从而正确对待组织的审查调查。

从工作实践上，必须立足新时代纪检监察工作新形势新任务，牢牢把握纪检监察工作高质量发展的总体目标，坚持六个始终：一是始终坚持党的领导、坚决做到"两个维护"；二是始终坚持以人民为中心，着力解决群众反映强烈的突出问题；三是始终坚持胸怀全局，担起监督专责，服务保障党和国家工作大局、奋力谱写陕西新时代追赶超越新篇章中心工作；四是始终坚持稳中求进、实事求是、依规依纪依法；五是始终坚持不敢腐、不能腐、不想腐一体推进；六是始终坚持问题导向，深化改革创新，固根基、扬优势，补短板、强弱项，上下贯通、一体提升。通过不懈努力，推动纪检监察机关政治建设全面加强，政治监督更加有力，日常监督扎实有效，监督体系不断完善，治理腐败效能逐步显现，规范化法治化水平稳步提升，干部队伍综合素质和专业能力显著提高，反腐败斗争压倒性胜利进一步巩固发展。

三、关于纪检监察工作高质量发展的实现路径

高质量发展是一个持续提升、不断突破、永无止境的过程，需要持之以恒奋斗、付出不懈努力。推进纪检监察工作高质量发展必须主动适应新时代新阶段要求，坚持以高质量发展为主题主线、坚持稳中求进、坚定稳妥，坚持发挥监督保障执行、促进完善发展作用，以纪检监察工作的高质量保障和促进党和国家各项事业高质量发展。

（一）认真履行党章和宪法赋予的职责，推动政治监督具体化常态化

围绕"两个维护"根本任务强化政治监督。把坚持中国特色社会主义制度不动摇、推动党中央重大决策部署落实见效、督促落实全面从严治党责任、保证权力在正确轨道上运行作为政治监督的主要内容和着力点。持续开展党章党规党纪和宪法法律法规、习近平新时代中国特色社会主义思想、党的路线方针政策和党中央重大决策部署贯彻落实情况，以及各地区各部门履行职责使命情况的监督检查，把"两个维护"落实到具体的人和事上。跟进监督贯彻落实习近平总书记重要讲话重要指示批示精神情况，健全完善工作机制，把习近平总书记重要讲话重要指示批示落实到位。监督保障执行党中央重大决策部署，聚焦重要决策、重大举措、重要政策，每个时期确定一批政治监督的重点，统筹开展项目化监督。重点监督落实贯彻新发展理念、推动高质量发展、打好三大攻坚战、统筹疫情防控和经济社会发展、做好"六稳""六保"工作、推进新时代西部大开发形成新格局、实施黄河流域生态保护和高质量发展等情况，做到党中央决策部署到哪里、监督检查就跟进到哪里。定期对重点地区、重点行业、重点部门和重点单位开展监督检查，从工作安排过程和实际落实效果两个方面，加强对落实党中央决策部署情况的监督检查，既查政治问题、责任问题，又查作风问题、腐败问题，督促各级党组织和党员领导干部认真履行职责使命，确保党中央政令畅通和上级工作部署落地见效，把政治纪律和政治规矩立起来、严起来、执行到位。查办案件先从政治纪律查起，聚焦"七个有之"审视违纪违法问题，优先严肃查处政治问题与

经济问题交织的案件。紧盯党委（党组）及其"一把手"的政治责任、领导责任和工作责任，由业务透析政治、由结果倒查原因、由客观剖析主观，做到监督检查聚焦政治效果、审查调查先查政治纪律、案件审理突出政治视角、巡视巡察定位政治体检。

（二）坚持以人民为中心，深入整治群众反映强烈的突出问题

坚决整治形式主义官僚主义。推动各级党委（党组）坚决扛起整治形式主义官僚主义主体责任，加强思想教育引导，树立激励真抓实干的鲜明用人导向，充分发挥考核"指挥棒"作用，充分发挥领导机关和领导干部以上率下"头雁效应"，调动和激发各级干部勇于担当作为的积极性、主动性。加大形式主义官僚主义突出问题查处力度，对监督检查、审查调查、巡视巡察中发现的突出问题专项报告、认真核查、跟踪督办。锲而不舍推动中央八项规定精神落实，纠治"四风"隐形变异问题。用好"四风"监督举报平台，发挥群众监督和舆论监督作用，健全问题线索及时受理和快速处置机制，从严处理顶风违纪问题，定期通报曝光典型案件。坚决整治民生等领域突出问题，坚持纪委监委牵头抓总、职能部门主抓推动、派驻机构监督的工作机制，深入排查教育医疗、住房保障、食品药品安全、惠民政策落实等领域侵害群众利益问题，根据不同领域和地域特点统筹开展整治，督促问题突出地区和部门完善制度机制，推动综合治理、源头治理、长效治理。对脱贫攻坚与乡村振兴战略有效衔接情况开展常态化监督检查，督促党委政府落实主体责任、职能部门落实监管责任，推动建立完善异地扶贫搬迁政策落实及后续政策保障、返贫监测动态预警、扶贫资金管理使用监督联动等机制，巩固拓展脱贫攻坚成果。深入整治涉黑涉恶腐败和"保护伞"问题，强化政法队伍教育整顿监督执纪执法，落实统筹协调推进、线索归口管理、线索交办督办、工作进展报告、安全保密责任等机制，协同推进扫黑除恶专项斗争和政法队伍教育整顿深入开展。深化生态环保、营商环境、农村乱占耕地建房问题整治，强化历史文化遗产保护领域、统计领域数字造假问题监督执纪问责，积极参与专项清查处置冒名顶替上大学问题，及时回应群众关切，增强群众获得感幸福感安全感。

（三）持续深化纪检监察体制改革，切实把制度优势转化为治理效能

推进"两个责任"贯通联动一体落实、纪委加强对同级党委及其班子成员监督改革。以改革试点为突破口，推动党委常委、纪委监委班子成员共同督导"两个责任"落实，探索实行纪检监察建议书抄送、重要廉情和突出问题抄告制度，纪委监委督促指导下级党委（党组）开展政治生态研判，合力推动全面从严治党责任贯通落实。深入推进纪委加强对同级党委及其班子成员监督改革试点，督促健全党委和班子成员权责清单，及时报送监督检查、信访举报、审查调查中发现的上级党委管理干部问题线索，组织部分党委班子成员向党委全会述责述廉或向纪委全会通报履行全面从严治党责任等情况，探索破解对"一把手"监督和同级监督难题。推动各项监督统筹衔接、贯通协调。坚持系统集成、协同高效，加大改革中"统"的力度，把党委（党组）全面监督、纪委监委专责监督、党的工作部门职能监督、党的基层组织日常监督、党员民主监督等结合起来、融为一体。以党内监督为主导推动各类监督同向发力，强化纪委监委监督的协助引导功能，促进与人大监督、民主监督、行政监督、司法监督、审计监督、财会监督、统计监督、群众监督和舆论监督贯通融合、协调协同。发挥反腐败协调小组职能作用，加强与政法机关包括司法、执法机关和审计等部门的统筹协调，健全信息沟通、线索移交、成果共享、程序衔接等机制，促进纪委监委监督与其他各类监督有机结合、同向发力。完善纪律监督、监察监督、派驻监督、巡视监督统筹衔接制度，研究建立纪检监察机关党风政风监督部门、信访部门、监督检查部门、派驻纪检监察组、巡视巡察机构之间信息互通、监督互动的工作机制，推动"四个监督"贯通融合。加强调查研究、探索创新做法，推动监督融入区域治理、部门治理、行业治理、基层治理、单位治理，不断提升监督治理效能。自上而下、依法有序推进监委向本级人大常委会报告专项工作。以"三化"建设为重点深化县镇纪检监察体制改革。以设施的标准化、队伍的专业化提升工作的规范化。保障县镇纪检监察机关办公办案、来访接待、谈话室等设施设备，规范镇级谈话室设置。建立健全标准统一的信访举报、线索处置、案件查办、案件审理等方面制度，规范监督执纪执法权力运行机制和工作流

程，规范谈话函询、审理报告、处分决定等文书样式，规范公文格式，提高依规依纪依法履职水平。督促市县党委担负主体责任，协调解决县级纪检监察机关空编、乡镇纪检监察干部队伍不稳等突出问题，加大教育培养力度，优化队伍结构，补齐基层纪检监察工作高质量发展的短板，实现纪检监察工作上下贯通、一体提升。推进智慧纪检监察建设，以提升基层监督效能和信息化工作水平为目标，推广部署纪检监察综合业务应用平台，推进网络贯通，实现纪检监察内网覆盖到县、纪检监察外网延伸到镇。围绕建立权力运行可查询可追溯的反馈机制，推进信息化监督平台建设，接入整合发改、财政、住建、审计、市场监管、自然资源、国资等数据库，实现信息共享、监督贯通。以大数据应用为突破，运用"互联网＋"等信息化手段强化监督、精准监督，开展信息对接共享和数据比对分析，拓展信息查询、过程监控、预警提醒、督办督导功能，更好支撑履行监督专责。健全和落实工作机制，完善向同级党委请示报告和向上级纪委报备事项清单，坚持线索处置和案件查办在向同级党委报告的同时必须向上级纪委报告，推动双重领导体制具体化程序化制度化。加强纪委监委对派驻机构直接领导、统一管理，建立以日常监督、线索处置、案件查办为重点的考核制度，严格落实派驻机构向纪委监委报告工作、派驻机构主要负责人向纪委监委述职制度，完善派驻机构与监督检查部门、驻在部门党委（党组）、地方纪委监委协作配合机制，全面提升派驻机构履职能力。以派驻形式强化对国有企业、高校的监督，稳妥推进垂直管理单位和部分以上级管理为主单位纪检监察体制改革试点，在更大范围整合运用监督力量，充分发挥职能作用。促进执纪执法贯通、有效衔接司法。严格落实监督执纪工作规则和监督执法工作规定，贯通运用党规党纪、法律法规"两把尺子"，健全统一决策、一体运行的监督执纪执法工作机制，推动依纪监督与依法监察、适用纪律和适用法律、执纪审理和执法审理有机融合。依规依纪依法开展审查调查，严格遵循证据要求和标准，积极适应以审判为中心的刑事诉讼制度改革，加强与检察机关、审判机关在提前介入、指定管辖、审查起诉、补充调查等方面沟通衔接，建立执行认罪认罚从宽制度沟通协商机制，自觉接受司法机关、执法部门工作中的监督制约。充分发挥审理部门审核把关作用，开展案件质量自查互查和集中评查，确保案件经得起历史和人民检验。

（四）认真履行监督基本职责，以高质量监督促进高质量发展

协助党委落实全面从严治党主体责任。严格落实《党委（党组）落实全面从严治党主体责任规定》，督促党委（党组）细化党的建设工作领导小组职能职责，定期听取全面从严治党工作汇报，及时研究解决重大问题。认真落实《中共中央关于加强对"一把手"和领导班子监督的意见》，压紧压实党组织管党治党政治责任和书记第一责任人职责，聚焦"关键少数"，强化对"一把手"和领导班子的监督。对监督发现的重大事项及时向同级党委（党组）请示报告，对发现的突出问题提出意见建议，监督推动党委（党组）决策落实，促进党委（党组）主体作用发挥。强化上级纪委对下级党委的监督，落实党委（党组）书记向上级纪委全会述责述廉制度，上级纪委经常同下级党委（党组）班子成员谈话，上级纪委书记定期与下级党委（党组）书记谈话，压紧压实党委（党组）主体责任。坚持跟进监督、精准监督、全程监督。推动纪检监察信访举报工作高质量发展，建好用好纪检监察检举举报平台，发挥好数据监督平台作用，探索一般性问题快速处置机制，提高信访举报处置效率，推动问题线索及时处置。定期报告同级党委管理干部信访举报情况，建立实名举报告知反馈和奖励保护机制，充分发挥信访举报主渠道作用。严格做好日常监督工作，以"关键少数"为监督重点，发现苗头性、倾向性问题及时谈话函询，动态管理廉政档案，严把党风廉政意见回复关，用好纪检监察建议有力武器，列席被监督单位民主生活会，做到严在日常、管在经常。强化政治生态研判，及时向同级党委通报、向被监督单位反馈评价意见，督促抓好整改落实。严格落实"三个区分开来"要求，严肃精准审慎规范问责，积极容错纠错，对认定检举控告失实的以适当方式予以澄清正名，从严查处恶意举报和诬告陷害行为，对受处分处理的干部定期回访，保护干部干事创业积极性。建立健全日常监督考核评价机制，提高监督工作在考核中的分值权重，加强监督检查部门力量配备和干部队伍优化，压实监督检查室对联系地区、单位和部门的监督责任，推动定位向监督聚焦、责任向监督压实、力量向监督倾斜。发挥派驻监督"探头"作用，督促推动党委（党组）履行全面从严治党主体责任，抓好巡视巡察反馈问题整改和移交问题线索处置，向

党委（党组）通报日常监督发现问题，及时就落实主体责任、加强作风建设、防范廉洁风险等交换意见、提出监督建议。跟进监督检查履行职责使命、贯彻落实党中央重大决策部署、贯彻落实中央八项规定精神及坚持民主集中制、选拔任用干部等情况，紧盯权力运行关键环节创新监督方式，提高主动发现、处置问题能力。加强对党委（党组）和直属单位领导班子成员的监督，建立重要情况及时报告制度，对一般性违规违纪问题及时提醒纠正，发现和处置问题线索情况定期向对口联系监督检查室报告，重要问题及时向纪委监委机关报告，充分发挥"派"的权威和"驻"的优势。

（五）完善巡视巡察上下联动工作格局，发挥政治巡视利剑作用

突出政治巡视巡察，围绕落实党的理论路线方针政策和党中央以及省委决策部署、全面从严治党政治责任、新时代党的组织路线、巡视巡察整改要求，精准发现问题，纠正政治偏差，促进加强党的集中统一领导、党的建设和全面从严治党。立足常规巡视巡察，有针对性地开展专项巡视巡察、机动巡视巡察和"回头看"，对权力集中、风险较大、有重大问题反映的地区和领域，及时开展巡视巡察，推进巡视巡察全覆盖。健全完善中期汇报、调研指导、工作总结、组办会商机制，建立以发现和推动解决问题为核心的质量控制和评估体系，持续提升巡视巡察质量。强化问题整改落实，压实被巡视巡察党委（党组）整改主体责任，建立党委、政府分管领导出席分管部门单位巡视巡察反馈会议机制，加大整改约谈、问责力度。落实纪检监察机关巡视巡察整改监督责任，加强巡视整改日常监督，精准处置移交线索。完善加强整改落实和成果运用制度，建立健全党委常委会听取研究巡视巡察成果运用机制，建立整改责任督促评估机制，完善巡视巡察反馈、情况通报、协助配合、统筹督促、整改约谈等制度，对巡视巡察发现的普遍性和突出问题开展专项治理，探索群众评判整改成效机制，扩大巡视巡察成果。一体推进巡视巡察，督促落实基层党委主体责任特别是书记第一责任人责任，将巡察工作情况纳入基层党委（党组）党建工作述职评议、领导班子年度综合考核和全面从严治党考核等指标体系，建立对下级巡察工作的考核评估机制。深化以巡视带巡察，对区域性、行业性、系统性以及群众反映强烈的突出问题，开展专项巡视巡察联动、系统巡视巡察联动、提级巡察、交叉巡察，推动市县巡察向村（社区）延伸。加强巡视巡察机构与纪检监察机关和派驻机构协作配合，坚持监督检查室负责同志和基层纪委监委班子成员一届任期内至少参加一轮巡视工作。推进巡视巡察监督与其他各类监督贯通融合，制定巡视巡察机构与组织、审计等部门协作配合办法。提升巡视巡察工作规范化水平，建立健全覆盖巡视巡察全流程、各环节的制度体系，完善制度规则，规范操作流程，推进巡视巡察任务清单化、工作流程化、文书模板化，加快巡视巡察信息化建设。稳妥有序推进基层巡察工作领导小组组长由同级党委书记担任、巡察办主任兼任同级纪委领导班子成员，建立健全巡视巡察干部定期交流机制，选调优秀年轻干部和新提任干部参加省委巡视工作，从严管理考核抽调干部。建立巡视巡察前领导小组组长与巡视巡察组组长集体谈话和巡视巡察期间领导小组成员走访被巡视巡察党组织主要负责人机制，确保巡视巡察工作依规依纪依法开展。

（六）一体推进不敢腐不能腐不想腐，全面提升标本兼治综合效能

保持惩治腐败高压态势，聚焦"关键少数"，建立重点查办、重点核查、重点督办问题线索台账，对党的十八大以来不收敛不收手，十九大后仍不知敬畏、胆大妄为的从严查处，把严的主基调长期坚持下去。持续加大矿产资源、国企国资、工程项目、选人用人等领域惩治腐败力度，深化金融、高校、人防系统反腐败工作，深入整治领导干部违规插手干预工程建设、土地转让开发和矿产资源领域腐败问题，推进国有企业境外腐败治理，查处地方债务等各种风险背后隐藏的腐败问题。坚持受贿行贿一起查、不法利益与国家损失一起追，建立健全行贿企业数据库、行贿人员黑名单。深入开展"天网"行动，加大追逃防逃追赃力度。强化办案安全管理，严格落实办案安全责任，加强"走读式"谈话全程管控，规范留置场所建设管理，坚决守住安全底线。推动健全权力运行监督制度机制。强化对"一把手"和班子成员的监督，完善发现问题、纠正偏差、精准问责的有效机制，推行党委（党组）书记、纪委书记（纪检监察组组长）约谈班子成员和下级党组织"一把手"制度，规范权力运行。强化以案促改，督促职能部门全面梳理法定授权，排查廉政风险点，完善审批监管、执法司法、工程建设、资源开发、金融信贷、公共资

源交易、公共财政支出等方面制度机制，建立领导干部违规插手干预记录报告制度，形成决策科学、执行坚决、监督有力的权力运行监督机制。加强理想信念、党史党纪党规和革命传统教育。不断深化党史学习教育和延安精神教育，探索新形势下对党员干部理想信念进行检验的有效途径、具体标准，深入挖掘历史传统文化和红色革命文化资源，用好廉政教育基地，打造廉政文化精品项目，推进廉政文化进机关、进校园、进企业、进社区。大力弘扬优秀家规家风家训，开展经常性家庭廉洁教育，规范领导干部配偶、子女及其配偶经商办企业行为。做实同级同类干部警示教育，通过案情通报、宣布处分决定、汇编忏悔录、拍摄警示教育片等形式，教育引导党员干部知敬畏、存戒惧、守底线。强化"三不"贯通融合协同推进。全面贯彻一体推进不敢腐、不能腐、不想腐方针方略，突出震慑、遏制强化"不敢"，突出制度、治理推动"不能"，突出思想、觉悟促进"不想"，积极探索贯通融合的实现途径、有效载体、具体办法，充分释放标本兼治综合效能。查办案件坚持实事求是、依规依纪依法，以事实为依据，以党章党规党纪和宪法法律为准绳，客观公正处理问题，严格程序审批和流程管控，严格执行处分决定，切实把案件办成铁案。坚持"一案四报告"，查办案件同步形成问题线索处置、案件剖析、涉案款物处置、案件总结报告，做实"后半篇文章"。推动以案促改制度化常态化，督促发生典型案件的地区、单位和部门开展以案示警、以案促改，在党员干部受到一次深刻教育、查处一批腐败案件、促使一批干部主动交代问题、解决一批突出问题、完善一批重要制度、提升一轮治理效能上见到实效。贯通运用监督执纪"四种形态"，做深做细思想政治工作，依规依纪依法从宽处理主动投案者，既惩治极少数又教育挽救大多数，既严厉惩治腐败又有利于稳定，既合乎民心民意又激励干部担当作为，实现政治效果、纪法效果、社会效果相统一。

（七）建设高素质专业化干部队伍，为纪检监察工作高质量发展提供组织保障

加强政治建设，巩固深化"不忘初心、牢记使命"主题教育成果，学懂弄通做实习近平新时代中国特色社会主义思想，在坚决维护党中央权威和集中统一领导、坚决执行党和国家各项制度、坚决贯彻党中央重大决策部署上作表率。严肃党内政治生活，认真执行民主集中制，严格"三会一课"制度，用好批评和自我批评武器，自觉讲政治、敢担当、改作风。全面落实机关党建工作责任制，加强机关党支部和临时党支部建设，推动党建工作和业务工作深度融合。强化专业素养，以政治培训为引领，强化监督检查、审查调查、巡视巡察等业务学习培训，完善学习效果考核评价、培训结果运用反馈机制，建立健全纪检监察干部全员培训有效机制。加强与党校、大学、培训机构等合作，建立纪检监察精品课程库，推行纪委监委领导班子成员和部门负责人带头上讲台，用好网络培训平台，打造陕西特色培训模式。强化实践练兵，坚持跟班学习、以案代训等方式，增强纪检监察干部法治意识、程序意识、证据意识，推动干部政治过硬、业务精道。发扬斗争精神，大力表彰忠诚干净担当、敢于善于斗争的纪检监察战线先进典型，教育引导纪检监察干部在大是大非面前敢于亮剑、在歪风邪气面前敢于斗争，坚决同违纪违法行为、消极腐败现象作斗争，坚决同脱离群众、损害群众利益行为作斗争。弘扬严细深实工作作风，坚决纠治形式主义官僚主义问题，力戒口大气粗、工作漂浮、脱离群众等不良风气，以自我革命精神革除作风顽疾。关心关爱纪检监察干部，落实澄清保护机制，探索建立纪检监察干部人身保护机制，为敢于斗争、忠诚履职的干部撑腰鼓劲。选优配强队伍，坚持正确选人用人导向，认真贯彻落实新时代党的组织路线和干部选拔任用规定，加强对下级纪委监委班子研判，大力选拔任用绝对忠诚、胸怀全局、光明磊落、业务专精、作风过硬的干部，营造良好干事氛围。统筹省纪委监委机关、派驻机构、市县纪委监委"三支队伍"建设，拓宽选人用人视野，严格干部准入制度，加大内部轮岗交流力度，推进干部跨系统交流、优秀干部上挂下派，优化干部队伍结构和梯次配备，激发队伍活力。从严监督管理，坚持信任不能代替监督，严格落实打听干预监督检查审查调查工作和请托违规办事报告报备等制度，充分发挥特约监察员作用，自觉接受各方面监督。以纪检监察干部严重违纪违法典型案件为镜鉴，深入开展以案促改，深化警示教育。充分发挥纪检监察机关干部监督部门和机关纪委作用，对苗头性倾向性问题及时提醒纠正，对执纪违纪、执法违法行为坚决查处，对不适合从事纪检监察工作的坚决调离，坚决防治"灯下黑"，确保队伍忠诚干净担当。

第三讲 坚持"三不"一体推进方针方略和战略目标不断提高治理腐败效能

陕西省纪委监委研究室主任 樊 彬

"三不"一体推进,不仅是反腐败斗争基本方针,也是全面从严治党重要方略,更是指引实现夺取反腐败斗争彻底胜利的战略目标,是党的十八大以来党中央和习近平总书记对全面从严治党和反腐败斗争实践的科学总结,推动发展了我们党反腐败的理念和思路,进一步深化了我们党对反腐败斗争的认识和实践。推进新时代全面从严治党和反腐败斗争,必须深入学习领会习近平总书记关于"三不"一体推进的重要论述,不断增强贯彻落实的政治自觉、思想自觉、行动自觉,以高度的政治定力和政治责任把"三不"一体推进方针方略和战略目标落到实处。

一、关于"三不"一体推进的定义、内涵及发展

习近平总书记关于"三不"一体推进重要论述主要体现在党的十八大以来中央纪委历次全会讲话中,为我们贯彻落实"三不"一体推进指明了方向、提供了根本遵循。

(一)关于"三不"的定义和定位

"三不"是指不敢腐、不能腐、不想腐。2015年6月习近平总书记在十八届中央政治局第二十四次集体学习时首次明确对"三不"定义作出阐述,他指出,不敢腐是指坚持依法严厉惩治、形成惩戒腐败机制和威慑力,不能

腐是指坚持完善法规制度、形成防范腐败机制和预防作用，不想腐是指坚持加强思想教育、形成不想腐败自律意识和思想道德防线。[1]2020 年 7 月，赵乐际同志在江苏省调研时强调，"不敢"突出震慑、遏制。有贪肃贪、有腐反腐，"老虎""苍蝇"一起打，是我们党一以贯之的鲜明态度。"不能"强调制度、治理。一方面，建立健全制度，明确权力边界和运行规则，把权力关进制度笼子里；另一方面，完善监督约束，推进纪律监督、监察监督、派驻监督、巡视监督协调衔接，推动党内监督同其他监督贯通融合，使党员干部适应新时代全面从严要求，习惯在受监督和约束的环境中工作生活，习惯规范、公正、干净地用好权力。"不想"依靠思想、觉悟。解决腐败问题的根本，就是十九大报告提出的"促进人的全面发展"，加强自我改造，树立正确的世界观、人生观、价值观，培育现代文明人格。[2]2020 年 9 月，杨晓渡同志强调，"不敢"首先要保持高压态势，强化震慑，形成"不敢"的氛围。"不能"，既要严格执行现有管用的制度，又要创新堵塞漏洞需要的制度。不想，要深化正面教育和反面警示，逐步净化政治生态，切实引导干部转变思想观念。[3]

"三不"一体推进是指把不敢腐、不能腐、不想腐作为一个相互依存、相互促进的有机整体统筹推进，达到贯通融合、同向发力、同时发力的总体效果和叠加效应，从根本上构建防治腐败和管党治党的长效机制。

（二）关于"三不"的内涵和关系

不敢腐、不能腐、不想腐，相互融合、环环相扣。要深刻领会和把握"三不"之间的内在关联，强化规律性和实践性认识，推动"三不"一体贯通、一体落实。

"三不"一体推进要强化整体性。"三不"是一个有机整体，不是三个阶段的划分，也不是三个环节的割裂，必须一体推进、统筹联动，系统谋划设

---

[1]　习近平总书记在十八届中央政治局第二十四次集体学习时重要讲话摘要，2015 年 6 月。

[2]　《跟进监督　创新监督　持续推动"六稳""六保"落实落地》，载《人民日报》2020 年 7 月 23 日，第 1 版。

[3]　杨晓渡同志在深入查处金融风险背后的腐败问题以及与地方纪委监委协作配合情况学习交流会上的讲话摘要，2020 年 9 月 11 日。

计，一体谋划实施，不能单项推进、顾此失彼；必须充分挖掘"三不"之间相互支撑、相互转化、融为一体的功能和规律，同向发力、同时发力，形成叠加效应、综合效能。

"三不"一体推进要强化协同性。"三不"内在联系紧密，既相互依存、又相互促进，必须把握内在规律，在推进"不敢"时注重挖掘"不能"和"不想"的功能，在推进"不能"时注重吸收"不敢"和"不想"的有效做法，在推进"不想"时注重发挥"不敢"的威慑和"不能"的约束作用，增强总体效果。

"三不"一体推进要强化实效性。"三不"一体推进与准确运用"四种形态"在政策策略上一致，都贯通规纪法、兼顾标本，囊括教育提醒、惩戒挽救和惩治震慑功能。"四种形态"一头连着"不敢"，一头连着"不能""不想"，从"四"到"一"越往前越致力于"不想腐"，每一种形态在"三不"上都有体现、有所侧重。

"三不"一体推进要强化引领性。"三不"一体推进，是党的十八大以来全面从严治党和反腐败斗争实践的科学总结，是反腐败斗争的基本方针和新时代全面从严治党的重要方略，是"三不""三项改革""三转"这"三个三"中的"牛鼻子"，不仅适用于反腐败，同样适用于纪检监察各方面工作。

"三不"一体推进要强化首位性。"三不"一体推进与健全党和国家监督体系在战略目标上同向，健全党和国家监督体系有利于强化不敢腐的震慑、扎牢不能腐的笼子、增强不想腐的自觉，"三不"一体推进有利于印证监督制约体制机制和制度建设的成果，坚定全党全社会健全监督体系的共识和信心。

"三不"一体推进要强化贯通性。"三不"一体推进是标本兼治的战略目标，必须把握好纠正与防范、治标与治本、阶段性与连续性的关系，把办案与堵塞漏洞、强化监督监管有机结合起来，既善用治标的利器，又夯实治本的基础，建立健全办案、整改、治理和办案、监督、警示一体贯通的制度机制，达到查处一案、警示一片、治理一域。

（三）"三不"一体推进的发展历程

"三不"一体推进是对我党长期以来管党治党经验的高度概括和总结，是对毛泽东、邓小平、江泽民、胡锦涛等历届中共领导人关于反腐败思想的继承、创新和发展。"三不"一体推进从孕育、发展到正式形成经历了一段较长的时间。

1. 萌芽产生阶段。习近平总书记早在浙江工作时，就初步提出了构建"三不"机制的设想。他指出：事前教育很重要，通过增强自身"免疫力"让人不想腐败；事后处理也很重要，通过强化警示作用，让人不敢腐败；全过程监督更重要，通过严格制度规范，让人不能腐败。2014年1月，在十八届中央纪委三次全会上强调，加大查办违纪违法案件力度，保持惩治腐败高压态势，形成不想腐、不能腐、不敢腐的有效机制。这时的"三不"是"不想、不能、不敢"。2014年6月，在听取2014年中央巡视组首轮巡视情况汇报时强调，要"实现不敢腐、不能腐、不想腐"，这时"三不"确定为"不敢腐、不能腐、不想腐"。之后这一提法一直没变。

2. 发展完善阶段。2015年6月，习近平总书记在十八届中央政治局第二十四次集体学习时强调，只有坚持依法严厉惩治、形成不敢腐的惩戒机制和威慑力，坚持完善法规制度、形成不能腐的防范机制和预防作用，坚持加强思想教育、形成不想腐的自律意识和思想道德防线，才能有效铲除腐败现象的生存空间和滋生土壤。2017年1月，在十八届中央纪委七次全会上指出，我们强调的不敢腐，侧重于惩治和威慑，坚持什么问题突出就重点解决什么问题，让意欲腐败者在带电的高压线面前不敢越雷池半步，坚决遏制蔓延势头。我们强调的不能腐，侧重于制约和监督，扎紧制度笼子，让胆敢腐败者在严格监督中无机可乘。我们强调的不想腐，侧重于教育和引导，着眼于产生问题的深层次原因，对症下药、综合施策，让人从思想源头上消除贪腐之念。2017年10月，在党的十九大报告中提出，强化不敢腐的震慑，扎牢不能腐的笼子，增强不想腐的自觉，通过不懈努力换来海晏河清、朗朗乾坤。党的十九大修订的党章总纲，增写了"以零容忍态度惩治腐败，构建不敢腐、不能腐、不想腐的有效机制"内容。2018年1月，在十九届中央纪委二次全会上指出，我们党强调不敢腐、不能腐、不想腐，揭示了反腐防腐的基本规律。要强化不敢腐的震慑，扎牢不能腐的笼子，增强不想腐的自觉。通过改革和制度创新切断利益输送链条，铲除领导干部被"围猎"这个腐败"污染源"，加强对权力运行的制约和监督，形成有效管用的体制机制。2018 年 12 月，在十九届中央政治局第十一次集体学习时指出，深化纪检监察体制改革是要实现标本兼治。要强化不敢腐的震慑，保持惩治腐败高压态势，强化监督和监察全覆盖的震慑效应，不断释放全面从严强烈信号。要扎牢不能腐的笼子，把"当下改"和"长久立"结合起来，形成靠制度管权、管事、管人的长效机制。要增强不想腐的自觉，引导党员干部坚定理想信念，强化宗旨意识，树立正确的世界观、人生观、价值观，营造风清气正的从政环境和社会氛围。

（3）正式形成阶段。从这一时期开始，开始把不敢腐、不能腐、不想腐作为一个整体，对"三不"之间的内在联系进行了深刻阐述，强调要贯通融合、一体推进，把"三不"一体推进贯穿到纪检监察工作各方面，标志着"三不"一体推进理论思想的正式形成。从十九届中央纪委二次全会开始，习近平总书记连续四次全会都专门提到"三不"一体推进。2018 年 1 月 11 日，在十九届中央纪委二次全会上的讲话，他强调，标本兼治，关键在治，治是根本。我们党强调不敢腐、不能腐、不想腐，揭示了反腐防腐的基本规律。要强化不敢腐的震慑，扎牢不能腐的笼子，增强不想腐的自觉。要通过改革和制度创新切断利益输送链条，铲除领导干部被"围猎"这个腐败"污染源"，加强对权力运行的制约和监督，形成有效管用的体制机制。2019 年 1 月 11 日，在十九届中央纪委三次全会上指出，不敢腐、不能腐、不想腐是一个有机整体，不是三个阶段的划分，也不是三个环节的割裂。要打通三者内在联系，在严厉惩治、形成震慑的同时，扎牢制度笼子、规范权力运行，加强党性教育、提高思想觉悟，一体推进不敢腐、不能腐、不想腐，早日迎来海晏河清！在十九届中央纪委四次全会上进一步强调，一体推进不敢腐、不能腐、不想腐，不仅是反腐败斗争的基本方针，也是新时代全面从严治党的重要方略。不敢腐、不能腐、不想腐是相互依存、相互促进的有机整体，必须统筹联动，增强总体效果。2021 年 1 月，在十九届中央纪委五次全会上强调，坚定不移推进反腐败斗争，不断实现不敢腐、不能腐、不想腐一体推进战略目标。必须坚持无禁区、全覆盖、零容忍，坚持重遏制、强高压、长震慑，坚持受贿行贿一起查，关键要使党员、干部因敬畏而"不敢"，因制度而

"不能"，因觉悟而"不想"。这是习近平总书记对"三不"一体推进的最新阐述。

可以说，把"三不"作为一个整体加以推进（是贯通融合，不分阶段环节、不是递进关系），贯彻了马克思主义基本原理，坚持和深化了毛泽东同志关于牢记"两个务必"、跳出历史周期率、加强思想政治教育与严厉查办贪腐案件相结合等重要思想，丰富和发展了邓小平同志关于"两手抓、两手都要硬""反腐败要靠教育、靠法制"等重要思想，丰富和发展了江泽民同志关于"治国必先治党、治党务必从严"等重要思想，对绝大多数党员干部主要立足于教育、着眼于防范，对极少数腐败分子必须严厉惩处等重要思想，丰富和发展了胡锦涛同志关于坚持标本兼治、综合治理、惩防并举、注重预防，拓展从源头上防治腐败工作领域等重要思想，是习近平新时代中国特色社会主义思想在全面从严治党领域的生动体现，标志着我们党对管党治党和反腐败工作规律的认识、把握和运用达到了新境界、新水平。

二、关于"三不"一体推进中着力避免的问题

"三不"一体推进是深化标本兼治、提高治理腐败效能的重要认识论和方法论，必须首先从政治上看，用系统思维把握，以科学方法扎实推进。但从实践情况看，一些地方在认识和实践上都还存在一些问题。

（一）以监督工作贯通"三不"内在联系不足，还存在履行监督首责不聚焦、不精准等问题，发挥监督对于实现"三不"成果相互转化延伸的基础性、常态化作用还不到位

整体上各级党组织和纪检监察机关用"三不"一体推进理念指导和校准政治监督、日常监督还有不足，也使监督工作对于"三不"一体推进没有发挥应有效用。有的没有把监督工作纳入"三不"一体推进整体谋划，在监督方向的选择上，没有立足于案件查办中发现的政治问题、掌握的内部政治信息和暴露出的制度机制积弊进行同类合并、逻辑溯源、分析研究，导致无法通过监督工作使"不敢"的成效向"不能"与"不想"延伸。有的监督重点

不聚焦，针对资金密集、资源富集、权力集中的重点领域关键环节开展监督不聚焦或者不经常，针对群众真正关心的急事难事开展监督不精准或不深入，监督力量没有用在关键时、关键处，导致以监督促进"不能"的效用发挥不够。有的监督没有贴近干部队伍思想实际，没有把思想政治工作做深做透，在工作中只列禁区、不管疏导，只讲其然、不讲其所以然，日常监督中存在一处了之、一函了之、一谈了之等问题，在"惩前毖后、治病救人"上下功夫不够，对党员干部思想问题教育警示纠偏不够，在监督中促进"不想"还不到位。比如，基层党组织和纪检监察机关开展政治监督、日常监督工作前，普遍不对上级的以案促改要求进行研究，F某担任T市市委书记期间大肆收受下属礼金，但以案促改期间，T市没有一家区（县）纪委监委针对收送礼金问题开展日常监督；H某担任Y市市委书记期间，大量染指矿产资源开发从中谋取私利，但以案促改期间，Y市没有一家区（县）纪委监委针对矿产资源开发腐败问题开展日常监督。比如，一些基层纪委监委工作不敢动真碰硬，往往把监督聚焦到普通干部上班迟到早退、工作打卡留痕等问题上，而对民生资金、项目建设、征地拆迁、教育医疗、社保住房等重点热点问题绕道而行，不敢监督领导、不愿触及矛盾，"柿子专挑软的捏"，监督得了"软骨病"。比如，一些县纪委监委对县管干部动态情况掌握不够，日常监督中廉政档案不完整不规范，对干部的职务变动、线索处置情况没有及时更新；线索处置中只管完成任务，不顾干部感受；问题处理中只搞思想交锋，不管思想疏导，对处理之后干部思想变化也没有后续跟进。对此，有干部谈到，"由于思想工作不到位，一些干部被举报时心是惊的，被谈话时心是慌的，谈完了话心是凉的，对组织的归属感和工作积极性都受了影响"。

（二）案件查办的治本功效发挥不充分，还存在将纪委监委当作"党内公检法"和囿于单纯办案思想等问题，在推进"不敢"中挖掘"不能""不想"的功能还不深入

一些基层党组织和纪检监察机关思想认识不到位，把"三不"割裂开来，没有以"不敢"为前提，贯通促进"不能""不想"。有的存在"案件查办只重数量、不重质量"的倾向，为了追求案件数量，拿基层干部"垫背"、拿过度"留痕"当证据标准泛化问责，对作风问题、工作问题、考勤问题滥用处分，对真正的腐败问题却不能查深查透，在推高全省第一种、第二种形态基数的同时，降低了第三种、第四种形态占比，造成"四种形态"整体结构失衡，偏离了"三不"一体推进的战略目标。有的存在"政治问题泛化与虚化并存"的倾向，一方面把一般性问题上升为政治问题来处理；另一方面却对真正违反政治纪律的问题看不到、抓不住，把"两个维护"与全面从严治党形势、政治生态现状联系起来贯彻落实有差距，导致群众认为当地纪委监委办案是"隔墙扔砖头，砸到谁算谁"。有的存在"只堵不疏"的倾向，对"三个区分开来"喊得多、做得少，反向禁止多、正向激励少，只要求党员干部"不能这样做"，对"应该怎样做"规定不够明确，没有真正做到严管厚爱结合、激励约束并重，没有引导党员干部从内心深处增强不想腐的自觉。比如，党的十九大以来，某省问责普通党员和一般干部占问责总数的62%，特别是在扶贫领域，被处分的科级及以下干部占比超过99%；某省市县（区）两级纪委监委立案非本级管理干部占到立案人数的65.4%、82.4%，27%的县（区）纪委监委还没有查办一起移送检察机关的本级管理干部案件。比如，党的十九大以来，某省查处的违反政治纪律案件中，67.5%的是对抗组织审查调查、组织参与封建迷信活动、履行全面从严治党责任不力等问题，真正聚焦"七个有之"发现查处问题做得还不到位。甚至一个镇纪委把农村党员上山放羊，违反禁牧规定定性为违反政治纪律。比如，有的干部讲，当前在基层普遍存在容错纠错机制不敢用、不愿用的问题，查处诬告陷害行为、为干部澄清正名难度大、不愿做，对一些受到处理的干部及时跟踪回访、开展深入细致思想政治工作不够，有效激励和保护干部干事创业的积极性还缺少真招实招，导致一些党员干部心有顾虑不愿担当。

（三）制度体系构建的实践性还有欠缺，还存在制度设计脱离实际和制度执行刚性不足等问题，在强化"不能"中贯通"不敢""不想"理念的实效性不强

实践中，一些党组织和纪检监察机关推进"三不"单项用力多、同向发力少，抓实不能腐这个关键、强化制度机制建设仍是弱项，系统施治、标本

兼治做得不够。有的对腐败案件分析不深入，对研究解决深层次问题、围绕薄弱环节建章立制不够精细，制定的以案促改措施看似面面俱到，实则针对性不强，甚至"一方药治百病"，反而助推了形式主义。有的将以案促改融入系统治理还有短板，以案促改与深化改革措施结合不紧密，开展专项整治追求短平快，让纪检监察机关"包打天下"，直接冲在一线代替行业部门行使监管职责，虽然短期内借助权威解决了表面问题，但一些体制机制层面的顽瘴痼疾并未彻底根除，滋生腐败的土壤没有改变。有的制度"为建而建"，只解决"有"的问题，不解决"有效"的问题，所建制度不注重研究党员干部的腐败心理诱因、不注重分析腐败问题滋生的外部环境、不注重构建崇廉尚洁的价值导向，党员干部对制度缺乏应有的心理认同和敬畏意识。比如，有的基层干部认为，自己与腐败分子离得远、粘不上，以案促改出台的措施、制定的制度与自己无关，存在"看客"心态。一些地方开展警示教育习惯"新瓶装旧酒"，内容老套、形式刻板，没有达到触及灵魂、净化思想的目的。比如，2019 年以来，某省先后部署开展了一系列专项整治，但部分市、县（区）开展专项整治没有结合"一些地方矿产资源领域腐败风险高、一些地方生态环保问题相对突出、一些地方营商环境和工程建设等领域容易滋生腐败"的实际，完善制度主要靠职能部门自查申报，导致真正的漏洞很难被堵住，整治效果打了折扣。比如，有的基层干部反映，F 某从 T 市副市长到市长、书记，再升任副省长，只用 10 年时间，一路边腐边升、"带病提拔"，被看作是 T 市官场的"传奇"，这反映出现在防止选人用人不正之风和"带病提拔"的制度很多，但真正管用的较少。

（四）将"三不"一体推进理念贯穿到纪检监察各项工作中还有差距，还存在认识不深、谋划不实等问题，集成整合纪检监察各项业务向"三不"战略目标同向发力不够

一些地区、部门、单位领会"三不"一体推进精神，将之运用到纪检监察各项业务中的"穿透力"还不到位。有的奉行"抽象说"，把"三不"一体推进停留在口号层面，传达学习中只照本宣科、不入脑入心；工作部署中缺乏深入实际的调查研究、符合实际的工作举措；工作推进中靠着老经验、老套路和一知半解"跟着感觉走",没有将理论真正用于指导实践。有的宣扬"割裂说",将"三不"一体推进当成具体业务工作,认为只有案件查办、制度建设、警示教育等工作属于"三不"的范畴,没有认识到开展政治监督、巡视巡察、纠治"四风"等各项工作都要体现"三不"一体推进的理念,也缺乏将监督执纪问责各项工作向"三不"一体推进方向整合的系统思维。有的倡导"阶段说",认为"三不"一体推进是整体性部署、原则性要求,各地有各地的实际,情况不同、重点不同,没必要一体推进,或是认为削存量、遏增量的任务还很繁重,兼顾不了"不能"和"不想";或是认为腐败问题已经得到充分治理,抓"不敢"没必要、抓"不能"也不重要,搞一搞思想教育就可以了。比如,一些地方党委(党组)特别是"一把手"对"三不"推进的理解表面化,甚至个别同志在调研组到来之前才"补课",访谈中所谈问题从概念到概念,把中央要求重复一遍,没有融入思想、融入实际,把自己、把工作、把职责摆进去,探讨到"三不"一体推进的重大意义、客观要求、实践举措等问题,就支支吾吾、语焉不详。基层问卷调查掌握,62%的党员干部认为"三不"一体推进是纪委监委的业务工作。比如,虽然各级纪委监委都在强调"三不"一体推进,但一些基层单位光案子都查不完,哪还有功夫考虑后续怎么办。在核查问题线索、查办具体案件中,一些承办部门没有统筹考虑"三不"理念,而是以尽快结案为目的制定工作方案。比如,某县自党的十八大以来还没有一例本级管理干部移送司法案件。访谈中,县委、县纪委监委领导将该情况归因于该县民风淳朴,党员领导干部都很谨慎,"不敢"是本县领导干部的"文化基因""老百姓老实不告状、当官的胆小不犯事",因此工作重心都集中在宣传教育上。事实上,该县村、社区干部违纪违法问题比较突出,所谓的"文化基因"成了县管干部特有的"挡箭牌",也成了没有落实"不敢腐"理念的托词。

(五)一些地方主体责任、部门责任落实不到位,还存在认识不清、定位不准、工作不实等问题,在"三不"一体推进中凝聚各方合力还有不足

一些地方的主体责任、监督责任、部门责任还没有完全做到同向同频发力，短板仍然明显。有的党委在"三不"一体推进上谋划研究不够，党建领导小组牵头抓总作用发挥不充分，尤其是个别党委"一把手"或是因为自身不过硬，或是因为缺乏动真碰硬的底气，对"三不"一体推进明着曲解、暗着抵触。有的地方政府党组主体责任发挥不到位，没有将标本兼治的举措融入改革和政府监管工作中，靠纪委监委完成监督环节之后，没有继续发挥主体责任把工作干到头，对于如何将监督效能融入治理体系和治理能力现代化建设重视不够、研究不多、支持不到位，特别是在"不敢""不能"上，研究落实制度建设存在缺位的问题还有一定普遍性。有的职能部门对制约自身权力运行的主动性积极性不高，将权力行使的裁量空间视为部门利益和领导干部的个人资源，面对"不能腐"的制度构建，抱着"本位主义"为部门刻意"留暗门"，为领导干部预留权力设租寻租的空间。比如，Z某主政S省期间，习惯于管党治党宽松软的舒适之中，由于自己存在插手干预矿产资源开发、违规选人用人等严重违纪违法问题，自身腐难担当，对全面从严治党不敢管，对腐败问题不敢查，既不支持纪委办案，也不听取纪委廉政意见，对"圈内人"压案不查，处处与"三不"理念背道而驰。比如，有干部讲，"一些政府领导认为政府只是单纯抓业务工作的，开展监督工作就是纪委的事，在全面从严治党上党建和业务'两张皮'，平时当老好人，出了问题就给纪委'甩锅'，工作推不动的时候说纪委监委监督不够，干部不担当了又说纪委监委监督过了头"。比如，对能源矿产的开发利用保护，国家层面早已颁布《矿产资源法》，省级也有相应的实施办法，但一些市县配套制度上下一般粗，在探矿权、采矿权上未及时引入竞争机制，在火烧区和塌陷区治理、井田面积大小、资源储量设定、生产能力规模等具体方面，预留寻租空间。

三、关于"三不"一体推进的实践路径

坚持"三不"一体推进方针方略和战略目标，必须坚持以习近平新时代中国特色社会主义思想为指导，围绕推进治理体系和治理能力现代化，在形成不敢腐震慑的同时，健全不能腐的机制，强化不想腐的自觉，推动"三不"贯通融合，不断提高治理腐败效能。

（一）将"三不"一体推进理念融入各级党组织和党员领导干部思想和行动中

把"三不"一体推进作为反腐败斗争基本方针和新时代全面从严治党重要方略，坚持系统谋划、整体推进，确保"三不"一体推进战略目标的实现。坚持以"三不"一体推进理念统一思想认识，持续深学细悟习近平总书记关于"三不"一体推进的重要论述，准确把握核心要义、实践要领，充分认识"三不"一体推进的重要性、必要性，增强责任感、使命感，树牢"一盘棋"思想，总体把握、统筹联动、全面运用，在实践中不断提升"三不"一体推进的思想自觉和行动自觉。坚持以"三不"一体推进理念推动全面从严治党向纵深发展，始终把纪检监察工作置于党的绝对领导之下，自觉从大局出发、从全局考虑，强化"三不"系统集成，注重"三不"协同高效，切实用"三不"一体推进理念解决全面从严治党中的重点难点问题，不断提升反腐败治理效能。坚持以"三不"一体推进理念指导纪检监察工作高质量发展，认真研究"三不"一体推进对新时代纪检监察工作提出的新任务新要求，把握好纠正与防范、治标与治本、阶段性与连续性的关系，探索建立"三不"一体推进融入党风廉政建设、反腐败工作成效评价机制，推动惩治震慑、制度约束、思想教育有机贯通、同向发力，确保纪检监察各项工作沿着"三不"一体推进战略路径精准迈进。

（二）把"三不"一体推进理念融入履行监督职责和健全监督体系中

以实现"三不"一体推进战略目标为牵引，统筹兼顾办案与监督、惩治与预防、约束与治理，切实把监督成效转化为治理效能。着力在监督职责中挖掘"三不"一体推进功能，突出监督问题导向，为政治生态研判和案件查办打牢基础，强化不敢腐的震慑；注重运用监督成果，增强制度刚性，扎牢不能腐的笼子；发挥监督纠偏功能，校准思想坐标，增强不想腐的自觉。着力在监督工作中运用"三不"一体推进方法，由重办案数量向"三个效果"有机统一转变，由重办案轻监督向各项职责并重转变，由监督检查、审查调查、廉政教育单一思维向有机协调一体推进转变。着力在监督体系建设中贯穿"三不"一体推进理念，强化政治监督，做实日常监督，完善纪律监督、监察监督、派驻监督、巡视监督统筹衔接制度机制，以党内监督为主导完善各类监督贯通联动，把监督融入区域治理、部门治理、行业治理、基层治理、单位治理，不断提升监督体系的法治化、规范化水平。

（三）把"三不"一体推进理念融入"两个责任"贯通联动一体落实中

推动各级党组织从新时代全面从严治党方针方略的高度，深入理解、精准把握"三不"一体推进要求，着力构建统一决策部署、同向整合力量、集成措施手段的"三不"一体推进工作格局。强化各级党委（党组）"三不"一体推进政治责任，摆在全面从严治党突出位置，以"三不"一体推进理念统揽管党治党各项工作、嵌入治理体系和治理能力现代化建设，在深化改革、促进发展中同步推进不敢腐不能腐不想腐。强化"一把手"履行"三不"一体推进第一责任人职责，加强上级党组织对下级"一把手"贯彻执行"三不"一体推进情况的监督，督促上级"一把手"抓好下级"一把手"，落实上级纪委同下级党委班子成员集体谈话、上级纪委书记定期与下级党委书记谈话、下级党委书记在上级纪委全会述责述廉并接受评议等制度，确保"三不"一体推进责任体系抓住关键人、落在关键处。强化纪检监察机关在"三不"一体推进中的监督专责，积极探索总结"三不"一体推进的有效载体和成功经验，协助党委（党组）抓好组织协调和督促落实，推动主责部门履职尽责，将"三不"一体推进的理念、思路和方法融入监督保障执行、促进完善发展中，推动形成"两个责任"贯通联动一体落实的工作格局。

（四）把"三不"一体推进理念融入有效途径和实践载体中

用好以案促改、专项治理、巡视巡察、审计财会监督、"四种形态""五个载体"，形成"三不"一体推进的"工具箱"。运用以案促改有效抓手，实施"一案双改"，对于发生典型案件的地区、部门、领域，既要向党委（党组）发出以案促改建议、推动主体责任落实，也要向纪委（纪检组）发出纪律检查建议书、强化监督责任落实；对典型案件开展"一案三说"，既要让受处分人说"认知"，又要让纪检监察机关讲"纪法"，还要让发案单位党组织谈"责任和整改"，让纪律处分"一张纸"变成警示教育"一堂课"。做实专项治理有效举措，针对地域性、行业性的普遍问题开展"项目化"专项整治，通过治理推动堵塞漏洞、完善机制，使同类同质问题在根本上得到解决，持续放大"不敢"效应、织密"不能"笼子、倒逼"不想"自觉。发挥巡视巡察平台作用，完善巡视巡察效果评估、结果运用以及"四项监督"统筹衔接制度机制，充分释放监督效能，发挥巡视巡察发现问题、形成震慑、促进整改、建章立制的职能作用，使"不敢""不能""不想"在巡视巡察全过程得到体现。强化审计、财会监督专业手段，完善与纪检监察监督、巡视巡察监督贯通协同制度，通过巡视巡察整改和日常监督促使审计、财会监督发现的问题得到预防和解决，通过审计、财会监督深挖问题线索，实现共同发力、同频共振，使"三不"一体推进措施更加有力。用好"四种形态"政策策略，充分发挥"四种形态"的教育警醒、惩戒挽救、惩治震慑功能，紧紧抓住"态度"这个变量，实现"不敢""不能""不想"在纪法情理贯通中一体推进。

（五）把"三不"一体推进理念融入继承和弘扬延安精神中

"三不"一体推进的理念与延安精神的核心内涵一脉相承。坚持把延安精神作为党史学习教育的重要内容，作为党员干部理想信念教育的必修课，传承好、发扬好红色基因。从延安精神中汲取"三不"一体推进的时代力量，大力弘扬延安精神，在践行全心全意为人民服务、实事求是、艰苦奋斗等优良传统中砥砺党性、校准方向，解决好世界观、人生观、价值观这个"总开关"问题，自觉从被动的"不想"转化为主动的"不想"。从延安精神中提炼"三不"一体推进的历史经验，传承延安时期管党治党、从严治党的光荣传统，以零容忍的态度惩处腐败，以"不敢"的成效增强"不想"的自觉。从延安精神中挖掘"三不"一体推进的廉洁文化，弘扬延安时期形成的以教育倡廉、以监督护廉、以制度促廉和以法律保廉等经验做法，树立廉荣贪耻的价值取向，培育崇廉尚俭的廉政土壤，为"三不"一体推进注入源源不断的精神动力。

第四讲　违反党纪行为的构成要件研究

西北政法大学纪检监察学院院长、教授　姬亚平

一、问题的提出

习近平总书记在十九届中央纪委四次全会上强调："既要把'严'的主基调长期坚持下去，又要善于做到'三个区分开来'。"[1]对正确区分正当行为与违纪违法行为、精准处分违反党纪行为提出了新的要求。违反党纪行为有广义和狭义之分，广义的违反党纪行为是指党员和党组织违反《中国共产党纪律处分条例》（以下简称《条例》）所规定的党的纪律的行为，由违纪客体、违纪客观方面、违纪主体以及违纪主观方面四个要素构成。狭义的违反党纪行为是违反党纪构成的客观方面要件，是指党员和党组织实施的侵犯《条例》所保护的党内关系和社会关系的具体活动。违反党纪构成要件理论是指根据《条例》的规定，决定某一行为构成违反党纪行为所必须具备的一系列主客观要件的有机整体，是对违反党纪行为认定标准的规范化和体系化。

根据"三个区分开来"的要求，执纪机关应当正确区分违反党纪行为与正当行为、违反其他纪律行为、违法犯罪行为，具体分析党员干部实施行为的动机态度、客观表现、结果影响等要素，精准辨别党员干部主观上是否具有违纪故意或违纪过失、客观上是否实施了违纪行为以及是否造成了严重的

---

[1]　习近平总书记在十九届中央纪委四次全会上的讲话：《一以贯之全面从严治党强化对权力运行的制约和监督 为决胜全面建成小康社会决战脱贫攻坚提供坚强保障》，载《人民日报》2020年1月14日，第1版。

危害结果，同时结合损失挽回情况等具体情节综合认定违反党纪行为，这实质上就是确定该行为是否符合违反党纪行为构成要件的过程，也是对违反党纪构成要件理论的初步运用。

实践中，由于《条例》没有具体规定违反党纪行为的构成要件，学界也尚未形成规范化的违反党纪构成要件理论，故而违反党纪行为与正当行为、违法犯罪行为等往往被混为一谈，执纪机关对违反党纪行为的认定也始终存在着定性不准确的问题。例如，在引起社会公众广泛关注和讨论的"法官因错别字被问责"一案中，湖南省法官李洪涛因文书审查把关不严，导致执行裁定书出现 7 处文字错误，法院党组因此给予其党内严重警告处分。从表面上看李洪涛身为法官和党员，文书审查把关不严，未尽职尽责工作，应当给予处分，但仔细分析，其行为是否违反党纪仍有待商榷。笔者认为，李洪涛的行为虽然违反了法官文书审查之法定义务〔1〕，但并未违反《条例》所规定的党员义务，依据《法官法》和法官职业纪律进行惩戒即可，而不必上升到适用党纪处分的程度。一方面，从违纪客体上来看，《条例》规定的"工作中不负责任或者疏于管理"行为的客体为党组织的信誉和形象，而李洪涛的行为主要损害了法院权威和司法公信力，显然不符合该违纪客体；另一方面，从违纪危害结果上来看，此类违反党纪行为一般要求其要给党和国家利益造成较大损失，而李洪涛的行为虽然造成一些不良影响，但裁定书内容合法，其中的错别字根据上下文即可识别并进行改正，对当事人的权利义务并无实质性损害，更遑论对党和国家的利益造成损失。诸如此类对违反党纪行为认定错误的事例屡见不鲜，例如，山西某中学教师因在假期凑份子吃饭，安徽某扶贫干部因洗澡没有及时接听上级电话，湖南某公务员因上班期间喝牛奶，四川某县公职人员因上班时间发朋友圈以及七名同事因点赞而被党纪处分，目前对违反党纪行为的认定过于泛化已经引发了网络舆情，为此，有刊文指出："要严肃问责，严格依规依纪、严格程序要求、严格把握政策，不能随意、随性。"〔2〕

---

〔1〕　参见《法官法》第10条。
〔2〕　范赓：《问责不能泛化简单化》，载《方圆》2019 年第 9 期。

在党中央"依规依纪依法，精准科学监督执纪问责"[1]的要求下，如何准确界定违反党纪行为的构成要件，正确区分违反党纪行为与正当行为、违反其他纪律行为、违法犯罪行为，已经成为一个具有理论价值和实践意义的课题。本文将结合我国的法治建设实践，探究违反党纪行为的构成要件，并提出具体可行的操作方案。

二、界定违反党纪行为构成要件的必要性和可行性

任何制度都是对理论与实践层面的双重回应，实践层面的现实需求是制度运行的原始动力，理论层面的法理学说是制度设立的参考方案。一方面，界定违反党纪行为的构成要件是对当前监督执纪工作实践需求的回应；另一方面《条例》与《刑法》《行政处罚法》的相似性也使得在借鉴犯罪构成四要件理论和行政违法构成要件理论的基础上尝试构建违反党纪构成要件理论成为可能。

（一）界定违反党纪行为构成要件的必要性分析

正确执行党纪、切实发挥党纪的反腐功能首先必须明确党纪的执行标准，把握什么是违反党纪的行为，这对于明确监督执纪依据、精准处分违反党纪行为、实现纪法有效衔接具有重大意义。

1. 明确监督执纪依据。《条例》第 5 条规定了监督执纪"四种形态"，强调纪在法前，用纪律管住绝大多数公权力行为。实现纪在法前，充分发挥党纪的监督作用，监督执纪依据的明确和公开必不可少。一方面，违反党纪行为的构成要件、认定标准以及党纪处分措施的透明化和公开化是发挥党纪威慑作用的关键，只有大多数党员知晓什么行为会违反党纪以及违反党纪会有什么后果，才能使遵守党纪常规化；另一方面，界定违反党纪行为的构成要件实质上是对《条例》适用规则的具体化，是提升党纪执行技术的一种体现，有利于统一执纪标准，确保执纪人员正确执纪。

---

〔1〕 赵乐际：《坚持实事求是 精准监督执纪问责 扎实推进纪检监察工作高质量发展》，载《光明日报》2019 年 5 月 23 日，第 3 版。

2. 精准处分违反党纪行为。十八大以来，我国对违反党纪行为的处分实践进入了一个普遍化、实质化发展的新阶段，但也陆续暴露出了纪律处分的泛化和不到位等问题，精准处分违反党纪行为始终是当前监督执纪工作中的一个难题。实现对违反党纪行为的精准处分要求准确界定违纪处分标准和选择适当的追责方式，这实际上涉及违反党纪行为的定性和定量问题。执纪机关针对某种行为进行追责，首先必须对该行为进行定性，考察其是否符合违反党纪行为的特征，考察内容主要包括主体、侵犯客体、客观行为、危害结果、主观态度等，这是判断该行为是否符合违反党纪行为的构成要件的过程。在定性的基础上，执纪机关根据违反党纪行为的情节轻重决定是否给予违纪主体党纪处分以及给予何种党纪处分。根据《条例》第 17 条和第 20 条的规定，判断违反党纪行为的情节轻重主要依据违纪前后表现、违纪目的、违纪动机、违纪手段等情况，这些都属于违反党纪构成要件的内容。

3. 实现纪法有效衔接。纪法衔接是指党纪与国法的衔接，对于既构成违纪同时又构成违法或犯罪的党员，应当依据《条例》《公务员法》《政务处分法》和《刑法》等同时追究其党纪处分责任、政务处分责任和刑事责任。在纪法衔接过程中，纪检机关、监察机关和司法机关之间的案件材料共享特别是相关证据共享尤为重要，这在《监察法》中也得到了明确。[1] 而且当前监察机关基于实现"法法衔接"的要求，也在推进《监察法》《政务处分法》与《刑法》的证据收集标准统一化。[2] 在我国，司法机关收集犯罪事实和证据主要围绕犯罪客体、犯罪客观方面、犯罪主体以及犯罪主观方面四个方面进行，由此，如果将违反党纪行为的认定标准同样界定为四要件，即违纪客体、违纪客观方面、违纪主体以及违纪主观方面，这实际上将纪检机关、监察机关和司法机关的证据收集标准有效衔接起来，也与《条例》中参照犯罪构成要件形成的违纪处分条文相照应，有利于避免纪检机关重复收集证据，造成纪法资源的浪费。

---

〔1〕《监察法》第 33 条第 1 款："监察机关依照本法规定收集的物证、书证、证人证言、被调查人供述和辩解、视听资料、电子数据等证据材料，在刑事诉讼中可以作为证据使用。"

〔2〕马振清：《"纪法贯通，法法衔接"的本质透视与现实保障》，载《人民论坛》2020 年第 5 期。

（二）界定违反党纪行为构成要件的可行性分析

"某一制度之创立，它必有渊源，早在此项制度创立之先，已有此项制度之前身。"[1]《条例》的颁布绝非偶然，它是党中央在全面从严治党的新形势下，借鉴已有的制度成果，总结政党治理经验产生的，其由于与《刑法》在形式、性质和地位上相似而被称为"党内法规中的刑法"，[2]这也为违反党纪构成要件理论借鉴犯罪构成四要件理论提供了制度依据。

一方面，《条例》与《刑法》在原理上十分相似，二者均属于惩罚性规范，都通过对某种行为的惩处来达到目的，都需要对某种行为进行认定，这也决定了犯罪构成四要件理论和违反党纪构成要件理论都涉及某种行为的主体、对象、实施方式以及危害后果等内容，从这一点上来看，违反党纪构成要件理论在主体框架上可借鉴犯罪构成四要件理论，具体设定为违纪客体、违纪客观方面、违纪主体以及违纪主观方面；另一方面，《条例》与《刑法》都强调根据犯罪行为或违反党纪行为的不同情节作出相应的处罚。《刑法》中常有"情节较轻""情节严重""情节特别严重"等表述，这种"情节轻重"一般是基于犯罪基本事实以外的能够影响行为危害程度的各种事实情况进行判断的，主要包括犯罪动机、犯罪目的、犯罪手段以及犯罪后的态度等内容，这也为构建违反党纪构成要件理论提供了一些启示。

另外，党纪处分与行政处罚也存在相似之处，都是对危害性行为的制裁，所以《条例》与《行政处罚法》在基本原理上也是相通的。但是，《行政处罚法》没有规定行政违法行为的构成要件，导致了行政执法实践中的一些乱象，例如，对没有主观过错的人进行处罚，陕西某地公安机关就对食用加了罂粟壳的凉皮的顾客予以拘留，所以有学者呼吁在修改《行政处罚法》时应当明确行政违法行为的主观构成要件[3]，全国人大常委会公布的《行政处罚

---

〔1〕 钱穆：《中国历代政治得失》，九州出版社2012年版，第2页。

〔2〕 石伟：《党内法规中的"刑法"——新修订版〈中国共产党纪律处分条例〉解读》，载《马克思主义与现实》2016年第4期。

〔3〕 江必新：《论应受行政处罚行为的构成要件》，载《法律适用》1996年第6期；姬亚平、申泽宇：《行政处罚归责中的主观要件研究——兼谈〈行政处罚法〉的修改》，载《上海政法学院学报（法治论丛）》2020年第3期。

法》吸收了有关意见，规定"当事人有证据足以证明没有主观过错的，不予行政处罚。"[1]可以说，《行政处罚法》的立法缺陷能够从反面为《条例》的完善提供教训。

实践中，一些纪检机关已经对违反党纪构成要件理论进行了初步探索，对部分违纪案件的处理直接体现了违纪客体、危害结果、违纪主体以及违纪故意等内容[2]，这也说明了界定违反党纪行为的构成要件是可行的。下面，笔者将分别对违反党纪行为的客体、客观方面、主体以及主观方面构成要件进行探讨。

三、违纪客体

违纪客体是指《条例》所保护的、受违反党纪行为侵犯的党内关系和社会关系，它是构成违反党纪行为的必备要件，主要包括党在政治上的高度统一、党的组织工作原则和制度、党员职务行为的廉洁性、正常的党群关系、党组织的正常管理活动以及党的优良作风和美德六方面内容。

（一）违纪客体的特征

违纪客体相较于违法犯罪客体具有以下三个特征：

第一，违纪客体的范围具有广泛性。违纪客体包含犯罪客体，犯罪客体是直接涉及统治阶级利益和统治秩序的社会关系，而违纪客体不仅包括与统治阶级利益紧密相关的社会关系，还包括一些与道德风尚、党的政策相关的党内关系和社会关系。在备受关注的"内蒙古自治区原政协副主席赵黎平故意杀人案"中，中共中央纪委给予了赵黎平开除党籍的处分。[3]赵黎平之所以受到刑事责任和党纪处分责任的双重追究，是因为其实施的故意杀人的行

〔1〕"《行政处罚法（修订草案）》征求意见稿"，载中国人大网，http：//www.npc.gov.cn/flcaw/，访问时间：2020年11月11日。以及2021年7月15日施行的《行政处罚法》第33条第2款。
〔2〕"陕西省发展和改革委员会原党组副书记、副主任贺久长被双开"，载中央纪委国家监委网站，http://www.ccdi.gov.cn/scdc/sggb/djcf/202003/t2020，访问时间：2020年7月11日。
〔3〕"内蒙古自治区政协原副主席赵黎平被开除党籍"，载中央纪委国家监委网站，http://www.ccdi.gov.cn/scdc/zggb/djcf/201607/t20160704_115991.html，访问时间：2020年11月22日。

为不仅侵犯了公民的生命权利，同时也破坏了正常的党群关系。

第二，违纪客体的类型具有多样性。如前述，《条例》所保护的客体主要有六种类型，认定某种行为是否侵犯违纪客体，应当将该行为所侵犯的客体与这六类客体进行比较，例如在考察党员教师上课迟到早退是否违反党纪时，先确定该行为侵犯的客体，即党员教师上课迟到早退在某种程度上更多的是对教学管理秩序的破坏，然后将这种客体与六类违纪客体进行对比，会发现其显然不属于其中任何一种类型，因此可得出党员教师上课迟到早退不是一种违反党纪行为的结论。

第三，违纪客体与党的政策联系密切。一些党的政策、基本原则以及指导思想直接是《条例》所保护的客体。《条例》第 46 条第 1 项规定的公开发表违背四项基本原则和违背、歪曲党的改革开放决策的违反党纪行为，其侵犯客体直接为四项基本原则和党的改革开放决策。

（二）违纪客体的具体内容

根据《条例》规定，违反党纪行为可分为六种，即违反政治纪律的行为、违反组织纪律的行为、违反廉洁纪律的行为、违反群众纪律的行为、违反工作纪律的行为以及违反生活纪律的行为，与这六类违反党纪行为相对应，违纪客体也包含六个方面的内容，即党在政治上的高度统一、党的组织工作原则和制度、党员职务行为的廉洁性、正常的党群关系、党组织的正常管理活动以及党的优良作风和美德。

1. 党在政治上的高度统一性。违反政治纪律的行为是指党组织和党员违反其在政治方向、政治立场、政治观点和政治活动上必须遵循的行为规则，按照《条例》规定应当受到党纪处分的行为，具体是指《条例》第 6 章规定的 37 类违反党纪行为。违反政治纪律的行为所侵犯的客体是党在政治上的高度统一，它是指各级党组织和党员必须在政治方向、政治立场、政治观点和政治活动上同党中央保持高度一致，具体表现为党的基本理论、路线、方针和政策的贯彻落实以及党中央的权威和集中统一领导。在认定此类客体时，应当深入理解党的基本理论、方针与政策，将违纪行为所造成的不良影响与党的方针政策的预期实施效果进行对比，存在关联的即构成了相应的违反政治纪律的行为。如一些党员公开发表"党员违纪审查招供没骨气"的言论，扰乱其他党员思想，这可能加大违纪案件的查处难度，从而对监督执纪效果产生不良影响，实际上与党中央"全面从严治党"的要求相违背。

2. 党的组织工作原则和制度。违反组织纪律的行为是指党组织和党员违反规范党组织、党组织与党员以及党员与党员之间关系的行为规范，依照《条例》应当受到党纪处分的行为，具体是指《条例》第 7 章规定的 23 类违反党纪行为。违反组织纪律的行为所侵犯的客体为党的组织工作原则和制度，其主要包括民主集中制原则、"四个服从"原则、请示报告制度以及民主生活会制度等内容。与政治纪律类客体不同，组织纪律类客体更加强调党员与党组织之间的联系，这一点可具体体现在拒不执行党中央确定的大政方针和拒不执行党组织重大决定这两类违反党纪行为的区分上，前者是一种违反政治纪律的行为，强调党组织和党员对党中央的忠诚义务，而后者是一种违反组织纪律的行为，强调党员对党组织的服从义务。

3. 党员职务行为的廉洁性。违反廉洁纪律的行为是指党组织和党员违反其在从事公务活动或其他活动中应当遵守的廉洁用权的行为规则，按照《条例》规定应当受到党纪处分的行为，具体是指《条例》第 8 章规定的 34 类违反党纪行为。违反廉洁纪律的行为是反腐倡廉斗争重点打击的对象，其侵犯的客体为复杂客体，既侵犯了党员职务行为的廉洁性，同时又侵犯了与该类违反党纪行为相关的其他客体，如党和国家机关的正常管理活动，但前者为主要客体。党员职务行为的廉洁性要求党组织和党员在从事公务活动或其他活动中必须廉洁奉公，不以权谋私、损公利己、与民争利，这是实现干部清正、政府清廉、政治清明的重要保障。

4. 正常的党群关系。违反群众纪律的行为是指党组织和党员违反其在贯彻执行党的群众路线和处理党群关系中必须遵循的行为准则，按照《条例》规定应当受到党纪处分的行为，具体是指《条例》第 9 章规定的 9 类违反党纪行为。违反群众纪律的行为破坏了正常的党群关系，"党群关系是政党政治的核心问题，涉及到民众的政治认同和执政合法性问题"[1]，在我国党群关

---

〔1〕 罗会德：《新形势下密切党群关系的体制机制研究》，上海交通大学出版社 2017 年版，第 8 页。

系主要体现在党的群众路线中，既包括一切为了人民群众、一切向人民群众负责、向人民群众学习等群众观点，也包括从群众中来、到群众中去的工作方法。侵犯此类客体的行为一般表现为侵犯人民群众权利、损害人民群众利益的行为，这类行为通常与以权谋私类行为相联系，如一些领导干部在分配扶贫补偿款过程中，优厚亲友。

5. 党组织的正常管理活动。违反工作纪律的行为是指违反党组织和党员在党的各项具体工作中必须遵循的行为准则，按照《条例》应当受到党纪处分的行为，具体指《条例》第10章规定的21类违反党纪行为。违反工作纪律的行为所侵犯的客体为党组织的正常管理活动，主要表现为党组织的正常工作管理秩序。在认定此类客体时，应当注意将党组织的工作管理秩序与单位的工作管理秩序区别开来，这是区分违反党纪行为与违反单位工作纪律行为的关键。

6. 党的优良作风和美德。违反生活纪律的行为是指党员违反其在日常生活和社会交往中应当遵守的行为准则，按照《条例》应当受到党纪处分的行为，具体是指《条例》第11章规定的4类违反党纪行为。违反生活纪律的行为通常与违反廉洁纪律的行为一同发生，其侵犯的客体为党的优良作风和美德，如一些党政领导干部在贪污受贿后，往往会进行高档消费，追求奢靡生活，这实际上不仅破坏了党员职务行为的廉洁性，同时也不符合党的廉洁自律、艰苦朴素的优良作风。党的优良作风和美德表现在多个方面，既包括党的廉洁自律、勤俭节约的优良作风，也包括社会主义优良道德风尚、社会伦理规范以及家庭美德等内容。

（三）违纪客体与违纪对象

认定违纪客体时，要注意将其与违纪对象进行区分。违纪对象是指被违反党纪行为所直接作用的、体现违纪客体的具体人或物。

违纪客体与违纪对象之间存在着紧密的联系，违反党纪行为是通过违纪对象来侵犯违纪客体的，如党员违规侵占公款的，其违纪对象为公款，党员通过违规侵占公款的行为侵犯了公款的使用权，从而破坏了党员职务行为的廉洁性。

违纪对象与违纪客体主要有以下四点区别：①违纪客体是一种抽象的党内关系和社会关系，无法被直接感知，而违纪对象是能够被感知的具体的人和物；②违纪客体决定违反党纪行为的性质，而违纪对象无法决定违反党纪行为的性质；③违纪客体是一切违反党纪行为的必备要件，而违纪对象只是某些违反党纪行为的必备要件，比如违规滥发津贴、补贴行为的对象必须是津贴、补贴；④任何违反党纪行为都会侵犯违纪客体，但不一定会损害违纪对象，如违规侵占公物的行为本身不会对公物造成损害，但一定会侵犯公物的使用权。

四、违纪客观方面

违纪客观方面是指《条例》所规定的说明违反党纪行为的社会危害性的客观事实特征，主要包括违反党纪行为、危害结果、违反党纪行为与危害结果之间的因果关系以及特定的时间、地点和方法等要素。

（一）违反党纪行为

违反党纪行为是构成违反党纪的必备要件，是指行为主体在人的意识或者意志的支配下实施的、侵犯《条例》所保护的党内关系和社会关系的身体活动。实践中，认定违反党纪行为的难点往往在于违反党纪行为与正当行为、违反其他纪律行为以及违法犯罪行为的区分上。

1. 违反党纪行为与正当行为。正当行为是指行为人实施的符合社会行为规范、不具备社会危害性甚至有益于社会发展的行为，它与违反党纪行为存在本质区别，是否违反党内义务是认定某种行为属于正当行为抑或违反党纪行为的关键。违反党纪行为有两种表现形式：作为和不作为。作为违纪是指党员以积极的身体动作实施《条例》所禁止的行为，不作为违纪是指党员负有实施某种行为的特定义务，在能够履行这种义务的情形下而不履行。无论是作为违纪还是不作为违纪，都是违反《条例》规定的党内义务的行为，作为违纪违反的是不得作为的义务，如阳奉阴违、欺上瞒下的行为就是违反了不得欺骗党组织的禁止性义务；不作为违纪违反的是应当作为的义务，例如，对错误思想和行为的不报告、不抵制、不斗争。所以，判断党员行为是否违反党纪，关键在于认定其是否违反党内义务。违纪主体的党内义务主要来自于以下四个方面：一是《条例》规定的义务。如党员自觉遵守党章党纪、模范遵守法律法规的义务。二是职务或者业务所要求履行的义务。例如教师负有以身作则、教书育人的义务。三是先前行为引起的义务。比如交通肇事撞伤人后，立即护送伤者去医院抢救的义务。四是法律规定的义务。例如不得酒后驾驶的义务。[1]

2. 违反党纪行为与违反单位工作纪律的行为。违反单位工作纪律的行为是指单位员工实施的违反工作义务，依据单位的管理规定应当受到单位制裁的行为，其与违反党纪行为同样存在本质区别。一方面，二者性质不同，党员和党组织实施违反党纪行为受到追究是由于其违反了《条例》所规定的党内义务，其"工作纪律"以《条例》规定为限，主要指党员从事公务活动必须遵循的工作准则。职工违反单位工作纪律受到处罚是由于其违反了单位的工作义务，认定依据为单位的管理规定。例如，一般来说，各个学校的教师管理办法都会明文规定教师负有按时授课的义务[2]，前述所提到的党员教师上课迟到早退行为显然是对这种义务的违反，本质上是一种违反单位工作纪律的行为，而并没有达到《条例》所规定的违反"工作纪律"的程度，不必予以党纪处分。另一方面，二者在某些情况下可能会存在一定的重合交叉，当违反单位工作纪律的行为达到《条例》所规定的程度时就会触犯党纪，如，教师在考试中收受学生钱财的行为，应当同时受到校纪和党纪的处理。

3. 违反党纪行为与违法行为。违法行为是指行为人实施的违反国家法律但情节轻微尚未构成犯罪的行为，其种类繁多，包含行政违法、民事违法以及国家公职人员的职务违法行为等，它与违反党纪行为既有联系又有区别。一方面，违反党纪行为与违法行为存在本质区别，前者是党员和党组织实施的违反《条例》规定的党内义务的行为，主体限定为党员和党组织，实施违反党纪行为的应当承担党纪处分责任；后者是一般公民实施的违反法定义务、

---

〔1〕 汪国华编著：《适用〈中国共产党纪律处分条例〉定性量纪实务》，中国方正出版社2017年版，第38页。

〔2〕 例如《北京大学教师教学工作管理办法》第18条、第20条。

应当承担相应法律责任的行为，如闯红灯行为，其主体为一般公民，实施闯红灯行为的应当受到相应的行政处罚；另一方面，违反党纪行为与违法行为存在交叉，根据《条例》第28条的规定，损害党、国家和人民的利益是违法行为转变为违反党纪行为的重要案件情节。在"义乌市道路运输管理局党总支副书记朱红斌醉酒驾驶案"中，朱红斌不仅被处以吊销机动车驾驶证等行政处罚，同时还受到了留党察看一年的处分。[1]这是因为醉酒驾驶作为一种违法行为，已经严重威胁到了人民群众的生命财产安全，社会危害性极大，应当承担党纪处分责任。对于这类既违法又违纪的党员，原则上应当先由党组织根据案件情节、影响恶劣程度以及利益损害程度等因素给予党纪处分，之后再移送给有关国家机关处理。

4. 违反党纪行为与犯罪行为。违反党纪行为与犯罪行为同样存在交叉，"犯罪是具有社会危害性、触犯《刑法》，应当受到刑罚处罚的行为，"[2]基于纪严于法、党纪挺在国法之前的要求，当犯罪嫌疑人具备党员身份时，实际上就已经实现了犯罪行为与违反党纪行为的同一化。党组织在纪律审查过程中发现党员涉嫌犯罪行为的，应当给予相应的党纪处分。这种处分不以司法审判为前提，只要"依据《刑法》及其修正案、有关决议、决定、法律解释、司法解释以及指导案例"[3]认定其涉嫌犯罪即可。针对这类涉嫌犯罪的党员，应当先由党组织根据党员犯罪情节分别给予撤销党内职务、留党察看或者开除党籍的处分，之后再移交给司法机关处理，但存在例外情形，即党组织也可直接依据司法机关和监察机关的处理结论给予党纪处分。实践中，对很多违纪党员都是"先移后处"，有些地方甚至出现了"狱中党员"的情况，例如在前述所提到的"内蒙古自治区原政协副主席赵黎平故意杀人案"中，赵黎平于2015年3月25日就已经被批捕，但直到7月31日才被开除党籍。

---

〔1〕 "义乌通报5起党员干部酒驾醉驾典型案例"，载浙江省纪委省监委网站，http://www. zjsjw. gov. cn/ch112/system/2020/11/12/032802752. shtml，访问时间：2020年11月22日。

〔2〕 邱兴隆主编：《刑法学》，中国检察出版社2008年版，第27页。

〔3〕 中共中央纪律检查委员会中华人民共和国国家监察委员会法规室编写：《〈中国共产党纪律处分条例〉释义》，中国方正出版社2018年版，第115页。

（二）危害结果

危害结果是指违反党纪行为对《条例》所保护的党内关系和社会关系所造成的具体侵害事实，是构成违反党纪行为的选择性要件。大部分违反党纪行为不要求存在危害结果，例如《条例》规定的拒不执行党组织的分配、调动、交流等决定的行为，在这种情形下，只要存在这种行为，就构成违反党纪，并不要求其给党、国家和人民的利益造成重大损失。危害结果会影响违反党纪行为的定量，即危害结果的发生和大小对党纪处分的种类和幅度有一定影响。

当然，也有一些行为必须造成危害结果才构成违反党纪，《条例》所规定的大部分失职、渎职行为就属于这种情形。根据《条例》第 67 条的规定，履行全面从严治党主体责任、监督责任失职的行为必须给党组织造成严重损害或者严重不良影响才构成违反党纪。四川省兴文县县委书记沈军、纪委书记高建等人对当地人大换届选举工作指导和监督不力，致使选举发生未通知选民投票、工作人员直接填写选票等严重问题，直接导致选举无效，因此受到了党纪处分责任的追究。[1]

（三）因果关系

因果关系是指违纪行为与危害结果之间引起与被引起的客观联系。在以危害结果为必备要件的违反党纪行为中，行为主体仅仅实施了违反党纪行为，但这种行为与危害结果的发生没有客观的因果联系的，行为主体不承担党纪处分责任。例如前述所提到的四川省文兴县县委书记沈军和纪委书记高建，如果其尽职尽责指导和监督当地的人大换届选举工作并及时报告违规选举问题，那么就不必为选举无效的后果承担责任。

（四）特定的时间、地点和方法

任何违反党纪行为都是在特定的时间、地点，以特定的方法、工具实施

---

[1] "中央纪委公开曝光六起落实全面从严治党主体责任和监督责任不力被问责典型案例"，载中央纪委国家监委网站，http://www.ccdi.gov.cn/toutiao/201707/t20170717_125803.html，访问时间：2020 年 11 月 26 日。

的。通常情况下，《条例》不对违反党纪行为的时间、地点和方法作限定，其不属于构成违反党纪行为的必备要件。但当《条例》明文规定某种行为的时间、地点和方法时，这些条件就成为违反党纪行为的构成要件。例如，一些违反政治纪律的行为将以公开方式实施危害行为作为构成违反党纪的条件。[1]

五、违纪主体

违纪主体是指具备责任能力，实施了违反党纪行为，依据《条例》应当受到党纪处分的党员和党组织。相较于刑法中的犯罪主体，违纪主体更具有特定性，仅限于党员和党组织。

（一）党员

党员是指按照《中国共产党章程》（以下简称党章）规定，自愿申请加入中国共产党并依法被党组织批准加入的先进分子。党员分为预备党员和正式党员，根据《条例》规定，预备党员和正式党员皆可成为违纪主体，但二者承担党纪处分责任必须具备责任能力。

1. 党员的责任能力。党员的责任能力是指党员辨认和控制自己行为的能力。一般来说，自然人的责任能力通常与其年龄和精神状态有关。刑法上认为"年满 16 周岁的人，体力和智力已基本成熟，也具备相当的社会知识、经验以及守法意识，应当对自己实施的刑法中规定的任何犯罪负刑事责任。"[2]党员责任年龄的界定可参考这种观点，根据党章第 1 条的规定，年满 18 周岁的人方可申请加入中国共产党。从年龄上来看，一般情况下，党员的心智发育已成熟，具备相当的社会知识、经验，能够辨认和控制自己的行为，具备完全责任能力。

然而一些达到责任年龄的党员可能会因精神状态、生理缺陷等因素导致责任能力的减弱或丧失，对于这类丧失或减弱责任能力的党员，应当根据不

---

[1] 参见《中国共产党纪律处分条例》第 45 条。

[2] 曲新久主编：《刑法学》，中国政法大学出版社 2011 年版，第 68 页。

同情况区别对待：①患有精神疾病的党员在不能辨认或者不能控制自己的行为时实施违反党纪行为的，不承担党纪处分责任。②患有间歇性精神疾病的党员是否对自己违反党纪的行为承担党纪处分责任取决于其实施行为时的精神状况，此类党员在精神正常时实施违反党纪行为的，应当承担党纪处分责任。③尚未完全丧失辨认或控制自己行为能力的精神病党员，由于具备部分辨认和控制自己行为的能力，必须对自己违反党纪的行为承担责任，但应当从轻或减轻处分，违纪情节较轻的，可以免予处分。[1]④关于醉酒的党员违反党纪的处理。醉酒分为生理性醉酒和病理性醉酒。生理性醉酒是一种非精神病性精神障碍，在这种情形下，党员辨认和控制自己行为的能力并未完全丧失，而且应当预见到其醉酒后实施危害行为所造成的危害结果，因此需要对其违反党纪的行为承担责任，实践中大多数党员醉酒驾驶都属于此类情形。对于病理性醉酒的党员，其在醉酒状态下视同精神病人，完全丧失责任能力，无需对其违反党纪的行为承担责任，但如果党员明知自己有病理性醉酒历史仍故意饮酒实施违反党纪行为的，应当承担责任；⑤关于生理缺陷党员违反党纪的处理。又聋又哑的党员或者盲人党员实施违反党纪行为的，考虑到这类党员一般受到的教育有限，辨认与控制能力有所减弱，可以从轻、减轻或者免除处分。

2. 特定身份违纪。在一些特殊情况下，违反党纪行为的成立还要求党员必须具备特定身份。特定身份是党员违纪主体的特殊条件，是指《条例》规定的影响党员党纪处分责任的有关党员人身方面的特定资格、地位或状态。一方面，党员的这种特定身份通常与他们所实施的违反党纪行为具有关联性，例如违反干部选拔任用规定的主体为负责干部选拔任用的党员，这是因为其最容易出现任人唯亲、排斥异己等错误。另一方面，这种特定身份必须是在党员开始实施违反党纪行为时就已经具备的特殊资格或者已经形成的特定地位，再如，"在考试、录取工作中，有泄露试题、考场舞弊、涂改考卷、违规录取等违反有关规定行为的，给予警告或者严重警告处分"，这种违纪行为要求行为人应当是参加考试、录取工作的人员，其他人员不能成为该种违纪行

---

[1] 参见《中央纪委办公厅关于患精神疾病的党员犯有错误应如何处理的答复》。

为的主体。但是，违纪集团的首要分子不属于一种特定身份，这是因为首要分子的地位是在实施违反党纪行为的过程中形成的，任何加入违纪集团并具备责任能力的党员皆可因组织、策划集团违纪行为而成为首要分子。

（二）党组织

党组织是指党根据自己的纲领和章程，按照民主集中制原则，由党员组织起来的统一的有机体，是党的中央和地方各级组织以及广大党员群众的统一体。党组织的分类多种多样，根据党章规定，党组织主要分为三种：中央组织；地方组织和基层组织。党组织承担党纪处分责任同样必须具备责任能力。

1. 党组织的责任能力。党组织的责任能力是指党组织具备的做出特定的行为并承担相应责任的能力。从法学原理上讲，组织的责任能力与其行为能力一致，依法成立的组织从成立之日起既具有法律上的行为能力，也具有相应的责任能力，党组织和其他组织既有相同点又有区别，一方面，具有法律上的责任能力，如购买办公用品的责任能力，另一方面，还具有党内法规上的责任能力，前者表现为财产性责任，后者表现为行为性责任。追究党组织的责任需要区分为三种情形：

第一，党组织全体党员或者多数党员通过某项严重违反党纪的决定时，因该决定代表了党组织绝大多数成员的意志，所以党组织应当对这种决定行为承担责任。例如，在"长沙市望城区高冲村套取征拆补偿款窝案"中，由于高冲村党支部书记、副书记以及主要成员都涉及在内，参与了骗取国家征拆补偿款的行为，因此望城区纪委对高冲村党支部进行了改组。[1]

第二，党组织的个别领导干部擅自以党组织名义作出违反党纪的决定时，由于党组织作出的决定未能代表绝大多数党员和领导干部的意志，党组织不具备责任能力，所以应当由作出决定的领导干部承担相应责任。例如一些领导干部专断横行，在党组织内搞"一言堂"，以党组织名义实施个人违反党纪决定的，在这种情形下，应当由该领导干部承担相应的党纪处分责任。

---

〔1〕　三湘风纪网："600万拆迁款去哪儿了？纪委揭穿16人私分黑幕"，载长沙晚报网，https：//www.icswb.com/h/100040/20161206/453623.html? from = timeline，访问时间：2020年11月22日。

第三，党组织全体党员或多数党员虽未通过某项严重违反党纪的决定，但集体实施了该项决定，在这种情形下，内部党员大规模违反党纪说明该党组织的建设存在严重问题，为避免党组织利用这种方式逃避责任，追究其党纪处分责任。

2. 对党组织的问责原则。我国刑法对单位犯罪的处罚以两罚制为主，在对单位判处罚金的同时，对其直接负责的主管人员和其他直接责任人员判处刑罚。[1]这种"两罚制"在《条例》中也有所体现，《条例》第 15 条和第 16 条分别规定了党组织改组、解散后对其内部党员的处理，党组织改组后其内部党员除被撤销党内职务的，均应当自然免职，党组织解散后应当对其内部党员进行审查，有违纪行为的依规予以追究。实践中，对于党组织违反党纪行为的处理也已经运用了这种"两罚制"，在前述所提到的"长沙市望城区高冲村套取征拆补偿款窝案"中，望城区纪委不仅对高冲村党支部进行了改组，同时也给予了涉案党员相应的党纪处分，体现了党纪的公正性与严密性。

六、违纪主观方面

违纪主观方面是指《条例》规定的行为主体对其违反党纪行为及危害结果所持的心理态度，主要包括违纪过错、违纪目的、违纪动机等内容。

（一）违纪过错

违纪过错包括违纪故意和违纪过失两方面内容，是构成违反党纪行为的必备要件。在违纪过错上，党组织和党员都存在故意和过失两种心理态度。但不同的是，在党组织集体违纪中，党员数量众多，其违纪主观方面并不完全统一，难以确定党组织整体上是出于违纪故意还是违纪过失，因此对集体违纪行为的认定主要依据违反党纪行为的客观表现、危害后果等因素，在认定集体违纪行为后，针对党组织具体成员的处分可根据其违纪主观方面以及在集体违纪中所起到的作用进行。"对具有共同违纪故意的成员，按共同违纪

---

〔1〕 参见《刑法》第 31 条："单位犯罪的，对单位判处罚金，并对其直接负责的主管人员和其他直接责任人员判处刑罚……"

处理；对过失违纪的成员，按照各自在集体违纪中所起的作用分别给予党纪处分；对于那些没有参与或持反对态度的，不能视为集体违纪人。"〔1〕在一些党组织以集体名义违规发放福利的案件中，党员对违规发放福利行为的心理态度往往是不同的，有些党员是积极支持甚至主动出谋划策，有些党员是默然应允，在这种情形下，对党组织所有党员的处分不能一概而论。

1. 违纪故意。违纪故意是指行为主体明知自己违反党纪的行为会发生危害党、危害社会的结果，并且希望或者放任这种结果发生的心理态度。违纪故意包含两个因素，即认识因素和意志因素，其认识因素是指行为主体明知自己违反党纪的行为必然或可能会发生危害党和社会的结果，其意志因素是指行为主体对自己违反党纪的行为所造成的危害结果所持的希望或放任的心理态度。

违纪故意可分为直接违纪故意和间接违纪故意，这种区分的意义在于直接违纪故意的危害性大于间接违纪故意，因此对直接故意违纪行为的处分应当重于间接故意违纪行为。二者的区别主要在以下两个方面：一是在认识因素方面，直接故意违纪主体意识到自己违反党纪的行为引起危害结果发生的可能性或必然性，而间接故意违纪主体仅意识到自己违反党纪的行为引起危害结果的可能性；二是在意志因素方面，直接故意违纪主体积极追求危害结果的发生，间接故意违纪主体对危害结果的发生持听之任之的态度，既不积极追求亦不设法阻止。一些党员领导干部的不担当、不作为实质上就是间接故意违纪的一种体现，如陕西省原卫生计生委党组书记胡志强在解决榆林市民间借贷问题的工作中，经国务院提醒后，仍未采取有效措施，致使人民群众遭受严重经济损失，胡志强在被提醒后实质上已经意识到自己对榆林市民间借贷问题的放任不管可能导致大面积金融风险的发生，严重损害人民群众利益，但其仍无动于衷，不积极主动采取相关防范措施，放任这种危害结果的发生，最终导致大批群众非法聚集围堵神木县政府，严重破坏了党的形象和正常的党群关系。〔2〕

2. 违纪过失。违纪过失是指行为主体应当预见自己违反党纪的行为可能

---

〔1〕 王希鹏编著：《〈中国共产党纪律处分条例〉案例教程》，中国方正出版社 2019 年版，第 53 页。

〔2〕 "陕西省纪委监委通报 7 起不担当、不作为等形式主义、官僚主义典型问题"，载秦风网，http://www.qinfeng.gov.cn/info/1928/116505.htm，访问时间：2020 年 11 月 26 日。

会发生危害党和社会的结果，但因为疏忽大意而没有预见，或者已经预见而轻信能够避免，最终导致这种危害结果发生的心理态度。相较于违纪故意，违纪过失对危害结果的发生持反对的心理态度，因此对过失违反党纪行为的处分一般以其引起危害结果的发生为前提条件，例如，党员干部或党组织不经过调查研究，盲目决策，造成危害结果的，应当承担党纪处分责任。

违纪过失可分为疏忽大意的违纪过失和过于自信的违纪过失。构成疏忽大意的违纪过失有两个条件：一是行为主体应当预见自己违反党纪的行为可能会发生危害党和社会的结果；二是行为主体因为疏忽大意而没有预见以至于这种危害结果的发生。这里"应当预见"的认定主要依据行为主体是否具有预见义务和预见能力，预见义务一般源于党纪法规、国家法律法规以及职务、业务要求，而预见能力主要取决于行为主体当时所处的情境和实际认识能力。

过于自信的违纪过失是指行为主体已经预见到自己违反党纪的行为可能会发生危害结果，但轻信能够避免，最终导致这种危害结果发生的心理态度。构成过于自信的违纪过失同样需要两个条件：一是行为主体已经预见到自己的行为可能发生危害结果；二是行为主体轻信能够避免这种危害结果的发生。在认定一些既可由违纪故意亦可由违纪过失构成的违反党纪行为时，执纪人员要注意将过于自信的过失与间接违纪故意进行区分，例如一些党员在工作中渎职、失职造成恶性事件发生的，应当具体考察该党员在日常工作中是否积极采取了有效的预防措施，由此判断其对恶性事件的发生所持的心理态度，持放任态度的党员即为间接故意违纪，持反对态度的党员即为过于自信的过失违纪，对于前者的处分应当重于后者。

（二）违纪目的和违纪动机

违纪目的是指行为主体主观上通过实施违反党纪行为所希望达到的结果。有些违反党纪行为以违纪目的作为构成要件，如《条例》第58条规定的非法组织行为，其必须是为了反对党的领导、反对社会主义制度或敌视政府。

违纪动机是指刺激、促使行为主体实施违反党纪行为的内心起因，其不是违反党纪行为的构成要件，主要起到影响违反党纪行为定量的作用，实践中，一些党员利用职权收受钱款，其动机是为了救治家人，对于这类党员的党纪处分应当轻于为追求奢靡生活而利用职权收受钱款的党员。

违纪目的与违纪动机既有联系又有区别，二者的联系主要体现在以下两个方面：①二者都是行为主体在直接故意违纪过程中产生的心理活动，都反映了行为主体的主观恶性；②违纪动机是违纪目的的前提和基础，违纪动机促使违纪目的的形成，违纪目的是违纪动机的具体化。二者的区别主要体现在以下四个方面：①发生时间不同。违纪动机产生在前，是违纪目的形成的原因，违反廉洁纪律的党员往往是先产生贪图享受、追求奢靡生活的动机，而后形成利用职权谋取私利的具体目的；②内容不同。违纪目的强调行为主体追求的危害结果，比较直观、具体，而违纪动机强调行为主体实施违反党纪行为的内心起因，比较隐蔽、抽象；③同一违纪目的可能出自于不同的违纪动机，同一违纪动机也可能形成不同的违纪目的，例如党员组织和参加反党讲座、论坛的目的是为了反对党的基本理论、路线以及政策，其动机既有可能是出于报复党组织，也有可能是出于谋取私利；④作用不同，违纪目的是违反党纪行为的选择要件，因此其既影响违反党纪行为的定性，也影响违反党纪行为的定量，违纪动机不是违反党纪行为的构成要件，其仅仅影响违反党纪行为的定量。

（三）无过错事件

无过错事件，是指行为主体违反党纪的行为虽然在客观上造成了危害结果，但其并不是出于违纪故意或违纪过失，而是由于不可抗拒或不可预见的原因引起的。无过错事件可分为意外事件和不可抗力，在这两种情形下，行为主体实施违反党纪行为都缺乏违纪过错，不构成违反党纪。

1. 意外事件。意外事件是指行为主体违反党纪的行为虽然在客观上造成了危害结果，但其主观方面不存在违纪过错，危害结果的发生是不可预见的原因引起的。例如，在深化改革过程中，一些领导干部摸着石头过河，先行先试，其部分决策和措施没有取得预期成效，甚至造成一定的损失，就属于意外事件，领导干部不应当对此承担党纪处分责任。

意外事件与疏忽大意的过失违纪存在一定相似性，在这两种情形下，行为主体都没有预见到危害结果的发生，并且对危害结果的发生持反对态度。

但不同的是，对于意外事件，行为主体未预见到危害结果的发生是因为在当时的条件下，其不具备相应的预见能力，由于现实中存在很多不确定因素，所以领导干部无法精准预见先行先试的改革措施的实施效果。对于疏忽大意的过失，行为主体对于危害结果的发生是应当预见并且可以预见的，一些领导干部在改革过程中作出明显违背常理的决策，其应当预见到并且可以预见到这种决策可能会损害党、国家和人民的利益，因此在这种情形下，领导干部应当承担相应责任。

2. 不可抗力。不可抗力是指行为主体违反党纪的行为虽然在客观上造成了危害结果，但其主观方面不存在违纪故意或违纪过失，危害结果的发生是不可抗拒的原因造成的。这种不可抗拒的原因一般是指行为主体无法抗衡的力量，主要来自于自然灾害、突发事件和行为主体的自身心理、生理障碍等等。在此次疫情中，部分地区由于疫情防控的需要未能及时发放贫困补助，在这种情形下，人民群众未能及时收到贫困补助是由于突发事件的发生，因此不应当对负责相关工作的领导干部进行追责。

结语

"法规制度的生命力在于执行。"[1]正确界定违反党纪行为的客体、客观方面、主体以及主观方面要件，构建违反党纪构成要件理论，实质上是对《条例》执行标准的具体化、规范化，这是发挥党纪法规反腐功能的关键举措，也是新时代推进全面从严治党向纵深发展的内在要求。构建违反党纪构成要件理论需要借鉴犯罪构成四要件理论和行政违法构成要件理论，但同时也要注意结合党纪法规的特性，坚持纪在法前、纪严于法的要求，避免照抄照搬。限于文章篇幅，本文仅能就违反党纪行为构成要件的基本内容进行探讨，对于其在精准处分违反党纪行为实践中的具体运用以及与犯罪构成要件、行政违法构成要件的界限仍需要进一步研究。

---

〔1〕 习近平在中央政治局第二十四次集体学习会议上的讲话：《加强反腐倡廉法规制度建设 让法规制度的力量充分释放》，载《人民日报》2015年6月28日，第1版。

第五讲 全面从严治党背景下党委"一把手"权力的监督研究

西北政法大学纪检监察学院院长、教授 姬亚平

一、导言

中国共产党的权力来自于中国人民，这一特质以及党所承担的历史使命决定了党内不允许存在不受制约的权力和不受监督的党员。但权力具有天然的扩张性，没有监督的权力必然导致腐败。随着我国社会主义建设的不断深入，在经济建设取得巨大成就的同时，大量的腐败现象也随之滋生。在这些具体的腐败案件中，影响最为严重的就是来自于党内一些主要领导干部的腐败。而党委"一把手"就是在整个党委会中居于核心地位的主要负责人，其是一个单位、一个部门、一级组织、一个地方党委的领导核心，在班子中居于主导地位，具有最高的决策权和人事权，承担领导责任并对班子中其他成员具有一定支配力。

党的十八大以来，中央出台了一系列全面贯彻从严治党的纪律法规，对于当前环境下打击贪污腐败、严肃党内政治生活、完善党内监督体系起到了极大的作用。但由于党内现行领导体制和监督体制仍存在一定的不完善，再加上实践中政策、法规执行不力的影响，对领导干部特别是党委"一把手"的监督仍存在着"难监""虚监""弱监"的现象，致使领导干部特别是"一把手"成为腐败高发群体，级别越高，监督难度越大，进而成为党内监督中的一个薄弱环节。

"从严治党"的关键从严治"吏"，吏治腐败是最大的腐败。只有不断加强对领导干部特别是"一把手"的监督，才能真正贯彻落实"党要管党，从严治党"的大政方针。为此，党章中也明确指出了要加强对党的领导机关和党员领导干部特别是主要领导干部的监督。2016 年 10 月 27 日通过的《中国共产党党内监督条例》再一次将党的领导机关和领导干部，特别是主要领导干部明确为党内监督的重点对象。2018 年 1 月 11 日，习近平总书记在十九届中央纪律检查委员会第二次全会上强调："要坚持抓关键少数和管绝大多数相统一，既对广大党员提出普遍性要求，又对'关键少数'特别是高级干部提出更高更严的标准，进行更严的管理和监督。"再次重申了对党员领导干部特别是"一把手"的监督是当前加强党内监督的重点。

2021 年 3 月 27 日中共中央出台了《关于加强对"一把手"和领导班子监督的意见》（以下简称《意见》），这是我们党针对"一把手"和领导班子监督制定的首个专门文件，旨在进一步完善对各级主要领导干部监督制度。《意见》坚持党委统一领导，对纪检机关履行协助职责、监督责任规定了 18 项具体措施，推动主体责任和监督责任一贯到底。这些规定，为各级纪委履行好全面从严治党中的职责，发挥好在党和国家监督体系中的作用明确了具体路径。监督是纪检机关的基本职责、第一职责。《意见》围绕纪检机关的监督专责，既要求纪检机关做实日常监督，又要求纪检机关与党委（党组）同向发力，加强对下级党委（党组）"一把手"的监督。《意见》明确要求纪检机关将"一把手"作为开展日常监督的重点。纪检机关做实日常监督，就是要重点监督"一把手"对党忠诚、履行管党治党政治责任、贯彻党中央决策部署、执行民主集中制、行使领导和管理权力，以及思想动态、品行操守、生活作风等情况。

二、"一把手"权力滥用的原因分析

（一）政治体制的内在缺陷

政治体制的一项重要功能就是合理配置权力，规范权力运行，防止权力滥用。但由于我国正处于社会转型发展的关键时期，各项制度措施仍有待完善，这种制度上的缺陷就为腐败行为提供了产生的基础。从另一方面来说，腐败行为本身就是缺乏有效的政治制度化的一种表征。

1. 权力过分集中。在党委书记全面主持党委会和常委会工作这样一种制度模式下，"一把手"长期处于核心领导地位，担负着全面领导责任，掌握着最为核心的人事权、财政权、决策权，甚至包括一定的司法权，这些权力高度集中，使"一把手"不仅可以轻易操纵本单位所负责的公共政策制定和公共资源分配，干预地方经济社会建设，还掌握着整个系统内部党政机关，甚至是司法机关的干部人事任免权，这也造成一旦"一把手"出现腐败问题，就会出现"塌方式"腐败的局面。这一困境的主要原因是党委会"议行监合一"的领导体制，即集决策、执行、监督于一体，而党委"一把手"的全面领导的地位又决定其可以对党委内部其他人员负责的工作进行直接干涉，因此就造成了这种权力过分集中的局面。

以干部人事问题为例，"一把手"在人事权方面主要拥有以下几项权利：一是干部调整计划的提案权，虽然干部选拔任用一般都有其规律，特别是换届任用更是有着严格的时间限制。但怎么安排，何时安排，具体安排哪些岗位，"一把手"都握有很大的筹划空间，党委内部其他成员难以插手；二是直接提名权，再现行的用人体制下，常委会通常只负责对干部调整名单进行审议讨论，但具体的候选人名单，通常由组织部门负责制定。在党管干部的原则下，党委书记作为"一把手"，完全掌握着选人用人的提名权，包括在向上级部门推荐干部的时候，"一把手"的意见也很重要。这就使得"一把手"建议的人不一定能够当选，但其反对的人则基本没有机会当选；三是拍板决定权，人事任免的决策权是"一把手"的法定权力，在其对常委会工作总负责的情况下，其意见往往都能成为最终决定。

除此之外，"一把手"的权力集中还体现在其政治影响力，包括对行政权、司法权、地方立法权的干涉。由于当前社会形式复杂多变，政府为了更好地进行社会治理，往往会成立名目繁多的"领导小组"，这些"领导小组"所管辖的范围涉及社会生活的众多领域，许多重要的小组往往由"一把手"担任组长，这就进一步扩大了"一把手"的权力范围。不仅如此，大多数地方的"一把手"还会兼任本地区人大常委会主任一职，还有相当一部分重要城市的党委"一把手"往往还担任上级党委的常务委员，政府副职或人大、政协副职，使得其对同级党委其他成员的"威慑力"不断增强，核心地位进一步得到巩固。

2. 权力的行使缺乏制约。从当前各级党委内部权力运行的实践中观察，明显存在着民主集中制难以落实，权力的运行缺乏内部制约的问题。许多"一把手"对民主集中制缺乏正确的认知，在心理层面对这一制度缺乏认同度，尤其是高级领导干部和青年干部，将民主集中制错误地理解为"民主是虚，集中是实"，习惯于以个人意志替代集体意志，等级观念严重，个人主义膨胀，通过各种手段增强自己的核心领导地位，在重大问题的决策和重要干部的任免上不经过班子成员酝酿和讨论就作出决定，以书记办公会意见代替常委会意见，以个人意见代替书记办公会意见，忽视党委内部其他成员的意见。

以决策权为例，党委书记手中高度集中的人事权、财政权等权力，再加上与其他党委委员在行政级别上的地位差异以及对党委内部其他人员在提拔任免上的建议作用，从而形成了"一把手"在党委内部处于事实上的绝对领导地位这一局面，享有事实上的"最终决定权"。虽然制度规定"一人一票"，但在实际的决策中，"一把手"往往会采用个别酝酿、假借上级指示、利益均沾等手段迫使参会人员与其保持一致意见，使自己的个人意图得到实现。这就使"集体领导和民主集中相结合，个别酝酿和会议决定相结合"的议事原则流于形式，变成了"一把手"的独断专行，决策的科学性、民主性和合法性无法得到保障。

这种情况的长期持续，就在党委班子内部造成了事实上的不平等，领导班子中其他成员的民主权利得不到尊重和保障，出于对"一把手"权威的畏惧，因为害怕受到打击报复，为了自身政治地位的稳定，而习惯服从于"一把手"的意志，对与自己分工领域无关的事情不提出意见也不发表看法，致使民主集中制的民主完全流于形式，"一把手"手中的权力得不到监督和制约，滋生出权力滥用的空间。

3. 权力的监督体系失效。

（1）党内监督渠道不畅通。注重党内监督是马克思主义政党的基本特性，是党内民主的重要组成部分，如果党内缺乏监督或监督不力，就不会实现真正意义上的党内民主。目前，对于党委"一把手"的党内监督主要包括从上到下三个方面：

第一，上级监督，包括上级党委的监督和上级纪委的监督。其采取的主要手段是党内巡视制度，这也是目前对于"一把手"权力监督能起到最好效果的一种制度。2009 年，中央制定出台了《中国共产党巡视工作条例（试行）》，决定成立中央巡视工作领导小组，并将中央纪委、中央组织部巡视组更名为中央巡视组。党的十八大后，巡视工作取得了巨大成就，查处了大量腐败官员，其中就包括许多"一把手"干部。为此，中央在 2015 年正式修订颁布了《中国共产党巡视工作条例》，对党内巡视制度进一步进行规范和明确。这种措施虽然能够发现问题，但从时间跨度上来看毕竟属于事后监督，在腐败行为被查处时往往已经造成了严重的后果，只能遏制而不能根治，巡视工作的持续性也无法保证。另一方面，从目前的现实来看，还出现了对巡视组过度依赖的问题，从而导致其他监督主体积极性减弱。在省市县一级的巡视工作，因为地域范围相对狭小，上下级官员来往密切，致使这一层级的巡视效果也没有中央一级层面明显。除此之外，上级纪委的主要监督方式还有举报监督和派驻监督，但效果都不显著。

第二，同级监督，对于党委"一把手"来说，其作为该级党委的主要负责人，同级党委其他成员几乎是无法起到监督作用的。在当前各地区的党委的组织架构中，除新疆、西藏地区以外，一般设置两名副书记。其中一位由同级政府正职领导担任，因为本地区重大问题往往是由党委决定，政府负责执行，而且政府"一把手"有自己具体的职责范围，精力往往集中在行政机关所承担的庞杂事务中，除非是在党委系统和政府系统发生重大分歧的情况下，否则难以对党委"一把手"发挥监督作用。更为重要的原因是政府"一把手"在人事权上的影响力过低。而另一位副书记作为专职副书记，其主要职责就是协助党委书记开展工作，其本身的工作范围就要受到党委书记的领导，就更难以发挥出监督作用。

因此，在同级层面，最关键的环节是同级纪委作用的发挥。地方党委和纪委均由地方党代会产生，负责同一地域的相关工作，而且纪委书记和党委书记在同一级领导班子中任职，因此纪委对于"一把手"了解程度更为详细，理应具有监督的绝对优势。但实际上，由于党的地方各级纪律检查委员会实行的双重领导体制，一方面受上级纪委领导，一方面还受同级党委领导，要在同级党委的领导下开展工作，这样的制度安排就使得党委"一把手"成为同级纪委的直接领导，纪委对其的监督自然也就无法有效开展。而且党的纪律检查委员会这一部门的设计初衷就是对下级党委和同级党委的职能部门进行监督，虽然党的十八届三中全会为了解决"一把手"权力监督这一重大难点问题，明确指出了纪委要主动发挥对同级党委特别是常委会成员的监督作用，并且突破传统的干部选拔任用制度的束缚，提出各级纪委书记、副书记的提名和考察以上级纪委会同组织部门为主，使纪委主要负责人的工作不会受到党委"一把手"的过多影响。但对于各级纪委系统整体来说，其还是要在同级党委的领导下开展工作，不仅是纪委委员的产生，其人、财、物等开展工作的必备要素还是要受到同级党委的制约，也就是受到"一把手"的制约。因此，在"一把手"监督这一问题上，不仅工作无法开展，甚至在获得线索后也很难向上级纪委汇报。这就是目前同级监督太软的原因所在。

第三，下级监督，这种监督已经完全流于形式。对于"一把手"来说，其下级监督主体主要包括其所属范围内的下级官员和普通党员。对于这两种主体来讲，首先最大的问题就是监督意识薄弱，这是因为下级党员干部不仅在工作领域上长期处于"一把手"的领导之下，因为自身利益的考量和趋利避害的天性，不愿意去对"一把手"进行监督。从我们所能观察到的一些案例中可以看到，下级监督的情况一般都出现在其本身受到了来自"一把手"的不公正待遇或是迫害，才会去履行作为党员的监督职权。其次，对于普通党员和一般基层干部来说，很难发现"一把手"的违纪问题，往往都是空穴来风，没有实际线索。最后，对于那些掌握了上级领导违法犯罪线索的普通党员干部来说，如何将线索上交给"一把手"的上级机关，就是一个很难解决的问题。作为普通党员来说，其能力有限，接触上级机关的途径受到严格限制，与之形成对比的是"一把手"们的广泛政治关系网，导致举报行为难以得到有效反馈，反而会使自身受到打击报复。这些原因的交织导致目前党内下级监督处于一个真空状态。

（2）外部监督无法保障。

第一，群众监督。马克思在论述巴黎公社原则时提出："在权力机构服务的公职人员要经常在公众监督之下进行工作。"[1]马克思之所以强调群众监督的重要性是因为政府公权力是由人民所赋予的，其只是权力的使用权人，人民才是权力真正的所有者。对于"一把手"等领导干部来说，他们行使公权力所做出的决策，出台的规定，通过群众的反应和监督才能够发现其中的不足。群众监督对于我国的权力监督体系起着重要补充作用，不少"一把手"的腐败问题正是在群众监督的力量下发现的，这是因为对于"一把手"的许多违纪行为来说，尤其是在社会经济领域，受到侵害的对象是公共利益，而公众是公共利益的直接利害关系人。正因如此宪法和法律都赋予了群众广泛的民主监督权力。但在实践过程中，由于缺乏明确、具体的法律保障，群众监督面临着和普通党员对"一把手"监督同样的困境，使得民主监督权无法正常发挥。

第二，媒体监督。媒体监督是现代监督体制的重要组成部分，发挥着重要作用，事实上从我国当前的反腐败实践也可以观察出，许多官员的腐败线索都来自于媒体的监督举报，如原发改委副主任刘铁男、华润集团原党委书记、董事长宋林，其被查出问题最早都是来自媒体人的曝光。因此西方许多国家都将此看作反腐败的重要组成部分，常用"国家的第四种权力"来形容媒体的地位和影响力。因此，加强和完善媒体舆论监督，对治理"一把手"的腐败现象具有十分重要的作用。但现阶段媒体监督的效能并没有充分发挥，其原因主要有以下几个：其一，虽然我国实行了新闻自由制度，但出于社会稳定的考量，国家在很多时候都会通过新闻主管机关对媒体进行行政干预，党内也因此设有专门负责思想宣传工作的部门。当媒体监督直接涉及具体部门以及地方领导时，尤其是一些政治地位较高的主要领导干部，就会受到来自行政系统的直接压力，"一把手"和其治下的官员会采用各种行政手段，甚至威逼利诱给相关媒体施加压力，致使舆论监督权力的行使受到很大的限制。其二，缺乏相关保护机制。媒体监督机制在我国还没有正式建立起来，导致

---

〔1〕　吴丕主编：《中国反腐败：现状与理论研究》，黑龙江人民出版社2003年版，第335页。

某些负面报道总是受到制约和限制，媒体监督难以发挥有效作用。

以上就是目前党委"一把手"监督体系中存在的一些主要问题。而且，从监督的整体功效上来看。各个监督主体之间缺少必要的协作，各级党委、纪委、组织部门等党内监督主体和人大、政协、审计、司法等党外监督主体在职责和功能上，存在一定的交叉重叠，但又缺乏全面覆盖，在衔接上产生脱节，而且存在相互推诿的现象，使得当前的监督队伍看似庞杂，实则很难发挥出真正的效用。

（二）监督对象的主观局限

1. 身份属性发生冲突。当前大量的"一把手"干部对党的理想信念产生质疑，对共产主义理想丧失信心，认为"理想信念是虚，金钱利益是实"。这是因为对于"一把手"等党的主要领导干部来说，其普通公民和党员的双重身份为其带来了两方面的人格特征：一方面是普通公民的自然人人格，这是人作为动物在自然状态下所具有的原始特征，表现为在没有外部条件的约束与社会教化的条件下，会以自我为中心来决定自己的行动方向，依据自己的喜怒哀乐来支配自己的行为模式，缺少制度和规则的概念，缺乏集体意识、团队意识等概念；另一方面是党员身份带来的党员人格，这种人格是党员在党组织通过教育学习的认识，按照集体的规则来规范自己的行为，通过自控的理性力量实现自我约束而得以形成的。表现为要坚定共产主义信念，坚持为人民服务的宗旨，将公共利益置于个人利益之上，服从组织安排。但人性的弱点决定了人的理性是有限的，行为和决策也是有限理性的，随着市场经济的建立和改革开放的深入，一些党性修养不强的"一把手"身上这种依靠理性力量的自我约束受到西方资产阶级拜金主义、享乐主义、强调人本身权力和个性解放思潮的不断冲击，党员人格被不断腐蚀，放松了对自身的要求，抛弃了共产主义信念，开始贪图物质生活享受。再加上"一把手"干部手中的权力难以受到有效的监督和制约，自然人人格中的贪婪、欲望等因素不断释放，导致党员的身份和权力反而成为其谋求自身利益的工具。物必自腐而后生虫，社会环境的因素是腐败的客观条件，理想信念的动摇和变质才是腐败的最根本原因。

2. 个体的逐利性。"经济人"假设理论最早是由英国古典经济学家亚当·斯密提出的，他认为一切参与经济活动的主体都可以用"经济人"进行假设，人们从事经济活动的动力和目的就是为了追求自身利益的最大化。在我国社会主义市场经济环境下，经济利益成为制度内在的合理诉求，包括党员在内的所有公民的经济利益得到了制度的承认和保护。因此，经济人属性也就成为"一把手"等党员干部的属性之一。

"一把手"作为公共权力的拥有者，在行使公权力的过程中本应坚持公共利益最大化的原则，将私权置于公权之下。但具有"经济人"属性的"一把手"们也面临利益取舍的问题，在行使权力的过程中也会追求个人利益的最大化，自利的天性使得私权与公权两种权力观念错位，公权成为私权得以实现的工具，腐败行为随之产生。此外，根据利益最大化原则，"经济人"会通过对成本和收益的对比来采取对自身最有利的选择。同样，政府官员们也会面临对腐败收益和腐败成本进行比较的问题。对于"一把手"来说，其腐败行为的实施成本因为权力的高度集中和政治地位而远低于普通的公职人员，但却会带来巨大的经济收益，在成本小于收益的驱使下，其在内心深处就会自然地产生腐败的欲望。

3. 价值观念的异变。"一把手"们在权力欲望腐蚀作用下，伴随着外部环境的影响和自我约束心理的削减，会在心理上发生一定的扭曲和失衡，再加之侥幸心理作祟，理想信念逐步丧失，价值观也因此一步步的被腐化。这种价值观的变化主要表现在以下几个方面：无法对权力有效监督而产生的侥幸心理；熟人社会下人情往来产生的顺水推舟心理；收入因素影响下的吃亏攀比心理；受官场潜规则影响而产生的从众心理；居功自傲、自以为是下的特权心理；党纪法规意识淡薄带来的法盲心理；仕途触顶无望后的补偿心理。

以上种种心理的影响使我们的领导干部在不经意间就发生了价值观上的变化，从优秀的共产党员变成了组织中的"蛀虫"。这种价值观的变化虽然是细微且漫长的，但其造成的后果却难以估计。

（三）外部环境的负面冲击

1. 传统文化糟粕的影响。文化是社会发展进程中由人们长期创造形成的产物，是一种精神财富，也是一种社会现象，是人类社会与历史的积淀物。中华民族几千年的发展历程形成了璀璨的中华文化，对当代社会发展起到了极大的推动作用，但受到长期封建专制统治影响，其中一些传统的政治文化糟粕仍在当今的政治生活和公务人员的政治行为中发挥着指导作用。这些因素极易在各级官员思想中产生负面影响，使其将公权力当作自身的私人权利。具体到反腐败领域来说，这种消极思想主要表现在以下四个方面：

第一，"官本位"思想。自西周开始，礼仪制度就在中国社会治理中发挥着重要作用，以孔孟为代表的儒家文化将其发扬光大。其中的等级制度被封建专制统治者用来维护自己的统治地位，不仅突出皇权的至高无上，也强调被统治阶级对统治阶级的绝对服从，长此以往就形成了一种根深蒂固的"官本位"思想。江泽民同志在其论述中指出："'官本位'就是'以官为本'，一切为了做官，一旦有了官位，就什么东西都有了。"[1]。我国古代"士农工商"四大阶层的分类深刻表达了人们对仕途的敬畏和向往，对于读书人来说，"书中自有颜如玉""学而优则仕"，为官成为其读书的动力和目标。两千多年的封建专制制度使这种"官本位"价值观念深入中国社会各阶层的方方面面，导致了人们对官位的崇拜和官员的敬畏，成为中华传统文化的一部分。不可否认的是这种思想在一定时期内对于巩固统治阶级的统治，维护社会稳定确实发挥了重要作用。但在当今社会，这种价值观已经成为"糟粕"文化。这种"官本位"思想使得许多"一把手"把现有的职权、地位和影响力视为自己的既得利益，在处理公共事务时只注重个人利益和本单位利益而忽视公共利益和集体利益，只注重政治地位进步而忽视个人能力和道德水平的提升。在这样一种环境下，权力失去制衡变得难以控制，不仅在社会上形成了一种权力至上的价值观念，也在公务人员系统内部造成了权力的滥用，致使买官卖官行为屡见不鲜。

第二，"人治"观念。人治主要存在于封建社会，是指依靠统治者个人权威治理国家的一种政治文化，这一理念最早的倡导者孔子就提出过"为政在人，其人存，则其政举，其人亡，则其政息"的观点，与此形成鲜明对比的

---

〔1〕《江泽民文选》第三卷，人民出版社 2006 版，第 133 页。

就是当代社会普遍适用的"法治"观念。这是最早关于"人治"思想的概述。不可否认的是，从国家治理和政治体制的角度来说，"人治"是一个无法避免的问题，因为制度和政策本身并不能发挥作用，而需要执行者的贯彻落实，因此即使在全面推进依法治国的当代中国，国家从治理层面也在强调依法治国和以德治国相结合，塑造一支优秀的干部队伍。但封建专制社会所遗留下来的这种"人治"理念，过于强调个人意志，进而导致了个人权力凌驾于法律之上，产生迷信权力的权威主义。使得很多"党委一把手"在这种环境的影响下，潜意识的就把自己凌驾于法律之上，使制度成为一纸空文，利用自己手中的公权力为私权服务。

第三，"家长制"观念。儒家文化一直强调纲常伦理的等级制度，所谓"君为臣纲""父为子纲"正是"家长制"观念的最好阐释。在整个封建王朝体系中，皇帝是整个国家的"家长"，而对于各部门来说，部门首长就是"家长"，具有至高的权威，个人意志就完全可以代表集体意志。在当今社会，这种传统价值观残余一方面表现为党委"一把手"领导在工作中奉行个人权威至高无上的价值观念，用个人意志代替集体决策，导致下属对其只能服从而不能提出意见，甚至还会形成人身上的依附关系。另一方面导致社会生活和政治生活中都出现了权力至上的价值观念，人们热衷于通过金钱等手段腐蚀"一把手"，利用其手中的权力为自己提供便利，而下级官员则出于对"一把手"所掌握的人事权的敬畏，无条件、无原则的迎合上级领导的指示，甚至出现"领导看法大于党纪国法"的不良现象。这也导致很多地区一旦"一把手"出了问题，就会产生连锁反应，出现塌方式腐败。

第四，"宗族"观念。以血缘关系为纽带的宗法家族制度在封建社会中一直占据着重要地位，成为维护封建统治的一种思想工具。这种制度以血缘关系为核心，强调家庭伦理道德，讲究"一荣俱荣，一损俱损"。在政治领域就演化为裙带关系，按照感情厚薄、关系亲疏进行利益分配，人们往往借助血缘、地缘等关系形成错综复杂的裙带依附关系网来在利益调节和资源配置中占据便利。时至今日，这种以"裙带关系"为核心的思想观念仍对人们的价值取向和行为方式，乃至当代中国政治文化产生着深刻影响。一些地方或部门的"一把手"在考察提拔干部时，完全摒弃了德才兼备的选人标准，忽视党的干部选拔任用制度的要求，选人唯利、任人唯亲，搞"家族式"干部。此外，还会利用公权力带来的便利为亲属、朋友等特定关系人群在经商，升职等环节提供便利，致使制度价值和公平正义的理念在这种关系网中遭到破坏，严重影响社会的和谐稳定。

2. 社会交往过程异化。人不是独立存在的，个体作为社会关系的众多节点之一，其行为除了自我控制以外，还要受到周围人际关系和社会环境的影响，因此，人具有"社会人"属性。"社会人"概念最早是由行为科学的奠基人乔治·埃尔顿·梅奥通过霍桑实验得出的，这一学说认为人处于群体当中，会受到周围特定人群的影响，为了获得群体的认同而采取相应活动。因此社会中的每个个体都有社会生活和社会交往方面的需求需要得到满足。用"社会人"模型来分析"一把手"等公职人员的行为选择，我们会发现：首先，个体在现实生活中具有不同的社会身份，并因为社会群体的密集分布而扮演着不同的社会角色，这些群体包括以婚姻血缘关系为纽带形成的血缘群、以工作关系为纽带所形成的业缘群、以教育学习为关系形成的学缘群、以地域关系为纽带形成的地缘群。不同的角色具有不同的角色规范和角色要求，当行为者在实施某一行为却充当多重角色的情形下，就会面临复杂的角色冲突，需要进行利益抉择。对于公职人员来说同样如此，他们除了因为行使公权力而承担的公务角色外，还要承担父母、子女、同学、朋友等众多的社会角色。尤其是对于"一把手"领导干部来说，其承担着繁重的工作任务，往往要负责一个地区的行政、经济、文化、安全等众多事务，因此有着复杂的社会关系网络，需要接触大量不同阶层的群体，也就扮演了更多的社会角色。当种种不同的社会角色对"一把手"提出不同的角色要求时，多重的角色冲突就会冲击"一把手"的政治原则，使其做出违背公职人员身份的行为选择，腐败现象由此产生。此外，根据亚伯拉罕·马斯洛所提出的需求层次论，人们行为的动机是由多种不同层次的需求组成的，庞杂的社会交往、多重的社会角色都使得"一把手"面临着众多的被需求与需求，这其中的自我实现需求还可能通过帮助他人实现需求而获得。而"一把手"所掌握的公权力可以轻易最大限度减少实现这些需求所要付出的成本。因此，在利益的驱动下，公权力就会逐渐成为"一把手"满足自身需求的工具。

此外，根据美国社会学家彼得·布劳所提出的社会交换理论，能够给予交换者最大回报且尽可能减少其所付出代价的人是对交换者最具有吸引力的人，而公职人员所掌握的公共权力就为其腐败行为的发生创造了可能性。这是因为公共服务和公共产品是由行政系统单方提供的，处于垄断状态，本身会带来高额的利润。而企业等市场经济主体为了创造更多利润，增加市场竞争力就会通过直接或间接的方式对公职人员进行贿赂以获得更好的公共服务。在这一过程，往往公职人员地位越高、岗位越重要、管理的范围越广、权限越大，就越容易成为行贿者的目标。由于"一把手"所掌握的权力高度集中，且运行缺乏规范性和透明性，就更为其进行暗箱操作提供便利，因此也就成为各个市场主体拉拢腐蚀的对象。

3. **市场经济体制不完善**。一个国家的腐败高发期，往往处于它的经济转型期和经济快速发展时期，我国的腐败高发现象也正是在由计划经济向市场经济的转型期间大量滋生蔓延。中国在过去的 30 多年时间里从高度集中的计划经济体制转型至社会主义市场经济体制，在这一过程中，原属于计划经济体制下的各项制度措施与市场经济下的生产关系不相匹配，产生了大量的摩擦，再加上经济的快速发展产生了众多新问题，政府官员在这一过程即是规则的制定者和执行者，又是规则的裁判者和参与者，加之各项配套措施的不完善以及监管的漏洞，产生了大量的权力寻租现象。

"寻租"这一概念最早是由美国经济学家安妮·克鲁格在其发表的《寻租社会的政治经济学》一文提出的，是寻求经济租金的简称，指市场经济主体为了获得垄断利润所从事的一种非生产性寻利活动。获取租金便意味着获得了经济收入，因此，经营者们便与掌握租金控制权的国家公务人员进行交易来增加收入，这也就是权力寻租行为产生的逻辑结构。

在封闭性的传统计划经济体制向以公有制为主体，多种经济方式并存的开放性市场经济转变的过程中，行政手段干预市场经济产生的租金大量存在，但寻租机会和寻租活动不断产生，这主要是因为市场中出现大量独立的私人利益主体，企业等个体的逐利性不断觉醒，再加上价格的确定由过去的单轨制变为依靠行政手段和市场力量的双轨制，利润最大化自然成为市场主体经营活动的追求目标。在这样的环境下，市场主体手中的金钱和掌握资源分配权的公职人员手中的权力"本能"地结合在一起，再加上我国的社会主义市场经济制度还停留在初级阶段，并没有形成一套完整的社会主义市场经济发展所需要的管理和监督机制，许多经济法规尚待完善，寻租活动的成本进一步降低，在收益远远大于成本的驱动下，权力寻租腐败急剧增加。此外，我国正在进行政治体制改革，推动简政放权，下放行政审批权，这使得原本高度集中在中央的行政权力被肢解成部门权力和地方权力，各地方、各部门在这一过程中获得了众多的资源分配权，可以直接或间接的参与到市场经济活动中去，而这些权力又高度集中在各地方和各部门的党委"一把手"手中，就给"一把手"以权谋私，权钱交易的行为提供了机会和空间。

三、党委"一把手"制度合理运行的完善措施

（一）合理构建权力运行框架

把权力关进制度的笼子是制约权力最根本的途径。为此，防范"一把手"腐败和权力滥用，首先要从改进目前党内现有的各项关于"一把手"权力运行和监督的相关制度入手，注重"集权"和"分权"的有机统一，明确"一把手"的权力边界；强化党内信息公开，让"一把手"的权力在"阳光下"运行；落实好民主集中制，发挥同级班子成员对"一把手"的权力制约作用；整合党内现有的监督力量，注重外部监督和内部监督的结合；建立"一把手"能上能下的完整的考评机制。具体来说，要从以下三个方面入手：

1. 明确党委"一把手"的权力边界。按照《中国共产党地方委员会规则条例》对于党内决策权的划分：党的全委会负责"讨论和决定本地区经济社会发展战略、重大改革事项、重大民生保障等"；常委会负责"对本地区经济社会发展和宣传思想文化工作、组织工作、纪律检查工作、群众工作、统一战线工作、政法工作等方面。"但什么事项属于"经济社会发展重大问题"，什么属于"经常性工作中的重要问题"并没有明确规定，这便导致实践中一些牵涉到重大经济利益，关乎地区发展全局性工作的项目往往就由常委会作出决定，而"一把手"对于常委会的掌控程度要远远高于对全委会的掌控程度。因此，各地应该进一步明确全委会和常委会的决策权划分，完善重大决

策事项由常委会向全委会提请审批制度，完善全委会的表决程序，限定使用举手、记名表决方式的范围和程序，切实发挥全委会的决策和监督作用。

其次在常委会内部明确"一把手"的权力范围，推进"一把手"权力清单制度。按照《中国共产党地方委员会工作条例》的规定，党委书记在常委会内部"主持党的地方委员会全面工作，组织常委会活动，协调常委会委员的工作，对党委工作负主要责任。""权力清单制度"有必要对这种较为笼统地规定进一步予以细化、可操作化，做到责任主体"事—权—责"相匹配。因此，各地方要继续探索"副职分管、正职监管、集体领导、民主决策的权力运行模式"，由上级党委制定"一把手"的权力清单，明确"一把手"在班子内部的宏观决策和政治监督的权力，将常委会内部的决策权、执行权和监督权的履行落实到具体的常委身上。

限制党委"一把手"在"三重一大"问题上的权力行使，即重大决策、重要干部任免、重要项目安排以及大额资金使用。这一规定早在1996年第十四届中央纪委第六次全体会议就已经提出，凡属这类问题必须经过党委集体讨论。但在实践中经常为"一把手"的个人意志所代替。因此，在人事问题上，要从动议、提名和任命，以及责任制入手，规范"一把手"人事权的行使。《干部选拔任用条例》规定干部人事调整应由组织部门向党委主要领导报告后，在一定范围内进行酝酿讨论。实践中"一定范围"往往由"一把手"个人所决定，导致其他常委对人事调整方案无法插手，人事权因此被"一把手"垄断。应该将这一范围明确进行规定，保证方案的公开、公平、公正。另外，要进一步完善干部任用推荐实名制、干部候选人名单差额制等制度，扩大公开选拔干部的范围，对选拔任用失察失误的责任人要追究责任，规范干部选拔过程。在决策和经济建设上，要明确"重大决策、重要项目安排、大额资金"的标准和范围，坚决贯彻由党委会议集体决议，推广当前正处于探索阶段的"一把手"不直接分管具体工作等制度，使"一把手"对这些问题进行大方向的把握，而不是直接参与这些决策的制定环节。

严格落实《中国共产党党务公开条例》的规定，提高"一把手"的政务公开程度。按照该条例的要求将"本地区经济社会发展部署安排、重大改革事项、重大民生措施等重大决策和推进落实情况，以及重大突发事件应急处置情况"进行及时合理的公开。此外，还要探索将党委主要领导的施政方针，工作落实情况以及一些重要权力的运行轨迹在不违反保密性和危及国家安全的情况下在党内外予以不同形式的公开。让"一把手"权力在阳光下运行，遏制权力寻租的空间。

2. 在党委内部形成对"一把手"的有效制约。第一，上级党委要加强对下级党委"一把手"贯彻执行民主集中的情况考评以及监督检查，开展有针对性的教育和引导措施鼓励在班子内部发扬民主集中制的工作原则。民主集中制落实中的最大问题就在于"一把手"工作作风过于强硬，只注重集中而不注重民主，从目前的实际来看，对于引导"一把手"落实一项制度最好的方式就是上级党委的督促，尤其是上级党委"一把手"的督促。因此，上级党委要建立常态化的监督模式，对下级党委落实民主集中制的情况进行监督，由上级党委或组织部门负责人开展与下级党委班子成员进行定期谈话，检查民主集中制的落实情况，对落实结果较差的党委相关责任人进行批评警示，对出现连续数次不合格的主要责任人，按照规定给予严肃处理。

第二，要降低党委主要负责人对于同级班子成员在人事任命问题上的影响力，发挥党委内部其他成员的主体意识和监督作用，营造分工负责，集体决策的良好氛围。当前，不少党委班子内部民主集中制落实不到位，班子其他成员不善于或者不敢轻易针对"一把手"意见发表争锋观点，一方面受到党委书记权威性过高的影响，另一方面则是班子成员的政治使命感和责任感意识不强。在当前集体决策的体制下，却给予"一把手"在同级班子成员人事任免事项上一定的话语权，这种权力配置的偏颇很容易打破原先设计的集体决策机制的平衡。就目前情况而言，降低"一把手"在班子成员晋升时的作用，规定"一把手"只能说明情况，不能提出建议可能具有比较切实的可操作性。此外，班子成员的政治使命感和责任感意识同样需要加以召唤和提升。上级党委可以发挥教育引导作用，同级党委"一把手"要发挥带头模范作用加强对班子成员的思想教育，在班子内部树立正确的权力意识、制度意识、主体意识和监督意识，使班子成员敢于对"一把手"意见说"不"，履行好自己的职责，干好自己分管领域内的工作。

第三，地方各级党委要建立普通党员行使党内权力的保障机制，在全党范围内形成"敢说真话，能说真话"的民主氛围。根据党章和《中国共产党党员权利保障条例》的规定，党员有权在党的会议提出意见、有权口头或书面对上级党委的工作提出意见、有权揭发任何党员和党组织的违法违纪事实，有权向上级党组织提出罢免不称职领导干部。广大党员是我们建设发展的最坚实基础，因此，要在全党范围内落实好民主集中制，就要着重在广大党员中落实好民主集中制。为此，一方面各级党委要采取措施让普通党员参与到民主决策中来，对于涉及经济社会发展和群众切身利益的重大问题要广泛征求党员代表意见；另一方面各级党委，尤其是党的纪律检查机关，对于进行举报、监督、控告的党员要采取措施进行保护，使其免受打击报复，对调查属实的进行一定的奖励。但要注意的是，党员在发表意见时，要与中央保持一致，不得妄议中央大政方针。

3. 建立党委"一把手"的权力监督框架。强化上级党委和上级纪委的监督。首先，上级党委要全面落实党风廉政责任建设，切实承担起对下级"一把手"的监督、教育管理的职责，要开展对下级"一把手"的定期谈话，本着"惩前毖后、治病救人"的精神，一旦发现有问题要及时批评指正。其次，上级纪委要把下级"一把手"纳入到日常工作的监督重点，加强对"一把手"日常生活圈、社交圈的监督，盯紧领导干部"八小时"以外的休闲活动。建设下级党委和同级党委职能部门负责人定期向纪委进行廉政述职制度。最后，要全面贯彻执行《中国共产党巡视工作条例》，把党的巡视制度当作一项根本制度常驻不懈，要逐渐推进巡视制度的全覆盖。不仅仅是中央一级向省一级地区的巡视，还要逐步推进省市一级的巡视制度常态化建设。在巡视工作中，要针对"一把手"容易出现问题的地方和关键环节进行专项巡视，要主动"下沉"到"一把手"所管辖的地区深入了解情况。上级党委要重视巡视中反映出来的问题，防止巡视工作只停留于表面。

进一步深化现有的纪委双重领导体制改革，增强纪委工作的独立性，强化同级监督。党的十八届三中全会明确赋予了各级纪委对同级党委的监督权力，并且要求各级纪委全面加强这种监督模式，但现有的体制明显不能满足这一要求。因此，要不断深入纪检监察体制的改革。首先，要增强上级纪委对下级纪委的领导，防止同级党委对纪委工作的不当干预，尤其是在查办同级党委委员的案件中要以坚持上级纪委意见为主；其次，在现有"下级纪委副书记以上提名、考察以上级纪委为主"这项制度的基础上，推进纪委书记岗位的"定期轮换制度"，限定纪委书记在某地任职不能超过一定的年限，避免出现纪委领导与当地领导干部产生人情案现象；最后，要推进省以下纪检监察系统"人、财、物"的垂直管理，避免纪委在办案时受到过多的外界因素干预。

要全面发挥基层党员和党代表在对"一把手"权力进行监督上的潜力。对于党代表的权力监督来说，要尽快在党内代表大会制度的基础上在全国范围内铺开党代会常任制的落实，使党员代表资格成为常任制，切实发挥党员监督作用。落实党委领导班子及其成员每年向党代会述职制度，让党代表对"一把手"和领导班子的工作进行评议。另一方面，要健全党内重大决策论证评估和征求意见制度，落实党代表列席关于"三重一大"问题的会议机制，增强广大党员的知情权。此外，党的纪检机关要完善党内信访、举报渠道的建设，保障党员行使监督举报权渠道的畅通。

重视群众监督和媒体监督等社会监督力量的运用，强化外部监督。党的十八大明确指出"要让人民监督权力，让权力在阳光下运行。"要想发挥人民群众监督的作用，首先是在推进党务公开的基础上进一步保障人民群众的知情权，通过各级党组织每出台一项政策或制定一项制度，就要把相关过程进行公示并留下信息反馈的方式，使人民群众参与到权力的运行中来。其次，是要保障人民群众监督权行使的渠道要畅通，可以仿照政府信访部门的架构在党委内部或纪委内部设立类似的机构，专门处理人民群众的来信来访。另一个重要方面就是要发挥好媒体监督的作用，在当今时代，由于网络技术的快速发展和新媒体的应运而生，信息传播的速度和范围飞速提升，因此，舆论媒体在反腐败方面可以起到很大的作用。作为被监督对象来说，"身正不怕影子斜"，各级党组织和各级领导干部要自觉接受新闻媒体等机构的监督，给新闻媒体的监督活动留下足够的空间。而作为管理者来说，要推进和建立有效的媒体监督机制就要出台相关的制度规范，让媒体监督有法可依，有迹可循。同时，让媒体监督行驶在正确的轨道，避免乱监督的情形。

在加强以上三个方面的基础上，通过纪委牵头，纪检监察机关在党内要加强和组织部门的联系，在政府部门中加强和财政、审计等部门的联系，在司法系统加强和检察院、法院的联系，整合现有各类监督力量以及新成立的国家监察委员监督力量，配合以群众监督、媒体监督等形式，形成监督合力，建立信息互通机制，对权力涉及的领域进行全方位的监督覆盖，让腐败行为无处可藏。

（三）　建立针对"一把手"的常态化教育机制

教育是个体成长过程不可或缺的一个环节，其具有潜移默化的作用，能够增强党员干部的使命感和责任感，增强党员干部遵守党的纪律的主动性和自觉性，树立懂规矩、守规矩的纪律意识，筑牢自身的思想防线，实现严格的个体自律。

1. 注重培养"一把手"的官德意识。从古至今，官德一直被视为治国理政的重要基础。"国家之败，由官邪也；官之失德，宠赂彰也。"官德就是指官员政治品德的综合反映，包括政治素养、道德品质以及生活作风等方面的修养。习近平总书记认为，共产党人的官德，可以概括为六个字"为民、务实、清廉"。"为民"是官德的核心，强调的是权力来源于人民就要为人民所用，为人民牟利；"务实"是官德的基础，是要脚踏实地为民办事，不搞劳民伤财的政绩工程；"清廉"是官德的内在要求，要严于律己，廉洁奉公。[1]因此，党内监督要立足于加强针对党员领导干部，尤其是党委"一把手"的思想教育，提升其官德修养，应该注重以下两个方面的内容：

一方面是树立正确的权力观。各级领导干部要牢记国家权力来自于人民，自己手中的权力来自于人民，牢固树立为人民服务的根本宗旨。落实服务意识，谨记自己"人民公仆"的地位，把精力和能力放在工作上，放在为人民牟利上。同时坚决杜绝特权主义思想，做到权力不乱用、不滥用。

另一方面是树立牢固的思想防线。各级领导干部要时刻以当前公布的那些重大典型腐败案件来警示自己，提醒自己，提高自我约束、自我控制能力，把廉政教育深入到自己的思想和灵魂中去，而不是搞形式、走过场。在面对当前复杂的社会环境时，要管住自己的爱好和兴趣，严格对自身的要求，保

---

〔1〕　习近平：《用权讲官德　交往有原则》，载《求是》2004年第19期。

持艰苦朴素的生活作风。同时要谨慎交友，摆正"情"与"法"的位置，在处理事情时能做到公私分明，把执行和维护国家法律和党的纪律放在第一位。

2. 落实党内批评与自我批评制度常态化和深入化。批评与自我批评是马克思强化党内监督的有力思想武器，是中国共产党在长期革命和建设实践中形成的优良传统。党的十八大以来，在一系列的党的教育实践活动中，围绕"照镜子、正衣冠、洗洗澡、治治病"的总体要求，开展了形式多样的批评与自我批评活动。但当前党内的批评与自我批评活动仍存在一些不足，如存在流于形式的批评、批评活动有余而落实整改不足等。因此，有必要在全党范围内进一步深入地开展批评与自我批评活动。一是要坚持把批评与自我批评作为一项常态化的机制加入到党的正式文件中，并对各个方面的细节进行完善，使其成为各级党组织的"必修课"；二是民主生活会作为批评与自我批评的重要载体不能流于形式，要进一步进行完善，如会议内容要记录在册，以便于上级党组织进行监督检查；三是要注重批评后的整改，批评只是一种手段而不是目的，是为了让每个党员发现自己的问题，但只发现不改变则毫无意义。因此，要将批评过后的整改情况作为一项制度纳入到整个环节中去。

3. 改革创新党内廉政教育方式。廉政教育作为思想教育环节一个重要抓手，其对于预防腐败，净化党内政治生态具有极其重要的作用。因此，加强和改进当前党内的廉政教育活动具体可以从以下几个方面着手：一是要根据当前反腐败领域出现的一些新问题、新特点，围绕重点领域，结合"一把手"的岗位和工作特点，完善廉政教育的内容，不仅要针对领导干部在工作中的工作情况，还要针对于领导干部的社会生活和人际交往领域。二是要结合信息时代下网络技术的发展，创新廉政教育的方式。用廉政影视节目，公益广告的多种形式取代过去单一枯燥的教育方式，使廉政文化深入到领导干部生活的方方面面。三是要对各级党委"一把手"开展常态化、定期的理论培训，使其不再成为单纯的制度"传达者"。培训内容要有针对性，而且要注意培训完的考核，将考核结果与"一把手"的履职考评相挂钩，促使"一把手"将党的制度规范领会到内心深处。

（四）营造良好的政治生态环境

1. 净化官场风气，破除官场潜规则。潜规则产生的一个重要原因就是

"明规则"的失效，即权力的运行受到了各种因素的干扰而偏离了制度的轨道，出现了以权谋私、权力寻租等现象。因此必须做到规范权力运行，把权力关进制度的笼子里，让权力的运行过程公开化、透明化，这就要求我们必须落实好《中国共产党党务公开条例》的相关规定，消除潜规则的运行空间。对权力异化和权力寻租现象做到零容忍，对那些善于使用潜规则的人用党纪法规进行严厉的惩处，消除潜规则使用的空间。此外，还需要从意识形态角度入手，在党内消除"官本位"思想和"家长制"作风，对一些领导干部身上存在的封建主义思想，如等级观念严重、特权思想严重等进行批评教育，并在全党范围内开展工作和生活作风的自查自纠活动。教育广大党员坚定政治信念，加强党性修养，增强公仆意识，树立正确的权力意识和制度意识，创造积极向上的官场文化，以形成良好的官场风气。

2. 打造良好的政商关系。这一环节的重点是要规范权力在经济领域的合理运行。首先，政府要明确自身在市场经济活动中的地位，做好自己监管者的职责，减少对市场经济活动的干预，市场能够解决的得交给市场解决，行业能够解决的交给行业解决。干预的情况少了，权力寻租的机会自然也会减少。其次，要进一步推进简政放权，深化行政审批制度改革，取消目前大量不必要的审批项目，减少审批环节，对审批环节全过程进行监控，避免权力滥用，推动政府职能向创造良好发展环境转变。最后就是要建立政府在经济领域，重大工程项目领域以及民生项目领域的重大决策评估制度，引入专家学者，行业代表，普通群众等社会力量对决策的必要性、科学性、规范性进行评估审查，防止这些项目成为领导干部谋利的工具。

3. 建设全民性的廉政环境。廉政文化从范围上来说应该属于一种全民文化，不仅仅要针对党内的党员领导干部，也要针对每一位普通群众，要在全社会范围内形成一种廉洁风气，使每个人都能在思想和行动上严格要求自己，自觉遵守廉洁规范。因此，党的纪律部门和宣传部门要整合当前的廉政教育资源，创新教育措施，采取形式多样、有针对性地宣传手段，在全社会弘扬廉洁文化，要着重突出对青少年，商业从业人员等重点对象的宣传教育，将廉政文化渗透到社会生活的各个角落。

结语

权力的负面作用使得公权力的行使极易出现异化状态，再加上各级党委"一把手"权力的高度集中，在自然人的逐利性、社会属性以及"官本位"意识等因素的综合作用下，使得本来自于人民让渡、用于为人民服务的公权力成为"一把手"追逐个人私利的工具。因此，从这一角度来说治理腐败的过程就是克服公共权力异化的过程，要划清国家、社会和个人的权力边界，通过减权、分权、监权等手段对公权力的行使形成有效制约。现代法治国家实现这一目的的主要手段是制度制约，通过完善相关的立法和制度规范来遏制权力的滥用，这也是我国目前正在努力的一个方向。但腐败是一种复杂的社会现象，其发生涉及政治、经济、文化等诸多要素，在很大程度上要受到现行经济体制、政治体制和社会文化的制约，与我国改革开放和社会主义建设紧密相连。因此，仅通过制度的制定实施来防止"一把手"权力的滥用是远远不够的，我们当前普遍存在的制度失效的现象也说明了这一问题。

因此，治理"一把手"权力滥用必须从源头出发，坚持"标本兼治、综合治理"的治理原则，保持对腐败"零容忍"的治理态度，一方面要深化顶层设计，深化我国的政治体制、经济体制以及社会管理体制的改革，铲除腐败行为滋生的空间；另一方面要从底层着手，加强党委"一把手"等领导干部的思想教育和能力教育，加强对企业、个人等社会主体的廉政教育，提高公民的权力监督意识，形成良好的社会风气，铲除腐败行为运行的空间，形成"一把手"领导干部不想腐、不能腐、不敢腐的有效制约机制。

此外，纵观世界历史的发展和各国政治现实，无论是古代还是现代、专制制度还是民主制度、资本主义国家还是社会主义国家、发达国家还是落后国家，腐败现象都是一个长期存在且难以根除的问题。因此，在腐败治理的过程中，切忌操之过急，过于严苛的政治环境不仅不能有效制约腐败的发生，还会影响社会发展，甚至造成社会动荡。作为普通公民，要对党和国家的反腐败建设充满信心并积极参与进去，这样，在不久的未来，"一把手"权力滥用等腐败现象必然能够得到有效遏制。

第六讲　纪法贯通、法法衔接研究

十八大以来，党中央提出全面建设社会主义现代化国家、全面深化改革、全面依法治国、全面从严治党的"四个全面"战略布局。"四个全面"战略布局提出以来，纪检监察领域发生了深刻变革，这是"四个全面"战略布局在纪检监察领域的具体展开。2015 年、2018 年两次修订《中国共产党纪律处分条例》，2016 年 11 月 7 日，中共中央办公厅印发《关于在北京市、山西省、浙江省开展国家监察体制改革试点方案》，并于 2018 年正式设立监察委员会、颁布《监察法》，标志着新监察制度在我国的正式确立。2020 年颁布《公职人员政务处分法》（以下简称《政务处分法》），这是对纪检监察制度改革的进一步深化，也是我国第一部全面系统规范公职人员惩戒制度的法律。至此，在公职人员惩戒方面，既存在党的纪律处分，又存在法律规范的处分；既存在《监察法》《政务处分法》等专门性法律规范的适用，也存在《刑法》《治安管理处罚法》等一般性法律规范的适用空间。政务处分机关在作出处分决定时，不可避免地要涉及党的纪律、不同法律规范之间的交叉、衔接，如何理顺纪法之间、法法之间的衔接对于完善政务处分规范体系及实践操作具有重要意义。

一、"纪法贯通"与"法法衔接"的界定与本质

（一）"纪法贯通"与"法法衔接"的概念

纪指纪律，有广义、狭义之分。广义上的"纪"指为维护集体利益并保

证工作进行而要求成员必须遵守的规章、条文。既包括党纪，也包括政务处分，还包括处分。而狭义上的纪律，仅指中国共产党的纪律，按照现行《纪律处分条例》的规定，党的纪律包括政治纪律、组织纪律、廉洁纪律、群众纪律、工作纪律、生活纪律六大类，不包括人大、政协、行政机关公务员以及法官、检察官、警察等特定职业人群应当遵守的特定纪律。此类主体所遵循的特定纪律的规范形式如《公务员法》《行政机关公务员处分条例》《法官法》《检察官法》《警察法》等之中，属于法的范畴。对于党纪规定主要来自于《条例》《中国共产党纪律检查机关监督执纪工作规则》（以下简称《监督执纪工作规则》）以及《中国共产党问责条例》（以下简称《问责条例》）、《党组讨论和决定党员处分事项工作程序规定（试行）》等党内法规之中。纪律是政党健康发展的保障，没有纪律的束缚，政党就无法形成统一的意志，也无法动员全体党员形成一致行动，更谈不上实现其宗旨。

法指法律，一般是指国家用来实现其意志并经过一定程序制定的、依靠国家强制力保证实施的、对全体社会成员具有普遍约束力的行为规范。在我国特指全国人民代表大会或者是全国人大常委会通过法定程序制定的具有普遍约束力的规范。从本文涉及的领域和对象来看主要包括《监察法》《政务处分法》《公务员法》《刑法》《刑事诉讼法》《行政处罚法》等部门法。

纪法贯通是指纪委与监察机关基于合署办公，而在工作机制、依纪依法监督、适用规范、审理等方面实现内部工作贯通、有机融合，使得纪检监察机关充分运用好党章党规党纪和宪法法律法规"两把尺子"，履行好监督执纪问责和监督调查处置双重职责。纪法贯通是一种内部协调配合机制。

法法衔接是指国家监察机关具有政务违纪违法调查和职务犯罪调查的复合性权力，在法律适用、程序设计、认定事实等方面与行政机关、司法机关相互配合相互制约，使得《监察法》与《刑法》《刑事诉讼法》《行政处罚法》等法律之间进行有效对接。法法衔接是一种外部协调配合机制。

国家监察体制改革促使纪委与国家监委合署办公，纪检监察机关掌握党规党纪、法律法规"两把尺子"，既要作为执纪机关，又要作为执法机关，如何把执纪与执法衔接起来，把制度优势转化为治理效果、把法律效果与政治效果、社会效果相结合，既达到有效惩治职务犯罪又保障公职人员合法权益的目的。无论是纪法贯通，还是法法衔接都是以监察机关作为制度设计的纽带。

（二）"纪法贯通"与"法法衔接"的本质

纪法贯通、法法衔接的实质是党内法规与国家法律之间的关系。纪与法制定基础、制定主体、适用范围的不同，表明纪法贯通的实现依赖于明晰的党内法规与国家法律规范的关系，从而理顺纪法适用次序、实现纪法贯通。

从宏观上讲，党内法规与国家法律之间的关系主要体现在由二者的不同性质所引起的价值关系。党内法规与法律规范都是社会治理规则体系的组成部分，构建完善的党内法规体系、完备的法律规范体系都是完善社会治理规则之需。但党纪与法律二者之间的根本性质区别，使二者呈现出以下关系：一是功能上的互补关系。中国共产党是中国特色社会主义事业的领导核心，党内法规作为其内部组织规范，对党员的要求严于法律，很大程度上融入了社会道德规范的要求。法律规范则是最低的道德准则，其对于不违反法律但违背道德的行为往往束手无策，党内法规与法律规定的有效配合能够形成严密的社会规范体系。二是规范对象的交叉性。《中共中央关于全面推进依法治国若干重大问题的决定》强调，"既要求党依据宪法法律治国理政，也要求党依据党内法规管党治党"。党内法规主要适用于共产党员，法律规范则具有适用对象的普遍性。但这并不意味着二者相互排斥，反而相互支撑、相互融洽[1]。三是党内法规与法律规范的根本价值取向相同。党内法规与法律规范同属于社会治理规则体系范畴，二者尽管在性质、制定主体、适用对象等方面存在较大差异，但是其本质都是为了实现社会主义法治这一目标，具有相同的价值取向。

从微观上讲，党内法规与法律规范的关系主要体现在二者如何适用上。党内法规及《监察法》《政务处分法》《刑事诉讼法》的不断修改完善，为纪法贯通提供了基本的制度框架，在办案程序、法律适用方面提供了行为指引。例如，"在立案审查程序上，《监察法》和《监督执纪规则》都要求完成'向

---

[1] 付子堂：《法治体系内的党内法规探析》，载《中共中央党校学报》2015 年第 3 期。

被调查人宣布''向相关组织通报''通知家属'以及'向社会公布'等四项工作"〔1〕；在移送审查起诉方面，纪检监察机关、检察机关、人民法院之间也存在着明确的分工。

二、纪法贯通、法法衔接的必要性

（一）全面从严治党的必然要求

坚持党对国家事业的集中统一领导，是我国发展、建设的基本规律。中国共产党作为中国特色社会主义事业的领导核心，内在的要求是打造一支具有纯洁性的党员队伍。当前，"我国公务员队伍中党员比例超过百分之八十，县处级以上领导干部中党员比例超过百分之九十五"，〔2〕公务员队伍的现状决定了全面从严治党，必须全面加强党纪、国法对党员的约束，对违纪、违法的党员严格追求其纪律责任、法律责任。全面从严治党，首先要加强党内纪律对党员的约束。马克思说过："必须绝对保持党的纪律，否则将一事无成。"〔3〕习近平总书记在中央政治局常委会审议中国共产党廉政准则和党纪处分条例的会议上指出，"加强纪律建设是全面从严治党的治本之策"。〔4〕国家法律作为全体社会成员都应当遵守的行为规范，自然也应当是党员的基本行为准则。但是，在对公职人员中的党员进行违纪、违法处分时，要注意区分好纪律责任、法律责任，实现纪法分明、纪法贯通。习近平总书记指出："过去就存在纪法不分问题，把公民不能违反的法律底线作为党组织和党员的纪律底线，降低了对党员要求，最后造成的结果就是'违纪只是小节、违法才去处理'，'要么是好同志、要么是阶下囚'的不良后果。"实现纪法贯通，

〔1〕 江国华、何盼盼：《国家监察纪法贯通保障机制研究》，载《中国高校社会科学》2019 年第 1 期。

〔2〕 中共中央文献研究室编：《习近平关于全面从严治党论述摘编》，中央文献出版社 2016 年版，第 208 页。

〔3〕 中共中央马克思、恩格斯、列宁、斯大林著作编译局译：《马克思恩格斯全集》第 29 卷，人民出版社 1972 年版，第 413 页。

〔4〕 中共中央纪律检查委员会、中共中央文献研究室：《习近平关于严明党的纪律和规矩论述摘编》，中央文献出版社、中国方正出版社 2016 年版。

使党的纪律、国家法律各负其责、各司其职，能够有效解决实践中纪法不分的问题，实现国家治理体系和治理能力的现代化。"纪法贯通"为国家治理体系和治理能力现代化奠定制度基础，是国家治理现代化的必由之路；有利于优化法治生态环境和行政生态环境，是净化政治生态的根本依托；有利于明确"一条主线"、突出"两条红线"，是全面从严治党的制度保障[1]。

（二）国家监察体制改革的需要

纪法贯通是国家监察体制改革所追求的重要目标。通过党纪与国法的同向作用，构建"不敢腐、不能腐、不想腐"的党和国家监督体系必须打通党纪与法律之间的衔接壁垒。国家监察体制改革前，监察权的配置具有分散性，由不同的国家机关分别行使。例如，党的纪检机关负责党员的纪检检察工作，人民检察院的反贪污和预防腐败局则负责国家工作人员在刑事犯罪领域的监督工作，行政监察部门则主要负责行政机关体系内部的监察监督。这种监察职权行使的分散性造成了各管一段的执法现状，各执法机关分别制定有不同的检察、监察行为规范，执法标准难以统一。在各管一段的监察监督体制下，会存在"三不管"地带，对于一些棘手案件或一些监察监督较为困难的领域，形成监督的空白，进而使得腐败滋生。国家监察体制改革，将监察权集中统一由监察委员会行使，增强了监督的力度，使公职人员监督全覆盖，在监督的标准、监督的界限等方面也有利于形成统一的做法。在国家监察体制改革后，虽然实现了组织机构的统一，但是在此之前各行其道的监督法律规范、党内法规并未被完全统一起来。纪检监察机关办案面对多样的规则体系，理顺各种规范之间的关系，实现纪法贯通、法法衔接是实现执法标准统一、办案程序统一的必然选择。

（三）纪检监察机关合署办公的现实考虑

纪检监察机关采取合署办公的模式，与党的纪律检查机关合并设立，有利于整合分散的反腐败资源，建立统一高效的国家监察体系。但这种主体的复合性并非简单的"1＋1＝2"，带来法律、党内法规适用的复杂性，如果不

---

〔1〕 冯留建：《"纪法贯通"的实践基础与当代价值》，载《人民论坛》2020年第4期。

形成完善的纪法贯通机制，有可能会导致"合署不合力"的负面效应。"实现'纪法贯通，法法衔接'，是规范党员干部行为、提高监察工作效率的必然选择。"[1]党纪作为党内规范主要面向全体共产党员，是党员应当遵守的行为准则；国法作为在国家统治范围内普遍适用的规范面向的是全体公民，是全体公民应当遵守的行为准则，这当然包含共产党员。只有实现纪法贯通、法法衔接，才能为党员的行为设立双重保障，严格规范共产党员的行为。国家监察体制最大的特征在于党的纪委和国家监察机关合署办公，面对不同的违法对象，其以不同的面貌出现。当面对党员违法，需要追究其纪律责任时，其以纪委的身份去办理相关案件；当面对非党员的公职人员违法，需要追究法律责任时，其以监察机关的身份去办理公职人员违法案件。中国共产党在我国政治体制中的领导地位，使实践中大部分的公职人员违法案件呈现违纪、违法行为复合，党员、公职的身份复合，在处理这些违法行为时，需要党内法规与国家法律规范的贯通，需要国家法律规范之间的协调、衔接。

（四）党纪监督对象与监察对象的重叠交叉

不同的规范有其固有的调整对象，但调整对象身份的多重性，会使得适用规范时会出现重叠交叉。"纪律红线失守，往往是法律底线失守的预警信号；法律底线被践踏，纪律红线必然荡然无存。"[2]而且从犯罪学和社会学理来看，违纪、违法和犯罪之间的界限并非是泾渭分明的，在违纪的同时，也会构成违法和犯罪。国家监察体制改革前，公职人员违法犯罪监督职权主要集中在检察机关。《宪法》《人民检察院组织法》对检察机关的职能定位是国家的法律监督机关，其主要监督法律的实施、适用情况，对于公职人员违反党纪行为则无权监督，这部分人员的监督主要是由党内纪律检查机关开展。国家监察体制改革后，监察对象实现了公职人员的全覆盖，这其中包括共产党员。纪检机关、监察机关监督对象的交叉，决定了办案机关在选择适用规范时需要作出多重考虑，根据违法行为性质、违法行为主体身份的不同，选

---

〔1〕　马振清：《"纪法贯通，法法衔接"的本质透视与现实保障》，载《人民论坛》2020年第5期。

〔2〕　艾军：《准确执行〈条例〉必须做好纪法衔接》，载《中国纪检监察报》2016年3月2日，第8版。

择相适应的党内法规、国家法律，进而实现党纪、国法的顺畅衔接。

（五）纪法衔接不畅带来的挑战

国家监察体制改革，实现了监察权的整合、统一，在一定程度上解决了之前检察机关、行政监察机关、党的纪律检查机关各管一段、职能交叉、重合的问题，有利于最大程度发挥监察监督的效果，实现"1＋1＞2"的理想效果。但是，在监察体制改革后，监察改革的效果并未完全、充分地发挥出来，党内法规与国家法律之间仍然存在不衔接、不协调之处。一方面，监察委员会权力行使的封闭性使得法法之间的衔接存在不畅。监察委员会集监察监督、监察调查、监察处置等多项监察职权于一身，对于公职人员的监察监督在监察委员会内部独立完成。但是监察委员会办案往往以《监察法》为依据，忽略了《监察法》与《刑事诉讼法》规范的协调、衔接，使得职务犯罪案件在证据标准、办案程序等方面存在一定程度的断裂。另一方面，监察委员会实行纪检、监察合署办公，在办公场所、办案人员上实现了统一。但是由于纪律检查与监察分属两种不同性质的权力，二者有着不同的权力行使规则、权力运行规律。如何实现党纪、国法的有效衔接，是实现两种权力在国家监察委员会这一机构内有序运行的前提。

三、纪法贯通、法法衔接存在的问题

通过对有关规范的梳理、分析，当前纪法贯通、法法衔接领域，主要存在以下几方面的问题：

（一）把法律底线等同于纪律底线、纪律责任与法律责任相互替代

十八届中央纪委六次全会公报明确要求："纪委决不能成为党内的'公检法'，执纪审查决不能成为'司法调查'，要依纪监督、从严执纪，真正把纪律立起来、严起来，执行到位。"但是，"在现实中还存在一些腐败分子的行为本已构成犯罪，却在受党纪处分后并未移交司法机关，逃避了司法惩处的现象，也有极个别情况下受到刑事制裁的腐败分子，因为信息不对称等原因而没有得到相应党纪处理的情况。这些现象的存在都是党纪和国法不协调的

表现"。[1]

（二）将纪检检查对象与监察对象混同，导致监察泛化

《条例》第 3 条规定，"党的纪律是党的各级组织和全体党员必须遵守的行为规则。"纪律检查委员会是党的纪律检查机关，其主要依据党章和党内法规对党的各级组织和党员遵守党纪情况进行监督，并对违反党纪的行为予以查处。《监察法》所面向的对象是"所有行使公权力的公职人员"，目的在于实现公职人员监察监督全覆盖。监察委员会作为《监察法》的执行机关，其监督的对象是所有行使公权力的公职人员。在监察委员会监督的对象中包括大量的党员，但是对这些党员的监督依据并非党内法规，而是国家法律，监督的重点是公职人员的职责履行情况、是否存在渎职、失职。党的纪律检查机关是党的机关，并非国家机关，其监督的党员大多具有公职人员身份，但纪委对这些人员的监督是基于党内法规，监督的重点是各级党组织和党员对党的政治纪律、组织纪律、人事纪律、群众纪律、保密纪律、经济纪律、宣传纪律、外事纪律等遵守和执行的情况。

（三）对纪委的监督执纪问责和监委的监督调查处置的贯通衔接，认识不清、理解不深、衔接不够紧密

实践中，部分领导干部对纪委、监委的监督职责认识不清，过于强调审查、调查而忽视了监督，甚至有些领导人员认为监督就是"放水"，对待监督工作不积极、不认真。还有些领导干部认为监察委员会既然是公职人员全覆盖，所以监察委无事不包，全都管，混淆了监察监督的范围、界限，使"全覆盖"失去了应有的震慑效果。[2]

《公职人员政务处分暂行规定》规定，监察机关给予公职人员政务处分，其轻重程度应当与党纪处分相匹配。其中，对受到撤销党内职务及以上党纪处分的，应当匹配政务撤职处分；对严重违犯党纪、严重触犯刑律的公

---

〔1〕 龙太江、李辉：《党纪反腐：价值、问题及其功能开发》，载《中共浙江省委党校学报》2016 年第 4 期。

〔2〕 福建省福清市纪委监委课题组：《关于推进"纪法贯通、法法衔接"的实践与思考》，载《中国纪检监察报》2018 年 10 月 25 日，第 7 版。

职人员则必须依法给予开除公职的处分。该规定明确了政务处分、党纪处分、刑事司法处分之间轻重衔接，以使公职人员在受到相应处罚时实现过罚相当，防止严重违纪的党员，所受政务处分、刑法处分明显较轻。强调党纪与国法要进行有效衔接，主要基于以下原因：党纪监督对象与国家监督对象具有重合交叉；制度保障目标具有一致性；办案程序具有协作性；纪委执纪有时既"依纪"也"依法"[1]。党内法规和国家法律在规范基础、价值追求、反腐败方面具体的操作规则和具体的执法执纪主体上都存在衔接协调的法理基础，构成了党纪处分和政务处分衔接的前提。[2]"纪法贯通，法法衔接"是同一个问题的两个方面，实现"纪法贯通"要求保证"法法衔接"，实现"法法衔接"以"纪法贯通"为前提和基础。[3]从纪法衔接到纪法贯通、法法衔接，不仅仅是提法的变化，也是国家监督理念的变化。纪法贯通不仅意味着党纪与国法规范内容的有效协调，更意味着纪检监察部门执纪与执法双重职能的有效整合。[4]

四、纪法贯通的逻辑展开

"纪法贯通是一项系统工程，既要坚持纪律这个高标准，又要守住法律这个基本底线；既不能把执纪执法割裂开来，又不能互相混淆或彼此代替；既要做到宏观把握、又要做到微观操作；既要具体问题具体分析，又要善于抽象归纳。这一过程既互相制约又互相联系、既对立又统一。运用系统思维，就要统筹各环节、各层次、各时段，做到全局与局部相配套、当前与未来相协调、整体推进与重点突破相统一，从整体到部分，再从部分到整体，也就是有分有合。"[5]

---

〔1〕　胡晓玲、王艾捷：《"两委"合署办公体制下纪法关系研究》，载《中北大学学报（社会科学版）》2020 年第 6 期。

〔2〕　秦前红、周航：《党纪处分与政务处分的衔接协调及运行机制》，载《中国法律评论》2021 年第 1 期。

〔3〕　马振清：《"纪法贯通，法法衔接"的本质透视与现实保障》，载《人民论坛》2020 年第 5 期。

〔4〕　李戈、杨士林：《监察体制改革背景下纪法贯通的困境与出路》，载《湖南警察学院学报》2019 年第 4 期。

〔5〕　本报特约评论员：《纪法贯通要植入系统思维——学习贯彻党纪处分条例系列评论之五》，载《甘肃日报》2018 年 9 月 25 日，第 1 版。

实现"纪法贯通，法法衔接"有其可能性。一是作用方式具有一致性。二是价值追求具有一致性。三是"法法衔接"的实现同样是可能的[1]。就二者的作用方式而言，党纪与国法是分别属于不同性质的规范，但是二者在适用上具有相似性，二者都由专门的适用机关，并且二者的实施都具有强制性的保障。党纪作为党内的规章制度，其主要依靠党的纪律检查机关实施，党章及相关党内法规规定的对违反党纪行为的强制性处分，为其实施提供了强制性保障。国家法律由国家权力机关全国人民代表大会及其常委会制定，并被分配给不同的职能机关保障实施，违反国家法律则会受到行政、刑事等一系列的处罚，由公安机关、司法机关保障其强制实施。就二者的价值追求而言，党纪与国法的最终价值追求统一于社会主义法治国家的建设。完备的法律规范体系与完善的党内法规体系是中国特色社会主义法治体系的重要组成部分，二者尽管性质不同，但分别在不同的领域内发挥规范作用，共同促进法治建设目标的实现。就法法衔接的实现而言，当前我国已经形成了一套较为完整的法律规范适用准则，《立法法》对新法与旧法、上位法与下位法等适用规则予以了明确，在纪检监察领域理顺法律适用的基本顺序、构建完善的法律适用准则具有前提基础。

"要从讲政治的高度依规依纪依法履职尽责，严格依照党的原则、纪律、规矩和法定权限、规则、程序办事，把握权力边界和政策界限，用好纪律和法律'两把尺子'、纪律和法律'两种语言'，先用纪律的尺子对党员干部的行为进行衡量和认定，用纪律管住大多数党员干部，再用法律的尺子守住底线不放松，实现纪法衔接贯通。"[2]纪法衔接，从制度层面上纪律和法律在内容的具体规定上应保持衔接。操作层面，即违纪行为处理与违法行为处理之间应保持衔接。在具体操作上，二者不可相互替代，既不能以纪律追究代替法律追究，也不能以法律追究代替纪律追究。[3]纪法贯通的实质是纪委与国家监察机关在内部运行中实现纪法贯通。表现在纪委职责与监委职责相贯通、

---

〔1〕 马振清：《"纪法贯通，法法衔接"的本质透视与现实保障》，载《人民论坛》2020 年第 5 期。

〔2〕 福建省福清市纪委监委课题组：《关于推进"纪法贯通、法法衔接"的实践与思考》，载《中国纪检监察报》2018 年 10 月 25 日，第 7 版。

〔3〕 李晓丽：《"纪法衔接"的辨析与保障》，载《中国党政干部论坛》2016 年第 6 期。

审查措施与调查措施相贯通、党纪处分与政务处分权限相匹配、党纪处分情形与政务处分情形相对应、党纪处分规则与政务处分规则相对接。具体而言，主要表现为以下几个方面：

（一）纪检、监察立案的衔接

为落实好纪法贯通目标，实现法法衔接，需通过完善的程序设置加以保障。根据党纪与国法在案件办理中适用的顺序不同，可将纪法贯通、法法衔接的程序设置分为以下三类：第一类是党纪处理在司法处理之前，简称"纪在法前"，主要发生于纪律检查机关先行立案查处的党员违纪违法案件。第二类是党纪处理在司法处理之后，简称"纪在法后"。[1]第三类是党纪处理与司法处理并行开展，二者同步推进，简称"纪法同步"。

1. 纪在法前。所谓纪在法前是指，将党内纪律处分摆在司法处理前，适用纪在法前的案件主要是党的纪律检查机关先行立案查处的共产党员违纪、违法案件。《条例》第29条规定，对"党员严重违纪涉嫌违法犯罪的"，纪委负有"先处分"义务，并"按照规定给予政务处分以后，再移送有关国家机关依法处理"。依据该条规定，纪在法前的条件是：严重违纪涉嫌违法犯罪案件，此时必须先由纪律检查机关给予党纪处分，方可追究其法律责任。除严重违纪涉嫌违法犯罪，其隐含的前提对象条件是共产党员身份，只有具备共产党员身份的，方可适用党内纪律处分，追究其违纪责任。纪在法前更加能够体现出党内纪律的严肃性，达到较好的社会效果，防止违法犯罪行为人在追究法律责任过程中以共产党员的身份主张各种不当权利。

2. 纪在法后。所谓纪在法后是指，司法机关的处理在党的纪律检查机关处理之前。其主要分为两种类型：一是监察机关、公安机关、检察机关、审判机关先行受理了有关党员违法犯罪案件，在进行了一定的调查处理后，将案件移送给党的纪律检查机关，由纪委追究其党内纪律责任。《中国共产党党内监督条例》第37条规定，"有关国家机关对违法犯罪的党员还有应当移送纪委依纪处理的义务"，针对的是"党员有犯罪行为，且受到了刑事处罚的，

---

〔1〕　李晓丽：《"纪法衔接"的辨析与保障》，载《中国党政干部论坛》2016年第6期。

一般应当开除党籍"的情况。二是纪委在受理、立案的党员违法犯罪案件先不作出纪律处理，而是将其移送给监察机关、公安机关、检察机关、审判机关等，由有关国家机关先追究其法律责任，待作出相应处理决定后，再由党的纪律检查机关给予党纪处分。

3. 纪法同步。纪法同步又称"并行衔接"，是指以监察委员会党政合署办公为基础，在纪律检查机关发现党员不仅存在违纪行为，而且还涉嫌职务违法犯罪活动时，经报相关部门、领导批准，由监察机关介入案件办理活动，与纪律检查机关同步办案。这种衔接模式的优点在于避免调查活动的重复，提高办案效率。对党员涉嫌职务违法犯罪活动案件，如果监察机关被排除在纪检机关在调查过程之外，案件移送到监察机关后，监察机关仍需对案件相关证据材料进行核实、调取，不合理的增加了办案的繁琐程度。

（二）违法违纪情节的衔接

对违纪、违法人员的处理，最终是要对其施加一定的处罚措施。党的纪律处罚措施与法律规范的处罚措施性质不同、轻重不一，如何使党纪处分、法律处罚措施相衔接，最重要的是实现党纪、国法处罚情节的衔接，根据不同的违纪违法情节，匹配不同的党纪、国法处罚措施。《条例》《监察法》就违纪、违法情节的衔接上，已经作出了相应的规定，具体内容如下：

《条例》第27条规定的党员违纪行为包括"贪污贿赂、滥用职权、玩忽职守、权力寻租、利益输送、徇私舞弊、浪费国家资财等违反法律涉嫌犯罪行为"。《监察法》第11条第1款第2项规定，"监察委员会对涉嫌贪污贿赂、滥用职权、玩忽职守、权力寻租、利益输送、徇私舞弊以及浪费国家资财等职务违法和职务犯罪进行调查"。可见，《条例》第27条的规定实现了与《监察法》第11条第1款第2项规定的衔接，二者规定的违法犯罪行为类型已经实现了完全重合。《条例》第7条第1款规定，党组织和党员违反党章和其他党内法规，违反国家法律法规，违反党和国家政策，违反社会主义道德，危害党、国家和人民利益的行为，依照规定应当给予纪律处理或者处分的，都必须受到追究。可见，纪委执纪监督的范围要远大于《监察法》第11条的规定。在纪委就党员其他违纪行为监督过程中，如果认为相关行为属于职务违法、职务犯罪的，亦应与监察委员会做好衔接，实现衔接的全覆盖。

（三）法律责任与纪律责任的衔接

对违纪、违法人员区分不同的违纪、违法情节，施加不同的纪律处分、法律处罚，从而实现过罚相当是纪法贯通、法法衔接的基本要求。依据《纪律处分条例》第8条的规定，对党员的纪律处分种类主要包括：警告、严重警告、撤销党内职务、留党察看、开除党籍五种。从这五种纪律处分的性质上看，其主要是一种"精神罚"或者"资格罚"，对于党员法定的人身权、财产权难以作出处分。造成这种现象的原因在于，公民人身权、财产权属于基本人权，只有法定有权机关才可对其作出相应的限制或剥夺，党内纪律处分主要针对党员在党组织内部的资格这一处分对象展开，分设从警告到开除党籍的不同处分措施。国家法律规范所规定的处罚方式涉及精神罚、财产罚、资格罚、生命罚等多种处罚类型，不仅可以限制或剥夺公民的财产，甚至可以剥夺犯罪行为人的生命。由此，可以看出党纪处分与法律处罚具有根本性质的不同，监察机关在办理党员违法犯罪案件时，要做好纪律责任、法律责任的衔接工作，使违纪、违法人员所受党纪处分、法律处罚与违法情节相匹配。

（四）职权职责的衔接

在纪法贯通方面，党纪处分的专责机关是党的纪律检查机关，政务处分的负责机关是国家监察机关，二者合署办公。国家监察机构改革，实行党政合署办公的目的就是要实现党的纪律检查机关执纪、监察机关执法的协调衔接。党政合署办公，组建统一的监察委员会，并不意味着在监察委员会内部没有职权、职责的分工。实现纪法贯通、法法衔接，有必要依据监察委员会内部职能的划分，实现执纪、执法的协调衔接。负责纪检监察工作的部门，应当依据党内法规的规定，履行好党内监督、党内执纪、党内问责等职责；负责监委执法的部门，应当依照国家法律规范落实监察监督、监察调查、监察处置等职责，将党员干部、公职人员纳入检察监督的范围之内。在法法衔接方面，对公职人员违法犯罪行为的处分，既要求《监察法》《治安管理处罚法》《刑法》《刑事诉讼法》等法律规范之间的衔接，也要求监察机关、行政机关、公安机关、检察机关、人民法院等不同国家机关的职权、职责衔接顺畅，避免出现职权、职责的交叉重合，造成监察法律适用的叠床架屋。

（五）证据规则的衔接

对违纪、违法行为人追究其纪律责任、法律责任都必须依靠一定的证据证明其存在违纪、违法行为，应受纪律、法律处罚。不同性质的处罚，对于证明标准的要求并不相同，对于证据收集的程序各有不同规定，如何实现纪检监察办案证据规则的衔接是纪法贯通、法法衔接的重要内容。职务犯罪案件办理过程中证据主要由监察委员会收集，检察机关经审查认为符合法定条件的，即提起公诉。《监察法》的重点是调查职务违法、职务犯罪，重在反腐败，《刑事诉讼法》的重点是对刑事诉讼活动进行规范，二者侧重点的不同、监察办案与刑事诉讼办案的差异，使二者在证据规则的衔接上存在问题，其核心是非法证据排除问题。"以审判为中心"的改革重点是使定罪量刑的开展回归到人民法院的审判活动中，改变过往存在的侦查中心主义，对于证据的审查认定应当以人民法院的独立判断为标准。在职务犯罪案件的办理中，同样也应尊重人民法院对证据的审核判断权，用于定罪量刑的证据，应当符合《刑事诉讼法》所规定的标准。在证据的种类上，《监察法》第33条对证据的种类作出了规定，但是该规定相较于《刑事诉讼法》第31条的规定较为粗略。因此，当办案机关对法定证据种类产生疑问时，应当以《刑事诉讼法》的规定为标准。在证据调取的手段、方式上，亦应尊重《刑事诉讼法》的规定，避免监察证据在刑事诉讼活动中被排除。

五、法法衔接的制度设计

国家监察机关在适用《监察法》《政务处分法》时，涉案的公职人员还涉嫌违反《刑法》《刑事诉讼法》，与其他国家机关在管辖、工作程序以及措施手段等方面的制度衔接，这既体现了法的周延性，也避免了法律实施过程中出现的漏洞。

（一）管辖衔接

在法法衔接语境之下，管辖衔接是指，国家监察机关、公安机关、检察机关、审判机关在办理公职人员违法犯罪案件时，受理相关案件的权限与分工。在横向关系上，管辖主要体现为监察机关、公安机关、检察机关、人民法院之间的权限范围；在纵向关系上，管辖主要体现在各自的权力系统内部，上下级机关之间的权限分工。建立完善的管辖衔接制度，对于监察、公安、检察、法院等机关正确行使国家权力，实现各国家机关之间的分工、协作、制约具有重要意义。在监察领域，法法衔接语境下，各国家机关之间的管辖衔接的制度设计，主要包含以下几方面的内容：

1. 职能管辖衔接。所谓职能管辖是指，监察机关、公安机关、检察机关、人民法院基于各自的职权划分，在办理公职人员违法犯罪案件时在管辖上的职能分工。由于以上各机关分别负责不同的管辖事项，因此在职能管辖方面最重要的是建立涉嫌违纪违法犯罪案件和案件线索的移送、通报机制。

监察机关、检察机关、人民法院在职务犯罪案件办理过程中分别负责调查，审查批捕、提起公诉，审判。在职务犯罪案件办理上，三个机关应当各司其职，分别在自己职权范围内开展工作。尽管监察机关、检察机关、人民法院在各自职责范围内有相互配合的义务，但是三者之间并不存在某一机关主导其他机关的关系，各自职责的履行应当依照法律规定进行。但在这一办案流程中，要处理好监察办案与"以审判为中心"的关系。《中共中央关于全面推进依法治国若干重大问题的决定》指出，"确保侦查、审查起诉的案件事实证据经得起法律的检验"。监察机关、检察机关的工作最终都要面向人民法院的审判活动，对职务犯罪行为人的定罪量刑是审判环节的中心工作。"以审判为中心"要求监察机关调查职责，检察机关审查批捕、提起公诉职责应当服从于《刑事诉讼法》对审判活动的要求。这对监察机关调查取证、检察机关审查起诉提出了更高的标准，其职能履行应当以定罪量刑活动的开展为最终目的。

2. 级别管辖衔接。所谓级别管辖衔接，是各国家机关在其权力系统内，上下级之间的权限与分工。《监察法》《刑事诉讼法》对监察机关、公安机关、检察机关、人民法院在办理监察案件、刑事案件时的级别管辖作出了不同程度的规定。《监察法》第16条规定,"各级监察机关按照管理权限管辖本辖区内本法第15条规定的人员所涉监察事项。上级监察机关可以办理下一级监察机关管辖范围内的监察事项,必要时也可以办理所辖各级监察机关管辖范围内的监察事项。监察机关之间对监察事项的管辖有争议的,由其共同的上级监察机关确定。"据此,监察案件原则上由案件发生地监察机关管辖,但是上级监察机关可以通过提级管辖、指定管辖的方式,对级别管辖进行调节、明确。《刑事诉讼法》第20~23条分别对基层人民法院、中级人民法院、高级人民法院、最高人民法院管辖的案件作出了明确规定。实践中,案件的移送采取同级移送原则,四级人民法院审理的刑事案件,原则上也由同级公安机关、检察机关侦查、审查起诉。上述规定表明,公安机关、检察机关、人民法院上下级之间有着明确的管辖分工,不同层级的办案机关都有专属的管辖类型。但是,依据《监察法》第16条的规定,监察机关办理的各类案件原则上均由案件基层监察机关办理。因此,在实践中可能会出现监察机关移送案件、协调配合时与公安机关、检察机关、人民法院级别不对等的情况,从而对案件办理造成了一定障碍。因此,《监察法》亦应借鉴《刑事诉讼法》第20~23条的规定,对各级监察机关办理的案件类型予以划分,实现上下级监察机关办案量的均衡,以及与公安机关、检察机关、人民法院办理刑事案件级别的匹配。

3. 地域管辖衔接。地域管辖是指不同辖区内监察机关、公安机关、检察机关、审判机关办理案件时的权限分工。《刑事诉讼法》第25条规定,"刑事案件由犯罪地的人民法院管辖。如果由被告人居住地的人民法院审判更为适宜的,可以由被告人居住地的人民法院管辖。"该条确立了犯罪地管辖的原则,对于犯罪地的解释较为宽泛,包括犯罪行为地、犯罪结果地等。《公安机关办理刑事案件程序规定》第15条第1款规定,"刑事案件由犯罪地的公安机关管辖。如果由犯罪嫌疑人居住地的公安机关管辖更为适宜的,可以由犯罪嫌疑人居住地的公安机关管辖"。该条对公安机关办理的刑事案件也采取了犯罪地公安机关管辖的基本原则,并对地域管辖作出了灵活性的规定,犯罪嫌疑人居住地公安机关在法定情形下也可对案件进行管辖。《监察法》对监察机关的地域管辖并未作出明确的规定，《监察法》第 16 条第 1 款规定，"各级监察机关按照管理权限管辖本辖区内本法第 15 条规定的人员所涉监察事项"。通过对该条款的解释，可以得出监察案件应由违法行为发生地监察机关管辖。但是，相较于《刑事诉讼法》第 25 条，《公安机关办理刑事案件程序规定》第 15 条第 1 款的规定，《监察法》第 16 条的规定存在不明确、过于绝对的缺憾。在未来修法时，可以参照公安机关、检察机关的级别管辖，对此予以修补。

（二）工作程序的衔接

监察机关在办理案件过程中，与公安机关、检察机关、人民法院之间的工作程序衔接主要包括以下两个方面：

1. 立案程序的衔接。《监察法》第 3 条规定："各级监察委员会是行使国家监察职能的专责机关，依照本法对所有行使公权力的公职人员（以下称公职人员）进行监察，调查职务违法和职务犯罪，开展廉政建设和反腐败工作，维护宪法和法律的尊严。"依据该条规定，监察机关办理的案件包括职务违法案件、职务犯罪案件等。违法与犯罪是不同程度的违反法律规范的行为，其相对应的处罚程序、处罚后果存在差异。基于公民基本人权的保障，刑事责任涉及公民的基本人身权、财产权、生命权的限制、剥夺，是法律责任最为严重的一种制裁手段。刑事责任处罚后果的严重性，使刑事诉讼程序、刑事诉讼证据规则等，较其他类型案件更为严格。监察机关办理违法案件、违纪案件时，亦应考虑到后续相关执法机关、刑事司法机关办案程序的独特性。因此，监察机关在立案时，亦采取对职务违法案件、职务犯罪案件分别立案的方式，办理立案程序。监察机关在受理相关案件线索后，经过初步调查取证，认为案件涉及刑事犯罪、需要追究刑事责任的，应当将其单独立为职务犯罪案件，以便其与后续刑事责任追究程序相衔接。《监察法》第 39 条第 1 款规定，"经过初步核实，对监察对象涉嫌职务违法犯罪，需要追究法律责任的，监察机关应当按照规定的权限和程序办理立案手续"。该条款虽然明确规定了监察机关经初步调查核实后，认为需要追究法律责任的，应当办理立案手续。但是，该条款并未将职务违法案件、职务犯罪案件的立案程序予以区分，与后续刑事责任追究程序衔接上存在一定的缺陷。监察机关虽然是党政合署办公，其内部依然存在不同的部门划分，在实现职务违法案件、职务犯罪案件分别立案之后，能够理顺内部各部门的工作程序，完善从立案到调查、移送等办案全过程的工作流程。

刑事立案是刑事诉讼程序开始的标志，在国家监察体制改革后，职务犯罪案件转由监委会立案调查。实践中，监察委员会在职务犯罪案件调查接受后，将案件直接移送检察机关审查起诉，在此过程中检察机关并未在立案方面作出相应的措施，经过审查认为符合提起公诉条件的便将案件移送人民法院，提起公诉。职务犯罪案件在与刑事司法程序立案衔接上存在断层，监察立案取代了刑事司法立案，这一断层与监察委员会的改革思路存在一定冲突。监察委员会集中的是检察机关对职务犯罪案件进行侦查的权力，刑事司法立案权并未转移到监察机关。监察委员会办理的案件包括公职人员违法案件、公职人员犯罪案件等类型，其范围远小于刑事司法管辖的案件类型，难以通过监察立案取代刑事司法立案。

有学者指出，在监察立案与刑事立案的衔接上，当案件涉及刑事责任追究时，监察委员会应当直接适用刑事诉讼的立案程序；对于经过初步审核，确认当事人有职务犯罪嫌疑、应予追究刑事责任的，可以直接给予刑事立案。[1]该种观点，使监察立案取代了刑事立案程序，在一定程度上忽略了监察立案与刑事立案的区别。为兼顾刑事司法立案与监察立案程序的特性，较为可取的做法是在监察委员会将案件移送至检察机关后，由检察机关的案件管理部门进行审查、立案，然后再交由公诉部门审查、提起公诉。这种做法保障了检察机关在刑事司法程序中的独立地位，使案件之间的衔接更加顺畅。

2. 调查程序的衔接。

（1）留置措施与先行拘留的衔接。纪法贯通、法法衔接的最终目的是要加强党内立规与国家立法协同，要注重党纪处分与国法制裁的有效协同，要实现党委主体责任与党的纪检监察机关监督责任的协同，要推进党内执法与国家执

---

〔1〕　龙宗智：《监察与司法协调衔接的法规范分析》，载《政治与法律》2018 年第 1 期。

法的协同，要强化违纪追究与违法惩处的协同。[1]违纪追究与违法惩处目标的实现，依赖于完善的调查措施，以确保办案机关能够获取完整的证据材料。留置措施是监察机关对职务违法犯罪人员采取的人身强制措施，其目的在于限制被调查对象的人身自由，配合监察机关调查取证。如何实现留置措施与刑事司法活动的衔接，确保获取证据的合法性，是纪法贯通、法法衔接有待完善的重要内容。

《刑事诉讼法》第170条规定，监察机关移送起诉的已采取留置措施的案件，人民检察院应当对犯罪嫌疑人先行拘留，在拘留后的10日以内作出是否逮捕、取保候审或者监视居住的决定。在监察机关移送后，检察机关对犯罪嫌疑人采取先行拘留措施，案件即已正式进入了刑事诉讼程序，监察程序至此应当终止，监察机关应当将案件材料及犯罪嫌疑人一同移送给检察机关。在监察留置措施与刑事强制措施的衔接上，有以下两方面问题需要解决：一是留置措施的决定主体问题。监察机关办理的职务违法、犯罪案件，留置措施的决定权在监察机关自身。就留置措施而言，其系对公民人身权利具有重大影响的措施，其决定应当慎重作出。留置措施采取的内部性，不利于对监察机关办案合法性的监督，且对公民人身权利的保障不充分。因此，建议将留置措施决定程序中引入第三方主体，可由监委在采取留置措施后向检察机关备案，由检察机关对监委留置行为的合法性进行审核，这种监督方式既兼顾了监委办案的效率，又引入了外部监督机制，增强了对被调查人员人身权利的保障，具有合理性。二是退回补充侦查期间，留置措施与刑事强制措施的衔接问题。留置强制措施与刑事强制措施性质不同，前者适用于监察阶段，后者适用于刑事司法活动中。在退回补充侦查期间应适用留置措施还是刑事强制措施，与退回补充侦查的性质有密切关系。有学者认为，在监察机关将案件移送至人民检察院之后，"不论人民检察院采取何种强制措施，甚至不采取强制措施，既然案件已移送司法机关，除非人民检察院'退回补充调查'或'决定不起诉'。"[2]该学者认为，当案件退回监察机关补充调查之后，案件的程序就回转到了监察程序之中，照此已采取先行拘留的应当变更为留置

---

〔1〕　蔡娟：《纪法协同：净化政治生态的实践逻辑》，载《探索》2017年第2期。

〔2〕　秦前红、石泽华：《论监察权的独立行使及其外部衔接》，载《法治现代化研究》2017年第6期。

措施。该观点使先行拘留与留置措施循环交替，更增加了案件办理的成本。就退回补充调查而言，其目的是充实案件的证据，并不一定导致案件办理程序发生变化。因此，较为简便可行的方式是，在退回监察机关补充调查期间，仍然由检察院采取先行拘留措施，以免强制措施的反复变更。

（2）调查取证规则的衔接。法法衔接中，调查程序衔接的核心是调查取证规则衔接问题，其与《刑事诉讼法》中规定的非法证据排除规则、诉讼证明标准具有密切联系。在监察机关实现了职务违法案件、职务犯罪案件分别立案之后，再对职务违法案件、职务犯罪案件分别采取不同的调查取证措施便较为可行。监察机关对职务犯罪案件单独办理立案手续后，在后续的调查程序中即可依据刑事诉讼法关于证据规则、证明标准的规定调查取证，使监察证据、刑事证据的转换更加便捷。

《监察法》第33条第3款规定，"以非法方法收集的证据应当依法予以排除，不得作为案件处置的依据。"该条款确立了监察领域的非法证据排除规则，其适用对象主要是监察处分决定的作出，与刑事诉讼法领域的非法证据排除规则并无直接的关联性。因此，在实践中可能会出现在作出监察处分决定时合法，但依据刑事诉讼证据规则被认定为非法的证据，这种不衔接迫使办案机关重复调查，增加了办案成本。在职务违法、职务犯罪案件分别立案的基础上，监察机关在办理职务犯罪案件时便可依据刑事诉讼证据收集规则调查取证，实现调查取证程序与刑事诉讼证据规则的衔接。此外，刑事诉讼的证明标准是"排除合理怀疑"，其证明标准在三大诉讼中要求最高。在职务犯罪案件单独立案的基础上，监察机关也应以"排除合理怀疑"作为调查取证的标准，使案件证据材料形成完整的逻辑闭环。调查取证标准的提高，对监察机关办案标准提出了更高的要求，为缓解案件办理难度，在必要时监察机关可以请求公安机关、检察机关予以配合，协助监察机关调查取证工作的开展。

3. 责任后果的衔接。在责任后果的衔接上，主要存在两方面需要解决的问题，一是监察违法行为与刑法罪名的衔接问题，二是与刑事责任的衔接问题。

就监察违法行为与刑法罪名的衔接而言，《监察法》并未规定各种职务违法行为所对应的罪名，行为与罪名之间不存在一一对应关系。违法行为类型化是监察监督制度走向成熟的重要标志，但当前职务违法行为的类型化工作并未完成。《监察法》第 66 条规定"违反本法规定，构成犯罪的，依法追究刑事责任。"《监察法》将犯罪行为的确定引向刑法的规定，通过刑事法律规范的适用来确定职务违法行为的类型。但是，当前无论是在形式上还是理论上，都没有实现职务违法行为与《刑法》分则中所规定的罪名一一对应，这对于准确确定职务违法行为的性质带来一定的困难。因此，有必要通过类型化的方式，对监察违法行为予以归纳总结，实现职务违法行为与刑法罪名的准确衔接，为准确界定犯罪行为提供指引。

就与刑事责任的衔接上，重点是做到罪责刑相适应。刑事责任承担的基本原则就是犯多大罪承担多大的刑事责任，但国家出于提高办案效率等多方面因素的考虑，对具有自首、坦白、立功等情节的犯罪嫌疑人给予从轻或减轻处罚的处理。《监察法》第 31 条规定，"涉嫌职务犯罪的被调查人主动认罪认罚，有下列情形之一的，监察机关经领导人员集体研究，并报上一级监察机关批准，可以在移送人民检察院时提出从宽处罚的建议：（一）自动投案，真诚悔罪悔过的；（二）积极配合调查工作，如实供述监察机关还未掌握的违法犯罪行为的；（三）积极退赃，减少损失的；（四）具有重大立功表现或者案件涉及国家重大利益等情形的。"该条规定的内容也包括自首、立功、坦白等内容，经监察机关领导人员集体决定并经上一级监察机关批准，可以提出相应的从宽处罚建议。这种立法规定使监察机关的从宽处理与司法机关的从宽处理存在一定重合交叉，二者的从宽处理意见都能在一定程度上引起职务犯罪行为人责任减轻的法律效果。但是，监察机关、司法机关对于自首、坦白、立功等从宽处理情节的认定标准是否相同，存在立法缺失。监察处置作为职务犯罪案件的先导，"要将从宽处罚建议放在法治的轨道下运行，将从宽处罚建议放在整个刑事诉讼流程中"[1]，统一监察机关提出从宽处理建议的标准和司法机关从宽处理的标准。在方向选择上，应当以检察机关提出从宽处理意见的标准为准则，因为只有检察机关能够向人民法院提起公诉，并向

---

[1]　张明正：《监察机关调查职务犯罪从宽处罚问题研究》，载《南海法学》2019 年第 1 期。

人民法院提出相应的量刑建议。

结语

    监察体制改革作为国家一项重大改革措施,每一制度环节的涉及都应确保逻辑严密,制度衔接中的任何问题都可能会被理论界、实务界关注、讨论、放大。完善纪法贯通、法法衔接体系,是推动监察体制改革逐步深入的重要任务。《监察法》《刑事诉讼法》以及《条例》等已经初步构建起纪法贯通、法法衔接的基本框架。在现有制度基础之上,重点应当围绕党纪与国法的自身特点,建立起适于国家权力运行的衔接体系。尤其对于纪法贯通、法法衔接而言,在形式上看是不同性质、不同类型规范之间的衔接问题,但在本质上涉及党的纪律检查监督权与国家的监察监督权、检察权之间的关系,因此,对纪法贯通、法法衔接的制度设计尤为重要。"'法律的苍穹'不是独自存在的,它建立在政治柱石之上。没有政治,法律的天空随时可能坍塌。"[1]在党政合署办公的背景下,监察委会的政治意味更加浓厚,通过政治智慧、法律规范双重手段为反腐败工作提供保障,将使监察委员会在反腐败战线中发挥重要作用。

---

    〔1〕〔美〕莱斯利·里普森:《政治学的重大问题——政治学导论》,刘晓等译,华夏出版社2001年版,第201页。

第七讲　在习近平法治思想指引下推进职务犯罪调查法治化

——新《刑事诉讼法》解释带给监察调查工作的履职思考

西安市纪委监委案管室主任　杨全

党和法的关系是政治和法治关系的集中反映。习近平总书记指出，法治当中有政治，没有脱离政治的法治。党的领导是中国特色社会主义最本质的特征，把党的领导贯彻到依法治国全过程和各方面，是我国社会主义法治建设的一条基本经验，也是党和法关系的要害所在。要坚持依法治国与依法治党有机统一，我们党要履行好执政兴国的重大职责，必须依据党章从严治党，依据宪法治国理政。要发挥依法治国和依规治党的互补性作用，确保党既依据宪法、法律治国理政，又依据党内法规管党治党、从严治党。

推进"以审判为中心的诉讼制度改革"，是党的十八届四中全会部署的重大改革任务。2014 年 10 月 23 日，为贯彻落实党的十八大作出的战略部署，加快建设社会主义法治国家，十八届中央委员会第四次会议研究了全面推进依法治国若干重大问题，明确提出："坚持以事实为依据、以法律为准绳，健全事实认定符合客观真相、办案结果符合实体公正、办案过程符合程序公正的法律制度。""推进以审判为中心的诉讼制度改革，确保侦查、审查起诉的案件事实证据经得起法律的检验。全面贯彻证据裁判规则，严格依法收集、固定、审查、运用证据，完善证人、鉴定人出庭制度，保证庭审在查明事实、认定证据、保护诉权、公正裁判中发挥决定性作用。"

这次会议确立的"诉讼以审判为中心""审判以庭审为中心"要求，是由审判权作为最终的判断权和裁决权的性质所决定的。审判是刑事诉讼中决定被告人罪、责、刑问题的决定性环节，是防范冤假错案的关键性防线。

习近平总书记指出："充分发挥审判特别是庭审的作用，是确保案件处理质量和司法公正的重要环节。"全面深入推进以审判为中心的刑事诉讼制度改革，就是要使监委职务犯罪调查、检察院审查起诉按照审判的标准进行，保证庭审在查明事实、认定证据方面发挥决定性作用。

2016年6月27日中央全面深化改革领导小组第25次会议审议通过《关于推进以审判为中心的刑事诉讼制度改革的意见》（以下简称《意见》），《意见》坚持问题导向，围绕有罪推定等错误司法理念不同程度存在，关键性诉讼制度未能真正落到实处等问题，有针对性地从贯彻证据裁判要求、规范调查取证、完善公诉机制、发挥庭审关键性作用、尊重和保障辩护权和当事人诉讼权利义务等方面提出改革举措。同时，坚持惩治犯罪与保障人权、实体公正与程序公正相统一，既充分考虑现实条件，又遵循诉讼原理和司法规律。

一、"以审判为中心的诉讼制度改革"的内涵

从全面推进依法治国的历程来看，"以审判为中心的诉讼制度改革"是其中的关键问题。"有效对接司法"，具体就是指监检法衔接，对接"以审判为中心的诉讼制度改革"。

一是突出审判对案件的终局裁判功能，只有经过审判才能的定罪量刑，强调"审判对调查、审查起诉活动的引导和制约功能"，审查调查标准、审理标准必须对标审判标准；二是充分发挥庭审的决定性作用，即"庭审实质化"，使法庭庭审真正成为认定犯罪、责任、刑罚的关键，确保当庭举证、当庭调查。"以审判为中心"是一项制度，更是一种理念；三是防止错案，强化人权保障，实现办案公正的至关重要的党中央的制度设计。它包含三大原则和理念：

1. 无罪推定。《刑事诉讼法》第12条规定："未经人民法院依法判决，对任何人都不得确定有罪"。①要彻底摒弃有罪推定、"重打击、轻保护"等传统观念，牢固树立起惩罚犯罪与保障人权并重的观念；②要严禁采取刑讯逼供等非法方法收集证据，不得强迫任何人自证其罪；③要认真落实认定犯罪的证明责任由代表国家的控方承担的制度，调查机关只有通过确实充分的证据来推翻无罪推定；④要严格依照法律规定和法定程序办案，充分保障被

调查人的诉讼权利，既要确保有罪的人获得公正合法的审判，也要避免无罪的人受到刑事追究；⑤刑事立案并不意味着构成犯罪，提起公诉并不意味着作出有罪判决；⑥对于"证据不足，不能认定被告人有罪"应当作出"证据不足、指控的犯罪不能成立的无罪判决"，即疑罪从无，贯彻有利于被告人观念。

2. 程序正当。2012 年、2018 年《刑事诉讼法》修改，其实质就是贯彻程序正当的要求。习近平总书记在关于《中共中央关于全面推进依法治国若干重大问题的决定》（以下简称《决定》）的说明中指出，推进以审判为中心的诉讼制度改革，目的是促使办案人员树立办案要经得起法律检验的理念，确保调查、审查起诉的案件事实经得起法律检验，保证庭审在查明事实、认定证据、保护诉权、公正裁判中发挥决定性作用。这项改革有利于促使办案人员增强责任意识，通过法庭审判的程序公正，实现案件的实体公正，有效防范冤假错案的产生。

3. 证据裁判。"办案就是办证据"，无证据不能得出事实，经过法庭举证、质证、认证的证据才能作为案件事实认定的根据，这是证据裁判的核心要义。党的十八届四中全会《决议》明确要求，"全面贯彻证据裁判规则"，直接原因就是证据裁判规则在实践中还需要有效落实。例如，一些案件证据的收集、固定、保管等环节存在"选择性取证"，不依法移送有利于被告人的证据等问题，有罪推定、口供至上的传统观念根深蒂固，非法取证等情况。我们说的庭审实质化，关键是证据裁判。证据裁判，要求强化对证据的审查与运用，坚持靠证据说话，从而确定相对严格、明晰的司法标准，并通过发挥这个标杆的引领功能，推动诉讼流程对案件证据的重视，倒逼对办案质量的重视。具体要求如下：

（1）要牢固树立重证据、重调查研究、不轻信口供的意识，坚持严格依法收集、固定、保存、审查、运用证据，从源头上防止错案的发生。

（2）要坚持全面收集证据，既要收集证明被调查人有罪、罪重的证据，也要收集证明其无罪、罪轻的证据。实践反复证明，如果不重视收集无罪、罪轻的证据，甚至有意忽略已发现的此类证据，将会给案件的公正处理埋下巨大隐患。

（3）要落实口供补强规则，只有被调查人供述，没有其他证据的，不能认定其有罪和处以刑罚，也不能降格作出"留有余地"的判决。

（4）要区分证明力和证据能力。重视证据的真实性、关联性和合法性审查，确保调查的案件事实经得起法律的检验。

（5）要牢固坚持"证据确实充分"的证明标准，严格落实疑罪从无制度，对定罪证据不足、事实不清的案件，敢于依法处理。

刑事诉讼领域从程序法的角度看，最为重要的就是无罪推定、正当程序和证据裁判。掌握证据裁判原则，要弄清以下问题：

第一，认定案件事实只能以证据为根据。《最高人民检察院关于印发最高人民检察院第七批指导性案例的通知》中强调："认定案件事实，必须以证据为根据"，据此，我国刑事诉讼法正式确立了证据裁判原则。

第二，认定案件事实只能以具备证据资格的证据为依据。所谓"证据的法律资格"，又称为证据的合法性或者证据能力，是指法律对证据转化为定案根据所提出的法律要求。

一般来说，《证据法》是从三个方面来规范证据的法律资格：一是取证主体的合法性；二是取证手段的合法性；三是所作证据笔录的规范性。

例如，对于被调查人供述和边界这一证据而言，负责讯问的调查人员应符合法定资格和人数，相应拥有对案件的立案管辖权；讯问遵循法定规程；讯问笔录制作标准规范，并记录完整内容（与同步录音录像内容一致）。

第三，证据只有经过法庭调查程序才能成为裁判的根据。

第四，证据只有达到确实、充分的程度，才能证明犯罪属实。

二、"以审判为中心的诉讼制度改革"对监察调查工作提出了新要求

随着监察调查工作法制化的进一步深入，相关顶层设计越来越完善，相应的对监察调查工作的要求也越来越严格。2018 年 10 月 26 日，十三届全国人大常委会第六次会议通过《关于修改〈中华人民共和国刑事诉讼法〉的决定》，2021 年 2 月 4 日最高人民法院发布《最高人民法院关于适用〈中华人

民共和国刑事诉讼法〉的解释》（以下简称《2021 解释》）。《2021 解释》共计 27 章、655 条，是有史以来条文数量最多的司法解释，该司法解释自 2021 年 3 月 1 日起施行。与 2012 年的司法解释相比，《2021 解释》增加了 107 条，作了实质修改的条文超过 200 条。其中，多达 50 处直接提及"监察""调查"，有 178 条涉及或与监察调查工作和调查人员关联。

建立以审判为中心的诉讼制度改革，不仅对法院庭审提出了要求，同时强调从刑事诉讼的源头开始，职务犯罪从监察调查开始，就必须按照证据裁判的要求和标准，全面、规范地收集、固定、审查、运用证据，要在习近平法治思想指引下，不断推进职务犯罪调查法治化，确保职务犯罪案件处理公平正义。

如《2021 解释》第 76 条规定："监察机关依法收集地证据材料，在刑事诉讼中可以作为证据使用。对前款规定证据的审查判断，适用刑事审判关于证据的要求和标准。"

《监察法》第 33 条规定："监察机关依照本法规定收集的物证、书证、证人证言、被调查人供述和辩解、视听资料、电子数据等证据材料，在刑事诉讼中可以作为证据使用。监察机关在收集、固定、审查、运用证据时，应当与刑事审判关于证据的要求和标准相一致。以非法方法收集的证据应当依法予以排除，不得作为案件处置的依据。"

《2021 解释》第 77 条规定："对来自境外的证据材料，人民检察院应当随案移送有关材料来源、提供人、提取人、提取时间等情况的说明。经人民法院审查，相关证据材料能够证明案件事实且符合刑事诉讼法规定的，可以作为证据使用，但提供人或者我国与有关国家签订的双边条约对材料的使用范围有明确限制的除外；材料来源不明或者真实性无法确认的，不得作为定案的根据。"第 78 条规定："控辩双方提供的证据材料涉及外国语言、文字的，应当附中文译本。"第 80 条规定："下列人员不得担任见证人：（一）生理上、精神上有缺陷或者年幼，不具有相应辨别能力或者年幼，不具有相应辨别能力或者不能正确表达的人；（二）与案件有利害关系，可能影响案件公正处理的人；（三）行使勘验、检查、搜查、扣押、组织辨认等监察调查职权的监察机关的工作人员或者其聘用的人员。对见证人是否属于前款规定的人员，人民法院可以通过相关笔录载明的见证人的姓名、身份证件种类及号码、联系方式以及常住人口信息登记表等材料进行审查。由于客观原因无法由符合条件的人员担任见证人的，应当在笔录材料中注明情况，并对相关活动进行全程录音录像。"第 142 条规定："对监察机关出具的被告人到案经过、抓获经过等材料，应当审查是否有出具该说明材料的办案人员、办案机关的签名、盖章。对到案经过、抓获经过或者确认被告人有重大嫌疑的根据有疑问的，应当通知人民检察院补充说明。"第 144 条规定："证明被告人自首、坦白、立功的证据材料，没有加盖接受被告人投案、坦白、检举揭发等的单位的印章，或者接受人员没有签名的，不得作为定案的根据。对被告人及其辩护人提出有自首、坦白、立功的事实和理由，有关机关未予认定，或者有关机关提出被告人有自首、坦白、立功表现，但证据材料不全的，人民法院应当要求有关机关提供证明材料，或者要求有关人员作证，并结合其他证据作出认定。"

作为有史以来条文数量最多，达到 655 条的司法解释，《2021 解释》以习近平新时代中国特色社会主义思想为指导，认真贯彻习近平法治思想，在全面总结近年来监检法衔接经验和需求的基础上，对刑事审判程序的有关问题作了系统规定。

第一，严格贯彻证据裁判原则的要求。首先，规定了法定的证据采纳标准，把好证据审查判断关。其次，要求执行法定的证明标准，依法准确认定案件事实。最后，严格落实疑罪从无原则，切实防范冤假错案发生。坚持严格依法裁判，杜绝疑罪从有、从轻、从挂等错误做法，真正做到有罪则判，无罪放人，不得违心下判或作出留有余地的判决。

第二，尊重和保障人权，强化诉权保障。首先，严格实行非法证据排除规则，切实防止刑讯逼供、非法取证。《2021 解释》明确法律规定的非法证据排除规则对监察机关适用，法庭对证据收集的合法性进行调查后，确认或者不能排除存在《刑事诉讼法》第 56 条规定的以非法方法收集证据情形的，对有关证据应当排除。并且对完善讯问程序提出明确要求，采用刑讯逼供方法使被告人作出的供述，之后被告人受该刑讯逼供行为影响而作出的与该供述相同重复性供述，应当一并排除。法庭决定对证据收集的合法性进行调查的，由公诉人通过宣读调查讯问笔录、出示提讯登记、体检记录、对讯问合法性的核查材料等证据材料，有针对性地播放讯问录音录像，提请法庭通知有关调查人员或者其他人员出庭说明情况等方式，证明证据收集的合法性。公诉人提交的取证过程合法的说明材料，应当经过有关调查人员签名，并加盖单位印章。未经签名或者盖章的，不得作为证据使用。上述说明材料不能单独作为证明取证过程合法的根据。其次，充分保障辩护权。对于讯问录音录像等是否属于案卷材料、能否允许辩护律师查阅，《2021 解释》第 54 条明确规定，对作为证据材料向人民法院移送的讯问，辩护律师申请查阅的，人民法院应当准许。具体而言：

（1）根据《刑事诉讼法》第 40 条的规定，辩护律师自人民检察院对案件审查起诉之日起，可以查阅本案的案卷材料。对于移送人民法院的录音录像，无论是否已经在庭审中举证质证，无论是直接用于证明案件事实还是用于证明取证合法性，均应当属于案卷材料的范围。基于此，本条未再限定为"已在庭审中播放"。而且，移送的证据材料，对诉讼参与人应当是公开的。

（2）较之一般证据材料，讯问录音录像确实具有一定特殊性。特别是作为证明取证合法性的录音录像，可能涉及查办案件的策略方法，也可能涉及其他关联案件和当事人隐私，一律允许复制，恐难以控制传播面以及一旦泄露可能带来的影响。从实践来看，允许查阅即可满足辩护律师的辩护需要，充分保障其权益。基于此，最终明确为"辩护律师申请查阅的，人民法院应当准许"，即对于查阅申请应当一律准许，但对复制未再作明确要求。

（3）本条规定的"讯问录音录像"，包括作为证据材料向人民法院移送的相关监察调查过程的录音录像。因为《人民检察院刑事诉讼规则》第 263 条第 2 款规定："对于监察机关移送起诉的案件，认为需要调取有关录音、录像的，可以商监察机关调取。"第 76 条规定："对于提起公诉的案件，被告人及其辩护人提出审前供述系非法取得，并提供相关线索或者材料的，人民检察院可以将讯问录音、录像连同案卷一并移送人民法院。"当然，如果相关监察调查过程的录音录像未移送人民法院的，自然就不属于可以查阅的范围。

第三，坚持以审判为中心，有效维护司法公正。推进以审判为中心的诉讼制度改革是党的十八届四中全会部署的重大改革任务。《2021 解释》中，在证据审查判断、非法证据排除（详见第四章）、庭审实质化、涉案财物处理（详见第十八章）等诸多方面，有针对性地作出具体规定，确保体现以审判为中心的改革要求。充分发挥庭审在查明事实、认定证据、保护诉权、公正裁判中的决定性作用。

第一，完善证人、鉴定人、调查人员出庭作证制度，积极推进庭审实质化。《2021解释》明确规定为查明案件事实、调查核实证据，人民法院可以依职权通知证人、鉴定人、有专门知识的人、调查人员或者其他人员出庭；人民法院通知有关人员出庭的，可以要求控辩双方予以协助。①申请调查人员或者其他人员出庭说明情况。根据案件情况，法庭可以依职权通知调查人员或者其他人员出庭说明情况，控辩双方对侦破经过、证据来源、证据真实性或者合法性等有异议，法庭认为有必要的，应当通知有关人员出庭。调查人员或者其他人员出庭的，应当向法庭说明证据收集过程，并就相关情况接受控辩双方和法庭的询问。②申请证人、鉴定人出庭。公诉人、当事人或者辩护人、诉讼代理人对证人证言有异议，且该证人证言对定罪量刑有重大影响，或者对鉴定意见有异议，人民法院认为证人、鉴定人有必要出庭作证的，应当通知证人、鉴定人出庭。证人出庭的，应当保证向法庭如实提供证言，并在保证书上签名，法庭应当核实其身份、与当事人以及本案的关系，并告知其有关权利义务和法律责任。出庭后，一般先向法庭陈述证言；其后，经审判长许可，由申请通知出庭的一方发问，发问完毕后，对方也可以发问。向证人发问应当遵循以下规则：①发问的内容应当与本案事实有关；②不得以诱导方式发问；③不得威胁证人；④不得损害证人的人格尊严。对调查人员或者其他人员的讯问、发问适用此规定。此外，控辩双方的讯问、发问方式不当或者内容与本案无关，对方可以提出异议，申请审判长制止，审判长应当判明情况予以支持或者驳回；对方未提出异议的，审判长也可以根据情况予以制止。证人、鉴定人、有专门知识的人、调查人员、侦查人员或者其他人员不得旁听对本案的审理，有关人员作证或者发表意见后，审判长应当告知其退庭。

第二，规范法庭审理程序，是落实公正审判程序和程序正义的内在要求。根据意见，一要规范法庭调查程序，证明被告人有罪或者无罪、罪轻或者罪重的证据，都应当在法庭上出示，依法保障控辩双方质证权利。辩护人认为在调查、审查起诉期间监察机关、人民检察院收集的证明被告人无罪或者罪轻的证据材料未随案移送，申请人民法院调取的，应当以书面形式提出，并提供相关线索或者材料。人民法院接受申请后，应当向人民检察院调取，人民检察院移送相关证据材料后，人民法院应当审查证明被告人有罪、无罪、罪重、罪轻的证据材料是否全部随案移送；未随案移送的，应当通知人民检察院在指定时间内移送。二要严格审查内容。对收到的起诉书和案卷、证据，人民法院应当审查以下内容：①是否属于本院管辖；②起诉书是否写明被告人的身份，是否受过或者正在接受刑事处罚、行政处罚、处分，被采取留置措施的情况，被采取强制措施的时间、种类、羁押地点，犯罪的时间、地点、手段、后果以及在起诉书中将事实分别列明；有多起犯罪事实的，是否在起诉书中将事实分别列明；③是否移送证明指控犯罪事实及影响的证据材料，包括采取技术调查、侦查措施的法律文书和所收集的证据材料；④是否查封、扣押、冻结被告人的违法所得或者其他涉案财物，查封、扣押、冻结是否逾期；是否随案移送涉案财物、附涉案财物清单；是否列明涉案采取权属情况；是否就涉案财物处理提供相关证据材料；⑤是否列明被害人的姓名、住址、联系方式；是否附有证人、鉴定人名单；是否申请法庭通知证人、鉴定人、有专门知识的人出庭，并列明有关人员的姓名、性别、年龄、职业、住址、联系方式；是否附有需要保护的证人、鉴定人、被害人名单；⑥当事人已委托辩护人、诉讼代理人或者已经接受法律援助的，是否列明辩护人、诉讼代理人的姓名、住址、联系方式；⑦是否提起附带民事诉讼；提起附带民事诉讼的，是否列明附带民事诉讼当事人的姓名、住址、联系方式等，是否附有相关证据材料；⑧监察调查、审查起诉程序的各种法律手续和诉讼文书是否齐全；⑨被告人认罪认罚的，是否退出量刑建议、移送认罪认罚具结书等材料；⑩有无《刑事诉讼法》第16条第2项至第6项规定的不追究刑事责任的情形。三要规范调取证据、补充侦查的程序。人民法院向人民检察院调取证据需要调查核实的证据材料，或者根据被告人、辩护人的申请，向人民检察院调取在调查、审查起诉期间收集的有关被告人无罪或者罪轻的证据材料，应当通知人民检察院在收到调取证据材料决定书后3日以内移交。审判期间，合议庭发现被告人可能有自首、坦白、立功等法定量刑情节，而人民检察院移送的案卷中没有相关证据材料的，应当通知人民检察院在指定时间内移送。审判期间，被告人提出新的立功线索，人民法院可以建议人民检察院补充侦查。四要遵循查封、扣押、冻结财物及其孳息的权属、来源等情况，是否属于违法所得或者依法应当追缴的其他涉案财物进行调查，由公诉人说明情况、出示证据、提出处理建议，并听取被告人、辩护人等诉讼参与人的意见。案外人对查封、扣押、冻结的财物及其孳息提出权属异议的，人民法院应当听取案外人的意见；必要时，可以通知案外人出庭。经审查，不能确认查封、扣押、冻结的财物及其孳息属于违法所得或者依法应当追缴的其他涉案财物的，不得没收。采取查封、扣押、冻结等措施，应当严格按照法定程序进行，最大限度降低对被告单位正常生产经营活动的影响。

第三，完善法庭辩论规则，依法保障被告人及其辩护人的辩护辩论权，有效解决争议问题；真正做到"诉讼证据出示在法庭""案件事实查明在法庭""控辩意见发表在法庭""裁判结果形成在法庭"。合议庭认为案件事实已经调查清楚的，应当由审判长宣布法庭调查结果，开始就定罪、量刑、涉案财物处理的事实、证据、适用法律等问题进行法律辩论。若第二审期间，发现第一审判决未对随案移送的涉案财物及其孳息作出处理的，可以裁定撤销原判，发挥原审人民法院重新审判，由原审人民法院依法对涉案财物及其孳息一并作出处理。

第四，坚持问题导向，荟萃审判经验与理论成果。其一，《2021 解释》增设部分发回重审规定。在第二审期间，发现第一审判决未对随案移送的涉案财物及其孳息作出处理的，可以裁定撤销原判，发回原审人民法院重新审判，由原审人民法院依法对涉案财物及其孳息一并作出处理。判决生效后，发现原判未对随案移送的涉案财物及其孳息作出处理的，由原审人民法院依法对涉案财物及其孳息另行作出处理。其二，细化了上诉审查内容，对上诉、抗诉案件，《2021 解释》认为应当着重审查第一审判决认定的事实是否清楚，证据是否确实充分，适用法律是否正确，量刑是否适当；在调查程序中，有无违反法定程序的情形；上诉、抗诉是否提出新的事实、证据以及辩护人、被告人的供述及辩护意见等。其三，明确《刑事诉讼法》第 253 条第 1 款规定[1]的"新的证据"。具有下列情形之一，可能改变原判决、裁定据以定罪量刑的事实的证据，应当认定为"新证据"：①原判决、裁定生效后新发现的证据；②原判决、裁定生效前已经发现，但未予收集的证据；③原判决、裁定生效前已经收集，但是未经质证的证据；④原判决、裁定所依据的鉴定意见，勘验、检查等笔录被改变或者否定的；⑤原判决、裁定所依据的被告人供述、证人证言等证据发生变化，影响定罪量刑，且有合理理由的。

三、落实习近平法治思想要求，推进职务犯罪调查法治化的具体路径

（一）依法全面客观及时收集证据、完善讯问制度

职务犯罪案件收集、固定、审查证据要全面规范，避免粗糙。在实际开展职务犯罪案件查办时，需要从两个方面落实习近平法治思想要求，一是调查机关首先应当全面、客观、即使收集与案件有关的证据；二是调查机关应当严格排除非法证据，在确保事实清楚、证据确凿、定性准确、处理恰当、手续完备、程序合法的基础上，为公正裁判奠定基础。全面、完整、准确、及时地收集证据是查办职务犯罪案件的首要任务，对此《2021 解释》作出了详细的规定。

1. 关于证据的调取。①辩护人申请调取的证据。辩护人认为在调查、审查起诉期间监察机关收集的证明被告人无罪或者罪轻的证据材料未随案移送，申请人民法院调取的，应当以书面形式提出，并提供相关线索或者材料。人民法院接受申请后，应当向人民检察院调取；对提起公诉的案件，人民法院应当审查证明被告人有罪、无罪、罪重、罪轻的证据材料是否全部随案移送；未随案移送的，应当通知人民检察院在指定时间内移送。人民检察院未移送的，人民法院向人民检察院调取需要调查核实的证据材料，或者根据被告人、

---

[1] 《刑事诉讼法》第 253 条规定，"当事人及其法定代理人、近亲属的申诉符合下列情形之一的，人民法院应当重新审判：（一）有新的证据证明原判决、裁定认定的事实确有错误，可能影响定罪量刑的；……"

辩护人的申请，向人民检察院调取在调查、侦查、审查起诉期间按收集的有关被告人无罪或者罪轻的证据材料，应当通知人民检察院在收到调取证据材料决定书后三日以内移交。②人民法院认为需要调取的证据。审判期间，合议庭发现被告人可能有自首、坦白、立功等法定量刑情节，而人民检察院移送的案卷中没有相关的证据材料的，应当通知人民检察院在指定时间内移送。审判期间，被告人提出新的立功线索的，人民法院可以建议人民检察院补充侦查。

2. 关于证据的审查。对提起公诉的案件，人民法院应当在收到起诉书和案卷、证据后，审查以下内容：①是否属于本院管辖；②起诉书是否写明被告人的身份，是否受过处分，被采取留置措施的情况，犯罪的时间、地点、手段、后果以及其他可能影响定罪量刑的情节；有多起犯罪事实的，是否在起诉书中将事实分别列明；③是否移送证明指控犯罪事实及影响量刑的证据材料，包括采取技术调查的法律文书和所收集的证据材料；④是否查封、扣押、冻结被告人的违法所得或者其他涉案财产，查封、扣押、冻结是否逾期；是否随案移送涉案财产、附涉案财产清单；是否列明涉案财产权属情况；是否就涉案财产处理提供相关证据材料；⑤是否列明被害人的姓名、住址、联系方式；是否附有证人、鉴定人名单；是否申请法庭通知证人、鉴定人、有专门知识的人出庭；是否附有需要保护的证人、鉴定人、被害人名单；⑥当事人已委托辩护人、诉讼代理人或者已接受法律援助的，是否列明辩护人、诉讼代理人的姓名、住址、联系方式；⑦是否提起附带民事诉讼；提起附带民事诉讼的，是否附有相关证据材料；⑧监察调查、侦查、审查起诉程序的各种法律手续和诉讼文书是否齐全；⑨被告人认罪认罚的，是否出具量刑建议、移送认罪认罚具结书等材料；⑩有无《刑事诉讼法》第16条第2项至第6项规定的不追究刑事责任的情形。对物证、书证应当着重审查，是否为原物、原件，是否经过辨认、鉴定；物证的照片、录像、复制品或者书证的副本、复制件是否与原物、原件相符，手机程序、方式是否符合法律、有关规定；经勘验、检查、搜查提取、扣押的物证、书证，是否附有相关笔录、清单并经调查人员或者侦查人员、物品持有人、见证人签名，没有签名的，是否注明原因；物品的名称、特征、数量、质量是否注明清楚；收集、保管、鉴定过程中是否受损或者改变；与案件事实有无关联；与案件事实有关联的物证、书证是否全面收集。

（二）加强内审把关和发挥过滤功能，防止案件"带病"进入司法程序

第一，要更加重视证据的审查判断，严格适用刑事审判关于证据的要求和标准（详见《2021 解释》第四章）。《2018 刑事诉讼法修改决定》未涉及证据问题，《2021 解释》第四章在《2012 解释》第四章条文的基础上，对证据审查判断和综合运用规则作了完善，主要涉及：①总结推进以审判为中心的刑事诉讼制度改革的经验和成果，对"三项规程"、特别是《人民法院办理刑事案件排除非法证据规程（试行）》（以下简称《非法证据排除规程》）的有关规定予以吸收，进一步丰富细化证据部分的内容；②根据司法实践反映的问题，对证据部分与实践相比滞后或者不协调的条文作出调整；③鉴于技术调查、侦查证据材料的移送与审查判断等问题存在较大正义，为统一司法适用，增加第八节"技术调查、侦查证据的审查和认定"，对《2012 解释》第 107 条的规定予以扩展并独立成节，对技术调查、侦查证据材料的审查判断作出专门规定。

1. 关于全案移送证据材料的问题。《2021 解释》第 73 条规定："对提起公诉的案件，人民法院应当审查证明被告人有罪、无罪、罪重、罪轻的证据材料是否全部随案移送；未随案移送的，应当通知人民检察院在指定时间内移送。人民检察院未移送的，人民法院应当根据在案证据对案件事实作出认定。"这是根据《刑事诉讼法》第 41 条"辩护人认为在侦查、审查起诉期间公安机关、人民检察院收集的证明犯罪嫌疑人、被告人无罪或者罪轻的证据未提交的，有权申请人民检察院、人民法院调取"和"六部委"《关于实施刑事诉讼法若干问题的规定》第 24 条"人民检察院向人民法院提起公诉时，应当将案卷材料和全部证据移送人民法院，包括犯罪嫌疑人、被告人翻供的材料，证人改变证言的材料，以及对犯罪嫌疑人、被告人有利的其他证据材料"所作的照应性规定。全案移送证据材料有利于全面查明案件事实，是刑事诉讼的基本规则。从近些年纠正的冤假错案来看，一些案件就是因为没有全案移送证据材料，影响了最终裁判。基于此，应当要求移送全案证据材料。

从实践来看，个别案件存在由于未随案移送相关证据材料导致案件存疑的情况，甚至经人民法院调取仍未提供。为将相关法律规定落到实处，切实保障被告人的合法权益，这次专门作出规定。

需要注意的是，本条专门规定"人民检察院未移送的，人民法院应当根据在案证据对案件事实作出认定"，旨在明确人民检察院经调取未移送的处理规则。这意味着因缺乏证据材料导致有关事实存疑的，应当依法作出有利于被告人的认定。例如，在辩方举证证明的情况下，由于人民检察院拒绝移送相关证据存疑的，应作有利于被告人的认定。

2. 关于调取讯问录音录像的问题。《刑事诉讼法》对讯问录音录像问题作了明确规定，《监察法》第 41 条第 2 款也规定，"调查人员进行讯问以及搜查、查封、扣押等重要取证工作，应当对全过程进行录音录像，留存备查"。而且，相关主管部门也对重要取证环节的录音录像做了进一步细化规定。但是，从实践来看，个别案件仍然存在由于未随案移送相关录音录像导致证据存疑的情况，甚至经人民法院调取仍未提供。为将相关法律规定落到实处，切实保障被告人的合法权益，《2021 解释》第 74 条规定："依法应当对讯问过程录音录像的案件，相关录音录像未随案移送的，必要时，人民法院可以通知人民检察院在指定时间内移送。人民检察院未移送，导致不能排除属于刑事诉讼法第五十六条规定的以非法方法收集证据情形的，对有关证据应当依法排除；导致有关证据的真实性无法确认的，不得作为定案的根据。"

需要注意的是，本条规定的"讯问过程录音录像"不限于侦查讯问过程录音录像，也包括监察调查讯问过程录音录像。《国家监察委员会与最高人民检察院办理职务犯罪案件工作衔接办法》第 27 条第 2 款规定："国家监察委员会对调查过程的录音、录像不随案移送最高人民检察院。最高人民检察院认为需要调取与指控犯罪有关并且需要对证据合法性进行审查的讯问录音录像，可以同国家监察委员会沟通协调后予以调取。"可见，调查过程的录音录像虽然不随案移送，但可以依法调取。

3. 关于监察调查证据材料的使用。根据《监察法》第 33 条、《2021 解释》第 76 条的规定，监察机关依法收集的证据材料，在刑事诉讼中可以作为证据使用。并且对证据的审查判断，与刑事审判关于证据的要求和标准一致。

4. 关于就专门性问题出具的报告的使用。《2012 解释》第 87 条规定："对案件中的专门性问题需要鉴定，但是没有法定司法鉴定机构，或者法律、司法解释规定可以检验的，可以指派、聘请有专门知识的人进行检验，检验报告可以作为定罪量刑的参考。对检验报告的审查与认定，参照使用本节的有关规定。经人民法院通知，检验人拒不出庭作证的，检验报告不得作为定罪量刑的参考。"根据《刑事诉讼法》第 50 条第 1 款的规定，可以用于证明案件事实的材料，都是证据。在司法实践中，大量的关于专门性问题的报告被用于证明案件事实，有些还被用于证明与定罪量刑直接相关的构成要件的事实，发挥着与鉴定意见同等重要的作用。无论从法条的规定来看，还是从司法实务的操作出发，该类报告可以也已经作为证据使用。特别是被广泛运用的价格认定报告就属于本条所讲的"报告"。目前来看，现实中的专业性问题层出不穷，司法鉴定的范围却非常有限，无法一一涵盖，允许出具报告已不仅仅是应急之策，而是已成为常态。而"作为定罪量刑的参考"，并不能反映明确的态度。基于此，《2021 解释》第 100 条作了相应调整，对于因无鉴定机构，或者根据法律、司法解释的规定，指派、聘请有专门知识的人就案件的转么你性问题出具的报告，可以作为证据使用。对于报告的审查与认定，参照使用《2021 解释》中鉴定意见的有关规定。"经人民法院通知，出具报告的人拒不出庭作证的，有关报告不得作为定案的根据。"

第二，要严格执行程序规定，办案过程符合程序公正。职务犯罪调查法治化的必然要求就是程序手续的规范化。

1. 关于诉讼程序的规范化。对提起公诉的案件，人民法院应当在收到起诉书和案卷、证据后对监察调查、审查起诉程序的各种法律手续和诉讼文书是否齐全进行审查；对上诉、抗诉案件，应当着重审查下列内容在调查称程序中，有无违反法定程序的情形。

2. 关于证据的合法性。

（1）证据的主体合法。行使勘验、检查、搜查、扣押、组织辨认等监察调查职权的监察机关的工作人员或者其聘用的人员不得担任见证人。由人民法院通过相关笔录载明的见证人的姓名、身份证件种类及号码、联系方式以及常住人口信息登记表等材料进行审查。由于客观原因无法由符合条件的人员担任见证人的，应当在笔录材料中注明情况，并对相关活动进行全程录音录像。控辩双方申请或者根据案件情况，法庭可以通知调查人员或者其他人员出庭说明情况。调查人员或者其他人员出庭的，应当向法庭说明证据收集过程，并就相关情况接受控辩双方和法庭的询问。

（2）证据的形式合法。证据的形式必须符合法定要求，对于物证、书证，要着重审查其副本、复制件是否与原物、原件相符，是否由二人以上制作，有无制作人关于制作过程以及原物、原件存放于何处的文字说明和签名；对于证人证言应当着重审查询问笔录的制作、修改是否符合法律、有关规定，是否注明询问的起止时间和地点，首次询问时是否告知证人有关权利义务和法律责任，证人对询问笔录是否核对确认；对于电子数据，应当着重审查是否依照有关规定由符合条件的人员担任见证人，是否对相关活动进行录像；采用技术调查措施收集、提取电子数据的，是否依法经过严格的批准手续，而对于未以封存状态移送的，或者笔录、清单上没有调查人员、电子数据持有人、提供人、见证人签名盖章等轻微瑕疵的电子数据经补正或者作出合理解释的，可以采用；不能补正或者作出合理解释的，不得作为定案的根据。

（3）证据收集程序合法。法庭对证据收集的合法性进行调查后，确认或者不能排除存在《刑事诉讼法》第56条规定的以非法方法收集证据情形的，对有关证据应当排除。对于第一审人民法院对当事人及其辩护人、诉讼代理人排除非法证据的申请没有审查，且以该证据作为定案根据的，或者当事人及其辩护人、诉讼代理人在第一审结束后才发现相关线索或者材料，申请人民法院排除非法证据的，第二审人民法院应当对证据收集的合法性进行审查，并根据刑事诉讼法及其解释的有关规定作出处理。《2021解释》对于具体证据的收集程序提出明确要求：①对于物证、书证，应当着重审查物证、书证的收集程序、方式是否符合法律、有关规定；在勘验、检查、搜查过程中提取、扣押的物证、书证，未附笔录或者清单，不能证明物证、书证来源的，不得作为定案的根据；物证、书证的来源、收集程序有疑问，不能作出合理解释的，不得作为定案的根据。②对于证人证言，在收集程序、方式存在询问笔录未填写询问人、记录人、法定代理人姓名以及询问的起止时间、地点的；询问地点不符合规定的；没有记录告知证人有关权利义务和法律责任的；反映出在同一时段，同一询问人员询问不同证人的等下次问题经补正或者作出合理解释的，可以采用；不能补正或者作出合理解释的，不得作为定案的根据。③对于被告人陈述，讯问笔录没有经被告人核对确认的；讯问聋、哑人，应当提供通晓聋、哑手势的人员而未提供的；讯问不通晓当地通用语言、文字的被告人，应当提供翻译人员而未提供的；讯问未成年人，其法定代理人或者合适成年人不在场的情况下作出的被告人陈述不得作为定案根据。但讯问笔录中存在的填写的讯问时间、讯问地点、讯问人、记录人、法定代理人等有误或者存在矛盾的；讯问人没有签名的；首次讯问笔录没有记录告知被讯问人有关权利和法律规定的等瑕疵问题，经补正或者作出合理解释的，可以采用；不能补正或者作出合理解释的，不得作为定案的根据。④对于采取技术调查、侦查措施收集的证据材料，除根据相关证据材料所属的证据种类依照相应规定进行审查外，还应当着重审查技术调查、侦查措施所针对的案件是否符合法律规定以及技术调查措施是否经过严格的批准手续，按照规定交有关机关执行等情况。

第三，重视和规范涉案财产处置和程序。《2021 解释》将《2012 年解释》第 364 条的位置调整至一审程序，旨在提醒办案机关高度重视对涉案财产的处理问题，规定："法庭审理过程中，应当对查封、扣押、冻结财物及其孳息的权属、来源等情况，是否属于违法所得或者依法应当追缴的其他涉案财物进行调查，由公诉人说明情况、出示证据、提出处理意见，并听取被告人、辩护人等诉讼参与人的意见。案外人对查封、扣押、冻结的财物及其孳息提出权属异议的，人民法院应当听取案外人的意见；必要时，可以通知案外人出庭。经审查，不能确认查封、扣押、冻结的财物及其孳息属于违法所得或者依法应当追缴的其他涉案财物的，不得没收。"需要注意的是，由检察机关对涉案财物的权属情况作出说明，提出处理意见，最终的调查责任还是在监察机关。

关于案外人对涉案财物提出权属异议的处理，《中共中央办公厅、国务院办公厅关于进一步规范刑事诉讼涉案财物处置工作的意见》（中办发〔2015〕7 号，以下简称《中办、国办涉案财物处置意见》）第 12 条规定："明确利害关系人诉讼权利。善意第三人等案外人与涉案财物处理存在利害关系的，公安机关、国家安全机关、人民检察院应当告知其相关诉讼权利，人民法院应当通知其参加诉讼并听取其意见。"根据上述规定，明确要求听取对涉案财物提出权属异议的案外人的意见，以落实《中办、国办涉案财物处置意见》的要求；鉴于《中办、国办涉案财物处置意见》只是要求人民法院应当"通知其参加诉讼"，但并未要求"通知其参加庭审"，故规定为"必要时，可以通知案外人出庭"。

需要注意的是，随着经济社会发展，越来越多的刑事案件涉及财物处理问题，涉案财物的数额价值越来越大，利益关系也越来越复杂。当事人、利害关系人高度关注涉案财物处置问题。为强化产权司法保护，《2021 解释》的多个条文对涉案财物的审查处理执行问题作了充实和完善。例如，在立案审查阶段，要审查涉案财物是否随案移送并列明权属情况，以及是否有证明相关财物系涉案财物的证据材料；在庭前会议中，可以就涉案财物的权属情况和处理建议听取意见；要强化对涉案财物的当庭调查，规范涉案财物的判决处理和执行。监察调查实践中，要适应时代发展，树立对定罪量刑事实和涉案财物处理并重的理念，重视做好涉案财物审查处理工作。

关于对被告单位慎用查封、扣押、冻结等措施的问题，《中共中央、国务院关于完善产权保护制度依法保护知识产权的意见》（2016 年 11 月 4 日）提出严格规范涉案财产处置的法律程序。据此，《2021 解释》第 343 条强调对被告单位采取查封、扣押、冻结等措施，应当坚持依法慎用的原则："应当严格依照法定程序进行，最大限度降低对被告单位正常生产经营活动的影响。"实践中需要注意的是，无论是对被告人，还是对被告单位，都要慎用查封、扣押、冻结等措施，对能"活封"的财产，不进行"死封"。

1. 涉案财产的审查。《2021 解释》第 442 条对法庭审理过程中，依法对查封、扣押、冻结的财物及其孳息进行审查作出明确规定，并在第 279 条中细化审查内容，包括涉案财产是否属于违法所得或者依法应当追缴的其他涉案财物进行调查，由公诉人说明情况、出示证据、提出处理意见，并听取被告人、辩护人等诉讼参与人的意见。案外人对查封、扣押、冻结的财物及其孳息提出权属异的，人民法院应当听取案外人的意见；必要时，可以通知案外人出庭。经审查，不能确定查封、扣押、冻结的财物及其孳息属于违法所得或者依法应当追缴的其他涉案财物的，不得没收。

2. 涉案财物的移送。涉案财物先行处置应当依法、公开、公平。对作为证据使用的实物，应当随案移送；对实物未随案移送的，应当根据情况，分别审查以下内容：①大宗的、不便搬运的物品，是否随案移送查封、扣押清单，并附原物照片和封存手续，注明存放地点；②易腐烂、霉变和不易保管的物品，查封、扣押机关变卖处理后，是否随案移送原物照片、清单、变价处理的凭证（复印件）等；③枪支弹药、剧毒物品、易燃易爆物品以及其他违禁品、危险物品，查封、扣押机关依据有关规定处理后，是否随案移送原物照片和清单等。上述未随案移送的实物，应当依法鉴定、估价的，还应当审查是否附有鉴定、股价意见。对查封、扣押的货币、有价证券等，未移送实物的，应当审查是否附有原物照片、清单或者其他证明文件。实物移送的，由第一审人民法院在判决生效后负责处理。实物未随案移送、由扣押机关保管的，人民法院应当在判决生效后 10 日以内，将判决书、裁定书送达扣押机关，并告知其在 1 个月以内将执行回单送回，确因客观原因无法按时完成的，应当说明原因。

3. 涉案财物的保管。人民法院对查封、扣押、冻结的涉案财物及其孳息，应当妥善保管，并制作清单，附卷备查；对人民检察院随案移送的实物，应当根据清单核查后妥善保管。任何单位和个人不得挪用或者自行处理。①查封不动产、车辆、船舶、航空器等财物，应当扣押其权利证书，经拍照或者录像后原地封存，或者交持有人、被告人的近亲属保管，登记并写明财物的名称、型号、权属、地址等详细信息，并通知有关财物的登记、管理部门办理查封登记手续。②扣押物品，应当登记并写明物品名称、型号、规格、数量、重量、质量、成色、纯度、颜色、新旧程度、缺损特征和来源等。③扣押货币、有价证券，应当登记并写明货币、有价证券的名称、数额、面额等，货币应当存入银行专门账户，并登记银行存款凭证的名称、内容。扣押文物、金银、珠宝、名贵字画等贵重物品以及违禁品，应当拍照，需要鉴定的，应当及时鉴定。对扣押的物品应当根据有关规定及时估价。冻结存款、汇款、债券、股票、基金等财产，应当登记并写明编号、种类、面值、张数、金额等。

4. 涉案财物的处置。查封、扣押、冻结的财物及其孳息，经审查，确属违法所得或者依法应当追缴的其他涉案财物的，应当判决返还被害人，或者没收上缴国库，但法律另有规定的除外；查封、扣押、冻结的财物与本案无关但已列入清单的，应当由查封、扣押、冻结机关依法处理。对侵犯国有财产的案件，被害单位已经终止且没有权利义务继受人，或者损失已经被核销的，查封、扣押、冻结的财物及其孳息应当上缴国库。①涉案财物的追缴。判决时尚未追缴到案或者尚未足额退赔的违法所得，应当判决继续追缴或者责令退赔；被告人将依法应当追缴的涉案财物用于投资或者置业的，对因此形成的财产及其收益，应当追缴；被告人将依法应当追缴的涉案财物与其他合法财产共同用于投资或者置业的，对因此形成的财产中与涉案财物对应的份额及其收益，应当追缴；②涉案财物的返还。对被害人的合法财产，权属明确的，应当依法及时返还，但须经拍照、鉴定、估价，并在案卷中注明返还的理由，将原物照片、清单和被害人的领取手续附卷备查；查封、扣押、冻结的财物属于被告人合法所有的，应当在赔偿被害人损失、执行财产刑后及时返还被告人。③权属不明的涉案财物的处置。权属不明的，应当在人民法院判决、裁定生效后，按比例返还被害人，但已获退赔的部分应予扣除。

5. 对涉案财物的审判。查封、扣押、冻结的财物及其孳息，应当在判决书中写明名称、金额、数量、存放地点及其处理方式等。涉案财物较多，不宜在判决主文中详细列明的，可以附清单。判决追缴违法所得或者责令退赔的，应当写明追缴、退赔的金额或者财物的名称、数量等情况；已经返还的，应当在判决书中写明。判决没收的，第一审人民法院应当在判决生效后，将判决书、裁定书送达相关金融机构和财政部门，通知相关金融机构依法上缴国库并在接到执行通知书后 15 日以内，将上缴国库的凭证、执行回单送回。第二审期间，发现第一审判决未对随案移送的涉案财物及其孳息作出处理的，可以裁定撤销原判，发回原审人民法院重新判决，由原审人民法院依法对涉案财物及其孳息一并作出处理。判决生效后，发现原判未对随案移送的涉案财物及其孳息作出处理的，由原审人民法院依法对涉案财物及其孳息另行作出处理。

第四，高度重视申诉问题。根据《2021 解释》的规定，立案审查的申诉案件，应当在 3 个月内作出决定，至迟不得超过 6 个月。因案件疑难、复杂、重大或者其他特殊原因需要延长审理期限的，参照申请批准延长审理期限的相关规定处理。经审查，具有下列情形之一的，应当根据刑事诉讼法第 253 条的规定[1]决定重新审判：（1）有新的证据证明原判决、裁定认定的事实确有错误，可能影响定罪量刑。"新的证据"需要具备的主要条件包括，①原判决、裁定生效后新发现的证据；②原判决、裁定生效前已经发现，但未予收集的证据；②原判决、裁定生效前已经发现，但未予收集的证据；③原判决、裁定生效前已经收集，但未经质证的证据；④原判决、裁定所依据的鉴定意见，勘验、检查等笔录被改变或者否定的；⑤原判决、裁定所依据的被告人供述、证人证言等证据发生变化，影响定罪量刑，且有合理理由的。（2）据以定罪量刑的证据不确实、不充分、依法应当排除的；（3）证明案件事实的主要证据之间存在矛盾的；（4）主要事实依据被依法变更或者撤销的；（5）认定罪名错误的；（6）量刑明显不当的；（7）对违法所得或者其他涉案财物的处理确有明显错误的；（8）违反法律关于溯及力规定的。

---

[1] 《刑事诉讼法》第 253 条规定："当事人及其法定代理人、近亲属的申诉符合下列情形之一的，人民法院应当重新审判：（一）有新的证据证明原判决、裁定认定的事实确有错误，可能影响定罪量刑的；（二）据以定罪量刑的证据不确实、不充分、依法应当予以排除，或者证明案件事实的主要证据之间存在矛盾的；（三）原判决、裁定适用法律确有错误的；……"

第八讲　职务犯罪讯问心理突破

西北政法大学公安学院副教授　赵晓风

职务犯罪讯问活动过程是侦查员与职务犯罪嫌疑人面对面的心理交锋过程，是一场心理战。因此在讯问过程中，正确使用各种心理对策是十分必要的，也是驾驭讯问、取得讯问胜利的有力武器。讯问犯罪嫌疑人是侦查工作的主要方法之一，也就是检察机关侦查贪污贿赂等职务犯罪的一种基本手段。犯罪嫌疑人的口供作为法定证据形式之一，在证明关系与证明力上又属于直接证据与主要证据，能够最直接有效地说明犯罪的客观方面，证明犯罪嫌疑人的主观方面。因此熟练运用刑事诉讼法规定的侦查方法是检察人员必须具备的基本功，对侦查破案，提高办案质量与效率具有重大意义。

一、职务犯罪讯问前的准备

讯问犯罪嫌疑人前要做好充分的准备，有计划地进行。为了做到"有的放矢"，讯问前应做好以下几个方面的准备工作：

（一）熟悉案件材料

熟悉案件材料可以让侦查员弄清案件的进展、现状与存在的问题，明确讯问的目标与方向，为制订讯问计划，确定讯问策略提供依据。熟悉案件材料要全面细致，每个情节每个证据都应认真审查分析。哪些犯罪事实还不清楚，哪些证据有矛盾，还有哪些线索需要查清楚，哪些疑点要弄清楚。根据先易后难排出讯问顺序，找好突破口，做到讯问时心中有数。

（二）分析犯罪嫌疑人的心理状态

讯问前应当全面掌握犯罪嫌疑人身份、文化程度、社会经历、一贯表现、性格爱好、家庭成员、亲友、犯罪原因与羁押后的心态变化。通过了解讯问对象的个体情况，分析犯罪嫌疑人的心理状态，可以帮助侦查员寻找讯问中的突破点，确定讯问中的技巧、方法，讯问节奏与使用证据的时机。犯罪嫌疑人在讯问中常见的心理状态有：

1. 畏罪心理。畏罪心理就是犯罪嫌疑人害怕罪行被揭露而受到刑罚处罚的一种心理，是犯罪嫌疑人普遍存在的最基本的心理状态。其原因在于职务犯罪嫌疑人之前有着一定的社会地位与职权，面对将要受到处罚的结果，害怕失去前途与家庭。在讯问中表现为：①拒绝回答侦查员的问题。认为如实供述就会受到处罚，担心言多必失，有时甚至连与犯罪无直接关系的一般性问题也拒绝回答。②反复无常，供述时供、时翻，供词不稳定。这类犯罪嫌疑人知道自己的行为触犯了法律，将会受到惩处，但又不愿面对现实，常以反复无常的方式逃避侦查员的讯问。针对犯罪嫌疑人的畏罪心理，侦查员可以用"减压"的方式来淡化与消除畏罪心理对讯问工作的不利影响。对于认为供认后将承担严厉惩罚的犯罪嫌疑人应当为其减轻压力，使其认识到只要坦白交代就有比自己的想象要好得多的出路，让其正视现实，丢掉不切实际的幻想，深刻认识到只有交代罪行，才是唯一出路。

2. 侥幸心理。侥幸心理就是犯罪嫌疑人自认为可以逃避罪责的一种盲目自信心理。职务犯罪嫌疑人不仅反侦查意识和应变能力比较强，而且一般都具有较丰富的社会经验和复杂的人际背景，自认为攀附了复杂的"上层关系"，建立了稳固的"保护伞"，容易产生侥幸心理。认为自己关系多、路子广，只要自己坚决不供，就会有人为自己脱案，于是在讯问中表现为漫不经心，沉稳不语，或者出现东拉西扯，转移话题，消耗拖延的状况。针对犯罪嫌疑人的侥幸心理，讯问员应加强心理攻势，向犯罪嫌疑人表明检察机关查清案件事实的决心与信心，以瓦解犯罪嫌疑人的侥幸心理；也可以利用制造错觉的方法加重犯罪嫌疑人的猜疑心理使其认为检察机关已经掌握其犯罪的证据，还可以直接出示证据来瓦解犯罪嫌疑人的侥幸心理。

3. 对抗心理。对抗心理就是犯罪嫌疑人对检察机关与侦查员的不信任与敌视的心理。此种心理产生的原因主要有两点：一是由于人际网络的复杂性，犯罪嫌疑人认为检察机关在帮别人整自己。二是因为侦查员在讯问中不注意方式，人为地造成犯罪嫌疑人的对抗心理。讯问中对抗心理一般表现为：情绪激动，行为暴躁缺乏理智。时而公开对抗，出言不逊；时而矢口否认，极力狡辩；时而喊冤叫屈，发泄不满；时而反应冷淡，懒懒散散，使讯问工作陷入僵局。因此，侦查员面对僵局，态度要沉着冷静，不能感情用事。先不与犯罪嫌疑人正面交锋，不急于追讯案件情节与实质性内容，以缓解其对抗情绪。待犯罪嫌疑人情绪稳定后再从其最感兴趣的话题入手，通过平和的讯问语言取得犯罪嫌疑人的信任与尊重，使其愿意同侦查员进行对话交流，逐步转化到交代案情。

4. 悲观心理。悲观心理就是犯罪嫌疑人自知罪行将被揭露，面对法律的惩罚而对自己的前途未来丧失了信心的一种心理。担心惩罚而出现悲观心理是常见的，也是暂时的现象，一旦讯问情况发生变化，悲观心理会逐渐消退。关键在于侦查员要有极大的耐心与热情，唤起犯罪嫌疑人对人生的留恋与对新生活的向往，激发其争取光明前途的信心。悲观心理实际上就是畏罪心理的极端化，因此畏罪心理的应对策略也适用于悲观心理。

5. 自首心理，是指犯罪嫌疑人在犯罪后自首投案，主动交代罪行，愿意接受司法审判的心理。在侦查阶段，犯罪嫌疑人除对抗逃避心理外，自首心理也很常见，有的甚至处在对抗和自首摇摆不定的心理状态。研究发现，52.1%的犯罪嫌疑人有过自首的想法，但只有10.3%的犯罪嫌疑人最终将自首心理付诸行动。[1] 自首心理是一种积极的心理因素，也是提高侦查效率的重要因素，侦查员要及时地加以引导和利用。犯罪嫌疑人自首的心理动因有：①担心罪行暴露，迫于刑罚的威慑力，畏惧刑罚；②争取从宽处理，立功赎罪的机会；③良心与罪责感的萌发，对罪行及后果的悔恨；④迫于社会舆论、群众团体及亲友的指责和劝说；⑤想获得心理解脱；⑥愿弃恶从善，重新做

---

〔1〕 刘启刚：《犯罪嫌疑人自首心理及其应用价值的实证研究：以445名在押犯罪嫌疑人为分析样本》，载《中国监狱学刊》2015年第1期。

人；⑦逃避犯罪同伙、团伙的压力，寻求司法保护等。

（三）制定讯问计划

每次讯问前都应制定计划。本次讯问要解决什么问题，达到什么目的，犯罪嫌疑人可能回答的各种情况估计，运用何种材料加以佐证等都要计划周全。计划周全，往往会收到事半功倍的成效。如果侦查员没有制定讯问计划，仓促上阵，随意发问，往往会使讯问工作陷入被动，达不到预期的效果。

二、讯问过程及注意事项

讯问过程是侦查员与犯罪嫌疑人之间进攻与防守的特殊交往过程。在这一过程中，侦查员为了获得犯罪嫌疑人的口供，处于主动进攻的态势；而犯罪嫌疑人为了逃避惩罚，处于被动防守的态势，对侦查员怀有戒心和强烈的对立、排斥心理。侦查员为了取得讯问的成功，必须针对犯罪嫌疑人的心理状态和个性特点，施加积极的心理影响，削弱或消除侦查员与犯罪嫌疑人之间的心理隔阂，使二者之间建立起心理联系。讯问的一般过程及注意事项如下：

（一）合理设计讯问场所与营造讯问气氛

合理的讯问场所与气氛容易使犯罪嫌疑人产生缺乏对自己的控制感与自信，从而对其造成一定的压力。从社会心理学的角度来说，讯问的场所应当简单，讯问过程应当枯燥，这样会给犯罪嫌疑人造成自己与外界隔绝的错觉和失去控制力的真切感受，这会使其在心理上产生孤独无助，使其减少侥幸与幻想，有助于与侦查员的配合与合作。

（二）建立与犯罪嫌疑人可沟通的关系

讯问过程是侦查员与犯罪嫌疑人特殊的沟通交流，彼此双方互相影响、相互作用，要取得良好的讯问效果，建立与犯罪嫌疑人可沟通的关系成为关键。首先，侦查员应当对犯罪嫌疑人表现出适当的同情和理解，应当设身处地地为犯罪嫌疑人着想，将犯罪嫌疑人的不良行径与其悲惨遭遇区别对待，尤其是把犯罪嫌疑人仍然作为一个值得尊重的人对待，这是人本主义的理念，也是符合法律精神的。依据古典刑法学及我国的刑法理论，犯罪是由行为构成的，法律是对犯罪行为的否定与谴责，所以侦查员对犯罪行为的愤怒和对犯罪嫌疑人的理解分开来也是符合法律精神的。以同情与理解为基础就可能建立友善的人际关系，就可能增加供述的概率。对于那些既是害人者又是被害者的犯罪嫌疑人，侦查员应有意引导其回忆自己历史上的闪光面等感兴趣的话题，采用拉家常等不拘形式的谈话方式，以关心其生活和个人前途，倾听和同情其生活中的不幸遭遇的态度，缩短与犯罪嫌疑人之间的心理距离，缓和其恐惧紧张心理、消除其对立情绪及戒备心理，从而创造施加积极心理影响的氛围，建立与犯罪嫌疑人的可沟通关系。

（三）选择心理接触的突破口

侦查员应针对犯罪嫌疑人的气质、性格等个性特点和心理状态，选择心理接触的突破口，施加积极的心理影响。例如，胆汁质气质、情绪型性格的人，一般比较重感情，采用感化作为心理接触的突破口容易奏效。粘液质气质、理智型性格的人，采用晓之以理的方法作为心理接触的突破口容易奏效。当被讯问人特别挂念家中的老人、孩子，处于十分焦虑不安的心理状态时，主动向其传递家中老人、孩子平安的信息，以缓解其焦虑不安的心理状态，容易成为其心理接触的突破口。

（四）帮助被讯问人恢复记忆

有些犯罪嫌疑人本想如实供述，但是由于过于紧张，对案件的某些事实或情节记忆不清，这时侦查员应引导其放松，通过耐心启发其联想的方法，使被讯问人恢复对有关案件事实和情节的记忆。

（五）增强侦查员的人格力量

侦查员的威信及吸引力是影响讯问的重要人格力量。侦查员的威信体现在公正执法、廉洁无私的高尚品质，关心犯罪嫌疑人的身体健康、生活困难的人道主义精神等人格力量，感化被讯问人，博得其尊重和信任，从而获得其真实的口供。侦查员的吸引力主要是指侦查员的形象及其人际沟通的能力，侦查员形象正义、沟通灵活，有理有据，可引发犯罪嫌疑人的负疚感和自罪感，进而激发供述动机。

三、犯罪嫌疑人在不同阶段的心理特点及讯问对策

讯问过程是侦查员与犯罪嫌疑人之间讯问与反讯问的激烈心理交锋过程，大部分犯罪嫌疑人都要经历拒供谎供到如实供述的过程。在整个讯问过程中，犯罪嫌疑人立即交待问题或者始终不交待的，都属于少数，大多数都要经历试探摸底，对抗相持，动摇反复到最终供述罪行四个阶段的心理发展变化过程。

（一）试探摸底阶段

犯罪嫌疑人刚到案时，无法与外界取得联系，心里感到恐慌，此时最关心的就是自己为什么被传讯、检察机关掌握了哪些问题，出于畏罪心理、试探心理、侥幸心理的矛盾交织，自然而然地筑起心理防御墙。一是畏罪害怕心理，犯罪嫌疑人初次接受讯问时，表现出来的往往是畏罪害怕心理，对自己的前途命运、个人得失、荣誉、金钱等考虑得较多，害怕罪行暴露后面临的一切付诸东流。二是试探心理，犯罪嫌疑人初次进入陌生环境中，处于孤立无援的状态，此时他们往往利用与侦查员的初次接触，以试探的心理想方设法从办案人员手中了解检察机关对其犯罪行为的掌握程度。三是侥幸心理，犯罪嫌疑人大都有趋利避害的心理，幻想能够逃脱法律的制裁，蒙混过关、平安着陆。

讯问初期，是侦查员与犯罪嫌疑人之间在心理上的相互摸底阶段。在这个阶段，侦查员与犯罪嫌疑人双方通过语言、面部表情、身体动作、眼神等直接信息交流，相互了解对方的心理状态和个性特点。侦查员一般通过讯问犯罪嫌疑人的姓名、年龄、民族、职业、家庭情况、个人经历等一般情况，观察其心理状态、个性特点，和推测影响其如实供述的心理障碍。犯罪嫌疑人也通过侦查员的问话、表情、眼神、动作等，观察其气质、性格、讯问能力以及对自己案件的犯罪事实和证据的掌握程度。在这个阶段的交往中，侦

查员要利用首因效应的积极作用，有意识地控制自己的言语、面部表情、身体动作等交往信息，要使犯罪嫌疑人对侦查员产生威严、沉着、自信、老练、精明的印象，避免暴露自己气质、性格上的某些弱点，使犯罪嫌疑人对侦查员产生畏惧心理。同时，侦查员还要注意避免因犯罪嫌疑人为掩盖自己的罪行所表演的种种假象而产生消极的首因效应，影响对犯罪嫌疑人的正确认知。

（二）对抗相持阶段

这一阶段是侦查员与犯罪嫌疑人讯问与反讯问心理交锋最激烈的阶段。是对双方的智力、情绪和意志的考验。双方通过试探摸底，都对对方的心理状态、个性特点等形成了初步印象。犯罪嫌疑人根据对侦查员的心理活动的判断，构筑自己反讯问的心理防线，实施反讯问的策略。侦查员根据犯罪嫌疑人的心理状态、个性特点、供述障碍及其反讯问的判断，运用讯问策略，力图攻克犯罪嫌疑人的心理防线，消除影响其供述的心理障碍，要取得这个阶段的最后胜利，侦查员必须对犯罪嫌疑人的心理活动判断准确，讯问策略运用得当；情绪要稳定、不急不躁、沉着、自信；意志要顽强，既不被其强硬的反讯问态度所激怒，也不被其所施展的痛哭流涕、赌咒发誓等反讯问策略所动摇，在与犯罪嫌疑人进行智慧、情绪、意志的较量中，侦查员始终占据主导的地位。

（三）动摇反复阶段

经过一系列强烈的对抗之后，犯罪嫌疑人会产生疲劳感，同时心理防线开始松动，防御心理也逐渐崩溃。一是犹豫不决心理，犯罪嫌疑人在交代与继续对抗之间徘徊不定，既想通过快速交代以尽早地解决事情，又害怕交代后的处理结果严重，难以承受。二是规避反复心理，犯罪嫌疑人总是存在规避心理，不断为自己开脱罪行，同时步步为营，交代问题时给自己设置上限，避重就轻，同时交代与翻供不断转化。三是破罐破摔心理，犯罪嫌疑人此时多数表现为迟钝、沉默、忧郁或者烦躁，往往容易做出极端行为，要么自暴自弃，要么顽抗到底，甚至自残和寻求短见。在这一阶段，随着侦查员对犯罪嫌疑人的心理状态、个性特点，和影响其供述心理障碍的深入了解和确切掌握，不断调整讯问策略，加大讯问力度。由于犯罪嫌疑人的反讯问策略不能奏效，其心理防线有所动摇，有时被迫交代一些罪行，有时又翻供，侥幸心理尚未完全消除，心理处于矛盾动摇、供与不供的权衡利弊的动机斗争之中。

（四）供述罪行阶段

在这个阶段，侦查员一方面揭露犯罪嫌疑人对抗讯问的种种策略和手段，打击其反讯问的嚣张气焰，另一方面或晓之以理，交待政策，指明出路；或动之以情，进行感化；或在关键时刻使用证据，彻底破除其侥幸心理。使犯罪嫌疑人感到抗拒没有出路，交代罪行或许能得到从宽处理。在走投无路的情况下，出于趋利避害的心理，被迫供述罪行。犯罪嫌疑人一般也想尽早结束讯问，会逐渐意识到与其拒绝供述而受到法律惩罚，倒不如合作可能减少现有麻烦和减轻将来的量刑。因此，侦查员一定要坚定讯问信念，坚持到底。

四、讯问的心理策略及方法

讯问活动是侦查员与犯罪嫌疑人面对面的心理交锋，是一场心理战，因此讯问方法和策略的正确运用，是取得讯问胜利的重要保障。讯问要根据犯罪嫌疑人的心理状态和个性特点，以及所掌握的案件事实和证据情况，选择适当的方法和策略，才能取胜。因此，选择方法和策略要注意以下几点：一是针对性强，选择讯问方法和策略要针对犯罪嫌疑人的心理障碍、心理状态和个性特点，以及所掌握的案情证据等，选择有针对性的方法，才能有的放矢。二是灵活性大，讯问过程中，犯罪嫌疑人的心理状态和反讯问的策略是不断变化的，侦查员要不断捕捉信息，根据情况的变化，灵活运用方法和策略。三要抓住时机，某种方法和策略的运用，要准确地抓住犯罪嫌疑人心理状态变化的有利时机，才能发挥作用。

（一）讯问的心理策略

讯问的心理策略就是指侦查员根据犯罪嫌疑人个性特点，对其认知、情感、意志等心理过程施加影响，以引导犯罪嫌疑人供述的方略。讯问心理策略的运用，要根据被讯问人的个性特点、心理状态以及所掌握的犯罪事实和证据等，机动灵活地将各种方法综合起来运用。讯问的心理策略和讯问方法密切联系，它是各种讯问方法的综合灵活运用。常见的讯问策略有：

1. 改变认知策略。在讯问中，认知因素是指犯罪嫌疑人对侦查员已经收集的证据、相关的法律知识及对自己的罪行能否被发现等内容的心理印象，认知因素是情感和行为倾向的基础，是侦查员对犯罪嫌疑人不利的事实与证据掌握的情况；供述后能否得到减轻处罚的可能性与幅度，预先警告等这些因素都影响着犯罪嫌疑人认知的改变。犯罪嫌疑人对于自我和侦查员的错误认识，往往是影响其如实供述的心理障碍之一。如过高地估计自己犯罪手段的隐蔽性和反讯问能力，过低地估计侦查员的讯问能力，错误地估计侦查部门收集犯罪证据的情况，错误地相信与同伙之间攻守同盟的可靠性等。因此，为了取得讯问的最佳效果，应当根据其错误认识，采取政策攻心，适时使用证据等方法，改变其错误认识，消除其侥幸心理。对于那些想供述，但对案情有所遗忘的犯罪嫌疑人，还应采取唤起记忆，启发联想、思维的方法，改善其认识能力。

2. 影响情绪策略。某些情绪也是影响犯罪嫌疑人如实供述的心理因素。在这种情况下，为了取得讯问的最佳效果，有时需要选择某些适当的方法，以消除其消极情绪，如对前途绝望的情绪，与侦查员对立的情绪等。有时则需要激发他们的某种情绪，如加大讯问力度促使其产生恐惧情绪，运用激将法激起其某些情绪，通过感化手段唤起其悔罪情绪、自尊心和荣誉感等。

3. 摧毁意志策略。犯罪嫌疑人对抗讯问，需要意志的努力和支持。因此，为了取得讯问的最佳效果，需要选择某些方法瓦解其对抗讯问的意志。比如以持续地讯问，不给其喘息的机会和思考的时间，使其神经长时间处于紧张状态，由于无法承受生理、心理的疲劳，从而导致其对抗讯问意志的瓦解。再如，以咄咄逼人的讯问力度，或强大的讯问阵容，对其心理造成强烈地威慑和压力，以瓦解其抗拒讯问的意志。

4. 因人而异策略。就是针对不同个性特点的犯罪嫌疑人施加影响的策略。犯罪嫌疑人的性别、年龄、气质、性格、文化程度、社会地位以及职业状况的不同，其反讯问的心理也会不同。因此，为了取得讯问的最佳效果，应针对不同被讯问人的个性特点，采取不同的讯问方法。如激将法和感化法对胆汁质气质、情绪型性格的人容易奏效；对于那些反讯问意志顽固的粘液质气质、理智型性格的被讯问人，采取持续讯问、加大讯问力度的方法容易奏效。

（二）讯问方法

讯问方法是指在讯问过程中，侦查员根据被讯问人的心理活动规律，采取适当有效的心理控制手段，促使被讯问人供述犯罪事实，或判断其供述是否真实的各种方法的总称。

1. 攻心法。攻心法就是侦查员在讯问犯罪嫌疑人时，通过攻其心，达到泄其气、消其势、乱其谋、夺其心的作用。使犯罪嫌疑人不想、不能、不敢对抗讯问，从而取得"不战而屈人之兵"的效果。常用的攻心法有：

（1）政治思想攻心。这就是最常用的针对犯罪嫌疑人认识观念问题的讯问谋略。侦查员运用正确的思想观念和立场去揭露犯罪嫌疑人的错误观念与立场，促使犯罪嫌疑人转变思想认识。它主要通过强化讯问力量，适当加快讯问频率与宣讲国家形势来完成，具体从三个方面进行：一是情攻心，就是指以真挚的情感唤起犯罪嫌疑人仅存的良知，用真情打动犯罪嫌疑人，使其向有利于如实供述罪行方面转化；二是理攻心，就是指运用道德与公理来转变犯罪嫌疑人的思想，促其如实供述；三是势攻心，就是指在侦查讯问中，运用与形成有利的形势、局势与声势，促使犯罪嫌疑人如实供述罪行。

（2）政策法律攻心。就是运用党的有关刑事政策与法律规定的震慑力，去影响犯罪嫌疑人的心理。侦查员通过宣讲党的政策与《刑法》《刑事诉讼法》的有关规定，运用真实案例与真人真事去启发教育犯罪嫌疑人，促使犯罪嫌疑人如实供述罪行。攻心法由于在讯问中有显著作用，它不仅避免了对案件事实及情节的不断追问，能够省时省力，还有利于犯罪嫌疑人的思想改造。攻心法就是以积极的心理影响促使犯罪嫌疑人转变思想的，运用时应当审时度势，宽严适度。要根据讯问的具体情境，有节奏地调整讯问的气氛，既不能从头到尾只有平和的规劝，不给适当压力；也不能一味施加压力，不作启发诱导。宽与严交替使用，才能达到攻心的目的。诸如，"坦白从宽，抗拒从严"的刑事政策，对于犯罪嫌疑人既有威慑力，又有感召作用。它是分化瓦解犯罪嫌疑人，消除对立情绪，促使其如实供述的有力武器。但是，这一攻心政策的运用，必须选择有利的时机。当侦查员通过有理有据、逻辑严密的讯问，或证据的适当运用，使犯罪嫌疑人处于理屈词穷、无计可施的地步时，适时进行"坦白从宽、抗拒从严"的攻心策略，晓之以利害，使他们感到继续顽抗必受到严惩，如实交代尚可获得从轻处理，在其趋利避害心理的支配下，可能选择"坦白从宽"。

2. 威慑法。威慑法就是在讯问中，侦查员发出能产生强烈效应与刺激的信息，使犯罪嫌疑人迫于国家专政机关的威力，深感自己的卑微，无力与国家法律抗衡，从而削弱或消除对抗心理，如实交代罪行。常用的震慑法有：

（1）最后通牒。就是直接将犯罪嫌疑人推向绝境，以强迫犯罪嫌疑人在指定的时间内对自己的行为做出选择，以展开决战的态势，迫其按照侦查员的意图行动。虽然容易导致僵局，具有很大的风险，但成功的比例也很大。因此侦查员要有充分的准备，在出现僵局后应寻找方法化解，重新组织力量，寻机再次发起攻击。

（2）敲山震虎。此法常用在深挖犯罪嫌疑人还没有交代的余罪上。在讯问中，犯罪嫌疑人往往见机行事，侦查员知道多少就交代多少，能交代轻的就不交代重的。一些没有经验的侦查员看到犯罪嫌疑人已经交代了罪行，认为可以收场了，实不知假象的背后还隐藏着更大的罪行。此时，运用敲山震虎的谋略，往往会收到意想不到的效果。侦查员通过不同的侧面进行迂回攻击，从不同的线索，如与犯罪有关的人员，某一事件、某些物品，与犯罪有关的具体时间、地点来进行深挖，扩大战果。比如对犯罪嫌疑人讲："您以为您讲了一点就完了？其他的事您打算怎么办？"这就是典型的敲山震虎。

（3）先发制人。就是在充分掌握犯罪嫌疑人心理，掌握其防御体系的部分或全部之后，以所具有的优势，主动向犯罪嫌疑人发起局部或整体进攻的讯问谋略。实施先发制人谋略时，应注意以下三个问题：一是使用措辞强烈、节奏性强的发问语句；二是出示强有力的证据，主动揭露犯罪嫌疑人的罪行；三是发现有谎供、狡辩的意向，就先行一步，揭穿可能说出的谎言，不给犯罪嫌疑人以喘息的机会，堵塞其退路，迫其供述。

（4）恐惧唤醒法。研究表明适度恐惧的情绪可能促使犯罪嫌疑人的态度改变。恐惧的唤醒不同于威吓，是通过合法的手段组织与分析事实资料进行的。在实际的讯问中以下操作都可唤起犯罪嫌疑人的恐惧情绪：①强调犯罪造成了严重的后果；②分析可能受到的惩罚；③刑罚带来的相关后果，如开除工作，子女无人照顾等；④减少对犯罪嫌疑人有利的证据的陈述与探讨；⑤对已经获得的证据表现出肯定的信心。

3. 制造错觉法。制造错觉法就是通过一定的语言、行为与气氛的影响，调动犯罪嫌疑人的情绪、情感与认识，使犯罪嫌疑人产生一种错觉，形成罪行已经被侦查员所掌握的错误认识，从而如实供述罪行。制造错觉法就是利用犯罪嫌疑人在讯问中特定的心理状态与特定的环境所造成的思维的片面性和局限性，乘胜追击。在讯问中犯罪嫌疑人为了逃避或减轻罪责，总是希望达到某种愿望或不愿出现某种结果。但处在羁押的环境中，又不可能知道自己的罪行暴露的程度、侦查员掌握了哪些证据，因此，不仅急于探听虚实，而且对外界信息具有高度的敏感性。在这种心理状态下，向犯罪嫌疑人输入一定的信息，他就会依据自己的主观愿望对所获得的信息进行判断，权衡利弊。在没有其他信息来源的情况下，犯罪嫌疑人往往产生错觉，认为检察机关已经掌握了案件的事实真相，自己无法继续抵赖下去，从而做出供述罪行的选择。在讯问中，侦查员可以从以下四个方面制造错觉：

（1）对讯问目标的错觉。在讯问过程中，不能暴露讯问的目标，让犯罪嫌疑人产生错觉，麻痹对方，声东击西，隐蔽讯问的主攻方向与目标，削弱对方的防御强度，避强击弱，使犯罪嫌疑人首尾难顾，方寸大乱，最后不得不交代自己的全部犯罪事实。

（2）对证据掌握程度的错觉。在讯问过程中，犯罪嫌疑人并不了解检察机关到底掌握了多少证据。被讯问中的犯罪嫌疑人知道检察机关不会平白无故乱抓人，由此会产生一种错觉，认为检察机关至少掌握了一定的证据才来调查自己，但又不知道到底掌握了多少证据，因此侦查员在使用证据时应注意技巧性与隐蔽性，尽量少出示证据，不到关键时刻不轻易出示证据。出示证据时应注意其效果，每出示一次证据就应令犯罪嫌疑人对侦查员掌握证据程度的错觉进一步扩大与加深。讯问成功与否，在很大程度上取决于犯罪嫌疑人的错觉，错觉越大，犯罪嫌疑人的心理压力就越大。因为证据已被掌握，抗拒已失去意义，在权衡利弊后，就会选择供述。

（3）对利害关系人的错觉。利害关系人顾名思义就是与案件有关联的人，这些人掌握了犯罪嫌疑人一定的犯罪事实，往往对案件事实起着重要的证明作用，因而也就是犯罪嫌疑人较为关心的问题。如在受贿案件中受贿人最担心的就是行贿人的情况，他是否被抓了，是否已经交待了犯罪事实，交待了哪些犯罪事实等，这些都就是犯罪嫌疑人急于想知道的问题，因此犯罪嫌疑人总就是试图从侦查员口中、表情及行为上了解猜测利害关系人的情况。侦查员在讯问中应注意隐蔽自己的语言、表情与行为，要会"演戏"，犯罪嫌疑人就会根据自己主观臆测产生各种错觉，如侦查员在讯问中抛出同案人的点滴信息，"别人已经说了，您还在这里顽抗"。犯罪嫌疑人就会产生他人已供述的错觉，从而加速犯罪嫌疑人心理证据的形成。

（4）对事实存在的错觉。职务犯罪嫌疑人实施犯罪行为后，一般很少留下痕迹，这对于讯问工作来说就是很不利的。对于这类犯罪，隐蔽性强，有时多年后才发现，大量的犯罪痕迹都无法查证，因此成为犯罪嫌疑人赖以顽抗的基础。为了应对这种情况，侦查员故意在讯问中假设一些情节，使犯罪嫌疑人产生错觉，例如对于一些将财务账目隐匿与烧毁的犯罪嫌疑人，侦查员就可以制造一些虚假的情节："您认为您不提供财务账目就无据可查了？您们的会计怕日后说不清楚，自己私下又记了一本账，这一点您没有想到吧？"此话一出犯罪嫌疑人便会顿时乱了阵脚，不得不交待自己的罪行。制造错觉的特点就是引而不发，很适合在只有嫌疑根据或证据不足的情况下使用。在这种情况下，使讯问传递的信息量很少，但信息扩张力很大。因此利于隐蔽，情不外露。制造错觉要注意以下三个问题：

第一，提出的问题必须就是真实的，或者建立在一定证据的基础上。引而不发与"诈唬"有本质区别。"诈唬"就是凭主观臆断提出问题，并附以虚张声势的渲染。引而不发则就是凭客观事实与对犯罪嫌疑人的个性特点、心理状态进行合乎逻辑的分析而提出问题。

第二，讯问中要沉着、坚定，表现出自信沉着、胸有成竹的样子。要做到这一点，必须对案情与犯罪嫌疑人的心理有透彻的分析，弄清他最关心的问题，希望出现什么结果，担心发生什么情况。只有摸清了症结，才能对讯问充满信心。

第三，力争速战速决，切忌久攻不下。这种谋略的成功，在于输入信息显示将使用证据，造成犯罪嫌疑人心理失常而发生判断错误。如果对证据总是引而不发，总是作出跃跃欲试的架势，时间长了就易被识破。为了不暴露，使用时应与其他谋略结合起来，虚虚实实地进行。

4. 使用证据法。适时使用证据的策略运用在犯罪嫌疑人侥幸心理严重，拒不吐实，抗拒意志顽固、抗拒情绪嚣张、讯问处于僵持的情况下，应当选择确实可靠的证据，通过突破一点，有力地戳穿其谎言，狠狠打击反讯问的嚣张气焰，瓦解其抗拒讯问的意志。在使用证据时要根据犯罪嫌疑人的心理状态，选择有利时机。

（1）在被讯问人的心理防线尚未形成时使用。犯罪嫌疑人刚刚被拘捕时，心理压力大，情绪处于极度的紧张、恐惧、焦虑之中，惶惶不可终日，度日如年，如坐针毡，思绪混乱，对于侦查员所掌握的犯罪事实和证据心中无数，心理防御体系尚未形成，容易产生错误判断。这时适当地使用证据，使其产生侦查员已经全部掌握了犯罪的事实和证据的错误判断，被迫如实供述。

（2）在被讯问人心理发生动摇时使用。根据被讯问人在讯问过程中的心理变化规律，从拒绝供述到交代罪行，必然经历动摇反复阶段。讯问人应抓住犯罪嫌疑人出现反讯问意志动摇的关键时刻，及时使用证据，使被讯问人感到讯问人已经掌握了其犯罪证据，这样才会被迫供述。

（3）在被讯问人的供述出现矛盾时使用。当犯罪嫌疑人为了掩盖自己的罪行进行谎供，出现自相矛盾，不能自圆其说时，应抓住其供述中的矛盾，适时使用证据，打击其企图侥幸蒙混过关的心理。

（4）在被讯问人顽固抵赖罪行时使用。当犯罪嫌疑人死顶硬抗，拒不交代或胡搅蛮缠、无理狡辩时，使用证据可以打击其嚣张的反讯问气焰。

恰当使用单面或双面证据。所谓单面证据是指在说服过程中仅仅强调有利的或不利的一个方面；双面证据指在说服过程中同时使用正性的与负性的理由。究竟使用单面或双面证据要根据犯罪嫌疑人的受教育程度及原有的态度的方向来决定。具体要求：①在犯罪事实与证据层面，不管受教育程度高或低，在讯问时都呈现更多对犯罪嫌疑人不利的内容，如果犯罪嫌疑人已经获悉对自己有利的证据，则应当如实告知；②建立在事实基础上的理由说服，对于受教育程度较高的犯罪嫌疑人，应当使用双面证据，对于受教育程度较低的犯罪嫌疑人应当使用单面证据。③对于受教育程度较高的犯罪嫌疑人应当引导他自己做出判断，对于受教育程度较低的犯罪嫌疑人可替他做出判断并让其接受。④对于原有态度是拒绝供述的犯罪嫌疑人，应当将支持原有态度的理由作为双面信息的一面内容，并提供更充分的另一面理由。

5. 利用语言法。讯问中语言策略的运用。在人与人的交往中，语言是传递信息的最直接的手段，起着非常重要的作用。在讯问过程中，侦查员的语言，是传递讯问信息，对被讯问人施加积极心理影响的重要手段，讯问中的语言艺术也同样是一种讯问策略。对于讯问用语的一般要求有以下两点。首先，要具有规范性和文明性。侦查员作为国家的司法人员"坐堂问案"，是十分严肃的事情。因此，每一句话都应符合法律规范，不能信口开河。同时用语还要文明，不能用侮辱性、恐吓性、威胁性的语言。其次，用语要具有严肃性和逻辑性。在侦查员与犯罪嫌疑人进行激烈的心理交锋中，侦查员的用语严肃才能具有威慑性；用语具有逻辑性，讯问步步紧逼，才能使犯罪嫌疑人无空子可钻，被迫就范。讯问中语言策略的具体运用有以下几点：

（1）模糊语言的运用。侦查员在发问或回答犯罪嫌疑人的问话时，有时故意使用模糊语言，使犯罪嫌疑人对侦查员的意图捉摸不定或造成错误的判断。例如在讯问杀人、伤害、抢劫案件中，犯罪嫌疑人最关心的是被害人是否死亡。在回答其问话时，即使被害人已经死亡，侦查员也常使用"正在进行抢救"等模糊语言进行回答，不明确回答是否死亡。其目的是防止其因被害人已经死亡，而隐瞒某些犯罪事实和情节。

（2）精确语言的运用。在侦查员对犯罪嫌疑人的某些犯罪事实、情节和证据确切掌握的情况下，发问时使用精确的、毫不含糊的用语，向其传递其犯罪事实和证据已完全掌握在侦查人员手中的信息刺激，使其猝不及防。如针对作案时间运用精确语言进行发问："×年×月×日×时你在什么地方？做什么？有什么人可以证明？"针对犯罪证据的精确语言的运用，如在强奸犯罪中犯罪嫌疑人被被害人咬伤，侦查员可以直接发问："你右手的伤是怎么回事？"这种有针对性地使用精确语言的发问，能使案犯受到极大的震慑，被迫供述其犯罪事实。即使顽固抗拒，也能从其回答问话时的神态、动作等判断作案的可能性。

（3）强刺激性语言的运用。对于那些犯罪事实、证据已被掌握，但仍然顽固抗拒讯问的犯罪嫌疑人，使用具有强烈刺激性的威慑性的语言，可以加大讯问力度，再结合使用证据，可以攻破其心理防线。

（4）暗示性语言的运用。在尚未完全掌握犯罪嫌疑人的犯罪事实和证据的情况下，有时有意使用暗示性语言，可以使其有意无意地接受侦查员的暗示，产生错误的判断。例如，在共同犯罪案件中，犯罪嫌疑人都非常想知道其他同伙是否已经供述了犯罪事实。在讯问这类案件时，侦查员常常发出这样的暗示："你就那么相信哥儿们义气吗？你能保证别人不争取从宽处理吗？某某人就比你聪明。"这种暗示性用语可以使其产生同伙已经有人供述了犯罪事实的错误判断，从而也供述自己的罪行。

（5）双关语的运用。讯问中使用含蓄、幽默的双关语，有时也能收到独特的讯问效果。例如在讯问一个脱逃后又犯罪的犯罪嫌疑人时，他只供述又犯盗窃罪的犯罪事实，但拒不承认从狱内逃跑的犯罪事实，这时侦查员说："你是属老鼠的，老鼠会打洞，是吧？"此话一语双关：一是说他的属相，二是暗示他是从监狱逃跑出来的。由于此问话暗示已掌握了其身份底细，可以促使其供述脱逃犯罪的事实。

（6）体态语言的运用。讯问中，侦查员的手势、面部表情、身体姿势、目光等体态语言，可以传递某些用语言难以传递的信息，对犯罪嫌疑人的心理具有独特的影响作用。例如侦查员的手势、坐的姿势，可以表现出侦查员对讯问成功的决心和信心；侦查员的严肃表情，咄咄逼人的目光，可以对犯罪嫌疑人起到威慑作用。

6. 个性讯问法。针对不同气质和性格特点的被讯问人应采取不同的讯问策略和方法。因为不同气质与性格的人，对抗讯问的方式也会有所不同。

（1）胆汁质气质的犯罪嫌疑人，外向、急躁、易怒、好冲动，不善于控制自己的情绪，抗拒讯问的自信心很强。在讯问中好对抗、蛮不讲理、硬顶硬抗。对于这种硬顶硬抗的犯罪嫌疑人，应采取"以柔克刚"的感化策略或"激将法"，促使其感情冲动，干扰其思维，使其理智降低，供述中可能出现矛盾和漏洞。然后利用其供述中的矛盾和漏洞，进行说理批驳，或在关键之处使用证据，瓦解其抗拒讯问的信心，破坏其心理防御体系。

（2）多血质气质的犯罪嫌疑人，认识情感发生得快，反应灵活易变，能说会道，巧言善辩，侥幸心理严重。讯问中，对于侦查员发出的信息反应敏感，一般不采取正面硬顶硬抗的方法，往往采取编造谎言和无理狡辩的方式对抗讯问。对于这类人讯问中可采用"迂回式""跳跃式"的发问方式，不给其编造谎言的机会，避开其防御体系；或出其不意地使用证据，戳穿其谎言，使其不能发挥能言善辩的特点。有时还可任其夸夸其谈，利用其"言多必失"，抓住把柄作为突破口，进行反击。

（3）粘液质的犯罪嫌疑人，认识情感发生得慢且不外露，对外界的刺激反应速度慢。其反讯问的防御心理体系都是经过深思熟虑后形成的，较为稳固，不易攻破。讯问中常装聋作哑，一问三不知，以沉默或编好的口供应付讯问。对于这种人，要施加一定的心理压力，促使其神经紧张，打破其按部就班、步步为营的防御体系，促使其在供述中出现矛盾，及时予以揭露，迫使其供述。

（4）抑郁质的犯罪嫌疑人，认识情感发生得慢，沉默忧郁、孤僻顾虑重重。对于这类人在适当给予心理压力后还要多做感化、开导工作，指明出路，并用事实和政策打消其幻想，促使其下决心交代问题。

7. 攻其不备法。就是在犯罪嫌疑人对某一问题没有防备，或来不及防备的情况下，集中力量，对该问题进行突然追讯的一种讯问谋略。实施该谋略时，应注意以下两个问题：一是侦查员在与犯罪嫌疑人的对攻中，要善于捕捉其没有防备的问题；二是一旦发现了没有防备的问题，要迅速果断地进攻，切不可因优柔寡断贻误战机。

五、职务犯罪讯问的突破口

讯问的突破口，就是指在讯问时容易突破犯罪嫌疑人口供的薄弱环节。如何选择讯问突破口，直接关系到案件的发展与进程，突破口选准了，对案件的突破势必形成破竹之势，甚至会达到不攻自破的效果，而且能把案件做大。讯问中侦查员要善于捕捉与挖掘犯罪嫌疑人防线的薄弱环节进行突破。

要结合案情，根据不同阶段已获取的情况与讯问要达到的目标有针对性地进行，不可盲目随意。

（一）从犯罪嫌疑人心理上选择突破口

1. 从侥幸心理选择突破口。办案当中经常会碰到各式各样的犯罪嫌疑人，有的认为自己的犯罪活动策划周密，检察机关根本无从查明；有的则认为自己有"靠山"、有"背景"，会有人将自己"活动"出去等。这种侥幸心理就是犯罪嫌疑人拒不供认的精神支柱。他们把逃避打击的全部希望都寄托在这种侥幸心理上，从而增加了讯问的难度。因此对于进行传唤的调查对象如在12小时内拒不交代自己的问题，应果断采取拘留措施。侦查员应充分利用此时犯罪嫌疑人的紧张、恐惧状态，打破其侥幸心理，趁其惊魂未定之时，抓紧进行讯问，迫其交代罪行。

2. 从畏罪心理选择突破口。犯罪嫌疑人一般都认为自己一旦招供，就会失去既得的一切，包括权力、地位、工作、名誉、家庭、自由等。这就是一种普遍的畏罪心理，这种畏罪心理后面隐含了一种"早日出去""从轻处罚"的心理期待，正确把握犯罪嫌疑人的这种心理，适时进行法律政策上的宣传，就能促使犯罪嫌疑人由畏罪心理向交罪心理转化。

3. 从情感心理上选择突破口。首先，犯罪嫌疑人对父母、孩子、爱人的愧疚和怜爱之情向来是很好的讯问情感突破口。利用亲情、友情与爱情的感化与召唤，打动和激励犯罪嫌疑人，促进其积极面对、如实交代。诸如常见的"亲情感化法""爱情激励法"，让父母、孩子或者爱人与犯罪嫌疑人进行联通，通过他们的合理规劝与情感融化，促进犯罪嫌疑人尽快交代、承担责任和重新做人。其次，侦查员对犯罪嫌疑人的理解和同情也是讯问的情感突破口。侦查员对犯罪嫌疑人应当表现出同情、理解，在讯问中有时应当设身处地为犯罪嫌疑人着想，将犯罪嫌疑人所为的不可原谅的事情与犯罪嫌疑人其实也是要被尊重的人来区别对待。在讯问中表现出对犯罪嫌疑人的理解与尊重，对犯罪嫌疑人的心理顾虑提供新的解释，对犯罪嫌疑人状况的分析，都会激发犯罪嫌疑人的良知和罪责感，激发其求生和减刑的欲望。

（二）从关键犯罪情节选择突破口

讯问的核心任务就是让犯罪嫌疑人交代犯罪事实与具体情节，而犯罪嫌疑人则千方百计地否认犯罪事实与情节。有时甚至只交代结果，不讲细节，甚至有的犯罪嫌疑人会故意交代虚假的情节反过来试探侦查员的底细，试探其犯罪行为到底有没有被侦查员所掌握。因此，在选择突破口时，应当紧紧抓住已查明的关键犯罪事实与情节，从细节处着手进行突破。

1. 选择犯罪嫌疑人最担心的事实或情节为突破口。犯罪嫌疑人对讯问的心理反映很大程度上受到其最担心的事实或情节的影响，对此，侦查员要准确判断，牵一发而动全身，实现对犯罪嫌疑人的突破。在讯问中，如果侦查员掌握了犯罪嫌疑人最关心、最担心的事实与情节，比如犯罪的地点、赃款的去向，攻守同盟订立的情节与同案人及知情人的证言等，就能以此作为查清全案的突破口。

2. 选择犯罪嫌疑人犯罪过程中的一些特殊细节为突破口。犯罪嫌疑人在犯罪活动的过程中，有时为了掩人耳目、逃避侦查，或者出于其他因素的考虑，实施了一些与犯罪活动密切相关的特殊细节。如果掌握了这些特殊细节，就会使犯罪嫌疑人产生巨大的心理压力，做出错误的判断，认为连这样的细节都掌握了，其他的事实就更容易查清，从而交代犯罪事实。

（三）从矛盾中选择突破口

讯问的过程，就是发现矛盾、利用矛盾、解决矛盾的过程。在讯问中，侦查员要自觉运用矛盾论的观点来分析问题，解决问题，并贯穿讯问工作的全过程。要善于发现犯罪嫌疑人口供的矛盾、口供与其他证据之间的矛盾、其他证据之间的矛盾。企图规避法律制裁的心理，使犯罪嫌疑人为掩盖犯罪事实或减轻罪责而胡编乱造，以虚假的事实来蒙骗侦查员。但既然是编造出来的事实，就一定会有破绽，侦查员只要善于发现这些矛盾，利用这些矛盾，并在讯问时向犯罪嫌疑人发起攻势，就能起到查清犯罪事实的目的。在共同犯罪中，还要善于利用犯罪嫌疑人之间"互相猜忌"与"自保"的心理，利用他们之间的矛盾，分化、瓦解共同犯罪人之间订立的攻守同盟，使犯罪嫌疑人之间互相猜疑、指责、仇恨而发生激烈的冲突。在讯问中，犯罪嫌疑人最担心的就是被同伙出卖，也最怕落在同伙的后面成了"替罪羊"而受到从重打击。因此，发现、利用、制造与扩大他们之间的矛盾，分化瓦解犯罪分子，就是打开讯问的突破口之一。在讯问过程中，侦查员要根据具体情况，选择多个突破口。在办案中，往往一个突破口就只是查清了某一事实、情节，但对案件的全面突破，则需要侦查员多次进行突破口的选择，或者同时选择多个突破口，这样才能彻底瓦解其抗审心理，深挖窝案串案。

（四）从讯问时机上选择突破口

突审突问，攻其不备。就是在犯罪嫌疑人还没有防备或来不及防备的情况下，集中力量，对该问题进行突然讯问的一种讯问谋略。犯罪嫌疑人在刚刚被拘捕后，由于其身份地位、环境人际关系的变化，又与外界信息隔绝，处于紧张恐惧、焦虑不安的情绪状态，往往不能准确地判断侦查员掌握哪些犯罪事实和证据，心理设防和漏洞较多。利用其刚刚被拘捕这一有利时机，寻找心理防御的空白或弱点，进行突审，往往能收到良好的讯问效果。《孙子·计篇》中的"攻其无备，出其不意"的战术，是指在敌人意想不到、毫无准备的情况下，对敌人实行突然袭击。军事上的这种战术，在讯问中同样适用。"声东击西"的策略，也是"攻其无备，出其不意"策略的运用。在军事上，采用佯攻的手段，分散敌人的注意力，使敌人产生错觉，然后对准目标发起进攻，可以出奇制胜。这种策略在讯问中也同样适用。在讯问中，侦查员隐蔽真实的讯问意图，表面审问某一犯罪事实或情节，给以假象，分散其注意力，当其集中注意应付所讯问的问题时，突然转移讯问目标，使其措手不及，在毫无准备的情况下，只得被迫供述。"迂回包抄"的策略也是"攻其无备、出其不意"策略的运用。根据案情和被讯问人的特点，讯问时不是采取从正面进攻，而是从侧面打开缺口的方法。

六、讯问失误的心理分析

讯问失误是指由于侦查员的工作方法、职业素养等方面的缺陷，导致对犯罪事实、证据以及犯罪嫌疑人判断的错误，从而使有罪的犯罪嫌疑人逃避惩罚，或使无罪的犯罪嫌疑人的合法权益受到侵犯的消极后果。从过程来看，讯问失误表现为采取指供、诱供、骗供，甚至刑讯逼供的讯问手段，获取了不真实的口供，又没有认真调查取证，从而造成错案。造成讯问失误的原因主要有以下几个方面。

（一）盲目轻信

侦查员没有全面、深入地研究审查前一阶段的侦查结果，轻信讯问前侦查阶段所认定的侦查结论，轻信犯罪嫌疑人的口供或证人、被害人的伪证，从而造成对案件犯罪事实和证据判断的错误。侦查员如果缺乏职业责任感和使命感，缺乏应有的职业技能和知识结构，洞察犯罪嫌疑人心理活动的能力差，对案件的分析和综合研判不够，就很容易盲目轻信，做出错误判断。

（二）歪曲政策

有的侦查员歪曲"坦白从宽、抗拒从严"的政策，任意许愿。如对犯罪嫌疑人说："只要交代了，就可以不处理"；"交代得多，可以立功受奖"等，这些对政策的歪曲理解，很容易造成对犯罪嫌疑人的错误引导。

（三）刑讯逼供

在讯问活动中，侦查员采取肉刑或变相肉刑的手段，逼迫犯罪嫌疑人的口供，不仅违反了国家法律，损害了党和政府的威信，而且往往造成讯问工作的失误。侦查员进行刑讯逼供的主要原因有以下几个方面：

1. 急于结案心理。有些侦查员错误地认为，只要有了口供，再根据口供去搜集犯罪证据就可以迅速破案。出于急于结案的动机，于是便采取刑讯逼供。

2. 逼供无害心理。有的侦查员误以为，逼供是出于公心，是为了迅速破案，即使有违法行为，动机也是好的，益大于害，利大于弊。

3. 错误的经验定势。有的侦查员曾经有通过刑讯获得真实口供而迅速破案的经历，尝到过刑讯逼供的"甜头"，因此便错误地认为，犯罪嫌疑人是"不见棺材不落泪""重刑之下才开口"。久而久之，便形成"一打就灵""一打就供"的错误经验定势。

4. 特权思想严重、法制观念淡薄。有的侦查员特权思想严重，法制观念淡薄，错误地认为法律是为管普通老百姓而制定的，自己是执法者，可以不受法律的约束，自己在被讯问人面前具有至高无上的权威，其拒不供述犯罪事实的顽固态度，是对国家权威的蔑视与挑战，使国家工作人员的自尊心受到严重挫伤，为了炫耀自己的特权和维护自己的自尊意识，便强行进行逼供。

5. 情绪冲动失控。有些犯罪嫌疑人在确凿的证据面前，仍顽固抗拒，拒不供认自己的犯罪事实。有些侦查员被犯罪嫌疑人的顽固态度所激怒，在情绪失控的情况下发生刑讯逼供行为。

七、国外心理学讯问方法简介

讯问的心理学方法，是指在讯问过程中，根据被讯问人的心理活动规律，采取适当和有效的心理控制手段，促使被讯问人供述犯罪事实，或判断其供述是否真实的各种讯问方法的总称。国外的心理学讯问方法有以下几种。

（一）联想反应讯问法

由侦查员预先设定与案件无关的"中性刺激语句"和与案件有关的"关键性刺激语句"作为被讯问人联想的刺激，将两种刺激语句混合使用，每一次给被讯问人一个刺激语句，要求被讯问人将所联想的事物迅速说出来，根据被讯问人的联想反应内容和反应时间，判断其是否有罪或供述是否真实。

（二）复述讯问法

运用联想和暗示相结合的原理，探知被讯问人供述真实性的一种讯问方法。其具体做法是：侦查员编造一个与该案件的情节、内容相类似的故事，变更一些名称和细节，口述给被讯问人听，然后命令被讯问人立即将故事复述一遍，或按照这个故事的内容回答所提出的问题，如果被讯问人是该案的案犯，就可能因心慌意乱无法复述，或无意中将自己的犯罪情节、内容、经过掺杂到故事中去，或故意回避与自己案件相类似的情节和内容，以致泄露内心的隐秘。

（三）自由交谈讯问法

侦查员利用被讯问人被拘押候审，与社会隔离而产生的一种迫切要求与他人交往的心理需求和愿望，与被讯问人自由交谈，从交谈中获取被讯问人有关犯罪的情况，或了解其家庭、人际关系、教育状况、个性特征，以利于进一步讯问。

（四）填词和删词讯问法

填词讯问法是，侦查员用一段或一篇与该案件相似的文章，其中空着几个关键词，要求被讯问人尽快填好，并告知要评定分数。如果被讯问人有罪，由于了解案情，可能填得很快，甚至把某项犯罪事实填上。无罪的被讯问人，由于不熟悉犯罪事实，就可能难以填词。删词讯问法是，在一篇与该案件相似的文章中，加入许多无关的词，要求被讯问人删去，并评定分数。如果被讯问人熟悉犯罪事实，文章中的细节就会引起他的注意，激起他的情绪不安，就会忽视许多应当删去的无关的词。然后再给他一篇与犯罪无关的文章，要求他做同样的删词测验，如果前一次测验得分明显低于后一次，说明前一次测验受到情绪干扰，被讯问人有犯罪的可能。

（五）自由联想讯问法

给被讯问人一个词作为开始，要求他很快说出不相关联的词，并不停顿地说下去，经过一定时间，他可能说出一些与他犯罪有关的词。

（六）催眠讯问法

利用被讯问人在催眠状态下自控能力降低，无意联想增加，获得被讯问人的供述。由于被讯问人处于催眠状态下，极易受到暗示的影响，催眠讯问法诱供的可能性极大。其效果往往因人而异，如使用得当，犯罪嫌疑人可以将事实情况说出来，为侦破案件提供重要线索；如用非所当，则亦会出现偏差和错误。因此，对催眠讯问法存在很大的争议。此讯问法虽然国外有试用和推广，美国司法机关还应用催眠方法询问证人和受害人，但各国刑事学者均不主张以催眠讯问所得之供词作为法庭判决之依据。

（七）仪器测定讯问法

通过测谎仪等仪器测定被讯问人生理指标的变化，推测其心理变化及判断其供述的真实性。仪器测定讯问方法，是了解被讯问人心理，提高讯问效果的一种辅助手段，但所获得的供述是否能作为证据使用，在法学界尚有争议。

以上有些讯问方法是否合法，各国法律规定不一，目前我国也尚无明确规定。同时，这些方法在使用中，如果被讯问人已经知道侦查员的动机和目的，故意不与配合，有意识地实施反讯问策略，可能会影响讯问效果，较难达到讯问目的。

第九讲　纪检监察信访举报实务工作研究

西北政法大学纪检监察学院副教授　徐　翔

一、纪检监察信访举报的概述

（一）纪检监察信访举报的内涵

纪检监察信访举报工作是监督执纪第一道程序、第一个关口，承担着发现和揭露违纪违法问题的重任。纪检监察信访举报，主要指对党员和党组织违反党纪行为、《监察法》规定的六类公职人员职务违法犯罪行为的检举控告，应由纪检监察机关受理的申诉，以及涉及党风廉政建设和反腐败工作的意见建议。

（二）纪检监察信访举报与"大信访"的区别

"大信访"所指的信访工作，主要由原《信访条例》进行规范。原《信访条例》所称信访，是指公民、法人或者其他组织采用书信、电子邮件、传真、电话、走访等形式，向各级人民政府、县级以上人民政府工作部门反映情况，提出建议、意见或者投诉请求，依法由有关行政机关处理的活动。各级人民政府、县级以上人民政府工作部门是负责信访工作的主体。信访工作坚持属地管理、分级负责，谁主管、谁负责，依法、及时、就地解决问题与疏导教育相结合的原则。

可以从以下两个方面理解纪检监察信访举报工作：首先，明确职责定位。党章第46条规定，党的各级纪律检查委员会是党内监督专责机关；《监察法》

第 3 条规定，各级监察委员会是行使国家监察职能的专责机关。信访举报部门是纪检监察机关的内设部门，基本职责是受理和办理对党组织、党员违反党纪行为和监察对象职务违法、职务犯罪行为等的检举控告。信访举报工作要紧紧围绕监督执纪问责和监督调查处置，时刻聚焦在受理办理检举控告上。其次，厘清纪检监察机关与政府信访工作机构在受理范围上的界限。纪检监察机关主要负责受理检举控告，检举控告反映的是党员干部和监察对象违纪违法问题，大多属于问题线索，与一般的信访事项有明显区别。

（三）纪检监察机关信访举报受理范围

2020 年颁布实施的《纪检监察机关处理检举控告工作规则》对纪检监察机关信访举报的受理范围作出了明确规定，其中第 7 条明确规定："纪检监察机关应当接收检举控告人通过以下方式提出的检举控告：（一）向纪检监察机关邮寄信件反映的；（二）到纪检监察机关指定的接待场所当面反映的；（三）拨打纪检监察机关检举控告电话反映的；（四）向纪检监察机关的检举控告网站、微信公众平台、手机客户端等网络举报受理平台发送电子材料反映的；（五）通过纪检监察机关设立的其他渠道反映的。对其他机关、部门、单位转送的属于纪检监察机关受理范围的检举控告，应当按规定予以接收。"第 12 条规定："对反映党的组织关系在地方、干部管理权限在主管部门的党员、干部以及监察对象涉嫌违纪或者职务违法、职务犯罪问题的检举控告，由设在主管部门、有管辖权的纪检监察机关受理。地方纪检监察机关接到检举控告的，经与设在主管部门、有管辖权的纪检监察机关协调，可以按规定受理。"第 13 条第 1 款规定："纪检监察机关对反映的以下事项，不予受理：（一）已经或者依法应当通过诉讼、仲裁、行政裁决、行政复议等途径解决的；（二）依照有关规定，属于其他机关或者单位职责范围的；（三）仅列举出违纪或者职务违法、职务犯罪行为名称但无实质内容的。"

综上可知，纪检监察机关信访举报受理范围具体可以归纳为：①对党组织、党员违反政治纪律、组织纪律、廉洁纪律、群众纪律、工作纪律、生活纪律等党的纪律行为的检举控告。②对监察对象不依法履职，违反秉公用权、廉洁从政从业以及道德操守等规定，涉嫌贪污贿赂、滥用职权、玩忽职守、权力寻租、利益输送、徇私舞弊以及浪费国家资财等职务违法犯罪行为的检举控告。③党员对党纪处分或者纪律检查机关所作的其他处理不服，提出的申诉。④监察对象对监察机关涉及本人的处理决定不服，提出的申诉；被调查人及其近亲属对监察机关及其工作人员违反法律法规、侵害被调查人合法权益的行为，提出的申诉。⑤对原行政监察机关作出的政纪处分和其他处理决定不服未超过申请期限，提出的申诉。⑥对党风廉政建设和反腐败工作的批评建议。

此外，还需要重点把握纪检监察机关受理申诉的范围。申诉分为两类：一是纪委受理的申诉，即党员对党纪处分或者纪律检查机关所作的其他处理不服，提出的申诉。二是监委受理的申诉。《监察法》第49条规定，监察对象对监察机关作出的涉及本人的处理决定不服的，可以申请复审、复核。第60条第1款规定，监察机关及其工作人员有下列行为之一的，被调查人及其近亲属有权向该机关申诉：（一）留置法定期限届满，不予以解除的；（二）查封、扣押、冻结与案件无关的财物的；（三）应当解除查封、扣押、冻结措施而不解除的；（四）贪污、挪用、私分、调换以及违反规定使用查封、扣押、冻结的财物的；（五）其他违反法律法规、侵害被调查人合法权益的行为。第60条第2款规定，对申诉的处理决定不服的，可以向上一级监察机关申请复查。从申诉人角度讲，申请复审、复核、复查等，也属于申诉范畴。

（四）处理信访举报的程序

处理信访举报的程序主要分为四大步骤，首先便是前期准备，这要求对来信进行高质效的分拣、分送、拆封、装订、盖章、网络举报的下载以及导入处理系统等；其次是登记受理程序，该过程主要是对来信和网络举报进行仔细阅读，来访接谈和记录、来电接听和记录，以及信访举报件的登记等工作；再次是处理办理，主要是根据信访举报反映的问题按照规定做出相应处理，并定期对信访举报情况进行统计；最后是回复反馈，也就是信访举报办理的收尾程序，在信访举报办理终结后，承办的纪检监察机关按照有关规定向实名举报人反馈处理结果。

（五）处理信访举报的基本方法

处理信访举报需要采用科学方法才可提升工作质效，因此，在实务工作中，一般是采取以下基本方法：

1. 信息反馈：对信访举报反映的情况进行筛选、分析和加工处理，并运用一定的载体向有关领导和部门反映，为决策提供参考。

2. 转交承办：对不属于本机关管辖的信访举报，转交有关纪检监察机关（组织）处理。

3. 交办督办：对属于下级纪检监察机关管辖的信访举报，重要的可发函交办，并责成其报告调查处理结果，对转交下级纪检监察机关处理的信访举报的办理情况，可采取电话督办、汇报督办、实地督办、发函督办、通报督办等方式进行督促检查。

4. 移送承办：对反映同级党委、政府管理的党员、国家行政机关公务员和国家行政机关任命的其他人员违纪问题的信访举报，移送本机关有关部门办理。

5. 直接查办：对一些亟待查明、易查易结以及打击报复举报人的问题，信访举报部门可按照规定程序直接查办。

6. 信访监督：对信访举报反映的党组织、党员或行政监察对象作风和廉洁自律方面的一般性问题，党风廉政建设苗头性、倾向性问题，以及不需要进入案件检查程序的轻微违纪问题等，采取信访谈话、信访通知等特定方式进行了解核实、警示教育或告知。

7. 信访协调：对一些不属于纪检监察机关受理的信访问题和涉及多个部门的问题，发挥组织协调作用，促使问题得到解决。

（六）适应深化国家监察体制改革新要求——信访举报工作新亮点

1. 正确履行改革后信访举报受理职责。履行好信访举报受理职责，前提是准确把握受理范围。按照《条例》和《监察法》《纪检监察机关处理检举控告工作规则》的规定，国家监察体制改革后，纪检监察信访举报受理范围有三类：反映党组织、党员违反党纪的检举控告；反映监察对象不依法履职，违反秉公用权、廉洁从政从业和道德操守等规定，以及职务违法犯罪行为的检举控告；相关申诉和批评建议。

值得一提的是，《监察法》明确规定监察机关对6类"公职人员和有关人员"进行监察，监察是冲着监督制约公权力去的。如果没有公权力，就不是监察对象，而是一般行政管理对象。

无论是纪委的监督执纪问责，还是监委的监督调查处置，第一职责都是监督。纪检监察机关就要把监督挺在前面，集中力量把监督这个基本职责履行好。这就要求我们不能只盯着反映监察对象职务犯罪问题的举报，对于反映监察对象不依法履职，违反秉公用权、廉洁从政从业和道德操守等规定问题的举报，都要认真受理。

2. 当好研判政治生态的"风向标"——着重从六个方面做好综合分析。实践证明，信访举报信息是研判政治生态的"风向标"，是纪检监察机关科学决策的重要参考。通过对信访举报进行梳理汇总、综合分析，可以观察哪些地方或单位政治生态出了问题。各级纪检监察机关要着重从六个方面做好综合分析，力求把信访举报反映政治生态的情况汇总好、分析透、研判准，为清除影响政治生态的"污染源"提供重要依据：

一是重点分析信访举报反映的贯彻执行党中央决策部署和习近平总书记重要指示方面的问题，看领导班子"四个意识"强不强、政治纪律和政治规矩是否严明；二是重点分析信访举报反映的党组织加强党的建设、落实管党治党责任方面的问题，看党内政治生活是否正常、监督管理是否到位；三是重点分析信访举报反映的选人用人方面的问题，看党组织用人导向是否正确，政治文化是否健康，是否存在搞小山头、小圈子、小团伙等问题；四是重点分析信访举报反映的领导班子成员特别是一把手的问题，看"关键少数"自身正不正、"火车头"作用发挥得如何；五是重点分析信访举报反映的基层党员干部的问题，看党组织担当精神强不强、作风建设实不实、宗旨意识牢不牢；六是重点分析信访举报反映的纪检监察干部的问题，看"纪律部队"是否做到执纪先守纪、律人先律己、忠诚履行监督职责。

此外，对于信访举报反映的典型事件和巡视巡察、换届选举期间以及重要时间节点的异常情况等，也要密切关注，力求由小见大，从偶然中发现必然，从中分析研判一个地方和部门政治生态存在的问题。

3. 建设覆盖纪检监察系统的检举举报平台——打造纵向贯通、横向联通的信息化网络工作平台。党的十九大报告明确提出，建设覆盖纪检监察系统的检举举报平台。这是健全党和国家监督体系的重要内容，也是纪检监察信访举报工作换挡升级、提质增效的重要机遇。据了解，经过反复调研论证，这一检举举报平台将建成以受理、办理、处置、大数据应用四个子平台为基本框架，纵向贯通中央、省、市、县、乡五级纪检监察组织，横向联通各级纪委派驻（派出）机构和国有企事业单位内设纪检机构的信息化网络工作平台。该平台建成后，信访举报受理、分流、签收、反馈、监督、汇总、分析等各项业务都可以在网上运行，达到检举举报方便快捷、业务流程规范一致、监督制约严密高效、数据分析准确可靠、网络信息安全可控的效果。同时，还将建立检举控告办理结果反馈机制。该机制的最大创新之处在于，纪检监察机关各有关部门将处置结果向信访举报部门反馈，使信访举报的受理、办理、处置等全流程形成闭环。

例如陕西省纪委监委在此工作方面就积极坚持"四个到位"，扎实推进检举举报平台建设。陕西省纪委监委认真贯彻落实全国纪检监察系统检举举报平台推广部署工作会议精神，努力在组织领导、安排部署、推动落实、学习培训4个方面下功夫，高质量推进全省纪检监察系统检举举报平台推广部署工作。一是坚持组织领导到位。省纪委监委多次召开专题会议研究部署平台建设工作，省纪委监委主要负责同志对平台推广部署工作提出加强组织领导、细化工作方案、规范标准建设、创新推动落实和实现全面覆盖等明确要求。成立以省纪委监委主要负责同志为组长、分管领导为副组长、相关室部负责人为成员的领导小组，研究解决工作推进中的困难和问题。二是坚持安排部署到位。研究制定《陕西省纪检监察系统检举举报平台推广部署工作落实方案》，明确工作总体目标，厘清省市县三级纪委监委职责分工，细化受理、办理、处置和大数据应用子平台等具体建设部署任务。制定时间表、路线图，落实责任单位、责任人，压实每个季度平台推广部署工作任务。三是坚持推动落实到位。通过实现全省内网全覆盖、全面开通来访举报和12388电话举报受理系统、升级12388网络举报受理系统、采集完成全省84万名监察对象基础数据等前期工作，为平台推广部署打下坚实基础。四是坚持学习培训到位。多次选派学习考察组赴中央纪委国家监委、最高人民检察院、广东省纪委监委等地学习考察平台建设及大数据应用工作，学习先进经验做法和有效制度机制。同时，通过集中授课、上机实操及业务考试等方式持续开展专业化培训，提高工作人员对平台的理解认识和管理运用水平。

4. 加强和改进基层信访举报工作——推动全面从严治党在基层落地生根。从中央纪委接受的信访举报情况看，反映基层干部问题初次举报量上涨明显，在各类被反映人员中占比最高、增幅最大。同时，反映违反群众纪律问题也在逐年上升。

这说明在整个纪检监察工作大格局中，基层纪检监察工作面临的形势更严峻，任务更繁重，工作更艰巨。问题是时代的声音，是我们工作的方向。基层是信访举报的源头、解决问题的关键，必须花大气力、下大功夫。凡是群众反映强烈的问题都要严肃认真对待，凡是损害群众利益的行为都要坚决纠正！

全国纪检监察信访举报工作会议要求，基层纪委特别是县级纪委要突出工作重点，聚焦群众反映强烈的突出问题，加大初信初访办理力度，及时就地解决。上级纪检监察信访举报部门要加强督查督办，跟踪检查下转举报件办理情况，推动信访举报件及时规范处置。对不认真办理信访举报的，要约谈相关承办单位负责人，造成严重后果的要严肃问责，推动全面从严治党在基层落地生根、开花结果。

二、国家有关信访举报的基本要求

中央纪委国家监委信访室在 2020 年工作要点中专门对信访举报工作提出了基本工作要求。具体而言，要求以习近平新时代中国特色社会主义思想为指导，深入贯彻党的十九大和十九届二中、三中、四中全会精神，认真落实十九届中央纪委四次全会部署，以贯彻执行《纪检监察机关处理检举控告工作规则》为抓手，坚持稳中求进、实事求是、依规依纪依法，紧紧围绕监督保障执行、促进完善发展履职尽责，着力深化受理办理、综合分析、业务指导三项职能，着力加强制度、平台、队伍三项建设，推动新时代纪检监察信访举报工作高质量发展，充分发挥处理检举控告在全面从严治党中的基础性作用，积极营造党员、群众监督良好环境，助力保障决胜全面建成小康社会、决战脱贫攻坚。

（一）聚焦政治监督和日常监督，精准受理办理信访举报

1. 扎实做好基础工作。认真细致阅看每一封信访举报件，充分运用党纪国法"两把尺子"研判反映问题性质，准确区分业务范围内外事项。精准录入被举报人姓名、职级和反映问题类别等基本要素，仔细核对校准网络举报人填写的举报信息。严格按照规定程序和时限分流转办信访举报，精心筛选、及时移送反映重要节点违反中央八项规定精神问题的举报。建立并落实室领导不定期抽查、处长定期检查机制，及时发现和纠正不精准、不规范、不细致问题，推动研判、录入、分流等基础工作规范化、精细化。

2. 提升受理工作水平。严格执行相关规定，落实领导指示要求，安全、稳妥、审慎、高效办理径送件。充分发挥集体研判审议机制作用，加强初始分析研判，严格审核把关，精准甄别剔除挂牌举报、无实质内容举报和恶意举报。紧盯反映阻碍国家制度贯彻执行、影响治理体系和治理能力现代化问题，认真梳理涉及党章党规党纪和宪法法律法规执行情况，党中央重大决策部署、重大战略举措和习近平总书记重要指示批示落实情况，贯彻落实党的十九届四中全会精神情况，以及各地区各部门履行职责使命情况的举报，加强和改进句报撰写工作。结合实际积极探索，审慎开展反映中管干部问题实名举报身份核实和受理告知。建立健全涉及中管干部问题线索类举报流转可查询、可追溯的反馈机制，实现检举控告处理工作全流程闭环管理。

3. 履行督查督办职责。落实转送件办理情况督促检查常态化机制，强化过程监督，逐级传导责任和压力，推动及时规范办理。持续开展"三多"举报件集中督办工作，加大群众反映强烈、损害群众利益的突出问题交办督办力度，推动问题解决、风险化解。深化运用督查督办成果，认真分析检举控告受理、办理、处置工作中的问题和不足，研究提出对策建议，及时向委领导报告、向有关地方和部门通报。

（二）以实深广新为目标，着力提高综合分析质量

1. 突出分析重点。坚持党中央决策部署到哪里，政治监督跟进到哪里，信访举报综合分析就服务到哪里。围绕做到"两个维护"，分析提供反映违反政治纪律和政治规矩问题的举报；围绕维护群众切身利益，分析提供反映扶贫领域腐败和作风问题、涉黑涉恶腐败和"保护伞"问题、民生领域损害群众利益问题的举报；围绕完善对高级干部、各级主要领导干部监督制度，分析提供反映"一把手"违纪违法问题的举报；围绕拓展作风建设成效，分析提供反映形式主义官僚主义突出问题、享乐主义奢靡之风隐形变异问题的举报；围绕巩固和发展反腐败斗争压倒性胜利，分析提供反映国有企业和金融领域腐败问题、海外投资经营等领域腐败问题的举报；围绕建设高素质专业化干部队伍，分析提供反映纪检监察干部不担当不作为、乱担当乱作为等问题的举报。密切关注和分析涉及联系地区或单位出台重大举措、发生重大事件、查处重大案件等情况的举报，确保分省分室分析体现时效、展现特色、呈现亮点。

2. 改进分析方法。深刻领会党中央关于反腐败斗争形势的判断，加强与监督检查、审查调查、巡视巡察等情况的联系印证，牢牢把准分析方向。拉长分析区间，拓展分析维度，区分存量增量，努力把信访举报规律特点和趋势变化分析出来、反映上去。注重把党中央关注的重点问题和群众反映强烈的突出问题有机结合，敏锐捕捉信访举报新特点新表现新动向。跳出举报看举报，透过现象看本质，深入挖掘和剖析信访举报背后的体制性机制性政策性问题，研究提出促进改革、完善制度的对策建议，提高分析参考价值。

3. 完善分析机制。落实四中全会精神和四次全会部署，跟进党中央和中央纪委国家监委领导同志最新指示批示，调整、充实重点问题目录。强化素材意识，精准统计重点问题，主动发掘苗头性倾向性问题，精心筛选、详细摘录典型举报，夯实分析基础。加强经常性督促检查，定期通报典型件记录、工作日记、周记情况。研究改进要情报告撰写工作，坚持减负加压并举，使承办人把更多时间和精力放在收集素材和编写分析上。完善信息例会制度，既报告重要举报情况，又交流办件阶段性感受和信访举报苗头性倾向性问题。

拓展分析工作格局和效果，深化全室、分省分室、中管、省管、来访等常规分析，加强领导专报、调研参考、巡视参考、专项参考等专题分析。坚持分析总结制度，每季度召开一次全室分析总结会，及时总结经验教训、交流心得体会，确保打一仗进一步。

（三）以强化执行为重点，加强信访举报制度建设

1. 推动制度落实。采取个人自学、集中学习、研讨交流、业务讲堂等形式，深入开展《纪检监察机关处理检举控告工作规则》（以下简称《规则》）专题学习辅导。印发通知，对各级纪检监察机关信访举报部门学习贯彻《规则》作出安排部署。加强室内日常监督检查，紧盯业务工作风险点和薄弱点，发现问题及时纠正，确保制度执行到位。对全系统贯彻落实《规则》情况开展"清单式"督导检查，总结经验，发现不足，督促整改。推动落实《关于整治纪检监察信访举报处理工作中形式主义、官僚主义问题的意见》，总结整治工作情况，研究建立长效机制。

2. 完善制度体系。全面梳理信访举报法规制度，研究提出制定、修订、废止或继续有效的意见建议。全系统层面，研究制定关于为受到诬告错告干部澄清正名的意见、纪检监察信访举报统计工作办法等制度。信访室层面，研究制定涉及中管干部实名检举控告核实告知工作办法，修订完善信访举报工作规程及配套制度，建立健全内部管理制度。平台配套制度方面，根据试用应用情况修订完善已有制度规范，研究制定平台应用情况检查考核制度、处置子平台管理办法、信访举报数据治理和大数据应用管理办法、办理子平台管理办法、派驻版管理办法和基层版管理办法等。

（四）落实检举举报平台推广部署工作会议精神，稳步推进平台建设

1. 落实推广部署任务。继续推进来访举报受理系统和12388电话举报受理系统的部署。在中央纪委国家监委和分级录入扫描试点单位先行试用升级改造后的办理子平台，完成县级以上纪检监察机关的全面升级替代。推进处置子平台部署应用，基本实现中央、省、市、县四级纪检监察机关检举举报处理信息横向和纵向闭环。在中央纪委国家监委机关部署试用大数据应用子平台，督促指导各省（区、市）加快构建省级大数据应用子平台。分批推动

中央单位纪检监察机构、省级纪委监委派出机构联通纪检监察内网，部署开通平台派驻版，督促指导各省（区、市）纪委监委完成平台基层版部署应用。

2. 推进平台优化工作。坚持目标导向、需求导向、问题导向相结合，会同信息中心做好平台功能完善、系统迭代升级、信息资源整合，按时高质完成主体工程建设。推动各子平台各系统各版本深化需求、优化功能，确保平台好用、实用、管用。

（五）坚持以人民为中心，扎实做好来访接待和电话接听工作

1. 提高日常工作质量。坚持热情文明、认真负责接待来访，耐心倾听，解疑释惑，疏导情绪，精准分流。全力做好委领导接访服务保障工作，跟踪督办并及时报告接访事项落实情况。加强与办公厅、组织部沟通，协助组织特约监察员、委机关局处级干部接访工作。进一步规范 12388 举报电话接听答复记录工作，敏锐捕捉、及时报告重点苗头问题和重大涉众事件。

2. 牢牢守住安全底线。建立健全横向联通、纵向贯通、内部协同的沟通协作机制，形成处置紧急突发情况的工作合力。加强工作谋划部署，梳理通报重点人员、重点问题，维护重要节点、重大活动期间来访秩序。加大安保力度，加强安全检查，及时发现并妥善处置来访接待大厅不安全因素，严防发生安全事故和极端事件。落实机关门前值班备勤制度，加大巡查力度，积极配合处置重大涉访事项。发挥举报电话方便快捷、沟通及时、时效性强的优势，第一时间整理、上报和处置紧急突发情况。

（六）树立全国一盘棋思想，加强业务研究和指导

1. 加强业务学习和研究。认真组织学习《习近平关于加强和改进人民信访工作论述摘编》，梳理十九大以来党中央和中央纪委国家监委领导同志有关指示批示，研究新时代信访举报工作重大理论问题，把握职责定位和总体要求，明确高质量发展路径。坚持边学习、边调研、边工作、边总结，紧扣信访举报工作职能职责，围绕"监督保障执行、促进完善发展"开展专题调研，找准工作切入点和着力点。围绕信访举报重点业务和薄弱环节，研究设置调研课题，组织有关地方和部门开展调研，形成有较高参考价值的调研成果。

2. 加强业务培训和指导。举办一期学习贯彻处理检举控告工作规则专题研讨班，套开全国纪检监察信访举报工作会议。突出针对性和实践性，组织编写《如何做好纪检监察信访举报工作》口袋书。举办检举举报平台推广部署应用培训班，适时对平台推广部署情况开展督导检查，推动各地区各部门高质量完成平台建设任务。组织修订业务课程讲义，加强讲课稿审核把关，积极回应纪检监察学院和有关单位培训需求，不断提高培训质量。深入了解各地区各部门实际情况，全面掌握工作中存在的问题，增强业务指导针对性和实效性。依托纪检监察内网，总结推广各地区各部门信访举报工作好经验好做法。

（七）弘扬忠诚敬业奉献精神，打造高素质专业化干部队伍

1. 加强政治建设。加强思想政治引领，持之以恒学懂弄通做实习近平新时代中国特色社会主义思想。巩固拓展"不忘初心、牢记使命"主题教育成果，督促推动全室党员干部加强思想淬炼、政治历练、实践锻炼、专业训练，切实把"两个维护"融入血脉、见诸行动。加强室务会政治建设，持续跟进学习贯彻习近平总书记重要讲话和中央纪委常委会决策部署，带头尊崇制度、维护制度、执行制度，发挥示范引领作用。一体推进政治学习和业务工作，把政治修为与履职尽责贯通起来，促进干部在政治学习时联系业务、在业务工作中体现政治，切实把政治建设具体化。

2. 加强能力建设。经常开展教育培训，督促干部把准斗争方向，掌握斗争方法，提高斗争本领。以法规制度和信息化知识为重点，持续举办业务专题讲座，提高干部运用制度和信息技术的能力。坚持室务会、碰头会制度，鼓励大家参与决策、贡献智慧，提高室务会成员研究问题、分析问题、解决问题的能力。加强统筹谋划，探索开展全员参与接访，提高干部做思想政治工作和群众工作的能力。加大室内轮岗交流力度，为干部提供多岗位锻炼机会。大力培养使用优秀年轻干部，交任务、压担子、教方法，促进干部在实战中成长进步。

3. 加强作风建设。落实考勤、值班、请销假、离京报备和抽查等制度，强化日常管理，改进工作作风、提高工作效率。严格执行《信访室工作纪律》，加强内部监督，促进公正规范履职，牢牢守住廉洁、安全和保密底线。

坚持正确选人用人导向，引导党员干部把主要心思和精力放在工作上，激发干事创业积极性。经常开展谈心谈话，定期组织户外长走、家访慰问等活动，关心党员干部思想、工作和生活，营造团结紧张严肃活泼的良好氛围。

三、完善纪检监察信访举报工作的路径对策

（一）健全信访举报受理机制

一是坚持归口接收原则。明确信访室作为信访举报的"总入口"，指定专人统一受理登记、编号录入、甄别分流、交办督办，严管一本总账。二是充分发挥信访举报"主渠道"作用。党的十九大以来，检举控告类问题线索占线索总数的60%，查实率达28.6%，来源于信访举报的案件占案件总量近三分之一。三是用好纪法"两把尺子"。聚焦违反政治纪律政治规矩问题，把彻底肃清流毒影响、清除政治雾霾作为毫不动摇的政治责任。四是聚焦主责主业。对业务范围内事项受理好、办到位，对业务范围外事项不受理、不协调、不通报，转业务部门处理。

（二）改进信访举报研判机制

一是优化机构设置。将信访举报、问题线索管理职能设置在一个室，有效掌握受理办理全流程信息和关联线索信息，为做好举报线索研判打牢基础。二是改进研判方法。坚持"五个辨别"，即结合巡视监督、专项检查、审计监督等情况辨别反映问题真与伪，运用党纪国法"两把尺子"辨别违纪与违法，根据反映问题发生时间辨别存量与增量，根据反映问题是个别现象还是普遍问题辨别"树木"与"森林"，根据被检举控告人职务职级岗位辨别关键少数与普通党员干部。三是细化研判标准。建立问题线索类信访举报初筛机制，排查剔除的重复举报和无实质内容件不断提升线索"含金量"。四是注重研判成果运用。围绕政治监督重点，多维度全面审视政治生态，把握新情况、新特点、新趋势，向党组提出建议；针对工程建设、油品销售等重点领域苗头性、倾向性问题，向相关单位提出监督建议。

（三）完善信访举报处置机制

一是坚持"两级集体研判"。开展两个层级、小范围集体"会诊"，充分发挥纪检监察组区域中心近距离日常监督优势，先行适当了解，再提交纪检监察组问题线索排查分析专题会研究，科学精准确定处置方式。对反映问题不具体且年代久远、难以查证核实的党组管理领导人员的检举控告类问题线索经集体研究予以了结。二是加强对下监督指导。聚焦关键少数的同时，充分发挥上对下监督作用，对二级正职问题线索类检举控告，先由企业纪委提出拟办意见，再由所联系区域中心综合政治生态情况、被反映人岗位廉洁风险等提出办理意见。三是注重保护检举控告双方当事人的权利。既保障检举控告人的监督权利，又保护干部干事创业积极性，对实名检举控告人，依纪依规反馈办理情况；对诬告陷害的，坚决惩处；对经函询后反映不实或没有证据证明存在问题予以了结的，向被检举控告人发函反馈，采信所作说明。

（四）做实信访举报督办机制

一是实时督办提高效率。实现线上信息流转、过程时时监督、数据一键查询。对应由下级纪委受理的信访举报简要录入、及时分流。二是重点督办压实责任。既管好本级，又带好下级，以上率下，层层压实责任。对上级交办件做到"件件筛查"，集体研究审核后"一案一报"，对交办下级后流转较慢、超期处置等问题考核通报，考核结果纳入纪委书记年度履职专项考核。三是跟踪督办提升质量。对问题典型群众反映强烈、久拖不办造成不良影响的检举控告，发函交办，并由所在区域中心跟踪办理情况、审核办理结果。

第十讲 职务犯罪调查阶段认罪认罚从宽制度

西北政法大学公安学院副教授 桂梦美

党的十八届四中全会提出完善认罪认罚从宽制度。2018年3月20日全国人大审议通过《监察法》，首次正式规定职务犯罪认罪认罚从宽制度，赋予监察机关"从宽处罚建议权"。随后于2018年10月26日全国人大常委会通过《刑事诉讼法（修正案）》，进一步明确规定犯罪嫌疑人、被告人认罪认罚从宽制度，实现《监察法》与《刑事诉讼法》有机衔接。[1]2019年10月24日，两高三部联合发布《关于适用认罪认罚从宽制度的指导意见》（以下简称《指导意见》），详细规定了刑事诉讼阶段认罪认罚从宽的适用意见。职务犯罪认罪认罚从宽包括两个阶段，即调查阶段和刑事诉讼阶段。作为反腐败工作的专责机构，监察委员会既是执纪机关又是执法机关，工作内容涉及违纪、违法、犯罪三个层面。监察法赋予监察机关监督、调查、处置的职责和谈话、讯问、搜查、留置等12项调查措施，用留置取代"双规"措施，展示依法反腐的决心和自信。根据现代法治精神，处置违纪违法人员应当坚持宽严相济原则，做到惩戒与教育相结合。[2]观察监察法及监察实务，可以看出监察规范参照了刑事诉讼法、相关司法解释、检察机关刑事诉讼规则、"两高三部"关于非法证据排除的意见等规定，即监察机关按照刑事证据要求和证明标准收集证据，确保证据收集合法性与采取的监察措施经得起刑事法律的检验。

党的十九届四中全会提出推进纪检监察工作规范化、法治化。监察体制

---

〔1〕 需要说明的是，检察机关侦查管辖职务犯罪（14个罪名）认罪认罚从宽不存在法法衔接问题，故不属于本专题研究范围。

〔2〕 姜明安：《监察工作理论与实务》，中国法制出版社2018年版，第12页。

改革是建立中国特色监察体系的创新之举，走的是前人没有走过的路。依规依纪依法依制度反腐，是纪检监察工作新时代的底线标准。制度反腐"中国模式"不断深入推进，使制度优势充分转化为治理效能。理解纪委监委履行双重职责，认知纪检监察两项职责要相互贯通、一体贯通，必须把执纪与执法统一起来，同向发力、精准发力，实现良好的政治效果、纪法效果和社会效果。中央纪委主要负责同志认为，"坚持纪严于法、纪在法前，实现执纪审查与依法调查顺畅对接，加强监察机关与审判机关、检察机关、执法部门的工作衔接，形成既相互配合又相互制约的体制机制"。[1]

反腐败实践证明，职务犯罪调查阶段认罪认罚从宽"中国模式"正当性制度逻辑与其生成的价值所在、理论逻辑、从宽处罚建议内涵以及进入诉讼阶段认罪认罚从宽制度衔接存在内生关联。制度管根本、管长远，制度的生命力在于执行。史学家黄仁宇曾经说制度研究的意义不在发现和批判荒谬，而在发掘和解释国家治理诸多现象背后稳定的制度逻辑与理论支撑。因此，本专题将从宏观上回应职务犯罪认罪认罚从宽制度"中国模式"的理论立场，对于坚持和完善党和国家监督体系，推进国家反腐败治理体系和治理能力现代化具有重要的现实意义。

一、本体表述：认罪、认罚、从宽

概念因其本身所具有的确定性而成为理性思考法律问题必不可少的工具。[2]监察法对认罪、认罚、从宽的内涵并没有明确，故研究认罪认罚从宽制度逻辑，首先需要明确认罪、认罚、从宽本体概念。从本源上看，如古代汉语中，"认"有三层含义：一是识认、辨认。《后汉书·承宫传》："后与妻子之蒙阴山，肆力耕种。禾黍将孰，人有认之者，宫不与计，推之而去，由是显名。"二是认为，当作。刘克庄《答妇兄林公遇》诗："梦回残月在，错认是天

---

〔1〕　摘自赵乐际同志 2018 年 1 月 11 日在十九届中央纪委二次全会上的工作报告。

〔2〕　〔美〕E. 博登海默：《法理学：法律哲学与法律方法》，邓正来译，中国政法大学出版社1999 年版，第 486 页。

明。"三是承认。《洛阳伽蓝记·龙华寺》："及综生，认为己子。"[1]现代语言学上，"认"包含认识、分辨、同意、承认等含义[2]。因此，从古至今，"认"字本身并不包含协商合作的意思，而承认的语义解释发展至今，同被动、被迫接受与回避"协同合作"具有内在一致性。

立法上，"认"字写入监察法和刑事诉讼法，回避"交易""协商"字样，是典型职权主义模式特质之一。监察机关是"行使国家监察职能的专责机构，是政治机关而不是行政机关、司法机关"[3]。监察机关强职权属性的调查行为不属于侦查行为，职务犯罪调查阶段适用认罪认罚从宽，其法律依据《监察法》而不是《刑事诉讼法》《指导意见》等。但鉴于同源制度内在的逻辑及其衔接需要，职务犯罪调查阶段的认罪、认罚、从宽解释，仍然可以参照《指导意见》等基本要求展开。

（一）"认罪"释义

认罪（admission），源自"认"和"罪"合并而成。"认"就是承认，在法律上可以理解为坦白、自首、如实供述等；"罪"即犯罪行为，存在"罪名"和"罪行"两种不同认识，被调查人认罪时可能会出现对"罪"的差别性理解。实践中，广义概念上的认罪有三种不同认识：一是被调查人承认违纪违法行为，但否认构成犯罪；二是被调查人如实供述犯罪行为，但不承认监察机关认定的罪名；三是被调查人承认罪行和认可罪名。监察法层面认罪实质要求被调查人同时承认罪行和罪名，只有基于如此认识才能获得监察机关的从宽建议，原因在于该制度的实体从宽之理论要求。

遵循实体从宽，前提条件是被调查人对罪行和罪名的共同承认。进入刑事诉讼阶段，《指导意见》解释，"认罪是指犯罪嫌疑人、被告人自愿如实供述自己的罪行，对指控的犯罪事实没有异议"[4]。认罪作为犯罪后悔过态度的外在表现，展示被追诉人对罪行和罪名的真诚认识。这种"真诚认识"必须

---

〔1〕 商务印书馆辞书研究中心修订：《古代汉语词典》，商务印书馆 2014 年版，第 1234 页。

〔2〕 中国社会科学院语言研究所词典编辑室编：《现代汉语词典》，商务印书馆 2012 年版，第 1101 页。

〔3〕 闫鸣：《监察委员会是政治机关》，载《中国纪检监察报》2018 年 3 月 8 日，第 3 版。

〔4〕 最高人民法院、最高人民检察院、公安部、国家安全部、司法部《关于适用认罪认罚从宽制度的指导意见》第 6 条。

是以"自愿"为前置条件，即被追诉人出自自愿而未遭到强迫性供述，否则就不能适用认罪认罚从宽原则。因此，有论者认为，认罪"不能仅作宣告性的认罪表示，而应当是实质性的承认"。[1]《指导意见》还进一步说明被追诉人承认主要犯罪事实而对个别情节提出异议，或者对犯罪行为性质存在辩解与不同认识但表示同意有关机关认定意见的，仍然视为"认罪"。

（二）"认罚"理解

结合《监察法》《刑事诉讼法》有关规定，认罚可以理解为在认罪的基础上真诚悔罪、自愿接受法律处罚。认罚在不同阶段有不同的表现，职务违法犯罪调查阶段表现为愿意接受处罚，如开除党籍、开除公职、移送司法机关追究刑事责任等。[2]审查起诉阶段，认罚是指在实质上接受控方量刑建议，形式上签署具结书。审判阶段，认罚表现为当庭确认签署具结书的自愿性、真实性并表示愿意接受处罚。因此，认罚是适用认罪认罚从宽的必要条件，作为制度性与政策性情节，应当成为决定从宽的一个独立的准法定情节。

认罚与认罪具有同时性、同步性，[3]如果被追诉人只是认罪却不接受处罚，则不能适用认罪认罚从宽制度。需要注意的是，认罚在很大程度上表明被调查人、犯罪嫌疑人、被告人的认罪悔罪态度，如积极退赃、减少损失的，达成和解并及时赔偿损失，赔礼道歉等。认罪认罚的价值具有优先性，真诚悔罪态度与其人身危险性减弱密切关联，充分意识到自己行为的危害性，内心悔恨并认错认罚，对此认识应当在法律上先行获得正面评价。

（三）"从宽"把握

从宽，包含实体从宽处罚和程序从简处理，是对认罪认罚的激励，也是

---

〔1〕　苗生明、周颖：《认罪认罚从宽制度适用的基本问题——〈关于适用认罪认罚从宽制度的指导意见〉的理解和适用》，载《中国刑事法杂志》2019年第6期。

〔2〕　中央纪委案件监督管理室编写：《纪检监察机关监督执纪"四种形态"统计指标体系解读》，中国方正出版社2017年版，第3页。

〔3〕　陈瑞华：《"认罪认罚从宽"改革的理论反思——基于刑事速裁程序运行经验的考察》，载《当代法学》2016年第4期。

这一制度的重要价值。从宽首先是遵循法律基本原则，严格依法决定是否从宽、如何从宽以及从宽限度和幅度。具体而言，从宽，是指可以从宽，包括从轻、减轻处罚和免除处罚，甚至不起诉或者适用缓刑、单处罚金等非监禁刑。[1]但"可以从宽"意味着并非必然从宽、一味从宽，应当从宽表述的时机尚不成熟。[2]在法律评价上，依照《监察法》《刑事诉讼法》以及《刑法修正案（九）》对《刑法》第383条修改的精神，《指导意见》要求结合认罪的主动性、及时性、彻底性、稳定性来把握从宽幅度大小。当然，办案机关在把握从宽的具体幅度时，应当考虑认罪案件和不认罪案件量刑的相对均衡，防止过度量刑优惠产生的无辜者认罪，避免片面从严和一味从宽两种偏差从而导致案件处理显失公平。

司法实践中，确实存在过度从宽而出现实体不公正的事实。[3]职务犯罪调查阶段，对被调查人适用从宽处理主要表现在"四种形态"的内部转化方面，即"高形态"向"低形态"转化。违纪违法犯罪事实是定量的，但被调查人的态度是变化着的。如果被调查人态度好，积极主动配合监察机关，就能获得适用前三种形态的机会。所以，第四种形态向第三种形态等其他形态转化是监察程序中不争的从宽处罚模式。[4]例如，河南省人大常委会原副主任王铁严重违纪违法案，因其主动投案认罪认罚，最终是按照第三种形态给予从宽处理而没有移送司法机关，即被中央纪委决定开除党籍和国家监委给予行政撤职处分，降为副处级，提前退休并收缴其违纪违法所得。

---

〔1〕 黄京平：《认罪认罚从宽制度的若干实体法问题》，载《中国法学》2017年第5期。

〔2〕 熊秋红：《认罪认罚从宽的理论审视与制度完善》，载《法学》2016年第10期。

〔3〕 王瑞君：《"认罪从宽"实体法视角的解读及司法适用研究》，载《政治与法律》2016年第5期。

〔4〕 赵乐际同志2020年1月13日在十九届中央纪委四次全会上所作的工作报告中指出："深化运用'四种形态'。坚持惩前毖后、治病救人，严管厚爱结合、激励约束并重，综合考虑事实证据、思想态度和量纪执法标准，准确妥善运用'四种形态'。另外，据中央纪委监委网站新闻，2020年第一季度全国纪检监察机关运用'四种形态'批评教育帮助和处理33.2万人次。运用第一种形态，约谈函询、批评教育帮助23.6万人次，占总人次的70.9%；运用第二种形态，给予轻处分、组织调整7.4万人次，占22.4%；运用第三种形态，给予重处分、重大职务调整1.1万人次，占3.2%；运用第四种形态，处理严重违纪违法涉嫌职务犯罪以及给予因其他犯罪被判刑人员开除党籍、开除公职共计1.2万人次，仅只是占3.5%。"

二、价值理论：认罪认罚从宽制度的时代基因

行使国家监察职能的监察委员会与党的纪律检查机关合署办公，是深化国家监察体制改革的重要制度安排，根本目的在于加强党对反腐败工作的统一领导，把执纪和执法贯通起来，有效破解反腐败机制不畅、资源力量分散的困境。但是，监察法中认罪认罚从宽制度的价值所在与理论逻辑，不同于刑事法律制度。厚植党执政的政治基础，改善被调查人主体地位、治病救人以及增强反腐败威慑力等现实价值，对服务于反腐败中心大局而言无疑擦亮了更加人性的底色。

（一）价值所在

纪检监察机关提出从宽处罚建议，体现了刑以弼教的中华法文化，与马克思主义刑罚观高度吻合，符合监察法加强法治教育和道德教育与弘扬中华优秀传统文化的精神。中华文化基于对人性的理解，提出了劝人向善、明德慎罚、教化人心的思想。马克思主义强调犯罪背后的社会经济原因，指出犯罪者仍然是人，可以通过教育等方式改造自身。我们始终强调坦白从宽、抗拒从严，强调惩前毖后、治病救人，这是中国特色社会主义法治理论的重要内容。

纪委监委是政治机关而不是司法行政机关，原因在于其既要惩处极少数不收敛不收手严重违纪甚至涉嫌犯罪的"坏人"，但更多的是帮助教育"好人"少犯错误或者是改正已有错误、以后不再犯错误，管住大多数。因此，必须把监督挺在前面，把党内监督和国家机关监督有机结合，既要巩固深化对党员干部的监督全覆盖，也要实现对所有行使公权力的公职人员全覆盖，通过全面强化监督，防止更多的"好人"逐步变成"坏人"。被调查人积极配合纪检监察机关调查工作，如实供述自己的职务犯罪事实，体现了其主观上真诚认罪悔罪的态度，也在客观上解决了取证困难、降低了调查成本、节约了调查资源，在移送检察机关时对其提出从宽处理意见，符合宽严相济的政策要求。

（二）理论逻辑

基于监察机关政治属性以及党的统一领导、全面覆盖、权威高效的监督体系，被调查人认罪认罚从宽制度最主要的理论逻辑在于政治正当性、惩前毖后、治病救人、人权思想和实体从宽等四个方面。

1. 政治正当性。因文化背景与政治传统的差异性，作为具有历史性、脉络性概念的政治正当性，则有着不同理解。一般认为，正当性是国家治理体系产生和维持"现存的政治制度是对这个社会最为适合的政治制度的信念"的能力。[1] 传统观念上，正当性是指制度被评价以及被认为是正确的和合适的程度。深入开展反腐败工作，夺取反腐败斗争压倒性胜利，增强了人民群众对党的信心和信任，厚植党执政的政治基础，营造风清气正的良好政治生态。在现代性背景下，民众的认可成为现代政治的正当性基础。[2] 因此，人们相信现存制度正当性的标准，是制度上合适或者道德上合适。[3] 监察法及其各项制度最根本的理论基础在于政治正当性。理论上，政治生活是人权、个人权利的保证。[4] 实现政治正当之路的逻辑法则，位于权利与权力的动态平衡。[5]

具体而言，不少高官职务犯罪因认罪悔罪、认罚不上诉而获得政治上的形式正义，但从实体从轻和程序从简而言是刑事法律结构中的相对正义。其实，政治学上的正义包括自然的正义和约定的正义。当正义规则在世界各地都同样有效而不依赖于我们是否接受时，它是自然的；当正义规则起初可以任意制定时，它就是约定的，即这种不被自然规定的正义属于法定或者约定的。西塞罗（Cicero，公元前106—前43年）曾说："宇宙服从于神，海洋和陆地服从于宇宙，人生则服从于最高的法。"党内法规与国家法律属于最高层

---

〔1〕 Seymour Martin Lipset, *Political Man*, Garden City, N. Y.：Doubleday, 1960, p. 77.

〔2〕 周濂：《现代政治的正当性基础》，生活·读书·新知三联书店 2008 年版，第 237 页。

〔3〕 John H. Schaar, *Legitimacy in the Moden State*, New Brunswick, N. J.：Transaction Publishers, 1981, p. 24.

〔4〕 中共中央马克思、恩格斯、列宁、斯大林著作编译局译：《马克思恩格斯全集》（第 3 卷），人民出版社 1960 年版，第 286 页。

〔5〕 王岩、陈绍辉："政治正义的中国境界"，载《中国社会科学》2019 年第 3 期。

次的法或文明规范，讲政治的基本境界就是对最高的法的服从。从最终裁判结果画面与数据分析上看，绝大多数职务犯罪被告人认罪认罚不上诉的最后陈述宣示政治正当性（权利与权力的平衡）。

2. 惩前毖后、治病救人。惩前毖后、治病救人是我们党从丰富的实践经验和深刻的历史教训中总结出来的。1942 年 2 月中央党校开学典礼时，毛泽东在《整顿党的作风》演说中提出"惩前毖后、治病救人"。意思是，"要以科学的态度来分析批判过去的坏东西，以便使后来的工作慎重些，做得好些""但是我们揭发错误、批判缺点的目的，好像医生给病人治病一样，完全是为了救人，而不是为了把人整死。"[1]毛泽东认为对于人的处理取慎重态度，既不含糊敷衍又不损害同志，这是我们党兴旺发达的标志之一。历史经验和优良传统证明，惩前毖后、治病救人的目的在于我们党严明法纪和团结同志。

惩是为了治，治是根本，惩治具有整体性。惩前毖后、治病救人体现党和政府对党员干部以及其他行使公权力的公职人员真正的关心和最大的爱护。把纪律和规矩挺在法律前面，坚持纪严于法和纪在法前，实现纪法分开，严管就是厚爱、治病为了救人。坚持惩前毖后、治病救人一以贯之于党的十一届五中全会通过的《关于党内政治生活的若干准则》、党的十二大修改的《党章》、2015 年和 2018 年两次修订的《条例》以及 2016 年修订的《中国共产党党内监督条例》等，进一步明确了监督执纪"四种形态"是惩前毖后、治病救人理论的具体体现。作为最为严厉的"第四种形态"，被调查人认罪认罚从宽处理的实践，是惩前毖后、治病救人理论的最好诠释。

3. 人权思想。人权思想是在自然法理论"平等人格"与"本性自由"观念的演化和融合中不断发展变化，包括生命权、自由权、平等权、财产权和追求幸福权等内容。为了保障这些权利，才在人们中间建立政治。政治权力的正当性，则来自人民的同意。人权思想是一种政治理念，其政治基础是人民主权原则。人权的作用和目的不仅在于使人们获得权利，而且在于使人们明确自我解放的目标和获得实现自我解放的手段。[2]黑格尔曾经说，"人权不

---

〔1〕《毛泽东选集》（第三卷），人民出版社 2009 年版，第 827 页。
〔2〕 熊万鹏：《人权的哲学基础》，商务印书馆 2013 年版，第 228 页。

是天赋的而是历史地产生的"。[1]国家公权力的限制与防止滥用，不仅是出于公共利益维护的需要，更是为了保护公民权利；相反，赋予和加强保护公民权利，又会制约和监督国家公权力。

以人民为中心的人权思想，是时代最伟大的声音。黑格尔曾说，"不要把罪犯看成是单纯的客体，即司法的奴隶，而是把罪犯提高到一个自由的、自我决定的地位"。[2]人权的依据还在于其道德性，人的尊严具有最高价值。[3]我国《宪法》第33条规定，国家尊重和保障人权。《监察法》第5条规定，保障当事人的合法权益。由于监察措施对公民的人身、财产构成限制或剥夺，必须对被调查人的权利予以保障，实现惩治腐败与保障人权的结合。[4]具体而言，认罪认罚从宽制度认可了被调查人在监察程序中的主体地位，自愿与纪检监察机关自由平等沟通，"看得见"的程序性权利获得保障。"每个人都生而自由平等。"[5]作为人类的自然法则，即自由平等，国家应当给予保证。敬畏天道，尊重法则，在平等对话的环境中，理性宽容对待惩治腐败与保障人权。

4. 实体从宽。实体从宽具有鲜明的时代性。早在1934年4月《中华苏维埃共和国惩治反革命条例》中就规定"真诚悔过、忠实报告、帮助肃反"等可以减轻处罚。[6]1940年12月毛泽东同志为中共中央起草的对党内的指示《论政策》一文中提出"对反对派中的动摇、胁从分子应有宽大的处理"。[7]1942年11月《中共中央关于宽大政策的解释》里说明了对"真正表示改悔者采取宽大政策"，随后于1943年8月《中共中央关于审查干部的决定》中进一步要求"对失足者处罚采取宽大政策"。[8]1952年4月《中华人民共和国惩治贪污条例》规定"自动坦白、真诚悔过并缴出所贪财物、检举他人贪

〔1〕 中共中央马克思、恩格斯、列宁、斯大林著作编译局译：《马克思恩格斯全集》（第2卷），人民出版社1957年版，第146页。
〔2〕 ［德］黑格尔：《法哲学原理》，范扬、张企泰译，商务印书馆1961年版，第45页。
〔3〕 张恒山：《论人权的道德基础》，载《法学研究》1997年第6期。
〔4〕 陈光中、兰哲：《监察制度改革的重大成就与完善期待》，载《行政法学研究》2018年第4期。
〔5〕 ［法］卢梭：《社会契约论》，何兆武译，商务印书馆2003年版，第9页。
〔6〕 中共中央党史研究室：《中国共产党历史》（第一卷），中共党史出版社2011年版，第328页。
〔7〕 《毛泽东选集》（第二卷），人民出版社2009年版，第767页。
〔8〕 张希坡：《革命根据地法律文献选辑》（第三辑第1卷），中国人民大学出版社2018年版，第68页。

污犯罪立功"等得从轻、减轻处罚，或者缓刑、免刑予以行政处分。[1]1979年7月"惩办与宽大相结合"被明确为制定《刑法》的刑事政策根据，至1997年3月修订后的《刑法》中规定自首和立功的从宽处罚原则。2005年12月5日，时任中央政法委书记罗干同志在全国政法工作会议上正式提出"宽严相济"的刑事政策。[2]

由上可见，我们党从宽处理的精神体现在实体规则层面，核心是刑罚从宽，而对于程序从简基本不予考虑。新时期，职务犯罪调查阶段认罪认罚从宽的制度逻辑，亦是指向实体从宽，即从宽内容仅指实体从宽。现行党内规范性文件对违纪违法者的处置，基本遵循亦是实体处罚从宽之理念。《监察法》第5条规定"惩戒与教育相结合，宽严相济"，这里的宽严相济直接产物，即认罪认罚从宽及其制度化。实体从宽体现了党的十八大以来监督执纪"四种形态"的思想和理念，同时也是从当前反腐败斗争形势依然严峻的实际出发作出的规定。[3]按照"四种形态"对违纪违法者进行处置，在监察实践中已形成从宽的、有温度的实体处理评价体系。显然，这种实体从宽具有正当性，尽管从宽处理的监察程序封闭、严苛和繁琐（包括谈话函询、线索处置、立案、审查调查、审理、专题会议、领导集体研究、同级党委和上级批准等环节）。

实体从宽正当通常具有两面性，即个人自愿遵守正当原则之动机的有条件性与社会正义要求对个人的无条件性。被调查人自愿选择认罪悔罪认罚，基于正当的一面其动机是为了获得利己的从宽处罚，"惟有行为主体才知道他表面上奉公守法的行为在多大程度上沾染了利己的动机"。[4]对社会正义而言，被调查人必须无条件接受刑事处罚。虽然这种实质意义上的从宽获得刑事处罚，但被调查人内心遭受的人生跌落痛苦是非常惨烈的。我国语境下的同理心正义，互利共赢的"化解纠纷"，证明从宽正当的两面性具有生活性、实践性。[5]

---

〔1〕 中共中央党史研究室：《中国共产党的九十年》，中央党史出版社、党建读物出版社2016年版，第100页。

〔2〕 卢建平主编：《刑事政策学》，中国人民大学出版社2007年版，第165页。

〔3〕 中共中央纪律检查委员会、中华人民共和国国家监察委员会法规室编写：《〈中华人民共和国监察法〉释义》，中国方正出版社2018年版，第70页。

〔4〕 慈继伟：《正义的两面》，生活·读书·新知三联书店出版社2014年版，第236页。

〔5〕 杜宴林：《司法公正与同理心正义》，载《中国社会科学》2017年第6期。

三、从宽建议：对象、程序、效力

根据《监察法》第 31 条、第 32 条规定，监察机关向检察院移送案件时可以一并提出从宽处罚的建议，这是认罪认罚从宽制度在反腐败案件中的具体运用。作此规定目的，一是为了鼓励被调查人和涉案人员积极配合监察机关的调查工作，改过自新、将功折罪，争取宽大处理，体现了"惩前毖后、治病救人"的精神；二是为了监察机关顺利查清案件提供有利条件，节省人力物力，提高反腐败工作效率，争取实现相对公平与正义的和谐统一。[1]

从宽处罚建议，本质上属于求刑权，而非量刑权。求刑内容，一般包括从轻处罚、减轻处罚和免除处罚三种。"从轻处罚"，是指在法定刑幅度内选择较轻的刑种或者处以较短的刑期。"减轻处罚"，是指在法定最低刑以下选择判处刑罚。"免除刑罚"，是指虽已构成犯罪，但因符合刑法规定情形而不判处刑罚。新时代监察工作，无论对于被调查人还是涉案人员，都应当充分体现严管和厚爱结合、激励和约束并重，既要实事求是查处问题，又要鼓励其改正错误、将功补过，实现纪法约束有硬度、批评教育有力度、组织关怀有温度。

（一）从宽建议的对象

基于监察对象同刑法规定的公职人员具有内涵相似性，故从宽处罚建议的对象概况为两类：一类是对涉嫌职务犯罪的被调查人的从宽处罚建议；另一类是对职务违法犯罪的涉案人员的从宽处罚建议。这两种从宽处罚建议各自有其不同的适用条件。

对被调查人从宽处罚建议，需要具备的条件是被调查人主动认罪认罚，并且具备《监察法》第 31 条规定的 4 种情形之一：①"自动投案，真诚悔罪悔过的"；②"积极配合调查工作，如实供述监察机关还未掌握的违法犯罪行为的"；③"积极退赃，减少损失的"；④"具有重大立功表现或者案件涉及

---

[1] 江国华：《中国监察法学》，中国政法大学出版社 2018 年版，第 245 页。

国家重大利益等情形的"。

对涉案人员从宽处罚建议，需要具备以下两个条件之一：①涉案人员揭发有关被调查人职务违法犯罪行为，经查证属实的；②涉案人员提供重要线索，有助于调查其他案件的。上述条件及表述，主要是参考了《刑法》和《刑事诉讼法》关于自首、准自首、坦白、立功、检举揭发等规定。

需要注意的是，在认定被调查人或者涉案人员认罪认罚的过程中，如果被调查人或者涉案人员对自己行为的性质进行辩解或者在供述中，对有些细节或者情节记不清楚，或者确实无法说清楚的，不能认为是隐瞒或者不配合调查工作。如果被调查人或者涉案人员避重就轻或者供述一部分，还保留一部分，企图蒙混过关，就不能认为是积极配合调查工作。但如果被调查人或者涉案人员经监察机关调查人员教育，从不配合转为主动配合，从有所隐瞒转为全部反映，也可以作为提出从宽处理建议的根据。

（二）从宽建议的程序

根据《监察法》第 31 条、第 32 条规定，无论是对涉嫌职务犯罪的被调查人提出从宽处罚建议，还是对职务违法犯罪的涉案人员提出的从宽处罚建议，都必须经过相同的决定和审批程序，即：①领导人员集体研究；②上一级监察机关批准；③移送人民检察院时提出。具体而言，满足从宽建议前述条件后，还必须经过严格法定程序。领导人员集体研究，是指包括监委主任、副主任、委员在内具有领导身份的人员，以集体专题会议的形式共同讨论并形成是否从宽的意见，不能由个别领导单独决定。上级监察机关批准，是指经领导人员集体研究决定适用认罪认罚从宽后，还应当报请上一级监察机关最后决定是否同意。上级监察机关批准后，监察机关决定移送司法机关时，被调查人或者涉案人员才可以获得从宽处罚建议。也就是说，即使上级监察机关同意领导人员集体决定，但监察机关并未移送人民检察院时，则不产生"从宽处罚建议权"。可以看到，职务犯罪调查阶段认罪认罚从宽的适用程序，比刑事诉讼中适用该制度的程序更为严苛。当然，在诉讼阶段侦查、审查起诉环节决定适用实体从宽时，也应当报请最高人民检察院核准。我们认为，职务犯罪调查阶段从宽建议，适用程序严苛，职权层级严明，监察集中行使，实现了监察制度"中国模式"构建党统一领导、全面覆盖、权威高效的监督体系之根本目的。

（三）从宽建议的效力

监察建议，是指"监察机关依法根据监督、调查结果，针对监察对象所在单位廉政建设和履行职责存在的问题等，向相关单位和人员就其职责范围内的事项提出的具有一定法律效力的建议"。[1]因此，监察建议的内容包括内部惩戒建议、纠正建议和整改建议等。[2]所以，从宽处罚建议属于工作建议而不属于监察建议，也不会产生《监察法》第62条所规定的法律责任。[3]这是因为，如果从宽处罚的建议产生上述法律责任，即意味着检察院无法定情形而不采纳从宽处罚的建议，会遭到"由其主管部门、上级机关责令改正，对单位给予通报批评；对负有责任的领导人员和直接责任人员依法给予处理"的法律责任。其一，检察院在向法院提起公诉时，是否一并提出（检察机关）从宽处罚量刑建议，应当由检察院自行决定，故而作此规定将有碍检察院依照法律独立行使检察院之宪法原则的实现；[4]其二，由于法院才是司法审判机关，犯罪嫌疑人最终是否能够受到从轻处罚、减轻处罚或者免除处罚，仍然需要接受法院司法审查的最终认定[5]，故而检察院是否接受监察机关的从宽处罚建议，对于最终法院的审判结果并不会产生直接影响；其三，只要犯罪嫌疑人确实符合从轻处罚、减轻处罚或者免除处罚的有关情节，检察院依法审查起诉及法院依法审判时，本身便会予以适当考虑。

总之，监察机关"从宽处罚建议"作为反腐败工作制度性安排，有其存在

---

〔1〕 中共中央纪律检查委员会、中华人民共和国国家监察委员会法规室编写：《〈中华人民共和国监察法〉释义》，中国方正出版社 2018 年版，第 207 页。

〔2〕 秦前红主编：《监察法学教程》，法律出版社 2019 年版，第 364 页。

〔3〕 《监察法》第 62 条规定，有关单位拒不执行监察机关作出的处理决定，或者无正当理由拒不采纳监察建议的，由其主管部门、上级机关责令改正，对单位给予通报批评；对负有责任的领导人员和直接责任人员依法给予处理。

〔4〕 监察机关依法独立行使监察权意味着不得阻碍检察机关依法独立行使检察权和人民法院依法独立行使审判权。参见秦前红、石泽华：《论监察权的独立行使及其外部衔接》，载《法治现代化研究》2017 年第 6 期。

〔5〕 陈卫东：《认罪认罚从宽制度研究》，载《中国法学》2016 年第 2 期。

的重要价值和时代意义，但并不产生与监察建议相同的法律责任。鉴于职务犯罪调查阶段认罪认罚从宽制度运行的程式是"认罪认罚＋情形＋集体研究＋上级批准＋移送时提出"，其认定标准高于刑事诉讼法适用认罪认罚从宽制度的范式，运行程序更加严苛，故监察机关从宽建议给检察官或者法官造成强大威慑力。

（四）"四种形态"转化

基于纪委监委日常监督制度的内在逻辑要求，运用"四种形态"处置及其内部转化，特别是"第四种形态"（即开除党籍、开除公职并移送司法机关）向"第三种形态"（即重处分、重大职务调整）或者其他形态转化，属于被调查人得到认罪认罚从宽处理的常见方式。显而言之，违纪违法事实是定量的，但被调查人态度是变量的。也就是说，被调查人积极主动配合调查，认罪态度好，可以获得监察机关不向司法机关移送的从宽处理决定，即不完全运用或者不直接运用"第四种形态"进而选择适用其他三种形态。这里的不完全运用，是指对涉嫌严重职务犯罪的被调查人，只是作出开除党籍、开除公职处置决定，而不移送司法机关进一步处理。所以，从宽处理与被调查人态度密切关联，"第四种形态"不完整适用或者向其他三种形态的转化是实体从宽处理的常见样态。这种"四种形态"内部转化的处置模式，是当前职务犯罪案件进入诉讼阶段数量明显下降的根本原因。

四、诉讼阶段：制度属性、配合制约、量刑建议

监察与司法衔接，主要是监察机关调查职务犯罪与检察机关审查起诉的衔接，即要实现监察法与刑事诉讼法、监察程序与刑事诉讼程序的衔接。实现有效衔接，注意培植依宪依法、"纪法共治""反腐一体"等理念，确保监察机关查办腐败案件的全流程贯通，强化司法机关在反腐败领域的政治站位。为促进监察机关和检察机关在办理职务犯罪过程中相互配合、相互制约，建立权威高效、衔接流畅的工作机制，国家监察委员会与最高人民检察院先后会签了《国家监察委员会与最高人民检察院办理职务犯罪案件工作衔接办法》《国家监察委员会移送最高人民检察院职务犯罪案件证据收集审查基本要求与

案件材料移送清单》等规范性文件。认罪认罚从宽制度在《监察法》《刑事诉讼法》两法中并不具有相同的内涵，职务犯罪调查阶段与诉讼阶段如何在两法之间实现无缝衔接，则需要进一步展开讨论刑事诉讼认罪认罚从宽的制度属性、两阶段配合制约以及量刑建议等具体问题。

（一）衔接标志

检察院对被调查人采取刑事强制措施，是从监察程序进入刑事诉讼阶段的正式标志。如《监察法》第 47 条第 1 款规定："对监察机关移送的案件，人民检察院依照《中华人民共和国刑事诉讼法》对被调查人采取强制措施。"为了与监察机关对于职务犯罪案件的调查处置程序相衔接，2018 年修改《刑事诉讼法》对人民检察院对监察机关移送审查起诉案件的审查起诉程序和退回监察机关补充调查、必要时的自行补充侦查程序等作出了明确规定，同时规定对监察机关已经采取留置措施的犯罪嫌疑人应当采取先行拘留措施以及决定采取有关的强制性措施的程序。[1] 需要说明的是，这里的先行拘留是一种临时、过渡性质的强制措施，目的是将被调查人从监察程序转入刑事诉讼程序。

（二）制度属性

刑事诉讼阶段认罪认罚从宽，是宽严相济刑事政策的制度化、体系化，不是一个相对独立、具体的制度，而是兼具实体从宽和程序从简两重属性的集合性法律制度，是宽严相济刑事政策指导下的一系列法律制度、程序、规范的集成和总和，其正当性来源于《刑法》（如坦白、自首）和《刑事诉讼法》（如刑事和解、速裁程序、简易程序）。这种制度属性，可以在《指导意见》中得到验证。我国认罪认罚从宽，其实是美国"辩诉交易"制度改良的

---

〔1〕《刑事诉讼法》第 170 条规定："人民检察院对于监察机关移送起诉的案件，依照本法和监察法的有关规定进行审查。人民检察院经审查，认为需要补充核实的，应当退回监察机关补充调查，必要时可以自行补充侦查。对于监察机关移送起诉的已采取留置措施的案件，人民检察院应当对犯罪嫌疑人先行拘留，留置措施自动解除。人民检察院应当在拘留后的十日以内作出是否逮捕、取保候审或者监视居住的决定。在特殊情况下，决定的时间可以延长一日至四日。人民检察院决定采取强制措施的期间不计入审查起诉期限。"

结果。按照合意内容，辩诉交易包括指控交易和量刑交易。我国认罪认罚从宽，同法国庭前认罪程序合意内容一样，仅限于量刑交易。在合意互动"交易"方面，我国检察官主导性作用与法国检察官支配地位高度吻合，量刑建议不需要征求被追诉人的意见和先前讨论，控辩双方较为弱化的合意导致量刑建议缺失实质意义的角力与协商。[1]基于认罪协商与职权主义冲突，可以参照德国经验，从合宪性上重视被追诉人的主体参与角色，防止被追诉方客体化[2]。

"中国模式"认罪认罚从宽制度表明，我国现行的法律或者将来"不在于传统调解也不在于西方法律的任何一方，甚至既不在于实用道德主义也不在于形式主义，而在于并且应该在于两者的长期共存、拉锯和相互渗透。"因此，真正的同意或者刑事合意是不存在的[3]。但是借鉴民法上的合意概念，在处理刑事案件对于及时化解社会矛盾、促进社会和谐、提高诉讼效率、减轻被追诉人诉累等方面，充分发挥了我国现有制度优势。近百年的演变，我国法律体系展示的是一个中西混合的大格局，既能接纳现代西方法律的优势，也能继承我国法律的古代传统以及现代革命传统，借以构建我国新型法律体制。

（三）配合制约

《监察法》规定，"监察机关办理职务违法和职务犯罪案件应当与审判机关、检察机关、执法部门互相配合，互相制约"。显然，监察机关与检察机关、审判机关之间的关系则既存在配合关系，又存在相互制约关系。其中，配合主要是指协助监察机关监督、调查与处置，监察机关与其他国家机关之间的协助关系，目的在于建立集中统一、权威高效的监察体制。同时，监察机关调查和处置权的运行必须受到司法机关的制约，其目的在于保障职务违法犯罪调查的合法性，保障职务犯罪案件审判的质量，有效地防止错案的发生。

---

〔1〕 施鹏鹏：《法国庭前认罪答辩程序评析》，载《现代法学》2008 年第 5 期。

〔2〕 卞建林、谢澍：《职权主义诉讼模式中的认罪认罚从宽——以中德刑事司法理论与实践为线索》，载《比较法研究》2018 年第 3 期。

〔3〕 陈光中：《公正审判与认罪协商》，法律出版社 2018 年版，第 34 页。

事实上，监察机关"从宽建议"行政职权浓厚，监察程序封闭、单向以及被调查人权利保障不足（如律师介入空白）等，并以位高权重自居的监察优势，从而呈现"调查中心主义"格局，导致司法机关在办理职务犯罪案件时配合有余而制约不足。[1]监察权的性质，一般认为，监察权要服从并从属于人民代表大会的宪法监督，监察对象是所有行使公权力的"公职人员"，监委主要监督"依法履职、秉公用权、廉洁从政以及道德操守等情况，体现在党纪监察、政务监察和刑事监察等三个方面"。[2]由于监察"全覆盖"（当然包括检察官和法官）及监察权性质，又考虑到反腐败案件认罪认罚从宽制度的价值所在，办案中制约往往呈现出监察机关对司法机关的单向约束力。[3]而且《监察法》通过两个方面对人民检察院"不起诉决定"作出限制：①规定不起诉决定的批准程序，即作出不起诉的决定必须"经上一级检察院批准"；②规定不起诉决定的复议程序，即监察机关如果认为不起诉决定有错误的，"可以向上一级检察院提请复议"。由此可以想象，"从宽建议"对司法机关产生的较强拘束力作用。

（四）量刑建议

针对监察机关的"从宽建议"，检察院应当发挥认罪认罚从宽案件在诉讼阶段中主导性作用。理论上，职务犯罪调查阶段，即监察调查程序，属于适用刑事诉讼认罪认罚从宽制度的准备程序。"从宽建议"并非量刑建议，量刑建议权仍然属于检察院。因此，加强对监察机关办理职务犯罪适用认罪认罚从宽的量刑建议权，有利于深化以审判为中心的刑事诉讼制度改革，推进庭审实质化；有利于实现程序公开和完善程序选择权；有利于强化法律监督和检察办案规范化、精准化，树立检察公信力。同时，检察官提出量刑建议应当秉持检察官客观公正义务，避免单纯的指控立场，要关注不利于被告人的量刑情节，也要重视有利于被告人的量刑情节，确保量刑建议客观公正。值得注意的是，从宽处理一般并不包括罪名变化和罪数减少的协商。鉴于相对

---

〔1〕 李奋飞：《"调查—公诉"模式研究》，载《法学杂志》2018 年第 6 期。
〔2〕 陈瑞华：《论国家监察权的性质》，载《比较法研究》2019 年第 1 期。
〔3〕 汪海燕：《职务犯罪案件认罪认罚从宽制度研究》，载《环球法律评论》2020 年第 2 期。

不起诉和附条件不起诉制度是认罪认罚从宽实现的重要途径，对于法院可能判处免刑的，指控机关应当正确运用不起诉制度。[1]另外，2018 年刑事诉讼法修正案中创设了一种新的不起诉情形，即认罪认罚从宽犯罪嫌疑人有重大立功或者案件涉及国家重大利益的，可以作出不起诉决定，简称"特殊情形不起诉"，并进而规定"特殊情形"除了可以不起诉外，检察官还可以对本案涉嫌数罪中的一项或者多项提起公诉。

实践中，认罪认罚从宽的主要威胁来自于控方利用职权主义模式固有的"结构性风险"，如案件信息不对称、话语权垄断等，压制被追诉人。[2]当事人只有配合义务而无实质的平等协商权，认罪认罚从宽的适用被视为司法机关的权力，从启动、量刑建议提出以及具结书签署等无不暴露该制度的权力面孔。[3]检察官客观公正立场的面孔充满温和的职权，犯罪嫌疑人只有带着感恩签署保证书，并由辩护人或者值班律师在场背书。根据观察，检察院提出的量刑建议，95% 的案件量刑建议被法院给予支持。这对检察院适用认罪认罚从宽处 70% 以上案件的考核指标完成，具有检察绩效价值。我们认为，认罪认罚从宽理性回归权利与平等协商。协商过程中检察官应当与犯罪嫌疑人、辩护人或者值班律师处于平等的地位，并积极听取包括被害人及其诉讼代理人在内的意见和记录在案并附卷。

另外，关于具结书的性质需要予以明确。《辞海》中的具结，其含义就是旧时对官署提出表示负责的文字，实际上就是一种书面声明，保证对某些事情负责。具结书，即保证书，是指对自己的行为愿意承担法律责任的表示，"不具有平等主体在协商基础上达成契约的性质"。[4]因此，具结书即是犯罪嫌疑人认罪认罚的书面声明，也是检察机关照此指控的书面意见，一旦签署就意味着对书面承诺负责，这也是具结的本意。其实，有学者研究发现，对于职务犯罪签署具结书从而适用认罪认罚从宽制度的案件比例非常低，主要

---

〔1〕 孙谦主编：《认罪认罚从宽制度实务指南》，中国检察出版社 2019 年版，第 39 页。

〔2〕 龙宗智：《完善认罪认罚从宽制度的关键是控辩平衡》，载《环球法律评论》2020 年第 2 期。

〔3〕 闵春雷：《回归权利：认罪认罚从宽制度的适用困境及理论反思》，载《法学杂志》2019 年第 12 期。

〔4〕 张建伟：《协同型司法：认罪认罚从宽制度的诉讼类型分析》，载《环球法律评论》2020 年第 2 期。

原因在于犯罪嫌疑人认罪认罚的态度会因诉讼程序而发生变化。[1]

(五）量刑制约

量刑建议是双方合意的结果，对控辩双方而言都有遵守义务，对法院来说有尊重职责。但量刑自由裁量是专属法院的司法权力，认罪认罚量刑建议最终是否被法院采纳，仍存在变数。《刑事诉讼法》第 201 条第 1 款规定："对于认罪认罚案件，人民法院依法作出判决时，一般应当采纳人民检察院指控的罪名和量刑建议，但有下列情形的除外：（一）被告人的行为不构成犯罪或者不应当追究其刑事责任的；（二）被告人违背意愿认罪认罚的；（三）被告人否认指控的犯罪事实的；（四）起诉指控的罪名与审理认定的罪名不一致的；（五）其他可能影响公正审判的情形。"法院审理发现以上五种情形的，将导致不再适用认罪认罚从宽制度的后果，法院只能依法判决，而被告人被定罪量刑则不再享受认罪认罚带来的从宽幅度。

量刑建议制度的首要价值目标应当是量刑实体公正。[2]《刑事诉讼法》第 201 条第 2 款规定："人民法院经审理认为量刑建议明显不当，或者被告人、辩护人对量刑建议提出异议的，人民检察院可以调整量刑建议。人民检察院不调整量刑建议或者调整量刑建议后仍然明显不当的，人民法院应当依法作出判决。"虽然法院只能被动接受认罪认罚从宽制度，但在量刑建议明显不当的情形下，法院应拥有不再适用认罪认罚从宽制度的主动权。[3]我们认为，调和分歧的途径在于综合运用确定型与幅度型量刑建议，即一般犯罪案件应当适用确定型量刑建议，而对新类型、不常见、疑难复杂案件则采用相对明确的幅度型量刑建议。

---

〔1〕 韩旭：《监察委员会办理职务犯罪案件程序问题研究——以 768 份裁判文书为例》，载《浙江工商大学学报》2020 年第 2 期。

〔2〕 石经海：《量刑建议精准化的实体路径》，载《中国刑事法杂志》2020 年第 2 期。

〔3〕 人民法院对量刑建议的制约，最为典型是余金平犯交通肇事罪一案。该案一审前，检察机关对余金平作出有期徒刑 3 年、缓期 4 年的量刑建议并签署《认罪认罚具结书》，提起公诉后，一审法院审理后判决 2 年有期徒刑，没有采纳控方的量刑建议。检察机关以一审法院改判程序违法等理由抗诉，被告人因量刑过重同时提起上诉。二审法院审理后改判余金平有期徒刑 3 年 6 个月。参见中国裁判文书网：北京市第一中级人民法院（2019）京 01 刑终 628 号刑事判决书。

结语

　　时代是思想之母，实践是理论之源。职务犯罪调查阶段认罪认罚从宽的制度建设是一项系统工程，还需要诸多相应的配套措施与实践检验。职务犯罪认罪认罚从宽制度的顶层设计，是惩治职务犯罪和维护政治稳定的重要举措。改变"重实体、轻程序"这种政治文化产物，转向政治文化与法律文化相结合，努力做到监察价值与诉讼价值内生和谐一致，实现权力与权利的平衡，增强人们对反腐败压倒性态势的获得感、幸福感、安全感。坚持问题导向，监察对象认罪认罚从宽的自愿性如何保障、刑事诉讼时效、律师介入提供法律帮助与权利救济、从宽建议监察文书规范等应当给予更多的理性认识，在政治正当性的现实基础上寻找合理方案。监察法中认罪认罚从宽的运行及其价值，必须融入现有的法律体系中进行观察，需要同其他法律无缝衔接和配合，消弭法治反腐进程中存在的各种障碍。人民群众最痛恨腐败现象，腐败是我们党面临的最大危险。夺取反腐败斗争压倒性胜利，努力创造一套适合历史传统和现实国情并与党长期执政相适应的认罪认罚从宽制度"中国模式"，实现依规治党和依法治国有机统一。

第十一讲 政务处分的理论与实践

西北政法大学纪检监察学院副教授 郑宁波

一、政务处分的理论缘起与规范基础

政务处分是国家监察机关依照法律的规定，对违法的公职人员所实施的惩戒措施，旨在规范权力秩序，适用的对象是公权力的行使者。公权力的所有者本是全体社会成员，而不是某个人或某部分人，运用公权力只能是为了管理公共事务，根本目标是维护和追求公共利益，如果权力行使者没有依法依规秉公履职，就构成对权力所有者委托的违反，应当承担相应的责任。

《政务处分法》第1条即指明了立法目的，即："为了规范政务处分，加强对所有行使公权力的公职人员的监督，促进公职人员依法履职、秉公用权、廉洁从政从业、坚持道德操守。根据《中华人民共和国监察法》，制定本法。"该法对应当受到政务处分的"职务违法"情形进行界定，使既往特指"贪污贿赂"、"渎职侵权"而未达到犯罪标准的"职务违法"行为，拓展到包含违反政治纪律、组织纪律、廉洁纪律、群众纪律、工作纪律、道德纪律等六类行为。比如为了强化对公职人员的日常监督，对非法收受财物；违反规定设定、发放薪酬或者津贴、补贴、奖金；违反规定向管理服务对象收取、摊派财物；在管理服务活动中态度恶劣、粗暴侵犯管理服务对象利益等行为均做出了如何适用处分。

从规范基础上来讲，违反政治纪律、组织纪律、群众纪律的"职务违法"与党的纪律相贯通；违反廉洁纪律和工作纪律的"职务违法"与刑法中的职务犯罪相衔接，从而编织成从违纪、违法到犯罪的治理腐败法网，以全面的法律警示，从政治、经济、道德等多个层面遏制腐败，对公职人员形成强大的约束力，在新时代背景下无疑具有重大意义。

政务处分制度的确立是加强对公权力监督的必然逻辑。政务处分的监督对象一般情况下都是在编的党员干部，如果违反了纪律或是轻微违法，可以使用纪律处分进行惩戒，但是对于非党员和编制外人员，以及一些临时聘用或委托人员，如果在公权力行使中违反了纪律或是轻微违法，在《政务处分法》实施之前，难以对他们进行有效惩戒，通常只是批评教育，或是辞退了事。《监察法》和《政务处分法》实施后，将所有行使公权力的公职人员纳入监督和惩戒对象，将监督触角延伸到每一个角落、覆盖到每一个人，从根本上有利于推进对公权力监督向纵深延伸。同时在监察机关自身监督管理方面，要求监察机关及其工作人员如果存在以非法方式收集证据、收受被调查人或者涉案人员财物、窃取泄露相关信息、利用职权干预调查、以案谋私以及违反规定处置问题线索等滥用职权、玩忽职守、徇私舞弊情形的，将对负有责任的领导人员和直接负责人员依法给予处理。

在规范的细致性方面，《政务处分法》第三章规定了违法行为及其适用的政务处分，对公职人员利用公权力实施的各类违法行为做出具体的惩戒规定。以往政纪处分主要是依据《行政机关公务员处分条例》《事业单位工作人员处分暂行规定》，其中对违规行使公权力的惩戒缺乏针对性地明确规定，不少条款比较模糊，造成监督的有效性不足。本法从处分的种类和实施程序、违法行为及其对应的惩戒措施等方面，对违规违法使用公权力的公职人员追究其责任，这些条款与"三不机制"（不敢腐、不能腐、不想腐）有机统一，实实在在有利于促进公职人员依法履职、秉公用权，廉洁从政从业、坚持道德操守，能够更加明确有效的制约公职人员的公权行为。

反腐败关乎国家的长治久安。《政务处分法》明确规定对违法的公职人员终身追责，这是从严治党，从严治吏的体现。公职人员手中握有权力，权力就是责任，滥权必须追责，领导干部任职有年限，但责任是终身的，必须从严划定纪律红线、设置法律底线，督促公职人员守责、尽责、负责，依纪依法、公平公正、廉洁严明用权履职。习近平总书记在中共中央政治局第十一次集体学习时强调，深化国家监察体制改革的初心就是要把增强对公权力和公职人员的监督全覆盖、有效性作为着力点，推进公权力运行法治化，消除权力监督的真空地带。《政务处分法》的颁布实施，政务处分制度的确立正是在推进和深化国家监察体制改革的基础上，依据《监察法》的相关规定，使监察机关的政务处分权限得以实现而做出的法治构建。

二、政务处分的惩戒措施与功能定位

《政务处分法》第 7 条规定对公职人员的政务处分有警告、记过、记大过、降级、撤职、开除六种，和《公务员法》《行政机关公务员处分条例》规定的处分种类是一致的。不过《事业单位工作人员处分暂行规定》规定了警告、记过、降低岗位等级或者撤职、开除这四类处分。为了进一步聚焦监察全覆盖，织密监督网络，本法将相关内容进行归纳总结，并全面系统地完善了政务处分的适用对象、种类、法定程序以及救济途径等内容，逐步形成较为统一的政务处分标准、违法情形以及规范政务处分的实体法与程序法规则等，系统整合了政务处分的相关规定。

比如除了传统上较为常见的贪污贿赂、滥用职权、收送礼品礼金等公职人员违法情形如何适用政务处分之外，《政务处分法》还将近年来出现次数比较多的"违反个人有关事项报告规定，隐瞒不报"、"篡改、伪造本人档案资料"、"违反规定，在公务接待、公务交通、会议活动、办公用房以及其他工作生活保障等方面超标准、超范围"以及"违反规定出境或者办理因私出境证件"等行为补充列入违法情形，以提高监督的针对性和实效性，为监察机关真正落实对公职人员监督全覆盖提供强有力的法律依据。

《政务处分法》明确规定了政务处分的种类及处分期限：警告（期限为 6 个月）、记过（期限为 12 个月）、记大过（期限为 18 个月）、降级（期限为 24 个月）、撤职（期限为 24 个月）、开除，并根据身份、职业等特点，针对不同类型的公职人员，设置了阶梯式的处分后果。例如，针对已离职或死亡的公职人员，如在其履职期间有违法行为的，监察机关可以作出"不再给予政务处分，但是可以对其立案调查"的处理决定；针对在基层群众性自治组织中从事管理的人员，监察机关则视其违法行为的具体情形，作出警告、记过、记大过的处理决定，并由县级或者乡镇人民政府根据具体情况减发或者扣发补贴、奖金；针对无职可撤、无级可降的依法履行公职的人员，即未担任公务员或未在企事业单位担任职务的人员，监察机关可以视情节的轻重程度，分别给予警告、记过、记大过，直至给予降低薪酬待遇、调离岗位、解除人事关系或者劳动关系的处理决定等，由此形成由轻到重、过罚相当的阶梯式制裁类型，切实提高管理监督的针对性和有效性。

在当下双监督的模式下，公职人员任免机关、单位和监察机关都可以对公职人员做出惩戒措施。公职人员任免机关、单位按照管理权限，为了加强对公职人员的教育、管理、监督，有权依法给予违法的公职人员处分；按照《政务处分法》监察机关按照管理权限有权依法给予违法的公职人员政务处分；如果监察机关发现公职人员任免机关、单位应当给予处分而未给予，或者给予的处分违法、不当的，应当及时提出监察建议，这有利于增强监督的严肃性、协同性、有效性。如果公职人员违法行为情节轻微，且具有主动交代本人应当受到政务处分的违法行为的；配合调查，如实说明本人违法事实的；检举他人违纪违法行为，经查证属实的；主动采取措施，有效避免、挽回损失或者消除不良影响的；在共同违法行为中起次要或者辅助作用的；主动上交或者退赔违法所得等法定从轻、减轻情形之一的，可以对其进行谈话提醒、批评教育、责令检查或者予以诫勉，免予或者不予政务处分，从而改变了过去要么是"好同志"、要么是"阶下囚"的状况，有利于强化日常监督，实现抓早抓小、防微杜渐，促进广大公职人员依法履职、秉公用权、廉洁从政从业、坚持道德操守。

根据实践运用情况，免予政务处分的情形为第一种形态，以教育警醒为主；警告、记过和记大过为第二种形态，以轻惩戒为主，这两种形态的警示作用大于惩治作用，目的是抓早抓小、关口前移，防微杜渐；降级、撤职为第三种形态，以重惩戒为主；开除为第四种形态，与刑事处罚相衔接，体现的是惩处打击和威慑。后两种形态侧重严肃查处问责，惩治作用大于警示作用，体现有腐必惩，有贪必肃。监察机关应深刻把握政务处分种类的对应情形，与公安机关、检察机关、审判机关多环联动、协同配合，实现法法衔接。

一方面综合考虑从轻减轻情节，使那些思想和行动已经开始转变的人得到挽救；另一方面在认定从轻减轻时，绝不能在事实证据和性质认定方面放松要求，坚决防止无标准的从轻处理，确保监察执法和政务处分的高质量。

《政务处分法》充分体现了以"三不"一体理念推进反腐败斗争，深化标本兼治的思路，明确公职人员应受政务处分的违法情形，划定行为底线，有利于强化不敢腐的震慑，推动公职人员敬畏法律，实现因敬畏而"不敢"；将监察全覆盖的要求具体化，强化日常监督，促进执纪执法贯通、有效衔接司法，深入推进以案促改、完善制度机制，有利于督促公职人员依法履职尽责，推动实现因制度而"不能"；明确要求任免机关、单位加强对公职人员的教育、管理和监督，督促公职人员提升思想觉悟、涵养廉洁文化，有利于引导公职人员树立和强化依法用权意识，坚持道德操守，推动实现因觉悟而"不想"。具体来讲，政务处分制度的确立具有如下功能：

1. 协同主体责任和监督责任。《政务处分法》将任免机关、单位的主体责任和监察机关的监督责任以法律的形式规定下来，明确了处分与政务处分双轨并行的处分体制。监察机关应当按照管理权限，加强对公职人员的监督，依法给予违法的公职人员政务处分；公职人员任免机关、单位应当按照管理权限，加强对公职人员的教育、管理、监督，依法给予违法的公职人员处分。监察机关发现公职人员任免机关、单位应当给予处分而未给予，或者给予的处分违法、不当的，应当及时提出监察建议。为实现处分和政务处分同向发力、相互促进，《政务处分法》明确规定，政务处分的种类、适用规则、违法情形等规定同样适用于任免机关、单位对公职人员给予处分，突出政务处分的实效性和威慑力。

2. 促进纪法贯通、法法衔接。坚持纪法贯通、法法衔接是纪检监察机关开展工作、履行职责的重要要求，也是《政务处分法》制度设计秉持的基本思路。纪法贯通主要体现在《政务处分法》将《条例》等党内法规关于违纪情形的具体规定，根据公职人员的特点有针对性地进行吸收和完善，形成与党纪处分相贯通的政务处分制度，发挥党纪和法律的协同作用，强化对公职人员的全面监督。法法衔接主要体现在从《公务员法》《法官法》《检察官法》《行政机关公务员处分条例》《事业单位工作人员处分暂行规定》等法律法规认定的违法情形中，提炼概括出政务处分的违法情形，同时与《刑法》《刑事诉讼法》《行政处罚法》等法律衔接，明确公职人员被依法追究刑事责任、受到行政处罚的处分规则，以及涉嫌犯罪的移送要求，保证法律体系的内在一致性、协调性。

3. 兼顾处分事由的共性与个性。《政务处分法》顺应监察全覆盖对政务处分工作提出的新要求，对于所有的公职人员，在共同违法责任承担、从轻或者减轻情节、从重情节、违法所得追缴、政务处分自动解除等方面，作了统一的规定，体现了共同的严要求。同时，对于不同类型的公职人员，根据其身份、职业等特点，在处分后果上作了有针对性的规定，既注重各类处分对象的共性，又注重各自特性，提取最大公约数，专章设置了科学统一的政务处分法定事由，注重突出实践中典型多发的违法类型，并根据行为的轻重程度规定了相应的处分幅度，确保政务处分工作依法规范开展，避免政务处分依据不统一、政务处分决定畸轻畸重的问题。同时，考虑到公职人员身份、职业特点不同，违法行为种类较多，危害程度各不相同，在附则中授权国务院及其相关主管部门根据本法的原则和精神，结合实际对事业单位和国有企业公职人员处分事宜作出具体规定，做到了共性与特性兼顾。

4. 保护公职人员合法权利。党的十九届四中全会决定指出，要"保证行政权、监察权、审判权、检察权得到依法正确行使，保证公民、法人和其他组织合法权益得到切实保障"。《政务处分法》坚持规范政务处分权行使，依法保护公职人员合法权利，在总则部分对政务处分原则、工作方针等作了基础性规定，并在相关章节提出了具体要求。专章规定政务处分程序，强调严禁非法收集证据，调查认定的违法事实及拟给予政务处分的依据必须依法告知被调查人，保障其申辩权、申请回避权等权利，对不实检举控告或者诬告陷害的及时澄清，确保案件公正调查处理。专章细化对政务处分决定不服提出复审、复核的内容，保障被处分人的救济权利，强调依法严肃追究监察机关及其工作人员违法行为的法律责任，推动监察机关加强监督管理，实事求是、严格依法开展政务处分工作。

三、政务处分的适用对象与实践情形

政务处分的适用对象即为监察机关监督的对象，依据《监察法》第 15 条的规定，明确纳入监察范围的对象可大致分为国家机关中的公务员、执政党和参政党机关及人民团体中的公务员、参照《公务员法》管理及授权或受托组织中从事公务的人员、国有企事业单位中从事管理的人员、基层群众性自治组织中从事管理的人员和其他依法履行公职的人员。当然，为了弥补对监察对象列举不全的缺陷，立法采用兜底性规定，这样可以将其他未明确列举而依法履行公职的人员也纳入国家监察和政务处分的范围。

实践中，在对林林总总的公职人员如何适用政务处分时还有一些值得讨论的情形，以下试举几例：

（一）公务员降级、撤职的具体操作问题

目前我国实行公务员职务与职级并行制度，根据公务员职位类别和职责设置公务员领导职务、职级序列，职务、职级与级别是实施公务员管理，确定公务员工资以及其他待遇的依据。职务层次分为国家级、省部级、厅局级、县处级、乡科级的正职和副职。撤职处分是一种撤销公职人员所担任职务的处分方式，适用于违法情节严重、不适宜继续担任现有职务的公职人员。撤职处分对职级公务员与职务公务员的要求明显不同，这是因为职务、职级与级别对应关系不同，职务公务员每个职务层次的最低级别至少相差两个级别，而职级公务员每个职级的最低级别很多只相差一个级别，如从一级调研员到四级主任科员，所对应的最低级别只差一级。职级是公务员的等级序列，是与职务并行的序列，在厅局级以下按照综合管理类、专业技术类、行政执法类等公务员职位类别分别设置，共有 27 级，每个级别中分别设定 6 至 14 个不同的级别工资档次，每一职务、职级层次对应若干个级别。公务员工资包括基本工资、津贴、补贴和奖金，降级处分对于公务员来说就是降低其级别，相应地会影响其基本工资中的级别工资（职务工资不受影响），津贴补贴一般不受影响，受处分当年及第二年无年度考核奖金。撤职处分，对应撤、降的

是其职务、职级，根据新职务（一般不得确定为领导职务）、职级确定相应的级别，其基本工资中的职务工资与级别工资均受影响，津贴补贴也按新职务、职级确定，受处分当年及第二年无年度考核奖金。如果是有衔级制度的人民警察、消防救援人员以及海关、驻外外交机构等公务员受降级、撤职处分的，应根据各自的衔级管理规定调降其衔级。

（二）事业单位人员降级、撤职的具体操作问题

降级处分，是一种降低公职人员级别的处分方式，这里的"级"，对于公务员来说是级别，对其他公职人员则是工资或薪酬待遇等级，不能以某类公职人员没有公务员级别为由不执行降级处分。事业单位中监察对象的范围可以概括为承担行政职能的事业单位中参公管理人员和从事公务的人员，及其他事业单位中从事管理的人员。事业单位岗位分为管理岗位、专业技术岗位和工勤技能岗位三种类别。管理岗位分为 10 个等级，事业单位实行岗位绩效工资制度，由岗位工资、薪级工资、绩效工资和津贴补贴四部分组成，其中岗位工资和薪级工资为基本工资。实际中因事业单位性质不同，薪酬待遇称谓也可能不同。降级处分对事业单位工作人员来说就是降低其薪级工资；撤职处分对应撤、降的是其职务、岗位或者职员等级，根据新的职务、岗位、职员等级重新确定待遇。《政务处分法》第 20 条规定，事业单位工作人员被撤职的，降低职务、岗位或者职员等级，同时降低薪酬待遇。《关于贯彻执行〈事业单位工作人员处分暂行规定〉若干问题的意见》规定，对同时在管理和专业技术两类岗位任职的事业单位工作人员发生违纪违法行为，给予降低岗位等级或者撤职处分时，应当同时降低两类岗位的等级，并根据违纪违法的情形与岗位性质的关联度确定降低岗位类别的主次。

（三）离岗公职人员的处分实施问题

《政务处分法》第 27 条规定，已经退休的公职人员退休前或者退休后有违法行为的，已经离职或者死亡的公职人员在履职期间有违法行为的，虽然不再给予政务处分，但是可以对其立案调查，按照规定相应调整其享受的待遇，对其违法所得依法没收、追缴或责令退赔。如某无党派的公务员陈某在 2018 年退休，2020 年收到反映其在十八大后大肆收受红包礼金的问题线索，

监察机关调查查明陈某在 2013 年至退休前共收受管理服务对象红包礼金 10 万元，经深挖细查还查明陈某 2017 年因监管失职造成国家直接经济损失 20 万元、退休后违规经商获利 30 万元，违反了对公职人员的廉洁要求和工作要求，情节严重，应当给予重处分。因陈某不是党员、也不再具有公职人员身份，不适用党纪政务处分，监察机关应当根据《政务处分法》第 27 条等规定，没收其违法所得 40 万元，并相应调整其享受的退休待遇。

(四) 追究刑事责任的公职人员处分实施问题

《政务处分法》第 49 条第 1 款规定对依法受到刑事责任追究的公职人员，需要给予政务处分的，监察机关不需要履行立案程序，即可以根据司法机关的生效判决、裁定、决定及其认定的事实和情节，给予政务处分。因为对依法受到刑事责任追究的监察对象作出的生效判决、裁定和决定，司法机关已经依照严格的法定程序，根据以审判为中心的法定最高证明标准，对侦查、调查过程中收集调取的证据材料进行过严格的审查判断，认定的事实、证据和情节达到了事实清楚、证据确实充分、排除一切合理怀疑的程度，具有法定的证明力和公信力，监察机关应当尊重和认可，无需对这些证据材料再进行调查核实。所以，公职人员涉嫌职务犯罪的，一般先给予政务处分再追究刑事责任；公职人员因其他非职务犯罪行为被追究刑事责任的情形，应当先追究刑事责任后，再由监察机关依据生效的刑事判决书和裁判书，依法给予政务处分，即先刑事后处分。如果司法机关依法改变原生效判决、裁定、决定等，对原政务处分决定产生影响的，监察机关在处理此类问题时，既要尊重司法机关作出的判决、裁定、决定等，也要坚持实事求是的原则，对发现司法机关作出的判决、裁定、决定等存在事实不清、证据不足、定性不准等问题，应当及时提请司法机关按程序予以纠正。司法机关最终作出的处理决定，对原政务处分决定产生影响的，监察机关应当根据改变后的生效判决、裁定、决定等重新作出维持、变更或撤销的相应处理。对监察对象因检察机关决定不起诉、撤销案件或者人民法院判决宣告无罪、免于刑事处罚、裁定终止审理等，虽不追究刑事责任，但需要给予政务处分的，应当办理立案手续，经调查核实后，提出给予相应政务处分的意见，按程序移送案件审理部门办理。

（五）受到行政处罚的公职人员处分实施问题

对依法受到行政处罚的公职人员，应当给予政务处分的，监察机关可以根据行政处罚决定认定的事实和情节，经立案调查核实后依法给予政务处分。由于行政处罚与刑罚在法律性质、适用程序、证据审核标准等方面存在明显不同，行政机关与监察机关在调查措施、取证手段上也存在差异，因此，从保护公职人员合法权益的角度考虑，监察机关不能根据行政处罚结果直接作出政务处分，对于行政处罚决定认定的事实、证据和情节，监察机关只能作为参考，并在监察立案调查核实、查清违法事实后，方可作出相应政务处分。实践中，为确保案件质量，根据相关规定，对依法受到行政处罚的监察对象做出政务处分的，应当由相关监督检查部门按照规定办理立案手续，提取监察对象主体身份、行政处罚决定书及所依据的证据等有关材料，依法全面收集证据，查清违法事实，根据行为性质和情节，提出给予相应政务处分的调查意见，按程序移送案件审理部门办理。

（六）贯通政务处分和党纪处分问题

根据《条例》第33条和《政务处分法》第49条规定，党员公职人员受到刑事责任追究、行政处罚的，均应给予相应的党纪、政务处分。通常在实践中对应当给予轻处分的党员公职人员，通常只给予党纪轻处分，不给予政务轻处分。如党员干部驾驶车辆闯了红灯，被公安机关处以扣分和罚款处罚等一般行政违法情形，不需要通报纪检监察机关。再比如党员公职人员酒驾后没有发生交通事故，也没有造成恶劣影响，被公安机关给予行政处罚的情况下，一般给予党纪轻处分较为合适，不再给予政务处分。但是如果党员公职人员因严重违法、犯罪受到刑事责任追究、行政处罚的，如醉驾、吸毒、嫖娼、赌博等，就应当给予党纪重处分的同时给予政务重处分，也就是说当违法行为性质严重，影响恶劣，损害党、国家和人民利益，应当追究党纪政务责任的，行政主管机关依法作出行政处罚决定后应当按照规定通报，纪检监察机关应当根据生效行政处罚决定认定的事实、性质和情节，经立案核实后依纪依法给予党纪、政务处分。如党员干部李某2020年1月嫖娼，同年8月公安机关扫黄时发现了其违法行为，因已过6个月的治安管理违法行为追究时效，公安机关不得再追究其行政违法责任。纪检监察机关收到公安机关移送的王某违纪违法问题线索及相关材料后，经立案审查调查，查明了李某嫖娼的事实，根据《条例》第28条规定作出开除党籍处分，并根据《政务处分法》第41条给予撤职或开除公职的政务处分。

（七）如何适用刑事追诉时效问题

公职人员涉嫌贪污贿赂、滥用职权、玩忽职守、徇私舞弊、重大责任事故以及其他职务犯罪，未超过《刑法》规定的追诉期限，监察机关经调查认为犯罪事实清楚，证据确实、充分的，依据《监察法》第45条规定，制作起诉意见书，连同案卷材料、证据一并移送人民检察院审查、提起公诉。把纪律挺在前面，避免党员带着党籍蹲监狱、公职人员坐牢领工资等问题，根据《条例》第29条、《政务处分法》第44条规定，纪检监察机关一般应当先作出党纪、政务处分决定，再移送司法机关处理，不过公职人员涉嫌职务犯罪，如果超过了《刑法》规定的追诉期限，不得再移送司法机关追究刑事责任，但可以依法给予党纪政务处分。如在2020年，某县监委经立案审查调查，查明该县财政局党组书记、局长王某2013年违规发放津补贴5万余元、2014年在干部选拔任用工作中收受他人贿赂8万元的违纪违法事实。根据《刑法》及相关司法解释规定，为他人谋取职务提拔，受贿1万元以上不满10万元的，法定最高刑是3年有期徒刑，追诉期限是5年，到2020年已过法定追诉期限，依法不构成受贿罪。虽然不能再追究王某的刑事责任，但王某的行为构成了违反中央八项规定精神、违反组织纪律和廉洁纪律，违纪性质严重，纪检监察机关应当根据《条例》给予党纪重处分。根据规定，对具有党员身份的公职人员，给予党纪重处分的，一般应当同时匹配政务重处分。王某的行为同时构成了严重职务违法，应当根据《政务处分法》等法律法规给予政务重处分。

（八）如何看待专业性意见问题

如果案件涉及组织人事、财政、审计、税务、行政执法等领域专业技术问题或具体业务政策、规定时，最好征求有关部门的意见，因为可能关系到案件事实认定或者定性处理。比如滥发津贴、补贴、奖金案件中的违纪金额如何计算就涉及案件事实认定，这类专业性意见具有证据的关联性、合法性、客观性特征，可以作为证据来证明案件事实。还有一类是涉及违纪性质认定的意见。比如对某个行为是否违规，以及违反什么法规进行认定，这类专业性意见不属于证据材料，但可以对界定违纪性质提供参考。专业性意见在收集和审核时应当严格要求，比如注意出具专业性意见的相关机构、人员和案件是否存在利害关系，是否需要回避。专业性意见和鉴定意见一样，不是对案件的亲身经历，其真实性有赖于办案部门提供的证据材料，因此，办案机关应准确、全面提供办案素材。另外，专业性意见的出具必须符合一定的程序、手续要求，一般情况下，办案机关应向有关部门正式发函商请协助认定，介绍基本案情并提供相关证据材料，而有关部门应认真研究，出具书面回复意见。特殊情况下，有关部门不方便出具书面意见的，办案机关应对征求意见的过程做必要的记录。在咨询意见出来后，不论属于事实认定还是性质认定，均建议参考鉴定意见的告知程序，向被审查人进行告知并听取意见，保障被审查人的合法权利。最后还要对专业性意见进行实质审核，防止专业性意见可能存在偏差，所以办案机关应核实向有关部门提供的证据材料是否准确、全面，向有关部门详细了解认定意见的内容、认定的理由和依据，通过审核专业性意见和证据材料是否一致，违纪事实和违反的规定是否对应等，发现是否存在矛盾，如有疑问应及时向专业人员询问，判断矛盾是否能够排除。

四、政务处分的规范实施与问题检视

《政务处分法》遵循对违法违纪的公职人员依法处分、对公职人员的合法权益依法保护的原则，按照"事实清楚、证据确凿、定性准确、处理恰当、程序合法、手续完备"的要求，严格规范政务处分程序制度，专章设置了"政务处分的程序"，体系化地统一规范了政务处分的实施程序。

政务处分的实施程序分为审理程序、决定程序和执行程序。①审理程序。按照阶段性划分，监察机关的案件审理部门是处置权的具体行使机构，监察机关对外作出的任何处置决定均由案件审理部门进行审理拟定。审理程序的始点应从监察机关调查部门将对公职人员的违法事实调查终结并将案件材料移送至案件审理部门起算，主要包括审核、告知、听取陈述申辩、制作审理报告等步骤。②决定程序。决定程序中的参与人较为复杂，因为这一程序是决定是否对被调查人予以政务处分以及实施何种政务处分的关键环节，且政务处分是以监察机关名义作出的，在涉及特定职务级别的被调查人时，按照管理权限，有可能需要提请同级党委常委会审议决定。决定程序具体包括征求意见、集体决策、审批、制作和印发处分决定文书等步骤。③执行程序。即政务处分决定作出后，如何将处分决定的内容付诸现实的程序，具体包括送达、宣告、函告、执行、存档等步骤。

《政务处分法》除了统一设置政务处分适用规则，也明确赋予被处分人知情权、申辩权、非法证据排除请求权、请求回避权、事后救济权等权利。并特别强调在调查取证环节中，禁止和排除"以威胁、引诱、欺骗及其他非法方式收集证据"、"不得针对公职人员所提出的复审、复核申请而加重对其所做的政务处分"等保障性规定，确保案件公正调查处理，推动政务处分的规范化、法治化与专业化，将监察的震慑力贯穿于公权力运行的每个环节。

政务处分权是监察委的重要法定职权，实践运用执行中要注重以下方面：

1. 注重政务处分制度的规范性。①处分执行通知要规范。处分执行通知是有关单位和组织人事部门等执行处分事项的重要依据，要针对具体个案情况，准确区分身份性质、处分种类等，制定有针对性的处分执行通知及处分内容告知书，正确标注处分影响期（期间）等内容，不能生搬硬套模板，防止产生身份与处分种类不符的执行通知事项。②执行证明材料要规范。对于召开会议宣布处分决定、职务变更、工资调整、解除人事关系、收缴违纪所得等，不仅要规范填写各类表格，还应收集会议记录、任免职文件、工资调整审批表等材料予以佐证。③文书表格制作要规范。送达回证不仅要有经办人签收，还应有单位盖章；受处分人不能仅在送达回证上签收，还应在"受处分人对党纪政务处分决定的意见"和"处分决定书"上签写意见，防止以送达代替宣布；处分执行报告单中的归入人事档案情况、负责人签字、单位盖章等内容都应填写完整。

2. 注重政务处分制度的时效性。政务处分决定作出后，应当及时开展宣布、送达等工作，确保处分的严肃性。①宣布处分决定要及时。对照党纪处分决定应在作出后一个月内宣布的规定，虽然法律对政务处分宣布没有规定明确时限，但也有"及时"的要求，如果同时给予党纪政务处分的，一般应一并宣布，如果只有政务处分的，也宜参照党纪处分在一个月内宣布。②送达要及时。处分决定作出后，应及时送达受处分人所在单位、组织人事部门等，以便有关单位和组织及时掌握情况、归入人事档案，并在一个月内办理职务、工资以及其他有关待遇的变更手续，特殊情况下不得超过六个月。③报告要及时。执行处分决定的机关或者受处分公职人员所在单位，应当在六个月内将处分决定的执行情况向作出或者批准处分决定的机关报告；另外，有关纪委监委应按规定每个季度将处分决定宣布情况向同级党委报告，确保党委及时掌握处分决定宣布情况，了解受处分人思想动态。④涉案款物处理要及时。涉案款物的处理意见报经本级纪委常委会讨论决定后，案件审理部门应当及时以书面形式通知案件承办部门，案件承办部门应当商机关财务（保管）部门于收到通知后60日内执行完毕。

3. 注重政务处分制度的全面性。处分决定执行具体事项与个案密切相关，尤其是被给予党纪政务重处分的公职人员，需要执行的内容往往比较多，执行过程中应全面统筹考虑。①处分决定送达要全面。既要送达受处分人，也要送达受处分人所在单位（党组织）以及有关组织人事部门，有的还需要送达主管单位，对人大代表、政协委员给予处分的，还要向有关人大常委会、政协常委会通报。②处分决定宣布要全面。处分决定要向受处分人宣布，并对其进行思想教育。党纪处分要向受处分人所在基层党组织宣布，是领导班子成员的还应当向其所在党组织领导班子宣布；政务处分需在一定范围内宣布，是党员的可参照党纪处分，在所在基层党组织宣布；不是党员的，可以在所在部门宣布；是领导班子成员的，也应在领导班子会上宣布。③相关待遇调整要全面。应督促有关单位及时办理职务、工资及其他有关待遇等相应变更手续；处分影响年度考核、奖金发放等其他待遇的，还应在相关工作完成后，督促有关单位及时报送结果，并可通过处分决定执行检查等形式，检查相关待遇是否按规定执行。

4. 注重政务处分制度的延伸性。"惩前毖后、治病救人"是监察工作的重要原则之一，处理职务违法的公职人员，应当实行惩戒与教育相结合，做到宽严相济，切实做好处分"后半篇文章"。①发挥好处分决定警示教育作用。向受处分人宣布处分决定时，宣布人员要着正装、佩戴党徽，受处分人面对党旗、国旗，宣布人员和受处分人都起立，确保处分决定宣布的严肃性，增强受处分人对处分的敬畏之心；宣布处分决定后，还要与受处分人谈心谈话，进行思想教育。②将处分决定"一张纸"变成警示教育"一堂课"。到受处分人所在单位宣布处分决定时，受处分人应在会上作自我检讨，班子成员和普通党员代表分别表态发言，有关派驻监察组或监督检查部门要结合案情进行教育提醒，努力实现"处分一个人教育一群人"的效果。③对受处分人开展教育帮扶。明确所在单位党组织对受处分人教育帮扶的主体责任，努力使受处分人放下包袱、真诚悔过，重振精神开展工作；还可以通过跟踪回访等形式，检查教育帮扶成效。

《政务处分法》实施时间不长，根据一些调研情况，发现存在如下问题：

1. 政务处分运用不足。《监察法》拓宽了监察对象范围，将事实上行使公权力的参公管理人员、授权和委托管理公共事务人员、国有企业管理人员、基层群众性自治组织中从事管理的人员等纳入其中。从理论上讲，监察对象大幅增加后，对监察对象的政务处分也会相应增加，但从工作实践来看，监察对象范围的扩大并未当然带来政务处分数量的增加。

2. 职务违法案件处理较少。调研发现，政务处分案件大多集中在贪污贿赂、滥用职权、玩忽职守等常见罪名的违法犯罪，而对于重大责任事故犯罪和公职人员在行使公权力过程中产生的其他新型犯罪处置则较少。同时，因涉及职务违法而尚未构成犯罪的，被政务处分也很少见，一定程度上出现了政务处分权力的"虚置"现象。

3. 监察监督作用发挥不够。监察机关的首要职责是监督，因此既要强化监督意识、发挥监察监督职责，又要及时准确适用政务处分规范、纠偏权力运行。调研发现，一些基层监察机关特别是派驻监察机构对"监督的再监督"的职能定位把握不准确，片面认为"再监督"就是时间上的"再"、是事后监督，没有充分理解"再监督"主要是监督性质上的"再"、是针对行政执法监督等公权力行使的再监督，因此满足于出了问题后的"事后监督"，没有真正围绕权力运行的流程和关键环节主动强化事前、事中"嵌入式"监督，监察监督的职能作用尚未得到充分发挥。

分析认为，上述问题的出现可能存在以下原因：

1. 运用政务处分的主动意识问题。作为监察体制改革的重要成果，纪检监察机关既承接党纪的监督要求又具有调查处置功能，其综合性特点对执行者提出较高的业务素质要求。实际工作中，对于党员监察对象存在的轻微违纪违法行为，可以单独给予党纪处分，也可以单独给予政务处分，二者选一即可。由于追究党员党纪责任的依据主要是纪律处分条例，而政务处分的依据却散见于多项法律法规，致使一些纪检监察干部在运用过程中容易产生路径依赖，往往倾向于选择给予党纪处理而非政务处分。

2. 监察机关对政务处分依据的掌握问题。相较于因党员身份而予以党纪评价不同，《政务处分法》主要是围绕公职人员公权力的行使而给予的法律评价，因此，公职人员履行法定职责情况就成了政务处分的主要事实依据，而公权力的行使标准又有不同法律予以规定。调研发现，监察机关实施政务处分的依据主要适用于《监察法》《公务员法》《检察官法》《法官法》《行政机关公务员处分条例》《事业单位工作人员处分暂行规定》等多项法律法规，基层运用时经常出现引用不规范、适用不准确等问题，影响政务处分效果。当前，在基层现实操作中，业务把握不够全面、精准仍然是制约监督有效性的难点之一。

3. 对相关单位和部门授权问题。深化纪检监察体制改革的目的，是通过纪律监督、监察监督、巡视监督、派驻监督"四个全覆盖"，构建起更加权威高效的权力监督格局，其中重中之重是配置好相应的监督、调查和处置权力，从而真正实现对行使公权机构和人员的监督全覆盖。《监察法》和《政务处分法》对监察对象规定得相对具体，但基层监察机构由于缺少必要授权，监督措施往往很难明确。如某市乡镇、开发区、园区、国有企业和高校等单位拥有大量行使公权力的公职人员，但目前监察授权不充分，导致对这部分公职人员监督乏力。

针对政务处分实施中出现的问题及原因分析，从操作性层面提出如下对策建议：

1. 以担当精神增强适用政务处分的主动性。深入学习贯彻落实习近平新时代中国特色社会主义思想，增强"四个意识"，坚定"四个自信"，做到"两个维护"，从讲政治的高度充分认识实现监察监督全覆盖的重要意义，以勇担当的精神忠诚履行宪法、法律赋予的职责，增强运用政务处分强化监察监督的主动性和自觉性。要通过"导师带教""岗位练兵""实战演练"等形式多样的培训教育活动，不断提高适用政务处分的专业化水平，实现政务处分的"应处尽处"。

2. 以纪法衔接提高适用政务处分的贯通性。全面履行纪检、监察两项职能，协调好党的纪律与国家法律之间的关系，认真执行法律法规，严格依法行使监察权，实现执纪执法贯通、有效衔接司法。严格执行监督执纪工作规则，对党员监察对象存在的违纪违法行为，实行党纪政务"双立案"，贯通运用监督执纪"四种形态"，视情况给予党纪、政务"双处分"，有效维护党纪国法的尊严和权威。

3. 以精通业务实现适用政务处分的规范性。建立包含各方面业务骨干和专家学者的培训导师库，围绕典型案例以案释法，分析政务处分构成要件与适用情形，帮助纪检监察干部学懂弄通党纪、监察性法律和刑事法律之间的关系，确保依法依规、准确大胆适用政务处分。各级派驻纪检监察机构要围绕驻在部门职权，梳理出可能涉及政务处分的监察监督重点领域和关键环节，实现精准监督。

4. 以探索创新实现政务处分适用的覆盖面。探索实践乡镇派出监察员模式，由县级监委派出监察员办公室，负责相关乡镇（街道）的监察工作并予以规范，着力解决乡镇监察全覆盖问题。针对部分开发区、园区、国有企业及高校等单位纪检机构暂时没有获得监察权授权的问题，大胆探索创新，尽快实现监察监督的必要授权，实现对所有行使公权力公职人员的监察监督全覆盖，为政务处分制度全面实施打下坚实基础。

第十二讲　古代御史制度的发展和创造性转化

西北政法大学纪检监察学院讲师　张　泽

中国古代御史制度是御史制度的重要构成部分，经过长期的演变，中国古代御史制度形成了监察机构独立化、御史选拔制度化、监察方式多样化、御史制度法律化等特点。它不仅在法律法令的实施、维护其统一，纠举不法官员、保持官员的廉洁性，维护统治秩序、保证国家机器的正常运转等方面，发挥了重要的积极作用，而且也为后世积累了丰富的文化遗产和可以借鉴的宝贵经验。

中国古代的御史法制的历史发展，基本可以分为处于形成阶段的战国、秦汉时期，发展阶段的三国两晋南北朝、隋唐时期，以及完备阶段的宋、元、明、清时期。

一、上古至秦汉时期的御史制度

我国古代御史制度起源于原始社会晚期，历经夏商周三代、春秋、战国时期，形成于秦汉时期，这些时期的监督实践对古代御史制度的发展和完备具有深远影响。

（一）战国时期以前

早在原始社会晚期就出现了对氏族权力机构的民主性监督，如部落首领在"明台"和"衢室"采纳民意，氏族成员通过"告善之旌"和"谏鼓"向部落首领提出批评意见。部落首领通过巡守对下级进行纠察性监督。夏商周时期，虽然没有专门的监察机关和成文法，但随着国家权力分化程度加强，权力监督形式也朝着制度化方向发展。夏朝已设有监察之官"啬夫"，"吏啬夫谓检束群吏之官"[1]，"人啬夫谓检束百姓之官"。殷墟发现的甲骨卜辞中已有"北御史"、"朕御史"的记载，西周时期则正式出现了"御史"官称。御史既有记录史实的职能，也有监察百官的职能。

春秋战国时期，百家争鸣中监察思想也随之发展，尤其是法家的监察思想。法家一方面认识到君主统治依赖于官吏的辅助，另一方面又认为君主应当依靠"术""法"监察官吏，认为"明主治吏而不治民"[2]。随着君主专制制度的初步形成，政治法律制度发生了重大改革。官僚制度取代了世卿制度，作为治官之官的御史已主要执掌监察职能，以适应对官僚系统的监督。监察法的渊源也由以国王发布的诰、命、训、誓为主向着成文法过渡。例如齐威王任用邹忌为相制定了《七法》以督奸吏。魏国李悝在《法经》《杂律》中列举的假借不廉、逾制等职官犯罪的规定，为监督官吏行为、惩治职官犯罪提供了法律依据。

（二）秦代

秦灭六国，建立起了统一的中央集权王朝。秦王朝设置御史府作为专门的中央监督机构。御史大夫为最高长官，负责统率全部监察官员的纠举和弹劾。御史大夫以下，设御史中丞和御史丞，直接辅助御史大夫行监察之责。秦灭六国，统一天下以后，六国的残余势力，仍是不安定的因素，因此御史制度建设的重点在郡。郡设监察官郡御史，以实施对地方的监察，这些监郡御史被称为监御史、监察史或"监"。由此可见，秦王朝已经建立了一个从御史大夫到御史，从中央到地方较为独立、严密的监察体系。

秦也设置了谏议官员，包括谏大夫和给事中，专掌规谏。此时还没有专门的谏议机构。《云梦秦简》的出土证明了秦监察法的发展状况。《法律答问》记载："啬夫不以官为事，以奸为事，论可（何）（也）？当（迁）。（迁）者妻当包不当？不当包。"《为吏之道》强调了"吏之五善"和"吏有

---

〔1〕《管子》卷三十，君臣篇。
〔2〕《韩非子》卷三十五，外储说右下。

五失"，这些标准为御史等官员实施检查提供了法律准绳。秦虽未制订专门的监察法典，但有关察吏的规定已成为秦律的重要部分，显示了秦代监察法制的精神。

（三）汉代

汉承秦制，两汉时期在中央由御史台行使监察权，并且形成了地方监察官的刺史制度。汉代学者相继论证监察思想的重要性，如董仲舒、班固、仲长统、王符等。他们监察思想的要点是：官吏是治国之要，察吏是治国之本。王符认为"是故民之所以不乱者，上有吏；吏之所以无奸者，官有法；法之所以顺行者，国有君也；君之所以位尊者，身有义也。义者，君之政也，法者，君之命也。"[1]这不仅论证了官吏对于国家施政的重要性，更强调以法治吏的价值。

在中央，监察机关名为御史府，又称为"宪台"。御史大夫是最高长官，其下有御史中丞和御史丞。御史大夫在两汉是时废时置的职位，西汉末期，御史大夫更名为大司空，与丞相、大司马并为三公。东汉将大司空改为司空，东汉末年复置御史大夫，但此时御史大夫已经不再行使监察职能，由御史中丞承担。御史中丞本为宫掖近臣，后因作为实际最高监察长官而搬出宫外置署办公，称为"御史台"，古代相对独立的专门监察机关正式出现。

在地方，汉武帝时期建立了刺史制度，由固定的十三部刺史监察地方，刺史隶属于御史台，专司监察。除了专门的监察官员以外，行政机关中还有谏大夫、丞相司直、司隶校尉等作为御史台以外的监察官员。

汉惠帝三年（公元前192年）制定了第一个专门性的地方监察法规《监御史九条》，内容涉及行政、司法、吏治等方面。随后汉武帝在此基础上制定了《刺史六条》，也称六条问事，具体为："一条，强宗豪右田宅逾制，以强凌弱，以众暴寡；二条，二千石不奉诏书遵承典制，倍公向私，旁诏守利，侵渔百姓，聚敛为奸；三条，二千石不恤疑狱，风厉杀人，怒则任刑，喜则淫赏，烦扰苛暴，剥截黎元，为百姓所疾，山崩石裂，妖祥讹言；四条，二

---

[1]（汉）王符：《潜夫论》卷五，哀制篇。

千石选署不平，苟阿所爱，蔽贤宠顽；五条，二千石子弟恃怙荣势，请托所监；六条，二千石违公下比，阿附豪强，通行货赂，割损政令也。"[1]"六条问事"是地方御史制度法律化的重要成果，是全国性的地方监察法规。虽然部刺史不过是六百石的低级官员，但可以监察、奏弹二千石的地方长吏与王侯，这种以下察上，以卑督尊的规定，也是我国古代监察法的特点之一。

二、魏晋至隋唐时期的御史制度

魏晋南北朝时期，伴随着社会动荡和王朝频繁更替，御史制度也随之发生较大变化。隋文帝将御史台自宫禁移于外廷，进一步明确了御史台作为国家监察机构的性质。有唐一代，中国古代社会进入繁荣时期，御史制度亦臻于完备。

（一）魏晋南北朝时期

魏晋南北朝时期，各政权分裂割据，连年征战，御史制度的作用有限。不过，由于门阀氏族操纵朝政，皇权与门阀的权力平衡与制约的需要成了监察体制发展的动因。朝代更迭，战乱纷繁，魏晋南北朝时期监察机构不完善，监察机关名称和职能变动不定。这个时期的监察法制呈现两个特点：御史监察机构的独立化和言谏组织的系统化。

曹魏时期，御史台脱离少府直接受命于皇帝。御史中丞的权力和地位不断提高。御史被允许"风闻奏事"，即可以根据道听途说的传闻来参奏。至东晋，废除司隶校尉，监察机构初步统一。至南朝，谏官系统不断规范化系统化，谏官独立行使职权，建立了负责规谏的集书省。南北朝时期在地方监察的刺史制度之下又发展了"典签"制度，典签本是一官职名，是刺史的属官，由朝廷派典签到地方去监督刺史和宗室成员。在南北朝后期，典签的权力再度被削弱。这个时期的监察立法的成就有晋朝的《察长吏八条》、西魏的《六条诏书》和北周的《诏制九条》，其中《六条诏书》的内容是：一修身心，

---

[1]　（汉）班固：《汉书》卷十九，百官公卿表。

二敦教化，三尽地利，四擢贤良，五恤狱讼，六均赋役，这也是考核被监察官员的标准。

（二）隋唐时期

隋朝实行三省六部制，重新将御史台设置为中央监察机关，可以弹劾百官甚至皇子。御史大夫为御史台首长。司隶台是专事地方监察的机构，负责监察地方官员并考核政绩。隋朝将三省中的门下省设为谏议机关，掌管政令和封驳。

在御史制度和监察法的沿革历史中，唐代是具有重要意义的一个时期。唐代沿用隋制，御史台是唐代中央最高监察机关，长官是御史大夫，掌管法制、礼仪和风纪。御史台下设三院：台院、殿院和察院。台院是御史台的代表，除了监察职能还负责部分案件的审理。殿院执掌朝廷供奉礼仪，巡察京城不法之事，察院主要负责监察地方官吏、监决囚徒。三院各有分工、互相交叉、互相配合，组成了一个严密的脱离了国家行政机构的独立的监察系统。

唐代中央监察机构除了御史台系统，还包括谏官系统。谏官系统在唐代亦趋于完备，形成了台谏并立的格局。唐朝谏官包括分属门下、中书两省的左右散骑常侍、左右谏议大夫、左右补缺、左右拾遗，负责对皇帝的进谏与监察。唐代谏官拥有封驳和言谏两大权力。封驳是指门下省将复审中书省草拟的诏书，可以将原诏书退回中书省重拟。言谏则是规谏讽喻，直言朝廷过失，唐代统治者大多重视言谏、鼓励言谏，甚至出现了以皇帝诏敕确认谏官职责与言谏制度的言谏法，保证谏官独立，定期言谏并入阁议事。

唐代的地方监察体制由御史和使臣两大系统组成。御史系统由皇帝控制，负责巡按州县、监察地方。使臣系统采用道察形式，唐代全国划为十个监察区，为"十道"，唐中宗时期"凡十道巡按，以判官二人为佐，务繁则有支使"[1]，标志着唐代十道巡察体制的成立。安史之乱后为解决财政危机，增设度支转运使、出使郎官、巡院等作为地方监察的补充。

唐代的监察专门立法有《监察六法》，在汉代《刺史六条》的基础上扩

---

[1]（宋）欧阳修：《新唐书》卷四十八，百官篇。

大了监察对象的范围，主要目的是规范按察使的职责，内容是："其一，察官人善恶；其二，察户口流散，籍帐隐没，赋役不均；其三，察农桑不勤，仓库减耗；其四，察妖滑盗贼，不事生业，为私蠹害；其五，察德行孝悌，茂才异等，藏器晦迹，应时用者；其六，察黠吏豪宗兼并纵暴，贫弱冤苦不能自申者。"[1] 唐代将稳定的《监察六法》与临时性的皇帝制诏结合，形成了较为严密的地方监察体系。对于维持地方吏治以及推动地方政务，起了积极作用。此外，《唐律疏议》《唐六典》对监察机构的设置、职掌以及监察官的活动等作了明确具体的法律规定，使古代御史制度进一步规范化、法制化，对后世产生了深远影响。

三、宋代至清代的御史制度

宋元明清时期是我国古代社会发展到后期的重要历史阶段。伴随着皇权的强化，监察机构的职能随之加强，部署亦越来越严密，古代社会的监察体制发展到完备的程度。

（一）两宋时期

宋代的御史和谏官制度逐渐有合二为一的趋势，宋代统治者重视对监察机构的监督，各路监司不仅接受台谏监察，还要受到监司之间的互相监察。同时出台了一系列监察法规，保障监察程序，重视司法监察，严申监司的法定责任。

就中央监察机构而言，御史台是最高中央监察机关，御史大夫为长官，但没有实任。御史中丞是实际长官。御史台下分设台院、殿院、察院，台院设置侍御史，殿院设置殿中侍御史，察院设置监察御史。御史台的职能是监察和弹劾百官，规谏皇帝和参与朝政，审理重大案件等等。

宋代的言谏系统分为言谏和封驳两大独立部门。谏官机构开始从中书省和门下省独立出来，设谏院，谏院下设登闻鼓院和登闻检院。封驳制度由宋

---

[1]（宋）欧阳修：《新唐书》卷四十八，百官篇。

太宗设立，在北宋后期由门下后省和中书后省掌领。主要职责在于监督朝廷司法、财政、人事决策，也负有规劝谏言、参议朝政、奏劾百官的职能，总体而言，宋代扩大了言谏系统的职责和权力，甚至宰相和各个职能部门也受到言谏系统的制约。由此可见，宋代的监察体制一大改变是有"台谏合一"的趋势，御史和谏官系统互相渗透，既允许御史谏言，也允许谏官弹劾。

就地方监察机构而言，宋代建立了监司组成的地方监察体制，监司包括转运司、提点刑狱司、提举常平司。监司负责地方的专门政务，并具有监察地方官的职责，例如提点刑狱司负责察访地方刑狱、审问囚徒，以及纠举监察违法官吏。此外，宋代还设置了走马承受公事和通判分别负责地方的军民监察。走马承受公事负责监察军队和封疆大臣的行动，收集边境军事情报。通判有"监州"之称，监察州县官吏，参预州郡的财政管理和官吏选任，参预审理州郡的刑狱案件。

宋代的监察立法在吸收和借鉴前代立法的基础上，进行了较为广泛的立法活动。《诸路监司互监法》是为了地方监察官的相互制约而制定的，弥补了对地方监察官本身监督的不足，是中国古代监察法制的创举。除此之外，还有北宋时期将御史台有关的敕令格式编制成专门法规的《御史台仪制》。南宋时期的《庆元条法事类》也有地方监司必须如期巡察，不得贪污受贿的专门规定。

（二）元代

元代统治者重视监察机关的职能，提高其地位，扩大其组织，形成了涵盖中央与地方的监察网络，丰富了监察立法。

就中央监察机构而言，元代的御史台与中书省、枢密院三足鼎立，彼此独立。元世祖将御史台视为治疗"左手"中书省与"右手"枢密院的医生，将中书省与枢密院纳入御史台的监督范围。元代统治者提高了御史台长官的品级，使御史台摆脱了宰相的控制，并且整合御史台内部组织机构。元代不再设谏院，御史兼有谏官职责，至此"台谏合一"的体制已经完全形成。

就地方监察机构而言，元代在地方仿行省制设置了行御史台，主要有江南诸道行御史台和陕西诸道行御史台，设置行御史台也是为了镇压反元斗争，巩固中央集权。行御史台在设官、职责、地位方面几乎与中央御史台相同，具有较独立的地位和权力。行御史台以下，设置肃政廉访司作为地方常设监察机构，以纠察百官为职，负责纠弹地方官吏，同时兼理录囚等司法监察和科举考试监察。由此，元朝建立了从中央到地方严密的监察体系。

元朝的监察立法与宋代散见的诏、敕、令形式有所不同，多以宪纲条例的形式出现，有集中化、专门化的特点。主要监察法规有《设立宪台格例》和《行台体察等例》。《设立宪台格例》规定了御史台行使监察权的依据，包括宪纲和条例两部分，宪纲规定了御史台的职权范围和地位，条例包括以纠察、体究、纠劾和罚则等方式，监察范围包括行政、财政、司法、军事等方面。《行台体察等例》规范了行御史台的职权、责任与活动方式。

（三）明代

明代御史制度进一步深化，加之明太祖对吏治的重视，在总结前代御史制度构建经验的基础上，明代构建了一套从中央到地方严密的监察法网。

在中央，明代撤销御史台，改立都察院为最高检察机关，最高长官称为都御史。都察院专劾百官，辨明冤枉及不公。都察院下设十三道监察御史，分别负责巡察各道，所巡察的事项十分广泛。明代在留都南京也保留这一整套中央机构，包括南京监察院，不过职权范围、地位都低于北京的中央都察院。明代中央监察体制中，六科给事中与都察院共同承担监察职能。所谓六科，是指吏科、户科、礼科、兵科、刑科、工科。给事中对减少政治决策失误、正确执法、司法起到重要作用。六科总司职掌封驳权和言谏权，可以封还皇帝敕令驳正臣下奏章、在朝会上纳言直谏，与御史职能相当。

在地方，明代御史制度包括总督巡抚、提刑按察使司、巡按御史三套体系。总督巡抚是从前代都御史出巡发展而来的，是皇帝派出的特使。明代督抚职权起初以监察为主，后来演变为地方长官。总督与巡抚的区别在于巡抚限于一省或省内地方，不涉军务，而总督兼管军事，所辖通常超过一省之地。明代在每省设提刑按察使司兼掌司法与监察。隶属于都察院的监察御史可以巡按地方，分为专差和按差两类。前者职权包括到地方上清军、巡盐、巡茶马、巡漕、监军等，后者即为巡按御史，负责纠劾地方官员、审理讼狱、督查仓库户口。

明代的监察立法的法典化趋势加强，主要的监察立法有《宪纲条例》、六科监察法规、南京都察院事例和《抚按通例》。《宪纲条例》制定于明太祖洪武年间，是明代最早的监察立法。具体内容包括：明确都察院、监察御史和按察分司的职责重要性，对监察官犯罪从重处理。《宪纲条例》规定了监察机关内部的监察纠察体制，确定了监察案件的受理机关，还规定了对按察司官处理认为有冤枉者，可以到巡按御史申诉。都察院不予审理可击登闻鼓陈诉。六科监察法规包括六科通章和各科法规，相当于总则与分则。六科通章共34条，吏、户、礼、兵、刑、工科法规分别有20条、25条、16条、35条、13条、18条，对六科给事中的职责、权力做出详细规定。南京都察院事例是适用于南京各衙门的地方监察法规，内容比中央都察院的法规简单，只有28条。嘉靖年间颁行的《抚按通例》以协调巡抚与巡按御史的关系为目的，规范督抚行使监察职权，强调监察官员自身廉洁清正的重要性。

（四）清代

清代传承和发展了古代传统监察思想和监察立法成果，形成了科道合一、网络密集的御史制度。

在中央，清代以都察院为中央监察机构，以左都御史为最高长官。都察院下设六科、各道、五城察院、宗室御史处、稽查内务府御史处等。其中六科是都察院为六部实行监察所设的。六科的职责原本包括封驳，但由于清代密折制度或由军机处"廷寄"，或有内阁抄，六科不能参与，所以封驳权已经消失。

在地方，清代按行省划分设立了十五道监察地方，各道监察御史人数不一。除此之外，还采用多种方式加强地方监察。地方监察机构有四类：一是各省总督，掌管一地区的文武、军民，监察地方文武官吏和学政。二是各省巡抚，监察本地方政务，多兼兵部侍郎衔。三是各省按察使司，在掌刑名案件以外还负责按劾官吏。四是各省道员，包括布政使左右参政、参议，以及按察使副使，兼有地方监察的职权。

清代的监察立法十分完备，形成了以《钦定台规》为主，配套部院和其他立法，加之省例及其他规章为地方法规的完整体系。《钦定台规》是我国监察法制史上第一部以皇帝名义颁布的、最完整、最系统的监察法典，由训典、宪纲、六科、各道、五城、稽查、巡察、通则八部分组成，是关于监察机关性质、地位、职能、任务、程序、监察官选任、考核等系统性极强的法典。《都察院则例》内容涉及行政、立法、人事、司法、治安监察等多方面，乾隆三十九年（1774年），《都察院则例》因为与《钦定台规》并存而不再续修，丧失了实际效力。

除此之外，《钦定大清律例》和《大清会典》以及《六部现行则例》《钦定六部处分则例》中都散见御史制度的具体规定。除了综合性监察法规以外，清代还制定了不少针对特定事项或对象的专门性监察法规，如针对满洲官员的《满官京察则例》、针对巡按御史制度的《巡方事宜》、对科举考试考官职责做出规定的《科场条例》，以及针对职官犯罪的《侵贪犯员罪名》《职官犯罪脱逃治罪例》的专门监察法规。

四、御史制度在近代的创造性转化

（一）北洋政府时期

辛亥革命后，袁世凯就任民国大总统。北洋军阀执政时期，采用大陆法系的传统，将立法与司法分离，行政诉讼与民刑诉讼分开。北洋政府时期的监察机构为袁世凯当政时所设的平政院，负责审理行政官员的违法不正行为，处理行政诉讼以及纠弹事件。平政院的建立深受大革命后法国行政诉讼体制的影响，平政院具有审理纠弹事件的权力，与传统的都察院在职能方面有相似之处。平政院下设肃政厅，肃政厅可以处理直呈大总统的纠弹案，也可以处理提交平政院的诉讼案件。除此之外，审计院、大理寺也发挥了监察职能，如审计院通过稽查核实、审查决算监督全国财政，大理寺承担了司法监察的职能。

北洋政府时期的监察立法有1914年的《平政院编制令》《纠弹法》以及《文官惩戒委员会编制令》等，这些监察立法尽管形式上规定了监察机关的权力、职能、程序等内容，但并没有起到很好的法律效果。究其原因，北洋政府陷入长期权力纷争，政局动荡使得转型时期法律制度难以有效实施，当权者对"权力应当受到制约和监督"理念的接受程度也是监察制度成败的关键。北洋政府创设行使监察权的专门机构，发展了古代御史制度的固有传统，而行政诉讼独立的原则又源自大陆法系的制度。因此，北洋政府时期的监察制度是中西监察制度结合的产物。[1]

（二）广州国民政府时期

1925 年，广州国民政府成立。根据国民党第一届中央全会第十四次会议通过的《国民政府组织大纲》中设置监察院的规定，监察院将作为独立的监察机关监督国民政府行政、司法机关的官吏。同年 9 月，《修正国民政府监察院组织法》规定监察院的职权包括：调查质疑权、纠弹官吏权、逮捕权、行政诉讼受理权、侦查权、审计权等。监察院有主席一人，监察委员五人，院务会议决定全院事务。监察院下设五局一科，五局分别主管总务及吏治、训练和审计、邮件及运输、税务及货币、稽查及检查，一科为宣传科。

1926 年，广州国民政府设立了惩吏院，隶属于国民党中央执行委员会，在国民党的监督、指导及国民政府的命令下，对失职违法的官吏进行惩治。同年 5 月，撤销惩吏院，改设审政院，至 1926 年年底，撤销审政院，将惩治官吏的职权合并于监察院。

广州国民政府颁布了一系列监察法规，如《国民政府监察院组织法》《惩治官吏法》《审计法及审计法实施细则》。《惩治官吏法》的颁布标志着广州国民政府在形式上建立了较为完整的管理惩治制度。首先，凡是违背誓词或失职的官吏必须付诸惩戒，具体方式有六种：褫职、降等、减俸、停职、记过和申诫。其次规定了对官吏的惩戒程序。一种是监察院声明其事由，连同证据交送惩吏院；另一种是应受记过、申诫的官吏不经惩吏院，直接由国民政府或该主管官员执行。

概言之，广州国民政府时期的监察制度和监察法在不到两年的时间里难以发挥应有效用。但孙中山的独立监察理论在这一时期成为现实，也为南京

〔1〕 赵贵龙：《中国历代监察制度》，法律出版社 2010 年版，第 123～127 页。

国民政府的监察制度和监察法打下基础。

（三）南京国民政府

南京国民政府监察制度可以分为"训政"和"宪政"两个时期，从 1927 年南京国民政府成立至 1947 年 12 月为训政时期的监察制度，从 1947 年 12 月 15 日伪宪法实施到国民党当局逃离大陆，为宪政时期的监察制度。监察制度和监察法主要的发展集中于训政时期。

1928 年南京国民政府通过了《训政纲领》和《国民政府组织法》，试行五权宪法的政体，设立了监察院。原拟由蔡元培担任监察院院长，但蔡元培拒绝就任，直到 1931 年 2 月于右任为院长，监察院才算正式成立。监察院的组织机构有：其一，院部。院部由院长、监察委员和监察院各委员会组成。根据监察院各委员会组织法，共设十个委员会：内政委员会、外交委员会、国防委员会、财政委员会、经济委员会、教育委员会、交通委员会、司法委员会、边政委员会、侨政委员会，由监察委员担任。其二，监察行署。监察院将全国分区设监察院监察委员行署，作为地方检察机关。监察行署职权与中央监察委员相同，各行署的监察委员应当随时向监察院报告该地区的情况。其三，审计部。负责全国审计业务。设审计长一人，由总统提名，立法院通过并任命。审计部在各省及直辖市设审计处，负责该省市内中央及地方各机关的审计事务。其四，惩戒机关。训政时期在监察院下设的机构中，有国民党中央党部监察委员会、政务官惩戒委员会、中央和地方公务员惩戒委员会、军事长官惩戒委员会，均为官员惩戒机关。在"行宪"后，公务员惩戒改由司法院管辖。

监察院的职权非常广泛，包括弹劾权、纠举权、纠正权、同意权、审计权、调查权、监试权七项。其中弹劾权在监察职权中居于首要位置，是由古代御史的监察权与欧美国会的弹劾权结合而来的。监察院弹劾的对象包括：总统、副总统、中央及地方公务人员、法院及考试院人员。不能弹劾的对象有国民大会代表、立法委员、监察委员等。提出弹劾有违法和失职两项事由。《中华民国宪法》等对弹劾权的行使规定了一套严格细致的程序。

1947 年国民党的伪宪法宣布结束训政时期，但此时国民党政府已经风雨飘摇，"行宪"对训政时期监察体制和监察法做了较小调整，增设监察院委员会，将全国监察区增加到 17 个等。随着国民党败退台湾地区，这套监察制度和法律也随之成为历史。

南京国民政府时期的监察制度是"五权宪法"理论的体现，监察院独立于其他权力机关，并且职权范围十分广泛。监察法规也较为完备，监察制度朝着法制化、规范化的方向发展，以弹劾权为主的监察权体系也比较完善。然而，由于国民党的专制以致监察院有名无实，监察权与惩戒权难以有效衔接，监察院缺乏外部监督，一旦监察权的行使有损最高统治者的利益，则以党权和行政权横加干预，使得监察制度设计的初衷落空。

结语

综上所述，中国古代御史的职掌不断地扩大，权威性不断地提高，以至于走向"泛监察主义"，对于发挥官僚机构的职能、提高官员的素质、贯彻法令。御史巡按地方的制度，对拱卫中央集权制起着一定的积极作用，将监察的职掌落到实处，为近现代广泛运用的巡视制度奠定了基础。御史负有督率百僚、纠弹非违的职责，其选任极为严格，大体上，历朝要求御史首先具有清正刚直、疾恶如仇的品格；其次具备优秀的工作能力，非科举正途出身，不得任用，而且考选合格后还须经过试职才得实授；再次，须有地方实际工作经验。而御史的官品和待遇并不比普通官员高，所谓"位卑而权重""以小察大"，历史上出现了很多名垂青史的御史。

中国古代监察职能十分广泛，监察内容十分繁杂，涉及立法、行政、司法、军事、文化、教育、人事、风俗、教化等各个领域，但是其重点十分明确，锋芒指向十分清楚，就是对皇权构成直接危害或威胁的行为和思想。中国古代社会基本的政治形态是中央集权下的君主专制，民众是国家监督体系的客体而非主体，御史代表君主而不代表民众监察官吏。在政与治的体系中，民众被排除在君臣利益之外，并没有直接参与到国家治理中，只有在出现冤抑时呼唤"青天大老爷"或"明君"出面解决其诉求，但这样的呼唤在历史上被响应的次数寥寥无几。即便被响应，也依靠的是个别御史或君主依靠突出的个人能力和人格魅力，甚至不惜违背当时的规则体系而作出的法外施恩以期实现不可复制的个案正义。大部分情况下，君主与臣民之间依赖各级官吏完成管理，难以出现真正行之有效的权力制约。一个官吏的升迁降黜主要操纵于上级官僚机构，而与其实际政绩或社会评价之间不存在有效关联。君主专制制度催生了我国特有的御史监察，但是并不能彻底根除腐败。御史的权力依附于君权而存在，不具有独立性，御史只是专制君主安插在官僚体系中的"耳目之司"，其权力的大小往往视专制君主的信任程度和主观好恶而定，这就从根本上制约了其作用的发挥。因此，中国古代御史制度尽管有其值得学习和吸取的经验，但其存在的历史局限性以及制度缺陷也足以为今人之鉴。

第十三讲　廉政文化的理论建设与实践

西北政法大学纪检监察学院副书记、副研究员　李　芳

一、廉政文化的概述

（一）廉政文化的概念

"廉者，政之本也"[1]。根据《中华伦理范畴》分析，"廉的本义与建筑物有关，是指堂屋的侧边，其特点是平直、有棱、敛缩等，后来引申为清廉、正值、俭约、收敛、廉耻等，逐渐成为一个重要的伦理范畴"[2]。"廉"表达人们对待财物的一种正确态度。其基本要求是"不取不义之财，不贪不义之利"，是一种先进的、高级的义利观。"政"是指政治、政权、政府。"廉政"就是在"廉"这种义利观指导下的，行使公共权力的过程。

2010年中央纪委等六部委联合下发《关于加强廉政文化建设的意见》中指出，廉政文化就是"以崇尚廉洁、鄙弃贪腐为价值取向，融价值理念、行为规范和社会风尚为一体，反映人们对廉洁政治和廉洁社会的总体认识、基本理念和精神追求，是社会主义先进文化的重要组成部分"。

廉政文化有广义和狭义之分。广义的廉政文化是指与"廉政"相关的各种物质产品和精神产品的总和，包括物质层面、制度层面、精神层面和行为方式层面等。物质层面包括沉淀和凝练有廉政特性的所有物质实体，如廉政

---

〔1〕《晏子春秋·内篇·杂下》第六。
〔2〕傅永聚主编：《中华伦理范畴丛书》，中国社会科学出版社2006年版，第1页。

教育场所、廉政教育设施、廉政教育景观等，这是廉政文化的外显部分。制度层面是指规范人们廉洁从政的规章制度、法律法规、规范要求、行为准则等，这是廉政文化的主体部分。精神层面是指规范公职人员的从政行为，建立廉洁政治、廉洁政府的各种思想理论和价值体系，如廉政价值理念、廉政伦理、廉政心理、廉政意识形态等。行为方式层面是指人们秉持廉政、廉洁理念而具有的基本行为方式，如工作方式、生活习惯、风俗习惯、言谈举止等。

狭义的廉政文化，以先进的廉政制度为基础，以先进的廉政理论为统领，以先进的廉政思想为核心，以先进的廉政文学艺术为载体，具有深厚的历史渊源、广博的文化知识和丰富的社会实践。[1]我们一般研究大多是以狭义廉政文化作为对象和目标的。

廉政文化必须突出"廉政"二字，廉政文化是指关于廉政的理念、知识、价值、信仰、规范和与之相适应的生活方式、社会评价的总和，是廉洁从政行为在观念和文化上的客观反映，是廉政建设与文化建设相结合、相融合的产物，是中国先进文化的重要组成部分。

廉政文化是政治文化的一个分支，是政治文明和精神文明、廉政建设和文化建设的有机结合。廉政文化从根本上反映了一个阶级、一个政党的执政理念、执政目的和执政方式。廉政文化其主要内涵就是从政的思想和道德、从政的社会文化氛围、从政人员的职业道德和社会公德，其核心是清正廉明。

廉政文化有四个基本范畴：一是廉洁从政的思想道德，作用于执政者的内心世界，形成廉洁从政的文化动力；二是在全社会营造廉洁从政的文化氛围，形成以廉为荣、以贪为耻的社会风尚，用健康向上、追求清廉的文化充实人们的精神世界；三是各职业阶层的从业人员恪守职业道德、爱岗敬业、廉洁自律、奉公守法的职业文化；四是广大人民群众追求公平正义、安定有序、诚信友爱的社会境界。廉政文化是中国特色社会主义先进文化的主要内容，是中华优秀传统文化的重要组成部分。

廉政文化的主要形式有廉政社会生活文化（家庭廉洁文化、校园廉洁文

---

〔1〕 许峰：《廉政文化建设研究》，北京理工大学出版社 2018 年版，第 5 页。

化、机关廉洁文化、社区廉洁文化、农村廉洁文化)、廉政教育基地文化、廉政网络文化、廉政典型文化、廉政艺术文化、廉政评价文化等。

二、廉政文化的特性和特征

(一) 廉政文化的特性

廉政文化着眼于人的本性、需要、生活环境对权力行使的影响，廉政文化作为一种精神现象，本质是以文化人，以廉育人，可以使人保持心地洁净，从而形成崇尚廉洁、鄙弃贪腐的思想观念、价值取向、行为规范和社会风尚。廉政文化以廉政制度和廉政法规为坚实基础，以文化活动和文化作品为主要载体，以党政机关和领导干部为重点对象，以崇尚廉洁和鄙弃贪腐为价值取向，是廉政行为在文化上的反映。

1. 廉政文化属于非正式制度。廉政文化是人们对于腐败或廉洁的基本态度、观念或价值判断，属于非正式制度。因此，廉政文化具有非常正式制度的一些作用，包括对于人们廉洁行为的选择，对于预防腐败正式制度的执行与创新等，具有持久性的影响作用。

2. 廉政文化属于社会公共产品。廉政文化建设是涉及社会公众的事情，是一项覆盖全社会的大工程，廉政文化产品必须由政府或政府委托专门机构来提供。个人或个别组织无法提供廉政文化保障。

3. 廉政文化是廉政建设与文化建设相结合的产物。廉政文化是"廉政"特殊性与"文化"普遍性的有机统一，廉政文化是廉政内容与文化形式的结合。廉政建设需要以文化为载体与表现形式，文化建设应包含廉政内容。廉政文化建设应遵循文化建设的一般规律，也要注意文化自身的渗透性特点，在方式方法上增强说服力、感染力、渗透力，达到潜移默化的熏陶，以德感人、以理服人的效果。

(二) 廉政文化的特征

廉政文化是廉政个性与文化共性的有机统一，其具有以下特征：

1. 构成要素的多样性。廉政文化由理论、价值、规范和心理四个要素所构成。廉政理论是指廉洁从政的思想认识和基本观点。廉政价值是指廉洁从政的社会意义和实际功效。廉政规范是指约束执掌公共权力的组织和个人从政行为的制度、规章和准则。廉政心理是指廉洁从政的认知、情感、态度和信念。

2. 思想内容的先进性。廉政文化以廉政的思想理论为统领，以廉政的制度规范为基础，以廉政的价值取向为核心，以廉政的文化活动和文化作品为载体，是一种具有深厚的历史积淀、广博的发展渊源、丰富的社会内涵和高尚的思想品格的先进文化。

3. 实践要求的针对性。领导干部既是廉政文化建设的主体，又是廉政文化建设的对象；廉政文化建设既需要领导干部广泛参与，又需要领导干部率先垂范，其根本目的在于使掌权者依法行使权力，确保公共权力真正用来为公共利益服务。

4. 传承发展的开放性。紧密结合我国反腐倡廉建设实际，正确处理继承与发展、创新的关系，既坚持古为今用、洋为中用，充分发掘古今中外廉政文化资源，积极借鉴其中的合理成分和有益做法，又着力丰富与市场经济、民主政治、先进文化相适应的廉政文化的时代内涵，是推进中国特色社会主义廉政文化建设的内在要求。

5. 作用方式的渗透性。廉政文化寓教于文、寓教于理、寓教于乐，具有很强的感染力和渗透力，能够创设一种浸染、弥漫在整个组织之中，强烈影响人的道德情感、价值选择、思维方式和行为习惯的廉政氛围，使人们由欣赏而动情，由动情而移性，使思想上得到启迪，情操上得到陶冶，志趣上得到涵育，境界上得到提升。

三、廉政文化的功能

（一）廉政文化的功能

1. 廉政文化功能的概念。功能是指事物或方法所发挥的有利作用、效能。廉政文化属于整个文化系统的组成部分，是一个文化子系统。廉政文化不仅具有文化功能的一般特性及共性，又具有自身独有的特性即个性。廉政文化所表现出来的个性功能，是由其本身的特征决定的。

根据系统论的观点，廉政文化的功能可以表述为：构成廉政文化系统的要素及其内部结构与外部环境的相互作用所呈现的系统行为功效和能力。廉政文化的功能主要有两个层面的含义：一是廉政文化建设的理念价值在理论上有什么用处，即它的应然功能；二是现实中的廉政文化所产生的客观结果是什么，即它的实然功能。廉政文化的应然功能既是廉政文化存在和得以承继的重要依据，也是廉政文化价值取向的具体体现。因此，从应然角度来看，廉政文化的功能首先表现为它的价值功能；而在实然角度上，廉政文化表现为它的政治功能、社会功能和个体功能。

2. 廉政文化功能之间的关系。廉政文化的价值功能、政治功能、社会功能与个体功能之间存在着辩证统一的关系。就价值功能与其他功能而言，价值功能是其他功能的导向和标尺，其他功能的发展受到价值功能的制约，而其他功能的发展也为价值功能提供实践基础和外部条件。就政治功能与社会功能和个体功能而言，政治功能引导着社会功能和个体功能的政治方向，社会功能和个体功能配合政治功能有效发挥作用。对于社会功能与个体功能来说，个体功能是社会功能的基础，社会功能的发挥依赖于个体功能的提升。

3. 廉政文化的功能具有开放性。廉政文化的功能是开放性的，其随着时代的发展而变化。在不同的时代廉政文化有不同的特征，因而它必然发挥着不同的功能和作用。要发挥廉政文化的最大效能，必须适应时代发展的步伐，与经济建设、政治建设、文化建设和社会建设有机结合，及时回答实践向它提出的课题，前瞻性地提供引领社会前进的精神动力，而且因解决新的实践问题而产生新方法、新措施，催生廉政文化产生新的功能。

运动是绝对的，静止是相对的。随着时代的变迁，廉政文化各功能发挥作用的程度也是变化的。比如，过去或当前廉政文化的某些主要功能也可能随时间的迁移而消退，成为次要功能。某些次要特征或功能可能与时而进，成为当前或今后一个时期的主要功能。甚至某些目前尚未被人认识的功能，也将极有可能成为主要或次要的廉政文化功能。

（二）廉政文化的具体功能

廉政文化作为一种社会文化体系，反映了当代先进文化的价值取向。加强社会主义廉政文化建设，对于消除消极腐败文化的影响，形成以廉为荣、以贪为耻的社会文化氛围，建设清正廉明、文明和谐的政府和社会具有重要的功能。

1. 价值导向功能。廉政文化所包含的精神理念、价值观、道德准则、行为规范，在社会上广泛传播，以其无形、无声的感染力和渗透力来滋润人们的心灵，使人们在不知不觉中得到感悟和启迪，对人们树立正确的世界观、人生观、价值观具有基础性的价值导向功能。在实践中，廉政文化通过报刊、广播、电视、互联网等大众媒体进行传播和流传，通过群众性廉政文化创建活动，寓廉洁正气于其中，良好的精神理念、价值观、道德准则、行为规范，在社会上被广为传播，为党风廉政建设和反腐败工作营造良好的外部环境。宣传、引导社会大众准确辨识美丑，把握善恶标准，作出正确的判断与选择，对于人们树立正确的世界观、人生观、价值观念具有基础性的舆论导向作用。

2. 生成教化功能。文化的本义就是教化，文化的本质就是"化"人，在于习惯的培养。廉政文化是一种潜在的教育力量，渗透于社会生活的方方面面，影响个体的思想、情感、道德情感等内心世界。在实践中，廉政文化发挥良好的社会价值导向，对个体也具有强大渗透教育作用。即人们自觉不自觉地接受以廉政、廉洁为核心的价值观、世界观、人生观，从而使个体的道德情操、精神追求、思想认识、行为规范得到全面提升，消除、减少消极、腐败文化的影响，筑起拒腐防变的心理防线，形成崇尚廉洁、廉政的思想观念和积极向上的人格精神。

3. 行为规范功能。文化能激励人的思想和行动，也能规范人的思想和行动。廉政文化同样具有规范作用。首先，能从道德上进行规范。使人们的道德行为得以自我约束。其次，能从思想政治上进行规范。廉政文化作为思想政治理论的重要载体之一，以灵活多样的形式传播、灌输思想政治理论，对广大党员干部和人民群众发挥思想政治教育作用。再次，能从制度上进行规范。廉政制度文化中的党纪政纪条规和廉政法规，对党员干部、广大人民群众的行为进行约束，规范，教育人们在思想上筑牢法纪防线。

4. 激励功能。健康向上的文化对人们的情感、意志能够起到鼓舞和促进作用。社会主义廉政文化，通过宣传党风廉政建设和反腐败作斗争涌现出来的先进典型，歌颂、弘扬廉洁精神，矫正人们对腐败的错误认知，端正职业道德态度，强化责任感，树立正确的远大理想。激励人们发挥内心信念的力量，弘扬正气，抵制诱惑，保持廉洁，为实现所追求价值目标而努力。

5. 凝聚功能。廉政文化是一种文化体系，一种廉政价值理念。它能使全体社会大众，尤其是广大党员干部在同一类型和模式的文化氛围中得到教化、培养，从而以相同的价值观念、思维模式、行为方式，在不同层次上把广大党员干部联系起来、聚集起来。使整个党员队伍因同一的文化渊源而形成一种强大的、向心的凝聚力量。

6. 社会监督功能。廉政文化是"廉政"特殊性和"文化"普遍性的有机统一，它利用文化建设的形式、载体、阵地等资源，向社会成员传播廉政、廉洁文化知识，宣传廉政、廉洁精神和文化传统，使社会大众形成廉洁的共识，从而唤起社会成员的监督意识，积极主动地参与到反腐败的斗争中去。廉政文化建设，能够促进人们按照廉政文化所倡导的价值观念、道德标准，价值取向去监督周围人的行为，担负起对公共权力行使与运用的社会监督责任，揭露侵害公共利益与他人利益的行为，自觉同腐败现象作斗争。

7. 实践功能。社会主义廉政文化建设，目的在于弘扬廉政精神、廉政理念，并使其内化为人们的思想意识和行为指导，在实践中能自觉地表现出廉洁从政，廉洁从业的行为。社会主义廉政文化建设，一方面要端正人们对反腐倡廉的认知，培育憎腐崇廉的精神，营造廉政的文化氛围。另一方面，扩大廉政文化的影响力，使社会成员树立"以廉为荣，以贪为耻"的价值理念，使廉洁、廉政文化内含的价值观念、道德操守内化为人们廉洁奉公，诚信守法的意识，使廉政、廉洁"成为人们的一种道德信念、社会责任、文化自觉，具体落实到学习、工作和生活的实践中"。[1]

8. 价值评价功能。社会主义廉政文化内含真假、善恶、美丑的评价标准，具有鲜明的指向性。廉政文化所内含的价值取向、道德标准将逐步被人们所接受，并根植于人们的内心，影响人们的价值评判标准。廉政精神文化可以

---

〔1〕　张国臣：《论社会主义廉洁文化的内涵、特征与功能》，载《郑州大学学报（哲学社会科学版）》2011 年第 5 期。

帮助人们认识和把握事情的真与假，影响人们的判断选择及其行为方式。廉政制度文化可以帮助人们认识自身的法纪意识，评判自己对廉政制度、社会规范的遵守是否自觉和坚定。廉政行为文化可以帮助人们把握善恶标准，引导人们按照廉政文化所倡导的道德标准来评判自己的行为。廉政环境文化可以帮助人们准确辨识美与丑，积极影响和改变人们的思维方式、行为习惯、价值观念和审美趣味，并使之符合廉政、廉洁文化的要求。

四、中国传统廉政文化的主要思想

中华民族有着深厚的廉政文化基础，在漫长的历史发展中形成了独具特色的廉政文化。传统廉政文化则是在长期的社会发展中形成的一种的文化形态，是中国传统文化的重要组成部分。

（一）中国传统廉政文化的形成

廉政文化是一个历史范畴，不同历史时期廉政文化的内涵、形式、功能和作用是不同的。廉政文化是政治文化的一个分支，它以人类进入阶级社会并构建了一定的政治结构为前提。由于廉政文化与特定的政治文化紧密相连，因此，不同民族、不同国家的廉政文化的产生道路是不完全相同的，即使"研究同一国家在不同历史时期的廉政文化也要关注它的特定含义，不能作简单的解释和比附"[1]。

1. 中国传统廉政文化的萌芽。古代廉政文化的萌芽可以追溯到原始社会末期，当时社会生产力极端低下，没有阶级和剥削，人们社会地位平等，氏族和部落首领通过原始民主制选举产生。《礼记·礼运》中记载："大道之行也，天下为公，选贤与能，讲信修睦。故人不独亲其亲，不独子其子"[2]。强调选举的首领要具有为民父母的公仆意识，同时，他们不仅广泛听取民众意见，而且以戒言、铭言律人律己。尧曾有过有"尧戒"："战战栗栗，日慎一日，人

---

〔1〕　龙平川：《礼义廉耻：道德约束的千年风景——历史学家卜宪群说中国古代的廉政文化》，载《检察日报》2014年8月22日，第5版。
〔2〕　《礼记·礼运》。

莫蹶于山，而蹶于垤"[1]。认为继承人必须有极好的德行，必须能经受住各种艰难困苦的考验而不后退，因为日后他是千万臣民的公仆，而不是高压于人上的至尊。禹也提出了"政语"："民无食也，则我弗能使也，功成而不利于民。我弗能劝也"[2]。因而帝尧为政"钦明文思安安，允恭克让，光被四表，格于上下。克明俊德，以亲九族"[3]。可见，文明诞生之初的氏族首领已经注意到了在公共事务管理中对自身素质的要求。以上这些记载反映了古代帝王勤政、节用、爱民、尚贤等思想，可谓中国廉政思想文化的最初萌芽。说明"廉"作为一种朦胧的为政道德活动，已经在原始社会末期出现。

2. 中国传统廉政文化的形成。"廉"作为一种文化意识的觉醒，是在阶级社会产生以后，伴随着私有制的产生及贪贿现象的盛行应运而生的。到了夏、商、周三代，由于阶级矛盾的激化，奴隶主阶级出于维护自己政权的需要，开始陆续提出一些有关敬民、尚俭、倡廉的主张。"三代"王朝的更迭使统治阶级认识到"天命"无常，要保持统治的长久就必须把剥削和压迫控制在一定的范围之内，必须对被统治者的"民"的重要性有深刻的认识。《尚书·虞夏书·五子之歌》里记载："民惟邦本，本固邦宁"。民众是国家的根本，国家的根本稳固了，国家才能安宁。周初统治者吸取夏商灭亡的教训，夺取政权后，为缓和社会矛盾，巩固新的奴隶主专制统治，重视反腐倡廉，开展了我国历史上最早的廉政建设。最为突出的是制定了以"六廉"为内容的官员考核制度。所讲"六廉"：一曰廉善（德行）、二曰廉能（才艺）、三曰廉敬（敬业）、四曰廉正（自守）、五曰廉法（手法）、六曰廉辩（明辨是非）。[4]从这六个方面对官员进行考核，三年一小考，九年一大考，考核的结果作为官员升迁任免的依据。这六廉大体上也构成了古代廉政文化的基本内容，标志着传统廉政文化的形成。

3. 中国传统廉政文化的发展。到了春秋战国时期，伴随着社会大变动和文化大繁荣，廉政文化得到了进一步发展。此时的廉政文化经诸子百家大阐

---

〔1〕《淮南子·人间训》。

〔2〕贾谊：《新书·修政语上》。

〔3〕《尚书·虞夏书》。

〔4〕《论语·宪问》。

发，形成了以"仁政"为核心的为政学说，其中包含着丰富的廉政、勤政、仁政和节俭等多方面的思想。孔子较早地提出了为政者应"修己而安百姓"。[1]"其身正，不令而行"，"不能正其身，如正人何？"孟子也认为"君仁，莫不仁；君义，莫不义；君正，莫不正。一正君而国定矣。""君子之守，修其身而天下平。"[2]

在先秦诸子中，法家的廉政文化思想表现透突出。法家从人性具有贪欲的天性出发，既主张从制度上设官分职，加强监督，防止腐败的产生，也主张从道德的层面对各级官僚进行教育，包括君主。其中法家代表人物韩非子，对贪贿多欲行为给以猛烈抨击，他曾将奸臣为奸的方式总结为八种，作《八奸》之篇，这在中国廉政史上具有非常重要的政治意义。法家的廉政文化思想较之以前具有更强的可操作性。

秦汉时期，中华传统廉政文化的发展主要表现为加强对官吏的治理上。秦汉统治者秉承韩非子"明主治吏不治民"的旨意，强调"吏部廉平则治道衰"，把治吏作为廉政建设的重点。在官吏的选拔、任用、监察、考核、升迁等各个环节都注重廉洁的因素。[3]《秦简·为吏之道》里记载，"凡为吏之道，必清洁正直，廉而勿刖"。重典治吏，严惩腐败是秦汉时期廉政建设的一个重要表现。

秦汉以后，历经魏晋南北朝，到隋唐时期，中国封建社会发展到了鼎盛时期。与此同时，传统廉政文化也发展到了高峰期。尤其是唐朝，把节俭上升到了关乎国运兴衰的高度。科举制度的确立，推动官员选拔制度发生了重大变革，有关反腐倡廉的法律制度达到了高度完备和成熟的程度，对官吏的监察制度也发展到了封建社会的鼎盛时期。

宋元明清时期，传统廉政文化继续发展。总体来看，廉政理论与廉政制度继续发展，但都少有创新。宋元明清时期的思想家和政治家们都在以自己的理解、自己的努力充实和提升中华传统廉政文化的内容、影响和作用。总而言之，从秦朝到前清时期，尚俭思想和廉政制度的不断发展和完善是中国

---

〔1〕《孟子·尽心下》。
〔2〕谭东华：《中华传统廉政文化的当代价值》，载《新视角》2011年第6期。
〔3〕谭东华：《中华传统廉政文化的当代价值》，载《新视角》2011年第6期。

封建时期传统廉政文化发展的主要内容。

（二）中国传统廉政文化的主要思想

中国文化博大精深，蕴藏着丰富的廉政文化内容。几千年来，人民大众在反对腐败斗争中采取了种种斗争形式，封建统治者出于种种考虑也做出过一些清除腐败的尝试，中国历史也是一部正义人士与腐败斗争的反贪史。从上古时代，"大道既隐"，贪人出现，虞舜就告诫官员，要"直而清，简而廉"，一直到孙中山提出"天下为公"思想，中国传统廉政文化内容十分丰富，形成中国自身独特的思想体系和理论体系。

1. 明德修身。古人重视身教，立志从善，克己奉公。《老子》记述："圣人无常心，以百姓之心为心"。意思说执政者不要有自己的欲望，应该以老百姓的意愿作为自己追求的目标。"德，国家之基也。"《礼记·大学》："古之欲明明德于天下者，先治其国；欲治其国者，先齐其家；欲齐其家者，先修其身；欲修其身者，先正其心……""格物、致知、诚意、正心、修身、齐家、治国、平天下"，后世称之为《大学》的"八条目"，其中心环节是修身。修身就是"志于道"和"据于德"，要求为政者重视做人品质和道德情操的培养。墨子认为："君子之道也，贫则见廉，富则见义，生则见爱，死则见哀。"[1]作为君子，要有"廉""义""爱""哀"的品行修养，始终如一。

那么如何修身？一是立志高远。二是好学。三是思、内省和慎独。四是行和习。古人重视树立高远的志向，非常重视学习，重视自我反思，关注行为习惯的养成与训练，要严格要求自己，从点滴小事做起。关于修身方面的论述非常多，我们应好好学习、借鉴。

2. 仁政爱民。儒家非常推崇"仁爱"。孔子说："己欲立而立人，己欲达而达人"；"己所不欲，勿施于人"；孟子"老吾老，以及人之老"；"幼吾幼，以及人之幼"；范仲淹的"先天下之忧而忧，后天下之乐而乐"等都是以民为本、施政爱民，激励后世的至理名言。

古人很早就懂得廉政与爱民的内在联系。儒家强调"民为邦本"。孔子曾

---

[1]《墨子·修身第二》。

明确提倡"得众",主张"修己以安百姓",要求对百姓的"食、丧、祭"等基本生活问题予以关心。孟子民本思想更系统,他曾明确提出:"民为贵,社稷次之,君为轻。"[1] 荀子的民本思想更为独特,他说:"君者舟也,民者水也;水则载舟,水则覆舟"。[2] 彰显"舟水"关系,这也是"得民心者得天下,失民心者失天下"。

3. 奉公尚忠。儒家倡导奉公尚忠,在忠与奸问题上提倡立忠废奸。《礼记·礼运篇》说:"大道之行也,天下为公,选贤与能,讲信修睦。故人不独亲其亲,不独子其子;使老有所终,壮有所用,幼有所长,鳏、寡、独、废、疾者皆有所养……是谓大同"。"天下为公",贵在一个"公"字,其旨意在于提倡以公战胜私欲,强调人们对社会、国家、民族的义务。儒家又非常注重"忠",含有忠于国家、忠于民族、忠于职守。把"公"与"忠"结合起来,形成了儒家的"奉公尚廉"原则,强调对公共事业和整体利益的献身和尽忠精神。

4. 知耻能廉。在传统的政治文化中,古人喜欢把"廉"与"耻"相连。耻:羞愧、耻辱之意。廉耻意为廉操与知耻。知耻则能廉。知耻是廉洁的前提,廉洁是知耻的表现。孟子说:"人不可以无耻","羞恶之心,义之端也;无羞恶之心,非人也"。古人认为,"廉"是国家之所以存在的四大支柱之一,《管子·牧民》说:"礼义廉耻,国之四维;四维不张,国乃灭亡。"龚自珍说:"士皆知耻,则国家永无耻矣;士不知耻,为国之大耻。""廉者必知耻,知耻则知廉。"官之所以成为贪官,就是因为其缺乏知耻之心,忘记了廉耻。正直公道、去私防贪的本质是"廉"。正如晏子所言,"廉之谓公正。"因此,"廉"是对为官者提出的基本道德规定,是为政道德的根本所在。

唐代魏徵说"公生明、廉生威"。即清廉关乎官员是否有威信。"政不正,君位危。""吏不畏吾严而畏吾廉,民不服吾能而服吾公,公则民不敢慢,廉则吏不敢欺,公生明,廉生威。"只要官员廉洁了,办事不徇私情,人格上就有感召力,群众就会拥护,干事业也就有了群众基础。公正廉明、不循私情

---

[1] 《孟子·尽心下》。
[2] 《荀子·王制》。

是清官廉吏的道德规范。

五、西方廉政文化的主要思想

反腐败是一个世界性的、历史性课题，在反腐倡廉的实践中，许多国家建立了自己的一整套反腐倡廉的体制机制，并形成一种独特的廉政文化形式和内涵。学习和借鉴人类政治智慧和先进文明的优秀成果，加强国际之间反腐败经验的交流和合作，对推进我国廉政建设和反腐败斗争，加强中国特色社会主义廉政文化建设具有重要的借鉴意义。

（一）原罪论基础上的道德教育

1. 原罪观。基督教文化中精神价值和道德理念对西方社会的影响，现代西方社会的民主法治精神与基督教有很深的渊源。其中原罪观深刻揭示了人类要加强规制和约束，建设法制的必然性。

原罪观认为：人生而有罪，应该受到惩罚。《圣经》中记载亚当和夏娃经不住诱惑，违背禁令，偷吃禁果，破坏了人和神的关系。因此，"亚当和夏娃是有罪过的，应该受惩罚的。此后他们所衍生的后代，罪孽便与生俱来"[1]。

根据原罪观理论，认为人的本性是有罪的，人性是恶的。人之所以有犯罪行为，正是人的本性使然。因此，其一，人们要有高度的自省精神，不停地自我反省，常怀负罪之感，勿忘忏悔之心。其二，人们要运用理性设计各种可行的方法和制度，来规制人们"内在的恶念"，以及不良行为，到达善的彼岸，即"人性完美""成德成圣"。古希腊哲学大师柏拉图、基督教著作家圣·奥古斯丁等人，在此方面有大量的研究与成果。

建立在原罪观基础上的人性恶论，也深刻地影响了后世的思想家。洛克、孟德斯鸠等思想家关于权力制约学说便是以人性恶论为基础的，当代西方社会的宪政精神也是在这种观念下建立起来的。

---

〔1〕　乔德福、谢铁华等：《校园廉政文化论》，中国社会出版社 2015 年版，第 73 页。

2. 政治原罪论。在人性原罪的基础上，西方学者们普遍认为掌握和行使国家公权力的公职人员，同样"具有自私、邪恶和贪婪的自然本性"，其手中的公共权力也很容易成为谋取私利的工具。

西方资产阶级学者通过经验和观察，认为：权力同人性一样都具有"恶"的天然属性，权力的恶是人性恶的逻辑延伸。权力弊病的根源，实质"存在于人的生命中的恶性，它是善性的对立面"。即权力产生弊病、腐败最根本的原因，是追溯到"人性本身、生命本质问题"[1]。当然也存在社会体制问题。因此，要想遏制权力恶就必须有效地遏制人性恶。这就是在人性原罪和权力恶的基础上，衍生出了政治原罪论的结论。这种对于权力的不信任虽然是经验和观察的结果。

政治原罪论认为：政治过程就是运用权力管理国家和社会事务的过程，因人性恶是天生而无法避免，那么，政治过程也是与潜在的"恶"相伴运作的过程。必须对公共权力设定监督机制，进行有效约束，控制权力行使的界限，其中提升公职人员自身的廉政素质尤为关键。可见，对公职人员进行廉政道德教育是西方廉政文化思想的重要组成部分。

（二）分权与制衡

分权制衡思想最早诞生于古希腊和罗马时代，古希腊最伟大的思想家亚里士多德曾指出，一切政府都有三个要素作为构成的基础，即议事机构、行政机构和审判机构，认为制定法律和实施法律应分属不同机构。这就是分权学说的萌芽。

17 世纪，英国的洛克开始对国家理论和分权学说进行系统的阐释。洛克提出分权学说，主张将国家权力分为立法权、行政权或对外权，即"两分法"[2]。立法权是制定和公布法律的权力，是国家的最高权力。行政权是执行法律的权力，对外权是进行外交的权力。立法权不是绝对专断的，也是需要限制的，最高权力机关必须颁布有效统一的法律进行统治。

洛克的分权学说，反映了当时资产阶级上升时期的自由主义思想特点，

---

〔1〕　乔德福、谢铁华等：《校园廉政文化论》，中国社会出版社 2015 年版，第 75 页。

〔2〕　[英] 洛克：《政府论》（下），叶启芳等译，商务印书馆 1964 年版，第 83~90 页。

对近代西方各国的政治法律思想和实践产生重大影响。

18世纪法国启蒙思想家孟德斯鸠，发展了洛克的分权学说，创立了完整的分权与制衡理论。孟德斯鸠把国家权力分为立法权、行政权和司法权。"立法权、行政权、司法权必须分属不同的国家机构来行使，并且彼此独立相互制约。"[1]孟德斯鸠的分权学说对西方各国的政治制度产生了重大的影响。美国早期建设共和国时，深受孟德斯鸠的分权学说影响，认为只有通过三权分立和相互制衡的办法，才能控制、约束政府权力的腐败、异化，也因此成功建立了三权分立的政体结构。

（三）法治主义

1. 宪法至上和法律的普遍性。17、18世纪，西方新兴资产阶级针对封建专制主义的"王权至上"，提出了"法律至上"的口号，并将其确定为法治的一项基本原则。而"宪法至上"是"法律至上"的核心，是法治国家追求的首要价值目标。

宪法至上要求行政机关必须"依宪行政"，这是依法行政的前提和基础。一切行政活动都要受制于宪法、法律。一切法律或对人民有拘束力的行政决议、决定，都不得同宪法规范、原则相抵触。行政权的行使要受到法律的直接约束，但任何法律又同时要受到宪法的约束。

法治的秩序观，要求宪法至上，还要求以宪法为根据的法律秩序必须是普遍的。具体而言，就是全部的社会生活都要由法律来调节，社会治安、政治生活和经济生活都要纳入到法律秩序中来。实现这种秩序自然要建立完善的法制。

法律的普遍性意味着法律面前人人平等，公民个人之间，任何组织、政党、团体都不得有超越法律的特权。

2. 行政法治。行政权力的自我扩张性使得权力极易腐化、异化，或被滥用，"当法律授予政府权力以后，必须对其实施必要的限制"[2]。目前，各国对行政权力的限制，主要通过坚持行政合法性原则制定法律制度来进行的，其具体要求：一是职权法定，即任何行政权力的来源都必须有法律的明确授

---

[1]　何勤华等编著：《西方法律思想史》，科学出版社2010年版，第62页。
[2]　杨海坤、章志远：《中国行政法基本理论研究》，北京大学出版社2004年版，第88页。

权。二是法律保留。当宪法或法律将某些事项保留给立法机关时，行政机关非经特别授权不得对此制定任何规范性文件。三是法律优位。即是指在已经有法律规定的情况下，行政法规的规范性文件不得与之相抵触，否则无效。四是越权无效。即凡是逾越行政权边界的行为都应当作无效处理。

3. 司法独立。司法独立是指司法权由司法机关独立行使，不受其他国家权力机关、政治力量和个人的干预。司法独立是实现法治原则的重要保证，是构建法治社会的必要前提。司法独立意味着，法官除了法律就没有别的上司。

（四）公开透明

1. 政府信息公开。行政信息公开是指政府的政策文件、决策活动、会议、政务信息等要公开、即政策和政府信息的公开。政府政策信息的公开保障了个人或组织知悉并获取行政机关的档案资料、政策文件和其他政务信息的权利，从而有效地预防腐败的发生。建立政府信息公开制度，能从根本上保证行政行为的公开透明，能有效地规范政府行为，使腐败的发生率降低。在西方国家看来，之所以要建立行政公开制度，是基于以下理念的逻辑：

（1）人民主权的政治理念。人民主权也称主权在民，起源于西方资产阶级启蒙思想家的社会契约论思想。社会契约论认为，国家是人们在平等的基础上通过契约的方式转让自己的权利所形成的，其目的是为了更好地保护每个人的自由、生命和财产。因此，国家的最高权力就应当属于人民全体，人民行使国家主权即人民主权。

人民是国家权力的最终所有者，国家机关则是为人民利益服务的，那么人民就有权了解国家机关的公务活动情况，参与国家及社会公共事务的管理，并对其实施监督，防止异化。因此，政府应该将其所拥有的公共行政信息及时向人民公布抑或是说，政府与生俱来地就负有向国家权力主人公开其掌握的公共信息的义务。

（2）公民知情权理念。知情权是公民所享有的一项基本权利，是公民实现其他权利的必要基础和前提，是政府信息公开的宪政基础。

1946 年联合国大会通过决议宣称，信息自由是一项基本人权，知情权被明确地宣告为一项基本人权。"二战"后，知情权从应然权利转化为法定权利。公民知情权的实现与满足，必须依赖于政府公共信息的公开。只有信息公开，公民才能知情与自身利益有关的事项，才能理性地安排自己的生活，保护自己的权利和利益。同时，只有将信息公开法治化，杜绝"暗箱操作"，防止权力腐败，知情权才能够得到真正保障。

2. 公务人员财产信息公开。公务人员财产信息公开是西方社会权力公开透明理念的重要组成部分。公职人员按照法律申报和公开各种财产及其来源，接受政府部门和社会公众的审查监督，可以促进公职人员廉洁自律，有效地预防滥用权力谋取私利，预防腐败。

财产申报制度是公务员财产信息公开的一项重要制度，最早起源于 1766年的瑞典，瑞典公民有权查看官员、首相的纳税清单。1883 年英国出台《净化选举、防止腐败法》，这是全世界第一部关于财产申报的法律。

（五）行政问责

行政问责制的理论基础源于西方的社会契约论、人民主权论和代议制民主理论。行政问责制是现代民主和宪政原则的一种理念与制度安排。据世界银行专辑组解释，行政问责"是一个具有前瞻性的过程，通过行政问责，政府官员就其行政决策、行政行为和行政结果进行解释和正确性的辩护，并据此接受失责的惩罚"[1]。

在行政问责实践的基础上，当代西方国家提出了"无缝隙性"问责。无缝隙性的政府问责要求问责主客体之间直接接触，不留情面，覆盖全程，不存空隙，高透明，不暗箱；它是以一种完整的、连贯的方式进行问责，以实现公民的"零容忍"。在实践中，当代西方一些发达国家，围绕行政权力行使，制定了大量的问责制度，包括政治问责制、法律问责制、行政问责制、伦理问责制、绩效问责制、顾客问责制、公共问责制等问责制度，保障权力行使公开、透明。

（六）媒体监督

媒体监督是一种无形的社会力量，西方一些著名的思想家们很早就认识

---

[1]　乔德福、谢铁华等：《校园廉政文化论》，中国社会出版社 2015 年版，第 92 页。

到媒体对公共权力的监督和制约作用。马克思指出，舆论是一种普遍的、无形的、强制的力量，舆论监督是社会监督的法庭。哈贝马斯认为，公众舆论是对社会秩序的自然规律的概括。法国思想家德蒙·伯克认为，"如果没有被统治者的普遍舆论，任何立法机关都无法发挥作用；普遍舆论是立法的媒介和喉舌"[1]。

六、中国特色社会主义廉政文化的形成

中国特色社会主义廉政文化是在社会主义建设的伟大历程中逐渐孕育与形成的。特别是社会主义市场经济体制的建立和发展，推动着我国社会结构大范围、深层次的变革，也推动着我国传统廉政文化的现代化。改革开放后，我国廉政文化的现代化发展进入了一个全新的历史阶段。

中国特色社会主义廉政文化是以中华传统优秀廉政文化为根源，通过充分吸收了社会主义文化因素，借鉴和吸收了人类廉政建设的优秀文明成果，吸收了党在社会主义建设条件下廉政理论创新的精华，为我国廉政文化注入了全新的时代内容，完成了文化形态的适应性化和创新性发展，形成了中国特色社会主义廉政文化。

（一）中华优秀传统廉政文化的时代性演进

1. 实现了服务基础的转换。我国传统廉政文化是建立在自给自足的小农经济基础之上的一种文化形态。在这种经济体制下，私有制为主体，生产规模较小，生产能力较低，生产主要是以满足生产者自身需求为目的。因基于服务于这种所有制经济的需要，传统廉政文化是以崇尚道义、追求公平、讲究勤俭为主要内容，这种价值观取向一直主导着传统社会政治生活的全过程。

社会主义制度的建立，确立了公有制的主体地位，"以公有制为基础的'社会主义廉政文化'逐渐形成，并在实践中不断完善"[2]。改革开放后，我国出现"以公有制为主、多种经济成分并存的所有制结构"，经济所有制出现

---

〔1〕 张利生：《廉政文化建设要论》，中国方正出版社 2007 年版，第 96 页。

〔2〕 卜万红：《中国特色廉政文化建设研究》，中国社会科学出版社 2018 年版，第 97 页。

了重大调整，社会的生产方式也实现了革命性变革，社会化大生产成为主要生产方式，商品生产占主导地位。

所有制和生产方式的变革推动传统廉政文化的发展，中国特色社会主义廉政文化就是建立在"以公有制为主体多种所有制并存的经济基础之上"，而形成的廉政文化，并为"此种所有制经济结构"提供文化软实力支撑与文化服务。

2. 实现了指导思想的转换。传统的廉政文化是一个包括儒家、法家、墨家和道家等多家思想主张在内的综合性政治文化，其中，儒家思想一直占据主导性地位，是廉政文化的重要内容。

近代，因西方文化大量输入与冲击，儒家思想在思想文化领域的主导地位逐渐动摇、弱化。而马克思主义在中国被广泛传播，发展，并与中国传统文化，以及中国实际有机结合，科学指导中国革命和建设实践。在思想文化领域中，马克思主义逐渐替代传统儒家思想，获得了主导性地位。随着改革开放的实践推进，马克思主义中国化的推进，马克思主义中国化的理论，即毛泽东思想、邓小平理论、三个代表、科学发展观、习近平新时代中国特色社会主义思想、习近平法治思想成为中国特色社会主义廉政文化的基本指导思想。

3. 实现了政治运行机制的转换。政治运行机制实现了从宗法家族政治向现代民主政治的转化。在传统社会，宗法家族制度是政治运行的基础性制度。在宗法家族制度中，家族组织是政治的基本单元，家族内部按照多种制度组织，形成一个严密、有序的社会组织。建立在宗法家族制度基础上的国家，其组织体系、管理机制、运行机制，与家族组织模式基本相似，形成"国家治理方式与家族治理方式趋同"的特点。基于政治服务功能的需要，传统廉政文化，正是围绕、服务于此种"国家组织形式及其运行机制"[1]，而逐步建设的。

中华人民共和国成立后，现代国家组织形式及其运行机制逐渐建立起来，宗法制度逐渐退出了历史舞台。特别是在社会主义市场经济体制下的现代经

---

〔1〕　卜万红：《中国特色廉政文化建设研究》，中国社会科学出版社 2018 年版，第 98 页。

济组织和社会组织，进一步实现了对传统国家治理方式的"扬弃"，形成"现代民主政治的运行机制"。在中国历史的进程中，传统的廉政文化继续发挥"政治服务功能"，为"现代民主政治"服务的政治需求，逐渐发展成为"为社会主义廉政建设服务的新型文化"，实现了政治服务的转化。

4. 实现了治理理念、方式的转换。治理理念从人治思维和人治方式向法治思维和法治方式的转变。在实现社会主义现代化的过程中，国家治理和社会治理中的人治理念、人治思维和人治方式逐渐减弱、淡化，而法治理念、法治思维和法治方式逐渐占据主要地位。尤其是在中国共产党确立依法治国方略以来，法治成为国家治理和社会成员行动的基本准则，成为政治和社会运行的基本规则。法治思维和法治方式的确立，为中国特色社会主义廉政文化建设注入了全新的时代内容。

（二）马克思主义廉政思想中国化的推动

马克思主义廉政思想在中国化的过程中孕育和发展了中国特色社会主义廉政文化。马克思认为，"表面上高高凌驾于社会之上的国家政权，实际上正是这个社会最丑恶的东西，正是这个社会一切腐败事物的温床"[1]。这表明，只要公共权力存在，就有发生腐败的可能性。无产阶级专政建立后，腐败还是有可能发生的。因此，处于执政地位的无产阶政党仍然肩负着防治腐败的重要任务。

在廉政文化实践中，苏联、东欧各国以及我国社会主义建设的实践所证实，无产阶级执政党必须将党和国家廉政建设作为政治建设的重要内容，把马克思主义廉政思想与中国社会主义建设的伟大实践紧密结合，科学探索廉政文化建设的新路径。

在建立和完善社会主义市场经济体制的过程中，解放和发展生产力，完善社会主义制度，推进国家治理能力和治理体系现代化建设，这是前无古人的事业。为了有效应对各种风险与挑战，中国共产党人坚定不移地推进马克思主义廉政思想中国化、时代化、大众化，开辟和发展中国特色反腐倡廉道

---

〔1〕　中共中央马克思恩格斯列宁斯大林著作编译局：《马克思恩格斯选集》第3卷，人民出版社2012年版，第98页。

路，建设中国特色社会主义廉政文化。

马克思主义廉政思想中国化与马克思主义中国化是同一个历史进程，中国特色社会主义廉政文化是中国特色社会主义理论体系的重要组成部分。中国特色社会主义廉政文化明确地回答了如何建设清廉国家、廉洁政府和廉洁政党等基本问题。它强调消极腐败现象是影响社会主义事业顺利发展的重要障碍。它强调推进中国特色社会主义伟大事业的健康发展必须坚持马克思主义的指导地位，在推进马克思主义中国化时代化大众化的过程中，要准确把握人类社会发展规律、社会主义建设规律和共产党执政规律，解决好腐败问题，将腐败控制在最低的限度内。

中国特色社会主义廉政文化强调，我国是人民民主专政的国家，人民是国家的主人，享有管理国家的权利。在国家建设中必须发扬社会主义民主、健全社会主义法制，实现社会主义民主政治的制度化、规范化和程序化，依法保障人民知情权、参与权、表达权、监督权，建设法治政府。必须建立科学合理的权力结构，确保决策权、执行权、监督权既要相互协调，又要有效制约与监督，让权力真正为人民服务。必须理顺政府与市场、政府与社会、政府与个人的关系，建立职能科学、结构优化、廉洁高效、人民满意的服务型政府。必须全面加强制度建设，坚持用制度管权、管事、管人，把权力关进笼子，健全惩治和预防腐败体系，逐渐铲除腐败现象滋生的土壤，建设廉洁政府。必须坚持让人民监督政府的执政理念，建立完善以人民监督、法律监督、党内监督、民主监督和舆论监督为核心的权力运行监督体系，让权力在阳光下运行。必须大力加强社会公德、职业道德、家庭美德、个人品德建设，建设覆盖全社会的诚信体系，为廉洁社会建设奠定坚实的思想道德基础。

中国特色社会主义廉政文化强调，中国共产党是中国特色社会主义事业的领导核心，解决中国的事情关键在党，保持党的先进性和纯洁性、不断提高党的拒腐防变和抵御风险能力是确保党的执政地位的根本保障。必须坚持党要管党、从严治党，围绕党的执政能力、先进性和纯洁性建设这一主线，将党的政治建设、思想建设、组织建设、作风建设、纪律建设作为一个整体加以推进，深入推进反腐败斗争，全面推进党的建设新的伟大工程，建设学习型、服务型、创新型的马克思主义执政党。

（三） 对人类优秀廉政建设成果的借鉴

在党风廉政建设和反腐败斗争的过程中，中国共产党一直非常重视对人类优秀政治文明成果的吸收和借鉴，高度重视对各国反腐倡廉建设经验的深刻总结。中国共产党不断审视自身反腐倡廉建设工作，通过理论创新和制度创新，不断推进廉政文化建设。

中华人民共和国成立之初，中国共产党主要注重对苏联和东欧各国反腐倡廉建设经验教训的总结与借鉴。但在学习借鉴的基础上坚持走自己的路，突出自己的特色。苏联解体后，对苏东经验、教训的总结和反思就从未停止过，形成了大量的理论研究成果，从不同的角度揭示苏共腐败与苏联解体之间的内在联系及其机理。这些经验和教训为中国共产党加强自身建设，尤其是加强廉政建设提供了重要借鉴。

改革开放后，中国共产党积极主动地学习西方国家廉政建设的经验。在社会主义市场经济体制的建立过程中，中国共产党面临着推进反腐倡廉建设的全新课题，面对新的问题和挑战，中国共产党在立足世情、国情、党情不断探索新道路的同时，积极主动地从欧美等市场经济国家和地区探寻经验。

在长期廉政建设的实践中，中国共产党自觉将西方廉政建设的优秀成果融入我国反腐倡廉建设的各项实际工作之中，这对于推进中国特色社会主义廉政文化建设起到重要的作用。

（四） 反腐倡廉建设成果的升华

在新民主主义革命时期，中国共产党就高度重视自身的廉政建设。在中华苏维埃政权和陕北抗日政权建立后，中国共产党就将自身的廉政建设与革命政权建设紧密地结合起来。中国共产党主动运用马克思主义基本理论来指导自身的廉政建设，取得了丰硕成果，初步形成了一套反腐倡廉建设理论体系。这是中国共产党始终保持清正廉洁和新民主主义革命胜利的重要保证。

在中华人民共和国成立之初，以毛泽东同志为核心的中国共产党的第一代领导集体开始了在社会主义条件下开展了廉政建设的艰难探索，并积累了大量的经验，取得了巨大的成果。改革开放后，在深刻反思总结原有反腐倡廉建设工作的基础上，中国共产党开始了反腐倡廉建设道路的新探索。为了适应国家治理新模式的要求，确保社会主义市场经济的健康发展，一种全新的防治腐败理论和廉政文化逐渐形成。在改革开放过程中，中国共产党认识到，消除计划经济体制性壁垒，建立健全统一、开放、竞争的全国市场是社会主义市场经济发展的前提，这是党和国家工作的大局，党风廉政建设必须服从和服务于这个大局。为此，必须坚持党在中国特色社会主义事业中的领导核心地位，发挥好党总揽全局、协调各方的作用。必须加强党的组织纪律建设，使全党在思想上、政治上、行动上同党中央保持高度一致，坚决反对和消除地方保护主义、部门保护主义、行业保护主义和本位主义，坚决反对"上有政策，下有对策"，做到有纪律、守规矩。必须坚持政党、政府的有效分工与合作，坚持党政联动，实行"一岗双责"、党政同责。必须充分发挥各级党委及其成员在廉政建设中的作用，严格落实党风廉政建设责任制。必须充分发挥各级政府、企事业单位、社会组织的在廉政建设中的重要作用，落实主体责任。必须坚持推进以教育、制度和监督为核心的国家惩治和预防腐败体系建设，充分发挥教育、制度、监督、改革、纠风和惩处等方式方法在反腐倡廉建设中的作用，形成惩治和预防腐败的合力。

中国特色的廉政文化正是在这种治理模式变革过程中逐渐孕育和形成的。正如习近平同志所说，"中外经验告诉我们，只有坚持依法严厉惩治、形成不敢腐的惩戒机制和威慑力，坚持完善法规制度、形成不能腐的防范机制和预防作用、坚持加强思想教育、形成不想腐的自律意识和思想道德防线才能有效铲除腐败现象的生存空间和滋生土壤"。[1]

总而言之，在社会主义建设过程中，我国传统廉政文化大量吸收了人类社会廉政建设的优秀成果和时代文化的精华，完成了自身的现代化转型，实现了创造性转化和创新性发展，形成了具有鲜明中国特色、中国风格和中国气派的廉政文化。中国特色廉政文化在同其他国家廉政文化的竞争中逐渐显现出自身的实力和优势。

---

〔1〕　中共中央纪律检查委员会、中共中央文献研究室编：《习近平关于严明党的纪律和规矩论述摘编》，中央文献出版社、中国方正出版社 2016 年版，第 62 页。

七、新时代中国特色社会主义廉政文化建设

中国特色社会主义廉政文化是中国特色社会主义文化的重要组成部分，是反腐倡廉的精神基石和文化风标。在新时代条件下，应以习近平新时代中国特色社会主义思想作为指导，积极探讨中国特色社会主义廉政文化的建设路径，推动中国特色社会主义廉政文化健康发展，进一步推进反腐倡廉建设，营造风清气正的社会环境。

（一）坚守社会主义核心价值观，完善丰富廉政文化内涵建设

新时代中国特色社会主义廉政文化建设，要以习近平新时代中国特色社会主义思想为指导，坚持以社会主义核心价值体系和社会主义核心价值观为引领；加强共产主义理想信念教育，永葆党的纯洁性；加强道德建设，筑牢防腐拒变的思想底线；培养社会主义法治精神，弘扬社会主义法治文化；弘扬良好家风，以好家风涵养好作风，不断丰富和创新廉政文化的内涵。

1. 树立社会主义核心价值观。价值观是一个国家文化、一个民族文化最深层的体现，中国特色社会主义廉政文化的建设必须建立在社会主义核心价值观基础之上，依据时代要求和反腐倡廉建设的要求，不断丰富和发展中国特色社会主义廉政文化的内容。

党的十八大明确提出以"富强、民主、文明、和谐、自由、平等、公正、法治、爱国、敬业、诚信、友善"为内容的社会主义核心价值观，是发展中国特色社会主义的重要基石。社会主义核心价值观与中国特色社会主义廉政文化息息相关，社会主义核心价值观为中国特色社会主义廉政文化建设提供了丰富的理论和内涵。因此，在新时代条件下，建设中国特色社会主义廉政文化，必须坚守社会主义核心价值观，坚持以社会主义核心价值观为基石。并在廉政文化建设过程中将社会主义核心价值渗透到人们的日常生活中去，使之成为人们的行动指南。

2. 加强理想信念教育。新时代中国特色社会主义廉政文化建设，加强共产主义理想信念教育，赋予了廉政文化新的内涵，它对于把持党的纯洁性，

加强党员的党性修养、党员干部的行为都具有重要的引导作用。党的十八大以来，习近平同志曾多次强调坚定共产主义理想信念的重大意义。"坚定理想信念，建设共产党人的精神追求，始终是共产党人安身立命之本"[1]，"没有一大批坚定共产主义理想信念的中华儿女，就没有中国共产党，也没有新中国，更没有今天我国的发展进步，要把我国发展得更好，离不开理想信念的力量"[2]。在党的十九大报告中，习近平再次强调建设新时代中国特色社会主义廉政文化，必须加强共产主义理想信念教育，坚定共产主义理想信念。

3. 筑牢防腐拒变的思想底线。思想道德建设是廉政建设的基础工程，是筑牢防腐拒变的第一道防线。思想道德建设对廉洁观念的培育具有直接效应。习近平多次指出加强思想道德建设的重要性，他强调"推进反腐倡廉建设，必须坚持依法治国和以德治国"，[3]强调要充分发挥道德的教化作用，把法律的规范作用和道德的教化作用结合起来。习近平在十九大报告中进一步提出"要加强思想道德建设，提高人民思想觉悟、道德水准、文明素养，提高全社会文明程度"，要"深入实施公民道德建设工程，推进社会公德、职业道德、家庭美德、个人品德建设。"明确了思想道德建设的目标和内涵，为廉政文化注入了新的内容。[4]新时代加强中国特色社会主义廉政文化建设，必须加强思想道德建设，建立与廉政文化发展要求相适应的思想道德体系，筑牢防腐拒变的思想底线，增强防腐拒变的能力。

4. 注重培养社会主义法治精神，弘扬社会主义法治文化。法治文化是融入人们精神世界、日常生活和行为方式中的法治精神、法治思维、法治信仰及其价值追求，是构建法治社会的精神动力。在新时代，培养社会主义法治精神，弘扬社会主义法治文化是发展和丰富中国特色社会主义廉政文化内容

---

〔1〕　中共中央文献研究室编：《十八大以来重要文献选编（上）》，中央文献出版社 2014 年版，第 80 页。

〔2〕　中共中央文献研究室编：《十八大以来重要文献选编（中）》，中央文献出版社 2016 年版，第 676 页。

〔3〕　中共中央纪律检查委员会、中共中央文献研究室编：《习近平关于党风廉政建设和反腐败斗争论述摘编》，中央文献出版社、中国方正出版社 2015 年版，第 140 页。

〔4〕　习近平：《决胜全面建成小康社会 夺取新时代中国特色社会主义伟大胜利》，人民出版社 2017 年版，第 42～43 页。

的要求，它有利于克服"人治思想"、摒弃人情观念、杜绝以言代法、以权压法等现象。

党的十八届四中全会，习近平同志明确提出要"弘扬社会主义法治精神，建设社会主义法治文化，推动全社会树立法治意识"。党的十九大，习近平同志再次强调"加大全面普法力度，建设社会主义法治文化，树立法律至上、法律面前人人平等的法治理念，任何组织和个人都不得有超越宪法法律的特权"。[1]

新时代中国特色社会主义廉政文化建设，必须培养社会主义法治精神，树立社会主义法律信仰，弘扬社会主义法治文化，树立法律的尊严和权威，营造风清气正、廉洁奉公的社会氛围，全面构建法治国家、法治政府、法治社会的新局面。

5. 弘扬良好家风，以好家风涵养好作风。家庭是社会的细胞，是每个人生活的基本单位，家风是一个家族代代相传沿袭下来的体现家庭成员精神风貌、道德品质、价值取向的家族文化风格。家风是筑牢反腐的一道重要屏障，家风正则作风正，家风纯则作风纯。据相关统计，2015年查处的部级以上干部腐败案件中，有60%以上的都与亲属有关，一半以上利用职务便利为亲属谋取利益。[2]

党的十八大以来，习近平多次强调了弘扬良好家风的重要性。习近平总书记在2015年春节团拜会上的讲话指出："不论时代发生多大变化，不论生活格局发生多大变化，文明都要重视家庭建设，注重家庭、注重家教、注重家风。"[3]2016年习近平在十八届中央纪律检查委员会第六次会议重要讲话强调，"每一位领导干部都要把家风建设摆在重要位置，廉洁修身、廉洁齐家"。"把家风建设作为领导干部建设重要内容，弘扬真善美、抑制假恶丑，营造崇德向善、见贤思齐的社会氛围，推动社会风气明显好转。"[4]

---

〔1〕 习近平：《决胜全面建成小康社会 夺取新时代中国特色社会主义伟大胜利》，人民出版社2017年版，第9页。
〔2〕 郑光魁：《良好家风是抵御贪腐的重要防线》，载《中国纪检监察报》2016年1月30日，第4版。
〔3〕《中共中央国务院举行春节团拜会》，载《人民日报》2015年2月18日，第1版。
〔4〕 习近平：《在第十八届中央纪律检查委员会第六次全体会议上的讲话》，载《人民日报》2016年5月3日，第2版。

2016 年习近平在第一届全国文明家庭表彰大会上再次强调："对一个社会来说，家庭的生活都不可替代，家庭的社会功能都不可替代，家庭的文明作用都不可替代。"[1]因此，新时代中国特色社会主义廉政文化建设，必须充分认识家风对党风廉政建设及良好社会风气的作用，必须弘扬良好家风，以良好家风涵养良好作风，以良好家风推动良好社会风气，筑牢反腐败的屏障。

（二）加强制度建设，建立廉政文化建设长效机制

反腐倡廉工作是一项长期的、艰巨的工程，因此，在廉政文化建设过程中，我们要注重立足长远，摒弃"一阵风式"工作模式，加强不敢腐、不能腐和不想腐的体制机制建设，注重建立与中国实际情况相适应的廉政文化建设长效机制。

1. 完善齐抓共管的廉政文化领导体制。廉政文化建设是一项系统的工程，在廉政文化建设这一系统工程中，领导是关键。新时代中国特色社会主义廉政文化建设首先应完善廉政文化领导体制，推动各部门共同管理，共同参与，形成"党委主抓、各部门各司其职、纪委协调监督"的领导体制，落实的目标管理体系和责任体系，以保障廉政文化建设工作的常态化。一是各级党委和政府主要负责人要担起领导廉政文化建设的主要责任，要把廉政文化建设工作纳入党的建设工作和政府工作中去，保证廉政文化建设工作有领导、有计划、有保障、有结果的开展。二是各部门要主动积极配合各级党委和政府关于廉政文化建设的工作安排，各司其职、各负其责，调动广大人民群众参与廉政文化建设的积极性。三是纪委要担起协调监督的责任，充分发挥其协调监督的作用，推动各部门通力协作、上下合力推动廉政文化建设的局面。

2. 加强廉政文化相关体制机制建设。法律法规具有根本性、全局性、长期性的特点，加强法律法规建设是深入推进反腐倡廉工作的必然要求，是廉政文化建设的重要保障。新时代发展中国特色社会主义廉政文化建设必须加强廉政文化的法律法规建设。其一，建立健全廉政法律法规体系。党和国家要大力推进廉政立法进程，尽快制定完善廉政法律法规，建立健全相应的腐

---

[1]　习近平：《在会见第一届全国文明家庭代表时的讲话》，载《人民日报》2016 年 12 月 16 日，第 2 版。

败预防制度，如公务员制度、财产申报制度、政府信息公开制度等，坚持以"零容忍"的态度对待腐败分子。其二，加强廉政文化运行机制建设。要细化和明确相关规范，规定相关操作程序，建立廉政文化责任机制，提高制度意识和规范意识，让人们树立起按程序办事、按制度办事的意识，提高执行制度的自觉性和主动性。

3. 完善廉政文化保障机制。新时代条件下，推进廉政文化建设，必须要完善廉政文化投入机制，增加建设廉政文化的相关人力、财力和物力的投入，充分保障廉政文化顺利开展。新时代发展中国特色社会主义廉政文化建设要把廉政文化纳入到公共文化事业中去，建立和完善政府财政投入为主、社会各方积极参与廉政文化建设保障机制。要扩大廉政文化发展资金和专项资金，加大建立廉政文化基础设施的力度，如建立廉政名人馆、红色革命教育基地等；要积极探索市场化运行模式，鼓励、支持社会民间组织和机构参与到廉政文化建设事业中，努力吸收社会闲散资金，广泛动员社会各个力量参与到廉政文化建设事业中来，争取形成全员共建廉政文化事业的良好局面。要定期组织相关人员进行廉政文化知识培训和廉政文化开展培训，为廉政文化建设提供更好的人力资源保障。

（三）完善廉政文化评估和奖惩机制

新时代发展中国特色社会主义廉政文化建设要加强廉政文化建设，完善廉政文化评估机制，建立科学的评价方式。首先，采用自主或上级部门对廉政文化建设的多种方法进行考核，如问卷调查方式，民主测评法、座谈评议法等，对廉政文化建设开展广泛调查。其次，引入第三方评估。引入第三方评估，有利于保证廉政文化评估的真实性和客观性，推动廉政文化评估工作顺利有效开展。最后，建立奖惩制度。对廉政文化建设成绩突出的部门和个人给予表扬并总结经验；对廉政文化建设工作不力、搞形式主义的部门和个人要给予批评或惩戒。

（四）建立完善廉政文化宣传教育体系

廉政文化要形成社会共识，并且在全社会形成良好的廉政文化氛围，必须深入推进廉政文化宣传教育。中国特色社会主义廉政文化建设关键在于建立健全廉政文化教育体系，推动廉政文化进机关（单位）、学校、家庭、社区、企业和农村，充分调动各方各面建设廉政文化的积极性，构建一个系统的、全面的廉政文化教育体系。

1. 推动廉政文化进机关。国家党政机关（单位）是党和政府的权力机关，负责贯彻执行党的方针和政策，是廉政文化建设的关键。因此，推动新时代发展中国特色社会主义廉政文化进机关（单位），培育广大机关（单位）工作人员的廉政意识，以保持党的先进性和纯洁性，增强反腐拒变的能力是廉政教育的重点。推动廉政文化进机关（单位），首先，各机关（单位）要把廉政文化建设纳入单位文化建设的总体部署中，做好顶层设计，制定建设廉政文化的发展规划，明确廉政文化建设的内容、目标要求、考核标准，把廉政文化建设渗透到工作人员的工作和生活中，推动机关（单位）廉政文化有步骤地进行。其次，加强廉政教育，强化主体意识，提高机关（单位）工作人员对廉政文化的认同感，使廉政文化入脑入心，使廉政意识内化为思想道德准则，并外化为自觉实践。最后，加强廉政文化建设阵地。要充分利用办公长廊、公开栏、电子屏幕等，宣传和布置一些格调高雅、内容清新的廉政书画、标语等，着力营造廉政文化氛围，让机关（单位）每位工作人员都置身于浓厚的廉政文化氛围中，使廉洁从政成为一种习惯。

2. 推动廉政文化进学校。学校是教育的主要阵地，承载着培育中国特色社会主义建设者和接班人的任务。青年学生是实现中华民族伟大复兴中国梦的重要主体和力量，青年学生的素质如何、思想道德的高低，直接影响社会主义现代化建设的发展。因此，加强对青年学生的廉政文化教育是各级学校一项重要任务。

（1）将廉政文化内容纳入学校教育内容，在学校教育中全阶段、全过程注重廉政文化教育。在小学阶段，发挥廉政文化的启蒙作用，廉政文化教育的重点内容应该为培养学生"真善美"的思想道德品质，引导学生的行为规范，帮助初步树立积极的人生观。中学阶段是人生观、价值观形成的关键时期，因此，应该加强培养学生廉洁意识和正直的品德。在大学阶段，通过开设关于廉政修身的课程，对学生进行全面的、系统的廉政文化教育，注重廉政文化的践行作用，使学生自觉投入到廉政文化建设活动中去。

（2）弘扬高尚的师德风范。在学校，教师是教书育人的主导，是学生的表率，注重发挥教师的榜样示范作用。因此，在学校的廉政文化教育过程中，加强师德师风的培养，自觉抵制弄虚作假的不正之风，使教师真正做到为人师表，起到表率示范作用。

（3）营造廉洁清正的校园文化氛围。一个学校的文化氛围会潜移默化的对学生的思想观念产生影响，因此，要通过多种渠道和方式打造特色的廉政文化，营造风清气正的校园文化氛围。

3. 推动廉政文化进家庭。家庭是社会的细胞，是社会的最基本的单位，在新时代中国特色社会主义廉政文化建设中家庭廉政文化是不可或缺的主要内容。

（1）建立和完善家庭文明建设工作制度。各政府和党组织要把家庭文明建设作为一项常规工作，重视家庭文明建设对廉政文化建设的作用，出台相应的制度、政策保障家庭文明建设工作顺利开展。习近平强调："各级党委和政府要切实把家庭文明建设摆上议事日程。工会、共青团、妇联等群众团体要结合自身特点，积极组织开展家庭文明建设活动。"[1]

（2）家庭成员特别是领导干部要树立廉洁奉公的榜样作用。各级党组织成员要在日常生活中做到严于律己，并引导家庭成员树立起正确的荣辱观、是非观，懂得明辨是非，提高廉洁意识，自觉抵制权力、金钱的诱惑，形成良好的家庭风气和家庭氛围，以良好的家风带动良好的社会风气，营造良好的反腐倡廉社会氛围。

（3）开展各种廉政活动。组织广大家庭特别是领导干部家庭签订"助廉承诺书"，发放"廉洁家庭"倡议书，定制家庭"助廉公约"等；还可以组织领导干部及其配偶开展廉政座谈会，观看廉政教育片等活动；再比如开展"廉洁家庭"评比活动，推选评出一批"廉洁家庭"，宣传典型，表彰先进，提升家庭助廉的影响力，形成家庭助廉氛围。

4. 推动廉政文化进社区。随着我国社会转型，社会成员的"单位"属性

---

〔1〕 习近平：《在会见第一届全国文明家庭代表时的讲话》，载《人民日报》2016 年 12 月 16 日，第 2 版。

逐渐减弱，大量"单位人"转化为"社会人"，社区成为管理"社会人"的重要阵地，社区管理成为一种新的管理模式。在新时代中国特色社会主义廉政文化建设要推进廉政文化进社区，抓好社区这一廉政文化重要阵地。

（1）发挥社区干部的带头作用。一是要建立社区干部考核制度，把社区廉政文化建设成果与干部工作绩效结合起来，引导社区干部树立起廉政为民、勤政为民的思想，努力做到为人民服务，自觉做社区廉政文化建设的榜样。二是加强社区干部廉政教育。每年为社区干部制定相关的廉政培训计划，对社区干部进行廉政文化教育，培养社区干部的廉洁意识，加强社区干部廉洁从政的修养和素质。

（2）发挥社区居民的主体作用。社区居民不仅是社区廉政文化建设的主体，更是社区廉政文化建设的受益者，因此，要充分发挥社区居民在社区廉政文化建设中的主体作用。加大社区廉政文化宣传，倡导"廉政社区人人有责、廉洁文化人人参与"的理念，增强社区居民参与廉政文化建设的意识，增强社区居民建设廉政文化的责任感和使命感。建立社区廉政文化创建荣誉制度，激发社区居民廉政文化建设的创新能力，增强社区居民参与廉政文化建设的主动性和积极性。开展各式各样的廉政文艺活动。通过开展群众喜闻乐见的形式，使廉政文化宣传活动更加贴近人们的生活，使其更具亲和力，增强社区居民参与廉政文化的度。

（3）加大社区廉政文化基础设施建设。文化基础设施是文化建设的物质保障，是文化建设的有形载体。加大社区廉政文化设施，要以社区人文景观和自然景观为依托，增强社区廉政文化建设的硬件设施和软件设施。根据社区的内部条件和外部环境，合理规划，设置应景的清风亭、清风墙、清廉石等，并将历史上清廉人物的事迹或廉洁廉政相关名言警句刻在上面，使社区廉政文化与自然景观浑然一体，相得益彰，创造和谐的廉政文化环境。成立廉政文化园地，可以利用社区图书馆设立廉政文化图书、报刊专窗，供社区人民进行阅读；还可以设置廉政文化宣传栏、宣传橱窗等宣传廉政文化知识，营造廉洁的社区氛围。

5. 推动廉政文化进企业。企业文化是企业发展的内在凝聚力，推进廉政文化进企业，有利于企业在市场经济中建立健全更加有效的预防惩治和预防腐败的体系。在新时代中国特色社会主义廉政文化建设中要积极推动廉政文化进企业，一是提高企业对廉政文化的认识，加强对企业廉政文化建设。要把企业廉政文化建设放在企业文化建设的重要位置，把企业廉政文化建设作为企业廉政建设和反腐倡廉建设的重点来抓，提高对廉政文化建设的认识和重视；二是在企业内部建立廉政文化工作制度和廉政文化工作领导部门，把廉政文化建设纳入企业文化建设的总体规划中去，加强对廉政文化建设的管理，扎实推进企业廉政建设。三是培育企业廉政文化理念。企业可以结合实际情况，培育"廉洁从业、诚实守信、行为规范"为核心的企业廉政文化理念，通过多种宣传教育方式，对企业员工进行教育熏陶，潜移默化的影响员工的廉政意识。四是完善企业民主监督机制。将企业廉政文化建设与民主管理相结合，拓宽企业员工的民主监督渠道，充分发挥企业员工在监督过程中的积极性和主动性；完善企业内部管理制度，从机制和制度上筑牢反腐倡廉，预防职业犯罪。

6. 推动廉政文化进农村。在新时代中国特色社会主义廉政文化建设中，推动廉政文化进农村，就是要使廉政文化渗透到农村各个生活领域和日常生产中，积极发挥廉政文化在净化民风、弘扬正气的作用。在新时代中国特色社会主义廉政文化建设中推动廉政文化进农村：一是加强对农村干部的党风廉政教育。通过对农村干部的党性教育、廉政文化教育等，增强其遵纪守法、廉洁自律、公正办事意识，规范农村党员干部的行为。二是加强村民的廉洁文化教育和监督意识的培养。村民是农村主体，是廉政文化的得益者。要不断加强村民的廉洁文化教育和监督意识的培养，发挥村民监督的主体作用。三是加强民主监督。建立健全基层民主决策制度、党务公开制度等，规范村干部的用权行为；对于涉及村民利益的事项，则应该由村民进行民主表决，避免出现村干部独权专断的现象，以此保证村民的表决权和知情权。四是发挥农村文化阵地的作用。组织开展村民喜闻乐见的廉政文艺晚会，加大对农村的正面宣传引导，努力清除农村落后、腐朽观念，破除农村陈规陋习，用先进的、健康的廉政文化占领农村思想阵地，推动农村廉政文化建设工作。

（五）加强权力监督，构建廉政文化建设体系

党的十九大报告中也明确指出："坚持全面从严治党，健全党和国家监督

体系，健全党和国家监督体系……构建党统一指挥、全面覆盖、权威高效的监督体系，把党内监督同国家机关监督、民主监督、司法监督、群众监督、舆论监督贯穿起来，增强监督合力。"[1]

　　权力运行如果得不到有效监督和制约，必然会滋生腐败，从而影响廉政文化建设发展。新时代条件下，建设中国特色社会主义廉政文化，形成廉政的社会氛围，就必须加强权力监督，对权力进行制约，防止权力滥用和减少腐败现象的发生。要把党内监督、党外监督、社会监督和舆论监督结合起来，增强监督意识，凝聚监督合力。在新时代中国特色社会主义廉政文化建设中，加强权力监督，增强监督合力，构建廉政文化体系闭环，践行廉政文化是中国特色社会主义廉政文化建设的目标和结果。

---

　　[1]　习近平：《决胜全面建成小康社会 夺取新时代中国特色社会主义伟大胜利》，人民出版社2017年版，第66~67页。

第十四讲　执纪问责的主体与工作方式

西北政法大学纪检监察学院副教授　马思洁

　　中国共产党自成立之初就非常重视党的建设，问责制本身起源于西方的人事管理制度，为加强党内建设，创新党组织内部的管理制度，问责制度被引入到党的内部管理体系当中，党的独特权力结构和该制度完美地结合起来，建立了党内问责制度。中国共产党党内问责制，即指在中国共产党内部要求党的领导机关和领导干部对其职责履行情况进行说明与解释、并对其违反职责要求的行为承担党内责任的制度。[1]

　　党章第 42 条第 1 款规定每个党组织都负有坚决维护和严格遵守党的纪律的重大责任，任何党的组织在遵守、维护党纪上出现不认真负责本职工作的情况，都要接受严肃的责任追究处理。这是党第一次明确地提出责任追究问题。在这之后将近 40 年的发展过程中，这个制度被不断地创新和完善，对于党建质量的提升、党执政能力的提高以及国家治理体系和治理能力的现代化都贡献了积极有效的制度支撑。党的十八大以来，以习近平总书记为核心的党中央加强管党治党，不断推进党风廉政建设，持续强化党内问责的力度与深度，由此对党内政治生态起到了强有力的净化作用。党的十九大在中国特色社会主义进入新时代后，对如何推进伟大事业和党建进行了全面、严密的部署工作，在这一阶段，党内问责这一制度也得到了突破性的发展。党中央修改了《问责条例》，这次的修改着重解决的正是修改前存在的问责不到位、程序不规范、问责泛化简单化等问题。2019 年 9 月 1 日，新修订《问责条例》

---

　　〔1〕　王一星：《论新时期中共党内问责的制度体系》，载《长白学刊》2011 年第 1 期。

颁布施行，针对 2016 年《问责条例》的缺失和不足进行了全面的完善。

一、《问责条例》修订亮点

（一）追究全面从严治党的主体责任、监督责任和领导责任

全面从严治党首先要在意识层面予以重视，对于每个部门、每级组织应当承担什么责任都必须予以明确区分，明确管党治党的重要性并且不断加强力度，在行动方面一定要重视责任的追究，健全责任追究的制度体系，权力和责任是一体的，如果仅赋予权力，仅把从严治党停留在喊口号的阶段，那么全面从严治党是根本建设不起来的。必须加大对于没有完全担负责任情况的问责力度，只要存在失责情况就必然对其进行问责，全面从严治党的主体责任必须得到坚决的落实。新修《问责条例》仍然严格遵循全面从严治党的思想，并且得到了新的发展，要求对于问责工作性能进行全面的提升，主要包括政治性、精准性和实效性三个方面，对如何进行规范问责作出详细的规定，强调追究政治责任一定严格。新修《问责条例》第 4 条、第 6 条对各个责任主体应当承担什么责任作出了细化规定，主要的责任主体有：党委、纪委和党的工作机关，他们在全面从严治党中分别担负着主体责任、监督专责和监督责任，即主体责任在于党委，监督责任在于纪委，党委要全面领导管辖区域内的问责工作，纪委的工作定位是协助党委，党的工作机关对本机关内部的问责工作担负严格责任。除去党组的责任，党组内部成员也担负着重要的责任，其中领导班子在其职责范围内需要担负全面领导的责任，主要的负责人以及直接主管的班子成员需要承担的是主要领导责任，其他一些参与工作、决策的成员需要担负重要领导责任。这些条文对于全面从严治党不同问责主体的责任进行了具体细化规定与区分，明确规定党组内部成员不同责任及职责范围，对于 2016 年《问责条例》中主体间责任不明、成员间领导责任范围不清的问题进行了完善。这对于每个部门、每级组织应当承担什么责任都进行了区分明确，大力推动了责任的落实，使得从严治党问责主体权责一致，凡是出现失责情况就一定要追究，凡是问责一定要从严，要让全民从严治党成为反腐利器，提升全面从严治党制度安排的权威性。

（二）上级党组织可以直接启动问责调查

从问责程序条款来看，2019年新修《问责条例》对于问责程序中的每个方面都予以细化，进行了更加周密的安排，使得程序中的各个环节衔接更加紧密更加协调。新增第9条、第10条、第11条、第14条和第15条内容，对不同问责主体启动问责调查的程序进行了细化区分，将党的领导的原则贯穿于问责调查的程序中，强化了上级党组织对问责工作的领导和监督。有权启动问责调查程序的主体有三类，第一类是党委（党组），第二类是纪委，第三类是党的工作机关。这三类主体启动调查程序还需要履行必要的手续，也就是主要负责人的审批。如果是第二类主体想要对其同级党委直接领导下的党组织及其主要负责人展开调查的，那么就需要其同级党委的主要负责人审批之后再启动程序。这主要是为了保障问责调查的启动权限一直掌握在党组织的手中，问责调查启动的一般程序要求必须经过本单位主要负责人审批，特殊程序是指第二类主体和第三类主体启动对于同级党委直接领导下的党组织及其主要负责人的调查程序需要经过同级党委主要负责人的审批。这样安排调查程序的启动一方面强化了党的领导，另一方面也符合纪委现行双重领导的体制。另外如果负有追究责任的主体对于应该启动调查程序却没有及时启动的，其上级的党组织有权责令有管理权的党组织启动调查，如果根据问题性质上级党组织可以自行直接启动问责调查程序的，也可由其直接发起，或者根据工作的需要由其指定给其他的党组织发起。该条规定增加了问责调查中的一般管辖、提级管辖以及指定管辖的规定，通过严格规范问责调查程序启动的审批与批准，强化党组织对于问责程序启动的领导与监督，层层压实问责主体责任，完善了2016年《问责条例》问责程序启动规定的缺失问题。

（三）问责调查必须成立调查组，调查对象须签署意见

2019年新修《问责条例》新增第10条、第11条，对问责调查启动后不同阶段的程序进行了具体细化的规定。首先应当针对此次调查成立一个调查组，明确调查组在调查过程中必须遵循党纪法规，把相关党组织、党领导干部的失职失责情况调查清楚是进行调查的目标，在调查中针对不同情况要进行严格的区分，查清到底是执行不当还是执行不力，又或是完全不执行的问

题。充分考虑问责对象的主观情况，区分失职失责的原因。当调查组把相关的事实情况都调查清楚之后，应当撰写事实材料，为了保证事实材料的真实性以及程序的正当性，必须要和调查对象见面，如果该调查对象有其他申述或者申辩的，不能不予理会，应当听取并且将其记录在事实材料当中。这是对于问责调查报告程序和内容的规定，本次修订中规定了问责对象的陈述、申辩权利，这是有效保障党员领导干部合法权益的创新举措，也是树立制度公信力与权威的重大举措，有利于核实调查对象的失职失责情况，保证调查质量。如果被调查的对象有合理的意见，那么就应当采纳。事实材料撰写完毕后需要送达给调查对象，由其在材料上签署自己的意见，这有效保障问责调查的真实性，防止问责调查流于形式和简单问责情形的出现。为了贯彻民主集中制以及落实"集体决定"的原则，调查组在调查工作结束之后应当对有关情况进行集体的讨论研究，在此基础上作出调查报告，调查报告还需要履行严格的审批手续，即需要调查组长和有关人员的签名，这保障了调查报告能够博采众长进而形成正确的处理意见。党的领导的原则贯穿了调查程序的全过程，严格调查结果的审批程序，为同级党委对问责调查结果进行审核提供了制度依据。

（四）终身问责，但对一些改过自新的干部仍应大胆提拔重用

新修《问责条例》在第 11 条中规定了终身问责的制度，即对于一些责任人失职失责情况恶劣、造成了严重后果，不管其现在的任职情况，无论是调离转岗、提拔还是已经退休的，都要对其进行严肃的追责。实行终身问责，督促各级党组织和党的领导干部强化责任意识、激发担当精神，约束领导干部积极履行职责，使其不敢腐、不能腐、不想腐，这对于新时代全面从严治党具有重要意义，也给反腐败斗争提供了基本的遵循。

对于党员干部的管理来说，一方面要对其严格要求，从思想层面再到行动层面都要严格约束，但另一方面要认识到他们是治理国家的栋梁与人才，要对其给予厚爱，新修《问责条例》贯彻严管厚爱的干部管理方针，激励干部担当作为，对于党员权利的保障也更加完善。权利与义务是一组相对词，对于党员干部也不能只对其严格要求义务，而不保障其权利的正常行使。新

修《问责条例》增加了第 17 条、第 18 条和第 19 条，详细规定了从轻或者从重问责的情形，针对什么情况下可以从轻减轻、从重加重、不予或免于问责的情形作出详细的区分。党组织、党的领导干部作为问责对象，同时其也是推进地方政治、经济建设的重要力量，对其一味地只讲惩戒，难免会使其战战兢兢不敢作为。如果想要改善官员不作为，一个重要的手段就是对其进行激励，对于干部们在积极进取、创新发展过程中出现的一些错误和明知故犯的恶劣行为区分对待。所以对于党组织、党的领导干部在工作中出现的问题要准确的进行原因分析，区别不同的情况，对于那些积极进取、创新发展的干部要进行保护。新修《问责条例》在全面贯彻从严问责的前提下，完善对于领导干部的正向激励机制，鼓励党员干部积极进取，创新推动发展。对于如何最大限度地调动干部的积极性、主动性和创造性，激发领导干部们创业的热情，对于干部的日常管理，一方面要强调用纪律去严格约束，各级干部都应当依照党章、党纪法规自觉约束自身行为与作风，积极作为，不滥用权力，另一方面要热情的关心干部，为干部创造一个良好的工作环境，保障其日常生活的待遇，让其能够安心工作，这两个方面要结合起来缺一不可。党的十九大报告中提出了要"建立激励机制和容错纠错机制"，中央也出台了专门的文件激励干部担当作为，这都有助于良好制度环境的形成，从而激励干部勇于作为。新修《问责条例》对此作出了进一步的完善，在第 18 条中规定了问责中如果问责对象及时地采取了补救措施，有效地挽回了损失、消除了不良影响，或者态度端正积极配合调查，主动担责的，那么就可以考虑对其从轻、减轻问责。这是对问责容错的体现，但同时容错也并不是无底线的，第 19 条规定列举了应当从重、加重问责情形，例如拒不执行党中央、上级党组织多次强调的指示要求，不积极配合问责调查、弄虚作假，不主动承担责任的。但是也要正确对待一些影响期满、表现较好的干部，第 22 条规定对于这些干部如果有符合相应条件的，可以继续按照干部选拔任用的有关规定继续正常予以任用。这是问责纠错机制的体现，帮助激励失职失责的党员干部改正错误，是贯彻十九大建立激励机制和容错纠错机制精神的重要制度保障。

二、问责主体及对象

（一）问责主体

党内问责制是一个制度体系而不是一项单一的制度。它由党内各项制度中涉及党内职责、党内义务、党内纪律、党内道德、党内监督、党内考评、党内责任追究、党员权利、党内权力结构等相关问题的制度规定共同架构而形成。[1]党内问责制的主要构成要素主要包括问责主体、问责对象、问责情形、问责程序、问责结果等内容[2]。所谓的问责主体指的是拥有问责程序发起和启动权力的主体，既可以是一个组织，也可以是个人。

2016年的《问责条例》规定了有权启动问责调查的主体是党组织，由其负责对有关的党组织及党员干部进行监督，并且在发现存在有关问题时进行责任的追究。但是对于"管理权限"的内涵、范围并没有明确的规定，所以导致党内问责主体的范围不清。在该问责规定实施之后，确实大大增强了党内组织以及党员干部们的责任意识，一定程度上改变了以往责任意识淡薄的问题，尽管如此，在问责工作中还是存在一些问题，例如问责的实施主体较为单一，很多时候只有纪检监察机关在承担问责职责，出现了纪委"包打天下""一把快刀什么都要砍"的现象。存在一些党组织和领导干部在问责中严重缺位的现象，普遍存在的一种想法就是既然纪委是专门的监督机关，那么问责就只是纪委的事情，与他们无关，当然也就不会积极主动地行使问责的有关职责。因为这种情况的大量存在，新修《问责条例》作出了针对性的修改，对三类主体应当承担什么责任以及它们彼此之间的关系作出了具体的规定，第一类主体履行的是主体责任；第二类主体应该承担的是监督专责，要协助第一类主体开展问责；第三类问责主体主要负责的是其本机关内部的问责工作。新修订的《问责条例》细化了问责主体的内涵，明确规定了问责主

---

〔1〕 王一星：《论新时期中共党内问责的制度体系》，载《长白学刊》2011年第1期。

〔2〕 吕永祥、王立峰：《当前党内问责制存在的突出问题及其解决路径——基于问责要素的系统分析》，载《社会主义研究》2017年第5期。

体的种类范围，同时对其各自的职责范围作出了明确的规定。通过细化主体职责，能够压实管党治党的政治责任，坚持全面从严，一严到底。严格将《问责条例》贯彻落实，就需要各级党委（党组）切实地承担起主体责任，对于其管辖范围内的问责工作必须加强领导。全面从严治党从根本上是要求各级党组织以及党员干部都能按照规定主动承担起各自的职责，对于职责范围内的工作要积极作为，勇于承担责任，不同主体、不同级别间的责任要有所区分并且分别落实。加强对于问责工作的监督，对不积极承担主体责任、消极问责的要及时纠正，对滥用权力造成严重后果的要严肃问责。各级纪委及派驻（派出）机构负责协助党委开展问责，履行的是监督专责，如果在问责工作中发现了问题，那么需要向同级党委和上级纪委及时地进行报告并且提出相应的建议。对于问责工作中发现的问题要敢于担当、敢于监督和敢于负责，有力的推动主体责任、监督责任、领导责任的落实。党的工作机关既是政治机关也是执行机关，负责党中央和地方各级党委各类决策的落实，在问责过程中要切实地担负起管党治党的政治责任，敢于问责、善于问责，把制度的刚性立起来。上述这三类主体需要协调一致，自觉地把思想和行动统一到中央的要求上，对党内问责工作的建设予以全面的重视，根据各自的职责承担落实不同的责任，把从严治党的压力依级传递到每一层，压实从严治党责任，保证真正做到敢管敢严、真管真严、长管长严这 12 字要求，确保管党治党更加严格并取得良好的治理效果。

（二）问责对象

问责对象是问责活动所针对的对象，也是导致问责情形发生的客体。[1] 2016 年《问责条例》第 4 条主要规定了三类问责对象，在这些问责对象中，问责的重点就是"关键少数"，也即主要负责人。该条虽然列举了问责对象，但是没有确定问责对象的责任界限，导致实践中出现一些党员干部推卸责任的情形。2019 年《问责条例》明确问责对象就是党组织、党的领导干部，对问责对象的范围进行了更加详细的规定，主要就是党委（党组）、党的工作机

---

[1] 吕永祥、王立峰：《当前党内问责制存在的突出问题及其解决路径——基于问责要素的系统分析》，载《社会主义研究》2017 年第 5 期。

关、纪委、纪委派驻（派出）机构及其领导成员。总的来说可以将其归为上述这"三类组织"以及他们的领导成员，问责对象中的"两个关键"是党组织和党的领导干部，问责对象可以分为两大类。

1. 各级党委（党组）、党的工作机关及其领导成员。《问责条例》强调在全面从严治党严肃问责的过程中，追究的是存在失职失责情况有关组织和领导干部三个方面责任，包括主体责任、监督责任、领导责任。在这其中履行主体责任的是党委（党组），根据权力与责任对应一致的要求，主体责任的问责对象就是负有主体责任的各级党委（党组）、党的工作机关及其领导成员。

（1）主体责任的问责对象是各级党委（党组）、党的工作机关及其领导成员。各级党委（党组）、党的工作机关及其领导成员负主体责任，就意味着他们在全面从严治党的过程中所承担的是一种全面的、综合的责任。2016年《问责条例》颁布之后，根据中央巡视组公布的巡视反馈情况中，"党的领导弱化"是巡视单位普遍存在的问题。在不少地方、部门和单位，党组织不同程度出现作用弱化、地位虚化、功能空化等问题，削弱了纵览全局、协调各方的领导核心作用。[1]党委主体责任严重缺位的典型案例就是陕西秦岭别墅违建事件，该违建行为严重破坏了秦岭的生态环境，造成了极大的损失，习近平总书记针对此先后6次作出了重要的批示，但是，陕西省委、西安市委对此仍然不闻不问消极作为，导致违建行为不能及时得到制止，生态环境破坏严重。

为了在党内问责中突出问责重点，抓住"关键少数"，新修《问责条例》规定对于领导班子内部的不同成员间也有明确的责任划分，其中主要的领导责任由主要的负责人和直接主管的成员担任，如果是参与决策和工作的成员，在其职责范围内承担的是重要领导责任，领导班子在整体层面上担负全面的领导责任。不仅明确问责对象的类型，对于各问责对象所要承担领导责任的范围也进行了限制，在问责工作中明确主体职责，抓住"关键少数"，能够确保问责工作的有效实施。党委的主体责任包括三个方面，分别是领导班子的

---

〔1〕《党的领导更加坚强有力》，载《人民日报》2017年10月9日，第1版。

集体责任、主要负责人的第一责任、分管领导班子成员的领导责任。该主体责任的内容具体指的是党委要加强对于各方面的领导，在干部选拔方面要做到公平公正，选拔一批有才能、有担当的领导干部，防止"用人唯亲"以及裙带关系等问题的出现。对于党员干部日常工作以及生活作风上强化监督，重视日常教育，规范党员权力的行使，发现违法违纪问题一定要予以重视，及时处理。严格落实党委的主体责任，需要从思想教育层面予以重视，重点完善制度建设，严格责任追究是落实党委主体责任的核心。

党委中主要由领导班子负责领导日常工作，所以其应当承担的是全面领导的集体责任，在领导班子中还区分主要负责人，也就是党委（党组）书记，其是第一责任人就应当履行相应的职责，约束自己做好表率，带领好集体，推动领导班子中的其他成员全面落实主体责任。领导班子中的其他成员要积极承担责任，对属于自己职责范围内的任务担负起主要领导责任，把党的领导贯穿始终、全面落实。各级的党组织都需要切实的承担起管党治党的重要责任，要做实事而不是只停留在喊口号的阶段，认识到如果不能积极履行管党治党的职责那就是严重的失职行为，要从思想认识层面重视全面从严治党的要求，在党组织内部思想、组织、作风等各方面建设中承担从严治党的主体责任，党委作为表率要将责任细化并按照级别依次传递给下级，做到每一级都能严格落实责任。

（2）领导责任的问责对象是领导班子主要负责人和班子成员。新修《问责条例》第6条对党组织内部各成员分别担负什么职责作出了明确的规定，强调对于不同责任的区别划分。领导班子承担的是全面领导的责任，其主要负责人是责任承担的第一人，对于有关的重大工作事项都应当履行领导责任。主要的领导责任指的是对主管的任务完全不履行、没有正确履行应有的职责由此对后果、损失承担的直接责任，重要的领导责任指的是在其应当管理或者参与决策的工作中完全不履行、没有正确履行应有的职责由此对后果、损失承担的一种次要领导责任。例如青海玉树某县教育局多年以来违规选拔任用工作人员，随意调换工作人员的岗位，既不向同级政府请示，对于人员选拔的程序和结果也不向外公开，一直进行暗箱操作，该县教育局党委书记、局长忽视日常工作教育及思想作风建设，相关纪检人员没有认真履行职责，监督流于形式，该承担的主体责任和监督责任全部缺位，因此均受到了党内的警告处分。明确领导责任，要正确区分其与直接责任的区别。所谓的直接责任指的是，由于行为人怠于行使自己的职责所以造成了严重的后果，领导责任的承担者与直接责任者之间是一种领导与被领导、管理与被管理的关系，并不是领导责任的承担人造成了损失以及后果，他的行为对该后果没有决定性的作用，但即便如此，他的行为与损失后果之间仍然存在一定的因果关系，是该后果发生的重要条件。[1]例如湖南某市委原书记在明知该市原副书记作风混乱、随意插手工程项目建设并且吸毒的情况下，因为不想得罪人，所以一直不闻不问，既不抓紧日常思想建设，又不履行从严治党的主体责任，对于组织内部出现的问题不重视、不作为，因此受到了党内严重警告处分。

2. 各级纪委、纪委派驻（派出）机构及其领导成员。监督、执纪和问责一直以来都是党章赋予纪律检查委员会的职责和任务。党章第 46 条明确规定了党的各级纪律检查委员会就是党的专门监督检查机关，它的主要任务就是负责监督、纪律执行和问责。这三方面的任务是对纪委自党的十八大以来的工作进行的概括，也是习近平总书记对纪委提出的重要要求，他曾在十八届六中全会上强调纪委是承担党内监督职责的重要力量和专门机构。党的十八大以来，在党中央坚强领导下，各级纪委不断强化监督执纪问责，并且取得了新进展新成效。重视党的作风建设、纪律建设，善于运用监督执纪"四种形态"防治腐败问题，督促落实管党治党责任，制定问责条例，凡是出现失职失责的问题就一定要受到追究，追究一定要从严。根据党章，各级纪委的监督责任可以概括为"三项任务"和"六项经常性工作"。"三项任务"概括起来就是维护党章以及其他党内法规、落实政策的执行情况、推进从严治党的反腐败工作。经常性的工作包括对党员开展经常性的教育、对党组织及成员的履职情况进行监督、处理违反规定的案件、进行问责、受理申诉或控告、保障党员的权利这六个方面。如果纪委在履行监督执纪职责中失职失责，那么各级纪委、纪委派驻（派出）机构及其领导成员就要负监督责任。监督、

---

[1] 本书编写组编写：《党内问责工作要义与典型案例》，中国方正出版社 2020 年版，第 88 页。

执纪、问责这三项职责彼此是相互促进和相互联系的关系，对于党内监督发挥着极其重要的作用。这三项职责的定位存在区别，其中监督是首要的职责，纪委作为党内监督的专门机构，自然应当把强化党内监督、防治腐败作为首要的任务。纪律执行是最主要也是最重要的手段，执行党的纪律主要指的是党章以及党内法规，只有用制度作为准则去衡量党员的行为，才会得出正确的判断。问责是一种保证，只强调教育没有责任追究的监督是没有任何权威性与强制力的，对违反党纪的行为进行严肃的责任追究，既是对行为人自身的惩戒，也是对其他党员的教育。全面发挥纪委的作用，这三项职责缺一不可。在疫情期间，大理市因违法征收防疫口罩被云南省纪委监委立案调查，其中大理市纪委监委因履职不到位被问责，大理市委监委被给予通报问责，被责令作出书面检查。此外，大理市纪委书记、市监委主任张琮受到诫勉问责。

三、问责方式及流程

（一）问责方式

根据现有的各类问责规定，共计有 14 种不同的问责方式，对于问责的方式规定的较为全面，但是这些问责方式散见于各种规定中，较为散乱。新修《问责条例》有效解决了问责规定"碎片化"的问题，将现有党内法规制度中 14 种问责方式调整概括为 7 种：针对党组织的问责方式精简为 3 种，分别是检查、通报以及改组，针对党员干部的问责方式被精简概括为 4 种，分别是通报、诫勉、组织调整或者处理以及纪律处分。相关的党内法规已经明确规定了上述这些问责方式，在现实生活中这些问责方式也已经得到了普遍的运用，在实践中，有单独适用以上某种问责方式的，也有根据具体情况选择合并适用的。新修的《问责条例》主要是对现有的各种问责方式加以规范，实现了与其他党内法规的有机衔接，解决党内法规和规范性文件中问责方式杂乱无序的问题，使得问责方式更加规范化，更具有操作性，有利于防范泛化问责、简单问责的问题。

1. 对党组织的问责方式。根据党组织失职失责情况的危害及严重程度不同，可以采取以下几种方式进行问责，主要包括：

（1）检查。检查要求必须是书面形式，检查是针对情节较轻失职失责的问责方式，不会通报。

（2）通报。党内通报是中国共产党在党内进行批评的一种方式。是党组织根据管辖权限将犯错误的党组织的问题在一定范围内予以公布，以达到教育被通报者和广大党员的目的，一般是上级党组织将有关情况以书面形式告知下级党组织或者本级党组织及其成员、群众，但通报不是最终的目的，还要求达到整改的效果。

（3）改组。一些党组织无视法规，对于应当履行的职责不履行，严重地违反了党的纪律造成了重大的后果，对于一些党组织的行为如果难以进行纠正的，那么其上一级党的委员会有权力在查明相关的情况后，衡量问题的严重程度并且对该党组织作出改组或者解散的决定，做出这个决定另外需要履行审批程序，也就是需要再向上一级党的委员会报告，才能正式宣布执行。改组是改变原来的组织或者更换原有的人员，针对严重失职失责行为，情节严重且不能进行纠正的，那么需要对原有的组织或者人员进行改组调整处理，保证党组织功能的正常发挥。

2. 对党的领导干部的问责。根据党组织内部领导干部失职失责情况的危害及不同程度，可以采取以下几种方式进行问责，主要包括：

（1）通报。通报首先需要被通报对象作出书面的检查，然后将其问责的相关情况在一定的范围内进行公开。

（2）诫勉。诫勉的主要方式有两种，以谈话方式进行或者以书面方式进行。

（3）组织调整或者组织处理。在一些情况下由于失职失责情况过于严重，造成了严重的危害后果，那么该领导干部就不适合再担任现职，根据具体的情况可以采取停职检查、责令辞职等措施。

（4）纪律处分。纪律处分需要根据《条例》规定的程序进行。

（二）问责流程

启动程序

一般程序：经本单位主要负责人审批
特殊程序：报同级党委主要负责人批准

调查要求

成立调查组
结合主客观因素，正确区分不同情况
二十四字要求

形成调查报告

与调查对象见面
集体讨论后形成调查报告
调查报告必备要素

作出问责决定

党组织作出兑现决定
纪委、党的工作机关问责需经批准

问责执行

问责决定及时向领导干部及党组织宣布并督促执行
问责情况向纪委和组织部门通报
组织调整或组织处理的，手续应当在1个月内办理完毕

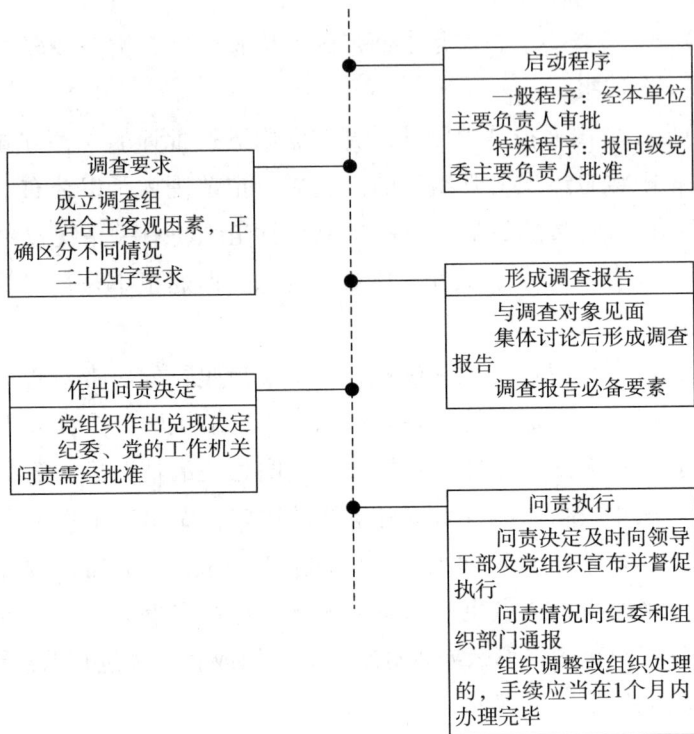

1. 设置问责调查启动程序。新修《问责条例》第 9 条规定除去一些已经被立案审查的对象，其他需要进行问责调查的，都应当启动问责调查程序。如果是党委（党组）作为问责主体的，那么需要其负责人审批之后才能启动调查程序，如果是纪委和党的工作机关作为问责主体，那么需要经过其同级党委主要负责人批准后才能启动问责调查程序。在问责调查程序的启动中，坚持党的领导以及党管干部的原则。上级党组织对于下级党组织有监督职责，如果下级出现了不履行或者不认真履行职责的情况，上级有权责令有管辖权的组织启动，在一定的情况下，上级也可以直接启动或者指定其他的组织启动。

2. 明确问责调查要求。新修《问责条例》第 10 条规定了问责调查中的调查要求，为问责程序提供了具体遵循，使得问责更具有操作性，并且这些

程序要求有效防止了问责不力或者简单化问责情况的出现。首先应当针对此次调查成立一个调查组，保证问责不流于形式。问责调查的原则是依规以及依法开展调查，问责过程中要遵循党规党纪以及法律，不能凭借个人好恶随意进行。查清问责对象的失职失责情况是调查的最终目标，在调查过程中要结合主客观的影响因素，对调查对象失职失责的不同情况进行正确的区分。"执行不当"是主观上想正确执行，但是执行过程中出现了偏差；"执行不力"是主观上的重视不够，导致客观结果不理想，主观错误程度较"执行不当"严重；"不执行"是主观上完全不重视，完全没有履行职责，是严重的失职失责行为。调查组需要综合考虑问责对象的主观情况，才能精准提出处理意见。问责调查的具体要求是"事实清楚、证据确凿、依据充分、责任分明、程序合规、处理恰当"。

3. 规范问责调查报告的形成程序和内容。新修《问责条例》第 11 条规定了问责调查报告的形成程序以及内容。在相关的事实情况都被调查清楚之后，应当将其形成书面材料，为了保证事实材料的真实性以及程序的正当性，调查组必须要和调查对象见面，对于调查对象的陈述或者申辩一定要记录下来，如果有合理地意见那么就应当采纳。事实材料撰写完毕后需要送达给调查对象，由其在材料上签署自己的意见，这主要是为了有效保障问责调查的真实性。调查组应当在调查结束之后，通过集体的讨论决定最终形成调查报告，调查报告中应当记录此次调查的主体和被调查对象、调查的过程、事实情况以及处理意见等基本的调查情况，该报告在经过调查组组长、有关人员签名后，还需要履行审批手续。调查组集体讨论，遵循了"集体决定"的原则，也能集思广益，汇集有效的处理意见。调查报告需得列明相关情况并且履行审批手续，确保在集体决定的基础上形成调查报告，保证调查报告的真实性。

4. 严格问责决定审批程序。新修《问责条例》第 12 条规定问责调查的决定审批程序，决定最终是由党组织作出。纪委和党的工作机关不论对党组织或者党员干部采取怎样的问责方式，都必须经过同级党委或者主要的负责人批准，这样做是为了在问责工作中贯彻党的领导，强化对于纪委、党的工作机关问责工作的审核。如果需要采取改组的问责方式，那么需要根据党章和有关的党内法规规定的程序进行。

5. 紧盯问责决定执行。新修《问责条例》第 13 条规定了问责决定的执行程序，不论是对党组织还是党员干部问责，都应当向他们自身及其所在的党组织宣布情况，并且督促问责的执行。除此之外还应当把情况通报给纪委和组织部门，之后由纪委将其问责的情况归入到廉政档案中，组织部门归入人事档案并且报上一级的组织部门进行备案。问责的执行同样是有时间限制要求的，一般限期是 1 个月。

6. 强化问责整改。根据新修《问责条例》第 14 条的规定，问责的对象应当吸取教训及时改过，问责主体应当加强监督，防范其他失职失责问题的出现。问责不是单纯地强调惩罚，而是通过对问责对象的惩罚教育其他的党员干部，推动其积极承担责任，将从严治党责任真正落实到实处。

第十五讲 以强有力的政治监督确保"两个维护"

西北政法大学纪检监察学院讲师 岳智慧

坚决维护习近平总书记党中央的核心、全党的核心地位，坚决维护党中央权威和集中统一领导，是党的十八大以来我们党形成的重大政治成果和宝贵经验，是全党在革命性锻造中形成的共同意志，是党的最高政治原则和根本政治规矩。纪检监察机关作为党中央领导下管党治党的重要力量，作为党内监督和国家监察专责机关，以强有力的政治监督确保"两个维护"是根本职责使命。进入新发展阶段，我国将面临复杂严峻的环境和艰巨繁重的任务，为防范化解思想涣散、纪律松弛风险，保证全党紧密团结在以习近平同志为核心的党中央周围，保障党的基本理论、基本路线、基本方略和党中央重大决策部署贯彻落实，纪检监察机关必须旗帜鲜明坚持党的全面领导、维护党中央权威，精准有力开展政治监督，心怀"国之大者"，把握大局、判明大势、抓住大事，做到党中央决策部署到哪里、监督检查就跟进到哪里，促进各级党组织和广大党员干部不断增强"两个维护"的政治自觉，在新征程中统一意志、统一行动，步调一致向前进。

一、"两个维护"是新时代政治监督的根本任务

办好中国的事情，关键在党。实现两个一百年奋斗目标，实现中华民族伟大复兴，关键在中国共产党坚强有力的领导。坚持和加强党的全面领导，最根本的是要维护党中央权威和集中统一领导。习近平总书记深刻指出："党的历史、新中国发展的历史都告诉我们：要治理好我们这个大党、治理好我

们这个大国，保证党的团结和集中统一至关重要，维护党中央权威至关重要。"[1]《关于新形势下党内政治生活的若干准则》指出："坚决维护党中央权威、保证全党令行禁止，是党和国家前途命运所系，是全国各族人民根本利益所在。"[2]事在四方，要在中央。坚持和加强党的全面领导，最重要的是坚决维护党中央权威和集中统一领导；坚决维护党中央权威和集中统一领导，最关键的是坚决维护习近平总书记党中央的核心、全党的核心地位。历史和实践充分证明，"两个维护"是党和国家取得历史性成就的根本保证。

2020 年在中国历史上是极不平凡的一年。新冠疫情突如其来，政治、经济、军事、外交等领域挑战风高浪急，打赢脱贫攻坚战役、全面建成小康社会任务艰巨。面对严峻复杂的国内外形势，在习近平总书记领航掌舵和党中央统领指挥下，全党全军全国各族人民迎难而上、攻坚克难，打赢新冠疫情防控阻击战，取得脱贫攻坚全面胜利，如期实现全面建成小康社会目标。伟大成就彰显了中国共产党的领导是中国特色社会主义制度的最大优势，彰显了"两个维护"是坚持和加强党的全面领导的核心要义。

坚定"两个维护"，既要靠各级党组织和党员干部思想和行动自觉，同时也需要专责机关加强政治监督。纪检监察机关是党的政治机关，是全面从严治党的专责机关，监督是纪检监察机关首要职责和基本职责，政治监督是监督职责的重中之重，政治监督的根本任务是确保"两个维护"。《中国共产党党内监督条例》明确，纪律检查机关是党内监督的专责机关，党内监督的八项主要内容中，三项都是与"两个维护"直接相关的，即：维护党中央集中统一领导，牢固树立政治意识、大局意识、核心意识、看齐意识，贯彻落实党的理论和路线方针政策，确保全党令行禁止情况；坚持民主集中制，严肃党内政治生活，贯彻党员个人服从党的组织，少数服从多数，下级组织服从上级组织，全党各个组织和全体党员服从党的全国代表大会和中央委员会原则情况；落实全面从严治党责任，严明党的纪律特别是政治纪律和政治规矩，推进党风廉政建设和反腐败工作情况。与党的纪律检查机关合署办公的监察

---

〔1〕《习近平谈治国理政》（第 2 卷），外文出版社 2017 年版，第 188 页。
〔2〕 法律出版社法规中心编：《最新常用党内法规》，法律出版社 2017 年版，第 53 页。

机关,是行使国家监察职能的专责机关,是实现党和国家自我监督的政治机关。监察机关不是单纯的办案机构,监督是监察机关的首要职责,体现在代表党和国家,依法监督所有行使公权力的公职人员,确保党和国家的路线方针政策贯彻落实,确保"两个维护"同样是监察机关的根本职责使命。

纪检监察机关从成立之日起,初心使命就是加强政治监督,保证党的先进纯洁,巩固党的集中统一。1927 年 4 月 27 日至 5 月 9 日,中国共产党第五次全国代表大会在武汉召开。中共五大报告指出:"我们党目前还不是一个有完善组织的党,而是各个共产主义者的小组……在组织工作方面,最重要的是使中央成为强有力的中央。"[1] 为此,会后中央政治局通过的《中国共产党第三次修正章程决案》第 61 条明确:"为巩固党的一致及权威起见,在全国代表大会及省代表大会选举中央及省监察委员会。"[2] 大会选举产生了党的历史上第一个中央纪律检查监督机构——中央监察委员会,在党的建设史上具有重要意义。

1949 年 11 月,在中华人民共和国成立仅一个月后,中共中央发出《关于成立中央及各级党的纪律检查委员会的决定》,该决定指出:"我们的党,已成为全国范围内执政的党……为了更好地执行党的政治路线及各项具体政策,保守国家的与党的机密,加强党的组织性与纪律性,密切地联系群众,克服官僚主义,保证党的一切决议的正确实施,特决定成立中央及各级党的纪律检查委员会。"[3] 根据该决定成立了以朱德为书记的中共中央纪律检查委员会。随后,党的地方各级纪律检查委员会相继成立。中华人民共和国成立之初,从中央到地方各级纪律检查委员会的建立,为巩固党的执政地位,确保党的路线方针政策的贯彻实施发挥了重要作用。

1955 年 3 月,中国共产党全国代表会议通过《关于成立党的中央和地方监察委员会的决议》。该决议指出:"目前党的各级纪律检查委员会的组织

---

〔1〕 中共中央党史研究室第一研究部编:《共产国际、联共(布)与中国革命档案资料丛书》(第 5 卷),北京图书馆出版社 1998 年版,第 361～362 页。

〔2〕 本书编委会编:《中国共产党历次党章汇编》,中国方正出版社 2019 年版,第 93 页。

〔3〕 中共中央纪律检查委员会办公厅编:《1921～2000 中国共产党党风廉政建设文献选编》(第 8 卷),中国方正出版社 2001 年版,第 44 页。

和职权已不能适应在阶级斗争的新时期加强党的纪律的任务，因此中国共产党全国代表会议决定成立党的中央的和地方各级的监察委员会，代替中央和地方各级的党的纪律检查委员会，藉以加强党的纪律，加强反对党员中各种违法乱纪现象的斗争，特别是防止像高岗、饶漱石反党联盟这一类严重危害党的利益的事件重复发生。"[1]这次纪检监察机构的调整，有力地强化了党中央的权威和集中统一领导，为维护党的纪律权威提供了坚强政治组织保障。

1977年8月，根据中国共产党第十一次全国代表大会通过的党章，恢复设置党的各级纪律检查委员会，"在同级党委的领导下，加强对党员的纪律教育，负责检查党员和党员干部执行纪律的情况，同各种违反党的纪律的行为作斗争。"[2]此后历次修订的党章，都明确了党的中央和地方各级纪律检查委员会的主要任务是：维护党的章程和其他党内法规，检查党的路线、方针、政策和决议的执行情况。党的十九大修订的党章，进一步明确了党的各级纪律检查委员会是党内监督专责机关。

从纪检监察机关的历史沿革可以看出，尽管机构设置有所变化，但是纪检监察机构的核心职能和根本任务都是维护党的权威和集中统一领导，这就是纪检监察机关的初心和使命。党的十八大以来，以习近平同志为核心的党中央以党的政治建设为统领，坚持全面从严治党，各级纪检监察机关坚决履行政治责任，加强监督检查，坚决纠正政治意识淡化、党的领导弱化、党建工作虚化、责任落实软化等突出问题，督促全党做到"两个维护"，为坚持和加强党的全面领导提供坚强政治保证。进入新发展阶段，面对世界百年未有之大变局和中华民族伟大复兴战略全局，纪检监察机关要不忘初心，牢记使命，继续肩负"两个维护"的特殊使命和重大责任，为实现党的奋斗目标凝聚磅礴力量。

---

〔1〕 中共中央文献研究室编：《建国以来重要文献选编》（第6册），中央文献出版社2011年版，第116页。

〔2〕 本书编委会编：《中国共产党历次党章汇编》，中国方正出版社2019年版，第323页。

二、聚焦着力重点强化政治监督

习近平总书记在十九届中央纪委历次全会上强调，要坚持以党的政治建设为统领，坚决维护党中央权威和集中统一领导；加强党的政治建设，保证全党集中统一、令行禁止；要强化政治监督保障制度执行，增强"两个维护"的政治自觉；要以强有力的政治监督，确保党中央重大决策部署贯彻落实到位。这些重要指示精神对加强政治监督提供了根本遵循和科学指南。纪检监察机关紧紧围绕习近平总书记的指示批示精神，对政治监督的重点内容作出具体部署和安排。

（一）加强对学懂弄通做实党的创新理论的监督

中国共产党一经诞生，就把为中国人民谋幸福、为中华民族谋复兴确立为自己的初心使命。一百年来，中国共产党团结带领中国人民进行的一切奋斗、一切牺牲、一切创造，归结起来就是一个主题：实现中华民族伟大复兴。一百年来，中国共产党团结带领中国人民，以"为有牺牲多壮志，敢教日月换新天"的大无畏气概，书写了中华民族几千年历史上最恢宏的史诗。新时代强化政治监督，就是要督促推动各级党组织和全体党员以庆祝建党 100 周年为契机，巩固深化"不忘初心、牢记使命"主题教育成果，把学习习近平新时代中国特色社会主义思想同学习党史、新中国史、改革开放史、社会主义发展史贯通起来，紧扣"学党史、悟思想、办实事、开新局"的要求，坚持学思用贯通、知信行统一，做到内化于心、外化于行，从初心使命中汲取不断前行的力量。督促党员干部提高政治站位，树牢理想信念之基，不断提高政治判断力、政治领悟力、政治执行力，确保始终同党中央保持高度一致。

（二）加强对党章党规党纪和宪法法律法规执行情况的监督检查

习近平总书记指出："我们党要履行好执政兴国的重大历史使命、赢得具有许多新的历史特点的伟大斗争胜利、实现党和国家的长治久安，必须坚持依法治国与制度治党、依规治党统筹推进、一体建设。"〔1〕党章党规党纪和宪法法律法规是中国特色社会主义制度和国家治理体系的重要组成部分，党员干部严格遵守党内法规和国家法律，行使国家公权力的公职人员严格遵守宪法法律，这是坚持依法治国、依法执政、依法行政共同推进的必然要求。"天下大事，不难于立法，而难于法之必行。"任何法律的生命力在于实施，权威性也在于实施。无论是党内法规还是国家法律的实施，都离不开严密有效的监督。纪检监察机关是党内监督和国家监察的专责机关，对党章党规党纪和宪法法律法规执行情况的监督检查是职责所系、使命所在。

纪检监察机关应忠诚履行党章、宪法赋予的神圣职责，严格依规依法监督检查全体党员干部和行使公权力的公职人员履职尽责情况，坚决查处一切违反党内法规和国家法律的错误行为，特别是对那些危害国家政治安全、挑战政治底线的行为更要敢于亮剑、坚决斗争。重点强化对严肃党内政治生活、严明党的政治纪律和政治规矩的监督，督促民主集中制、选人用人、批评和自我批评、请示报告、党的组织生活等制度贯彻执行，增强党内政治生活时代性、原则性、战斗性，坚决防止落实"两个维护"标签化、口号化问题，坚决纠正个人主义、分散主义、自由主义、本位主义等问题，维护党中央的权威。

（三）以强有力的政治监督，确保党中央重大决策部署贯彻落实到位

坚决维护习近平总书记党中央的核心、全党的核心地位，坚决维护党中央权威和集中统一领导，最集中的体现就是不折不扣地贯彻落实党中央重大决策部署和习近平总书记重要指示批示精神。纪检监察机关必须聚焦服务保障"国之大者"，以强有力的政治监督，助力"十四五"规划开局起步，推动党中央重大决策部署高质量贯彻落实到位，做到党中央重大决策部署到哪里，政治监督就要跟进到哪里。围绕推动高质量发展、深化供给侧结构性改革、提高人民生活品质、守住安全发展底线等重大决策，围绕巩固拓展疫情防控和经济社会发展成果、强化国家战略科技力量、增强产业链供应链自主

〔1〕《习近平就加强党内法规制度建设作出重要指示强调　坚持依法治国与制度治党、依规治党统筹推进、一体建设》，载《人民日报》2016年12月26日，第1版。

可控能力、坚持扩大内需这个战略基点等重点任务，围绕解决好"三农"问题、加快农业农村现代化等部署要求，加强监督检查，督促落实到位。健全贯彻党中央重大决策部署督查问责机制，把握重点、盯住难点、疏通堵点，监督推动各级党组织自觉同党中央精神对表对标，凝心聚力做好应变局、育先机、开新局、谋复兴各项工作。

（四）督促推动各级党组织落实全面从严治党的政治责任

习近平总书记深刻指出："办好中国的事情，关键在党。全面从严治党不仅是党长期执政的根本要求，也是实现中华民族伟大复兴的根本保证。我们党要团结带领人民进行伟大斗争、推进伟大事业、实现伟大梦想，必须毫不动摇把党建设得更加坚强有力。"[1]管好治好拥有 9500 多万党员、480 多万基层党组织的大党，必须层层压实全面从严治党政治责任。纪检监察机关是督促落实全面从严治党责任的专责机关，要推动各级党委认真履行全面从严治党主体责任，抓早抓小、防微杜渐，强化日常管理监督，做到真管真严、敢管敢严、长管长严，使全面从严治党成为常态。

认真履行对党委全面从严治党的协助职责。党的十八大以来，各级党委坚决扛起全面从严治党主体责任，管党治党取得明显成效。但是，党委主体责任落实中存在的突出问题不容忽视。比如，有的履行主体责任能力不强，全面从严治党不会抓的现象仍然存在。有的用纪委的监督责任来代替党委的主体责任，存在党委"只挂帅不出征"的问题。推动党委认真履行全面从严治党主体责任，纪检监察机关首先要认真履行协助党委推进全面从严治党的职责。分析研究本地区本部门全面从严治党形势，通过加强内部协作联动，建立监督检查与审查调查、案件监督管理、党风政风监督等部门定期会商机制，通过加强与组织、宣传、巡视、审计等部门的沟通衔接，建立政治生态分析研判的"大台账"，推动信息、资源、力量、手段和监督成果共享，客观全面深入研判本地区本部门政治生态状况，查找管党治党的薄弱环节，特别

---

〔1〕"习近平在参加党的十九大贵州省代表团讨论时强调 万众一心开拓进取把新时代中国特色社会主义推向前进"，载中华人民共和国中央人民政府网，http://www.gov.cn/zhuanti/2017－10/19/content_5233122.htm，访问时间：2021 年 7 月 20 日。

要梳理谋划需要党委担当主抓的重点任务和重要举措，及时向党委提出建设性意见和务实管用的工作方案。通过重大事项请示报告、提出意见建议、监督推动党委决策落实等方式，协助党委落实全面从严治党主体责任，推动党委主体责任、党委书记第一责任、班子成员"一岗双责"、纪委监委监督责任"四责协同"有效运转，形成合力，不断推进全面从严治党向纵深发展。

认真履行对全面从严治党的监督责任。针对一些地方纪委对同级党委履行主体责任中存在的薄弱环节不敢监督、不愿监督的问题，习近平总书记指出，同级纪委要切实担负起监督责任，敢于瞪眼黑脸，定期将同级领导班子成员特别是一把手落实主体责任、执行民主集中制、廉洁自律等情况向上级纪委报告。上级纪委要为下级纪委撑腰打气，打消顾虑。强化上级纪委对下级纪委的领导和指导，认真落实干部提名考察、日常履职考核、查办腐败案件以上级纪委领导为主的要求。同时，纪检监察机关要加强对下级党组织的监督，通过纪律监督、监察监督、派驻监督、巡视巡察监督，深入了解下级党委特别是第一责任人全面从严治党落实情况，及时纠正发现的问题。

三、紧盯"关键少数"提升政治监督效能

习近平总书记指出："从严治党，关键是要抓住领导干部这个'关键少数'，从严管好各级领导干部。"[1]领导干部是我们党治国理政的中坚力量，通过强化上级党组织监督，做实做细同级监督，推动领导干部增强政治意识，带头维护党中央权威和集中统一领导，才能形成"头雁效应"，真正管住"绝大多数"，确保全党步调一致向前进。

把握监督重点。习近平总书记深刻指出："加强党的建设必须抓好领导干部特别是高级干部，而抓好中央委员会、中央政治局、中央政治局常委会的组成人员是关键。只有把这部分人抓好了，才能够在全党作出表率，很多事情就好办了。因此，加强和规范党内政治生活、加强党内监督，必须首先从

---

〔1〕 中共中央纪律检查委员会、中共中央文献研究室编：《习近平关于严明党的纪律和规矩论述摘编》，中央文献出版社、中国方正出版社 2015 年版，第 102 页。

这部分人抓起。"[1] 要把维护党中央权威和集中统一领导作为明确的政治准则和根本的政治要求，在思想上高度认同，政治上坚决维护，组织上自觉服从，行动上紧紧跟随，在政治立场、政治方向、政治原则、政治道路上同党中央保持高度一致，自觉维护党中央权威。党的委员会是党执政兴国的指挥部，"一把手"是党的事业发展的领头雁，在增强"四个意识"、坚定"四个自信"、做到"两个维护"上发挥表率作用，形成头雁效应。针对"一把手"和领导班子成员的政治监督，《中共中央关于加强对"一把手"和领导班子监督的意见》明确了重点，包括对党忠诚，践行党的性质宗旨情况的监督；强化对贯彻落实党的路线方针政策和党中央重大决策部署，践行"两个维护"情况的监督；强化对立足新发展阶段、贯彻新发展理念、构建新发展格局，推动高质量发展情况的监督；强化对落实全面从严治党主体责任和监督责任情况的监督；强化对贯彻执行民主集中制、依规依法履职用权、担当作为、廉洁自律等情况的监督。对各级"一把手"来说，自上而下的监督最有效，党中央要加强对高级干部的监督，各级党委（党组）要加强对所管理的领导干部特别是主要领导干部的监督，上级"一把手"必须抓好下级"一把手"。破解同级监督难题，关键在党委常委会，要用好批评和自我批评武器，增强主动监督、相互监督的自觉。

强化日常监督。督促"关键少数"自觉加强党性锻炼，把对党忠诚、为党分忧、为党尽职、为民造福作为根本政治担当，不断提高政治判断力、政治领悟力、政治执行力。把思想政治工作和群众工作贯穿始终，通过个别谈话、参加民主生活会、提出纪检监察建议等，抓实近距离常态化监督。聚焦职责定位，强化上级纪委对下级党组织的监督，紧盯"关键少数"、关键岗位，围绕权力运行各个环节，完善发现问题、纠正偏差、精准问责有效机制，压减权力设租寻租空间。进一步深化政治巡视，以"两个维护"为政治原则，以"四个意识"为政治标杆，发挥政治巡视"显微镜""探照灯"作用，督促"关键少数"自觉经常同党中央对标对表，校准自己的思想和行动，自觉

〔1〕习近平：《关于〈关于新形势下党内政治生活的若干准则〉和〈中国共产党党内监督条例〉的说明》，载《人民日报》2016年11月3日，第2版。

维护党中央权威。

　　坚持惩防并举。预防和惩治是政治监督的两个重要抓手，在抓早抓小防止"关键少数"出问题的同时，要严明政治纪律和政治规矩，深化运用"四种形态"，对贯彻落实党中央重大决策部署喊口号装样子、只表态不落实的"关键少数"，加大惩治力度，不断增强领导干部政治意识、责任意识、担当意识，带动广大党员干部知敬畏、守底线。

四、推进政治监督具体化常态化

　　强化政治监督，既要把握工作重点内容，抓住"关键少数"，又要具体化常态化抓手，方能做细做实，久久为功，真正取得成效。

　　聚焦政治监督全周期管理，把政治监督落细落实。强化政治监督的针对性，建立健全政治监督任务清单、责任清单、问题清单、落实清单，健全领导干部廉政档案和被监督单位政治生态状况档案，定期形成政治生态建设自评自查报告和政治监督情况报告。定期开展"一把手"政治谈话，完善廉政风险排查，加大民主生活会监督力度，推动政治监督抓早抓小、"第一种形态"落地落实。把政治监督贯穿监督执纪问责、监督调查处置全过程、各方面，综合运用执纪问责、组织处理、纪律处分等手段，对违反政治纪律的检举控告，优先受理、优先办理、优先处置、优先答复。审查调查、审理处置违纪违法案件，要把违反政治纪律方面问题放在首位，做到必审必查。对严重阻碍重大决策部署贯彻落实、严重损害党的执政根基、成为全面从严治党障碍的腐败问题，务必严肃查处、严加惩治。

　　政治监督不能搞运动、一阵风，必须保持定力，实现常态长效。围绕贯彻落实习近平总书记重要指示批示精神和党中央重大决策部署情况，建立监督问责机制。建立健全"四个监督"全覆盖机制，通过参加巡视巡察反馈、专题民主生活会、整改情况回访检查、联动开展日常监督和专项监督等，强化纪律监督、监察监督、派驻监督、巡视巡察监督协作配合。建立常态化政治监督谈话制度，加强对部分重要岗位的监督对象开展例行谈话，当面了解干部思想政治情况和地方政治生态状况。

五、锻造忠诚干净担当的政治监督铁军

打铁必须自身硬。纪检监察机关作为党和国家的专责监督机关，要带头旗帜鲜明讲政治，带头提高政治判断力、政治领悟力、政治执行力，提高把握新发展阶段、贯彻新发展理念、构建新发展格局的政治能力，有效履行以"两个维护"为根本任务的政治监督职责使命。

带头践行"两个维护"。习近平总书记指出："纪检监察机关要带头加强党的政治建设，坚定维护党中央权威和党的团结统一。"[1]纪检监察机关是政治机关，政治监督的重要内容是检查学习贯彻习近平新时代中国特色社会主义思想情况，应当在学深悟透做实习近平新时代中国特色社会主义思想上有着更高的标准、更严的要求。利用回顾总结纪检监察工作光辉历史、宝贵经验契机，深入开展党的优良传统和作风教育，坚守纪检监察机关的初心使命，自觉锤炼忠诚老实、谦虚谨慎、艰苦奋斗、"三严三实"的优良品格，进一步增强"四个意识"、坚定"四个自信"、做到"两个维护"，保障党中央政令畅通、全党步调一致前进。坚持民主集中制，增强制度意识、坚定制度自信、维护制度权威，在坚决维护党中央权威和集中统一领导、坚决执行党和国家各项制度、坚决贯彻党中央重大决策部署上带好头，建设让党中央放心、让人民群众满意的模范机关。

锤炼过硬政治监督本领。系统学习习近平总书记关于全面从严治党的重要论述，加强业务学习，提升业务素质，不断增强谋划工作、推动落实的专业化本领。围绕监督执纪问责和监督调查处置，找准坐标、选准方位、瞄准靶心，做到知责担责履责、聚焦聚神聚力。心怀"国之大者"，坚守初心使命，不断提高"两个维护"的意识、能力和实效。加强政治历练、实践锻炼、专业训练，牢固树立法治意识、程序意识、证据意识，严格按照权限、规则、程序开展政治监督具体工作。

---

〔1〕《习近平在十九届中央纪委五次全会上发表重要讲话强调 充分发挥全面从严治党引领保障作用 确保"十四五"时期目标任务落到实处》，载《人民日报》2021年1月23日，第1版。

加强对纪检监察干部的监督。习近平总书记强调："纪检监察机关要接受最严格的约束和监督，加大严管严治、自我净化力度，针对自身权力运行机制和管理监督体系的薄弱环节，扎紧织密制度笼子，坚决防止'灯下黑'。"[1] 近年来，纪检监察队伍违纪违法情况客观存在。据统计，2020 年全国共谈话函询纪检监察干部 8781 人，组织处理 9573 人，给予党纪政务处分 3117 人，移送检察机关 121 人。2020 年 12 月，中央纪委国家监委办公厅印发《关于加强新时代纪检监察干部监督工作的意见》。该意见从五个方面明确了干部监督工作的主要内容，包括围绕捍卫制度、落实决策、履行责任、行使权力情况强化政治监督，围绕监督重点、基础工作、线索处置和报告、监督调研、制度建设等方面强化日常监督，围绕清理门户和以案促改、以案促建、以案促治等方面强化审查调查，围绕选人用人、落实"三个区分开来"、澄清正名、跟踪回访等方面强化严管厚爱，围绕对下服务指导、与职能部门和外部监督贯通协调等方面强化系统指导。这些监督工作的重点内容具有鲜明的现实针对性和较强的可操作性，为加强纪检监察干部监督工作的领导、管理和监督，以及各级纪检监察干部监督机构专职专责做好监督履职、规范用权、防范风险、惩治腐败工作，提供了基础性、规范性指导文件，必将持续推动建设忠诚干净担当的高素质专业化纪检监察队伍，促进纪检监察工作高质量发展。

---

〔1〕《习近平在十九届中央纪委五次全会上发表重要讲话强调 充分发挥全面从严治党引领保障作用 确保"十四五"时期目标任务落到实处》，载《人民日报》2021 年 1 月 23 日，第 1 版。

第十六讲　地方纪委监委派驻机构履职协调联动机制

西北政法大学纪检监察学院副教授　井凯笛

在中国特色社会主义新时代，面对国内国外形势的变化和要求，加强中国共产党自身建设迫在眉睫，其对中国国家发展具有重大意义。党的十八大以来，从中央改革布局来看，是围绕着全面从严治党展开的，尤其是党的十八届三中全会明确提出了国家治理体系和治理能力现代化，未来也将以此为目标进行权利配置与监督改革。在党的十九大报告中，习近平总书记指出要坚定不移全面从严治党，健全党和国家监督体系，构建党统一指挥、全面覆盖、权威高效的监督体系。派驻机构是各级纪委监委的重要组成部分，也是实行党内监督的重要途径。因此，研究和完善纪委监委派驻制度对于中国反腐事项以及全面从严治党具有理论和实践意义。

其理论意义在于，其丰富了纪委监委派驻制度的理论成果。在纪委监委派驻制度的具体实施过程中一定会出现很多问题，我们可以通过对这些问题的梳理更加深层次的剖析其问题产生的原因，进而在中微观层面丰富纪委监委派驻制度的研究成果。为进一步完善纪委监委派驻制度提供理论依据。在一些纪委监委派驻制度的先试先行地区，其纪检监察体系走在全国前列，在研究这些地区的纪委监委派驻制度的过程中，可以总结出一些具有普遍适应性的规律和原则，为其他地区的纪委监委派驻制度提供理论依据。

其实践意义在于，从古至今，监察制度都是我国法律制度的重要分支，历朝历代对于监察制度的改革与发展都颇为重视。2018年我国进行了第五次宪法修改，在《宪法修正案》中增加了"监察委员会"这一章节，其被写入宪法使监察制度在我国的发展有了重大突破。而我们本课题研究的纪委监委派驻制度是监察制度的重要组成部分。为了贯彻党中央精神，坚决全面从严治党，派驻机构作为党内监督的重要途径，对其进行研究具有深刻的实践意义。首先，为了贯彻全面从严治党，深入推进党风廉政建设以及反腐败斗争，加强派驻监督是实现其的现实需要。在党和国家的治理体系中，党中央处于大脑和枢纽的地位。中国共产党之所以能长期执政，其得益于我党坚持全面从严治党，这是其长期执政的政治优势和经验总结。而派驻监督是全面从严治党的重要制度支撑。必须坚决贯彻中央精神，巩固深化现有的实践创新成果，大力推动我国的反腐败事业。其次，提升党内监督水平是全面从严治党的必然要求，而加强派驻监督是提升党内监督水平的重要举措。党的领导是中国特色社会主义的本质特征，面对国内外的挑战，提高党的自身建设是刻不容缓的。提高党的自身建设就离不开党内监督，提升党内监督的水平，推进派驻机构全覆盖、发挥派驻监督作用，按照党内监督的条例要求，推进派驻机构全覆盖、发挥派驻监督作用，把全面从严治党要求落到实处。再次，纪律检查制度在我国的监察制度中处于重要地位，加强派驻监督是深化党的纪律检查体制改革的重要内容。经过几十年的探索和研究，我国的纪检监察体制日趋成熟，为了进一步的推动和深化体制改革，应当更加完善纪委监委派驻制度，更好地完成新时期下的挑战。最后，随着我国监察制度的不断深化和改革，纪委监委派驻制度应当为其提供制度保障。加强派驻监督是深化国家监察体制改革的应有之义。派驻机构在履行监察职能的基础上，不仅要履行好监督执纪的党内监督职责，还要履行好监督调查处置的国家监察职责。要想履行好双重职责，实现对所有行使公权力人员的监督全覆盖，必须加强派驻机构建设，强化派驻监督作用。

一、研究现状

（一）国内研究现状

纪检监察派驻机构是党内监督的重要力量，是对反腐倡廉做出巨大贡献的重要机构。派驻制度源于党的二大确立的关于党组织派员方面的规定，随着党中央高压反腐态势的不断深化以及党风廉政建设的不断深化，党中央加大对我国纪检监察体制的改革力度，并把重点放在了纪委监委派驻机构的改革上。经过多年的改革深化，形成了如今独具中国特色的、对党内监督具有突出贡献的派驻机构。但仍然存在派驻机构对自己角色定位不清晰、履职不高效、与其他部门配合不协调等方面的问题。提高纪检监察机关的工作成效一直是我国纪检监察体制改革的目标。很多学者也都从各个角度对纪检监察体制、派驻机构等方面做了详细的研究。因此本文从国内学者对纪委监委派驻机构的研究进行分析。

1. 对派驻机构统一管理模式的研究。2004 年国家提出要对派驻机构实行统一管理，许多学者纷纷指出派驻机构统一管理的重要性，当然也指出目前统一管理存在的缺陷。徐喜林对中国派驻机构的统管改革的发展过程，分析了目前存在的问题并提出了推进省级统管工作顺利进行的措施。潘加军、袁东升、陈宏彩等学者都对派驻机构的管理模式进行比较分析，很多学者认同"片派驻"更适合我国纪检监察制度的发展。陈宏彩从多个方面对派驻机构管理模式进行了对比分析，最终指出应该以"片派驻"的管理模式为主，将"同体监督"变为"异体监督"，推动派驻机构的不断完善。而潘加军和徐喜林等学者更赞同的是将"点"与"面"相结合的管理模式。潘加军经过对三种管理模式进行分析比较，指出"点面结合"的管理模式是未来的发展方向。但其仍然存在监督力量分散等缺陷，还需要从完善派驻机构的工作制度、制定各种详细的配套的派驻机构工作规定；明确分工职责、避免重复监督；正确看待派驻机构、上级领导机关、驻在部门三者之间的关系这三个方面入手将"点""面"结合的管理模式加以完善。

2. 派驻机构角色定位研究。有一些学者认为要想派驻机构发挥好监督职能，就要理清派驻机构的角色定位，真正认清其身份地位不过分依赖也不过分独立，只有这样才能发挥好派驻机构的监督职能，推动派驻机构的长效发展，但就目前的状况来看，派驻机构并没有摸清自己的角色定位。钟稳认为派驻机构目前存在角色转换不到位、职能不清等问题，驻在部门不能将派驻机构看作是内设部门或者是下级部门，将自己党政建设、廉政建设的工作抛给派驻机构。派驻机构是一个常设的履行党纪律检查职能的机构，驻在部门应该积极主动地接受派驻机构的监督。钟稳对于此种情况也提出了自己的建议：派驻机构认清自己是一个监督者的角色，不卑不亢，积极对驻在部门进行监督。尹奎杰也同样认为派驻机构的改革当务之急就是认清派驻机构的角色定位，处理好其与驻在部门、派出机关的关系。他提出派驻机构定期向派出组织汇报工作，派出组织也要定期约谈各派驻组织的负责人，听取他们工作进度以及工作中的问题。他认为新时期应该不断对纪检监察派驻制度在角色认定等方面进行深入探索，为纪检监察机制长效发展提供理论支持。宋福龙在此基础上还提出了派驻机构在对驻在部门进行监督的同时也要接受驻在部门的监督，派驻机构督促驻在部门认真完成反腐败的工作也要与驻在部门经常沟通，自觉接受监督，另外还要与地方监委协同工作、联合调查、协同办案，提高监管效能。

崔亚东认为首先需要改进的就是处理好派驻纪检监察组与派出纪委监委、驻在部门党委的关系。不能将派驻机构认定为纪委监委的下属部门，他们是一个整体，只是分工不同，给予派驻机构较大的独立性。派驻机构和驻在部门党委应该是对立又统一的关系，尽最大可能赢得驻在部门党委的支持，积极沟通，为更好的履行职责保驾护航。

秦前红认为"派驻机构相对于监察委员会的地位，是一种授权，也就是指它与派出机构是一种'产生于内，独立于外，接受监管'的特殊存在"。

3. 对派驻机构职能研究。随着纪检监察体制的改革以及我国反腐倡廉工作的不断推进，对派驻机构提出了许多"新要求"：要求派驻机构实现"监督全覆盖"。面对派驻机构逐步扩大的工作范围，许多学者对派驻机构的职能进行了研究，许多学者认为派驻机构还是应该抓重点，把重点放在监督检查方面。陈宏彩认为派驻机构的职能应该分为检查监督和案件查处两个部分，承担了预防和治疗的职能，他指出预防与治疗并重是最为理想的职能模式，但是受现有条件、经验的影响很难实现，所以他推崇预防为主、治疗为辅的职能模式，如果没有从源头预防以后就会出现更多腐败案件，加以处理的成本就会加大所以要将预防放在首要位置。孟弘毅认为随着纪检监察派驻机构监督范围的扩大，不能一把抓，应该有重点有关键。他指出监督应该首先从党政领导干部入手，其次大力监督党政成员的政治纪律，最后就是要加强对党政关键工作人员的监督。只有有先后有重点才能更好地履行派驻纪检监察机构的职责。在对派驻机构的研究过程中，过勇发现其在履行职能中存在的问题：首要职能是监督但效能并不高，派驻机构还具有反腐倡廉的教育职能；在对派驻机构不断改革的过程中，教育对象的范围逐步扩大但调整工作方法的步伐并没有跟上；在办案方面比较薄弱，常常无案可查；派驻机构还具有预防的职能，但是预防主体并不明确。最后他提出了完善派驻机构职能的举措。

4. 对派驻机构履职存在的问题研究。在派驻机构逐步发展的历史长河之中，国家虽然不断采取措施加强了对派驻机构的统一管理、细化了派驻机构的职权分工，但在其履职过程中仍然存在很多问题。过勇认为县级纪检监察机关履职存在缺乏专业性的问题，纪检监察机关的职能居多，既有监督检查的职能，又有廉政教育的职能，还具有办案调查的职能。职能居多使他们很难焦距一点，专业化程度也就相应的降低。温树斌也认为派驻机构履职存在不专业的问题，另外他还指出派驻机构履职还存在缺乏独立性、权威性、有效性的问题。他认为派驻机构对自己的定位不准确，对驻在部门的依赖性较强常常受驻在部门的制约，缺乏独立性。因为派驻机构缺乏独立性所以其权威性、有效性也会相应的降低，监督检查的职能很难切实履行。他还指出了派驻机构履职存在问题的根本原因有四个：受双重领导影响较严重；统一管理体制在全国范围内并不统一；职责范围不明确；干部配备的素质与能力参差不齐。

（二）研究现状评述

经过查阅国内外文献发现学者们对于派驻纪检监察机构的研究可以分为对派驻机构历史发展的研究、对派驻机构运行模式的研究、对派驻机构未来改革方向的研究。但是由于近几年我国对监察体制进行了改革，中央纪委与国家监委合署办公的力度加强，使得我国学者对于改革后的成立的纪委监委派驻机构的研究较少，大多是对改革前的研究。另外纪检工作的高保密性，使得大多数的研究都停留在理论阶段，并没有在实践阶段加以规范。现阶段大多数的研究集中在派驻机构的体制缺陷、工作模式以及履职缺陷等方面，很少从派驻机构与其他机构的协同联动方面入手弥补派驻机构的工作缺陷。所以在改革的新时期如何发挥好纪委监委派驻机构的监督职能、如何落实监察体制改革以及如何完善地方纪委监委派驻机构履职协调联动机制是一个值得深入研究的课题。在中央纪委国家监委派驻机构改革的大环境下从派驻机构履职存在的缺陷入手，研究如何完善派驻机构履职的协调联动机制。

二、派驻纪检监察组的基本内容

中国共产党一直以来就很重视反腐倡廉的建设，向党政机关、群团组织、事业单位和国有企业派驻纪检监察机构便是实践中探索的一项重要制度创新。追溯派出机构的历史沿革，从形成到发展，从改革到探索，能够帮助我们找到走出现行阶段的困境的路径，找到问题存在的根源。

（一）派驻机构的形成及改革历程

1927 年，在中共五大召开之后，中国共产党历史上第一个中央级的纪律检查机构——中央监察委员会成立。1962 年，中国共产党又最早提出建立派出纪检监察机构的制度安排，当时的中央监察委员会按规定可以向国务院各部委派出监察组。1982 年 9 月，党的十二大通过的党章对派驻监督作出权威的规定，党的中央纪律检查委员会根据工作需要，可以向中央一级党和国家机关派驻党的纪律检查组或纪律检查员。1993 年，中央纪委、监察部正式合署办公，派驻机构及其双重领导体制由党的纪检部门延伸到行政监察部门。2000 年 9 月，中央对派驻机构进行体制改革。因为在实际中，往往出现驻在部门党组的领导力度大，不少部门变成了以驻在单位党组领导为主的局面，上级纪检监察机关的影响小，造成了"双重领导"的不协调和"一个为主"的错位，从而使派驻机构监督乏力，因此开始了新的派驻机构的体制改革。

2004 年 4 月，中央纪委、中央组织部、中央编办、监察部出台《关于对中央纪委监察部派驻机构实行统一管理的实施意见》，对派驻机构，中央纪委监察部将进行全面的统一管理，中央纪委监察部直接领导派驻机构的监督和查办案件工作，重要情况和问题直接向中央纪委监察部请示、报告。

党的十八大以来，中国特色社会主义进入新时代，面对"四大考验""四种危险"，面对依然严峻复杂的反腐败斗争形势，以习近平同志为核心的党中央把全面从严治党纳入"四个全面"战略布局，深化纪检监察体制改革，创新运用监督执纪"四种形态"，组建各级监察委员会并同纪委合署办公，实现中央一级党和国家机关全面派驻纪检监察机构，实现中央和省级党委巡视全覆盖。

（二）派驻机构的运行情况

地方纪委监委派驻机构经过改革发展，逐步形成了各具特色的管理派驻模式，为派驻机构的统一管理积累了丰富的经验。目前在实践中经过相关学者总结得出以下几种运行模式。

单独派驻模式就是指上级纪检监察机关根据工作需要，单独对某个需要监督的单位或部门设立纪检监察派驻机构。此种模式下便于上级纪检监察机关的直接领导，工作模式相对简单，通常情况下，派驻机构的主要负责人是驻在单位的党组成员，参加党政会议但不管业务分工，其后勤保障和工资福利都由驻在单位负责。一方面便于及时了解驻在单位的政治生态，第一时间获取党风廉政建设的信息，但从另一方面来看派驻机构长期与驻在单位分离不彻底，其监督职能难免受其影响。

分片派驻模式就是指为了更加方便工作，根据业务之间的关联性分片来系统管理某一业务性质相关或相近的部门。这样派出机构就不驻在所监督的部门里，由上级纪检监察机关垂直领导，受驻在部门干涉小，赋予派出机构充分的权力行使监督职能，监督具有了权威性和独立性。但也容易造成信息的不对称，不容易将监督工作深入到部门的中心和管理之中。

综合派驻模式是指在需要监督的部门和单位中保留派出机构，同时又根据各机关单位工作内容相关来分片设置派出机构，双方相互独立，工作上相互配合。这样实现了监督主体与监督对象的分离。派出机构的人事安排和工资福利等受上级机关的直接领导，只需对上级机关负责。此种模式结合了单独派驻和分片派驻的长处，实现派驻机构全覆盖，集融入部门管理、获取信息便利和保持派驻机构的独立性、权威性上的双重优势。但一定程度上存在单独派出机构和分片派出机构在分工协作上的矛盾，组织关系较为复杂，工作程序衔接不到位的情况。

上述三种模式都是在纪检监察派出机构改革下不断实践的产物，是根据工作实际需要的步步探索。单独派驻模式成本低，便于推广，但也存在很大的弊端。分片派驻模式在一定程度上加强了监督效力，但存在成本高、信息不通畅等问题，倘若能够突破信息问题，很可能为一种高效便捷的方式。综合派驻模式相对结合两者优势，取长补短，较为保守。但是带来机构人员的冗杂，因此需要着手解决两机构之间的职责权限问题，处理好"点""面"之间的关系，发挥各自的优势，实现信息沟通和工作配合。还要注意理顺驻在单位、派出机构、上级纪检监察机关三者的关系，明确各项工作制度，使监督职能有序展开。

（三）派驻体制存在的问题

随着反腐倡廉建设的不断深入以及纪检监察派驻机构统一管理的逐步推进，作为中国特色的纪检监察体制的重要组成部分的派驻机构，越来越不适应派驻机构体制机制改革的要求，妨碍了派驻机构统一管理推进过程中一系列具体问题的解决，不利于派驻机构与其他部门的协调联动。

1. 统一管理缺乏指导思想。纪检监察体制的改革虽然再次重申了统一管理和统一名称，驻在部门要接受派出机构的监督，派出机构要对派出机关负责，履行监督职能，但是上述的要求在实践中落实不具有实际的可操作性。各地地方纪检监察机关都在改革，改革不具有统一的规范性，没有具体的法律规范对这些行为进行规制和要求。因此，要总结各地的先进经验，完善改革的措施，形成统一而明确的指导思想，有计划推进派驻机构的改革。

2. 定位不准，存在偏差。派驻机构的改革，虽然一直在不断地推进，但工作惯性积重难返，对上级纪检监察机关的归属感不强。从派驻机构自身来看，部分干部找不准执纪问责的监督定位，责任意识和担当意识不强烈，一定程度上影响到纪检监察工作的开展。从派驻机构的驻在单位来看，对纪检监察的派驻定位也是不清晰，存在认知偏差，往往把纪检监察派驻机构视为本部门的"挡箭牌"和"防火墙"。因此，找准纪委监委派驻机构的定位，是推进改革的一项必不可少的重要一环，定位准，才能责任清。

3. 职能履行受限，发挥作用不明显。由于纪检监察派驻机构的定位不准，主体责任意识薄弱，因此在某种程度上职能履行受限。同时，随着监察对象的不断增加和当下的新形势，派驻机构的监督方式和工作机制不能较好的适应当下的新要求，纪检监察派驻机构的工作手段仍然相对传统，方式单一，在事前的预防、教育等方面存在较大的缺失，仍注重事后的监督与补救、纠察错误，发挥作用不明显。

4. 欠缺独立性、权威性。派驻机构与驻在单位是监督与被监督的关系。可在实践中，派驻机构受驻在单位的影响较大，监督主体受监督对象的影响和限制，派驻机构缺乏权威性和独立性，影响监督职能的发挥。

三、纪检监察派驻机构履职改进措施

（一）加强对派驻机构的直接领导和统一管理

"双重领导"体制是我国现有的纪检监察领导体制，但其在实际执行中受到了限制，往往变成了"单一领导"体制或"双重弱化"体制，权力监督很难有效的运转起来。要解决这个问题，首先，上一级别的纪委监委应当加强对于派驻机构的直接领导，使得派驻机构不必过多地依附于驻在单位，同时也减少了驻在单位对于派驻机构的桎梏，让派驻机构可以有效地发挥自己的效能。其次，派驻机构的业务、人事、物质保障和考核评价等方面也应由上级纪委监委加强管理，突出派驻机构的监督效能。再次，纪委监委派驻机构在工作过程中发现了问题和线索应当直接向上级纪检监察机关报告，而不必再向驻在单位汇报；同时，派驻机构应当独立的开展纪检监察工作，不受他人干涉，不必征得驻在单位的同意方能展开。最后，派驻机构的人员编制、工资福利、职级待遇和工作考核应当不受驻在单位的限制，单独实行，调动人员积极性。加强建立上级纪委监委直接领导，相关职能部门分工负责、协调配合的派驻工作领导体制，使派驻机构的领导体制更加具体化、程序化和制度化。

（二）强化监督"全覆盖"与重点领域覆盖相结合

监督"全覆盖"，顾名思义就是全面监督，对于所有行使公权力的人员进行监督，其主要解决的是"部分行使公权力人员处于监督之外""监督空白地带容易滋生腐败"的问题；而重点领域覆盖则解决监督的深度问题，也能在监督力量不足的情况下形成集中力量解决突出问题，加强对"关键少数"的监督，有利于重点领域减少腐败存量和遏制增量。监督"全覆盖"与重点领域覆盖相结合可以使派驻机构更好地发挥监督效能，二者相辅相成。

（三）进一步明确派驻机构工作定位与职能

现如今，派驻机构的工作定位还不太明确。其到底是与纪检监察部门同样功能的监督执纪问责的定位，还是只负责监督预防的定位，这需要一个明确的界定。腐败治理已进入一个"标本兼治"的综合治理阶段，派驻机构需要立足监督主责，把纪律挺在前面，做好预防腐败工作。派驻机构应当被赋予监察职能，并且根据具体要求深化转变职能、转方式、转作风，提高派驻监督全覆盖质量。然而，在具体工作中派驻机构的监督、调查、处置的权力未得到充分的保障，需要进一步的在制度机制上进行明确，充分协调其各项权力的有效运行。

（四）重点加强派驻机构队伍建设

要明确派驻机构的指导思想，坚持将习近平新时代中国特色社会主义思想作为指导思想，坚定队伍的政治定力。派驻机构干部来自于不同的单位和部门，既有不同的学历和经历，人生体验和社会认知也不尽相同，因此，工作能力和方法、人员素质等不一。要加强对工作人员在反贪教育、反贪工作、法律条文及相关事项等方面的培训；对专门从事调查工作的人员还应加强调查技巧、认知面谈技巧、电脑技术、对抗管理等方面的训练，以建立一支高度专业化的队伍，使派驻监督工作发生实质性飞跃。加强派驻机构建设和改革。

（五）加强派驻法治建设和工作机制衔接

派驻制度实践路径的法治化是法治型政党和制度反腐的必然要求。加强派驻制度方面的法治建设，明确主体法定职权，明晰工作范畴，拟定工作思路和责任目标，通过教育、培训、专训等培育派驻人员的法治理念和职业理想。加强派驻机构"三基一化"建设，不断完善基本工作制度，不断强化基本功的训练，不断加强基本资料的收集整合，不断提升信息化建设的水平和能力。

第十七讲 纪检监察干部队伍建设和《监察官法》

西北政法大学纪检监察学院教授 褚宸舸

纪检是党的纪律检查，监察是国家监察。纪检监察干部是从事纪检监察工作的专职或兼职干部。从全国来看，纪检监察机关的干部队伍有 72 万人。这支队伍是公务员中除公安队伍以外的第二大队伍。这支队伍工作能力如何，直接影响党和国家的党风廉政建设和反腐败工作的效能。以下主要谈五个方面。一是纪检监察机构组织的发展历程。二是结合陕西省的情况，对纪检监察队伍发展情况进行介绍。三是现在制度对纪检监察干部有什么样的要求，包括党内法规和国家法律的要求。后者包括纪检监察领域的基本法《监察法》以及专门涉及纪检监察干部队伍建设的法律《监察官法》。《监察官法》对监察官有一些特殊要求。四是《监察官法》的主要内容。五是纪检监察干部如何培养，涉及纪检监察学科和专业。

一、纪检监察组织机构的发展历程

纪检是中国共产党纪律检查的简称，既指党的各级纪律检查委员会及其工作机构，又指纪检机关所从事的监督、执纪、问责的活动。在党内机关使用纪检这个概念时，监察大多是被用来指称对行使国家公权力主体的权力监督和制约。2018 年 3 月《监察法》颁布后，监察内涵扩大为国家监察。纪检和监察工作具有密切联系，不应割裂开来。纪检和监察工作的对象具有高度重合性。纪检和监察的对象行为具有关联性。纪检和监察的履职手段具有相似性。

我国纪检监察机关的发展主要历经了四个阶段：

第一，1949 年之前。1927 年 4 月 27 日至 5 月 9 日，中国共产党第五次全国代表大会在武汉举行。会议首次设立并选举产生了党内维护和执行纪律的专责机关——中央监察委员会。这标志着中国共产党纪律检查制度的初步创立。1928 年 6 月，党的六大通过的党章对有关纪律和纪律检查的规定做了一些补充和改动，将"监察委员会"改为"审查委员会"。1948 年 9 月华北人民政府设立的华北人民监察院，1949 年 3 月陕甘宁边区政府设立的人民监察委员会，这个人民监察委员会笔者写过一篇文章专门研究。[1]

第二，1949 年到 1978 年。1949 年 11 月 9 日，中共中央政治局会议作出《关于成立中央及各级党的纪律检查委员会的决定》，成立了由朱德等 11 人组成的中共中央纪律检查委员会。为加强党内专门监督，1955 年 3 月中国共产党全国代表大会通过了《关于成立党的中央和地方监察委员会的决议》，选举产生了中央监察委员会代替党的纪律监察委员会。1969 年 7 月党的监察委员会被撤销。

在这一时期，我国行政监察制度也经历了从基本建立到不断完善的过程。1949 年 10 月，中央人民政府委员会第三次会议成立中央人民政府政务院人民监察委员会。1954 年 9 月第一届全国人民代表大会第一次会议通过《中华人民共和国国务院组织法》，政务院改为国务院，原政务院人民监察委员会改为国务院监察部。1959 年 4 月监察部被撤销，其业务与人员并入中央监察委员会。

第三，1978 年到 2012 年。纪检监察权分属党的纪律检查委员会、行政监察部门和人民检察院。1977 年 8 月，党的十一大通过的党章重新恢复了设置党的纪律检查委员会的条款。1978 年 12 月，党的十一届三中全会选举产生了新的中央纪律检查委员会。1982 年 9 月，党的"十二大"通过的党章专门写了"党的纪律"和"党的纪律检查委员会"两章，对纪检机关的产生、领导体制、任务和职权等根本性问题作出规定，奠定了改革开放以来党的纪律检

---

〔1〕　褚宸舸、薛永毅：《陕甘宁边区人民监察委员会的制度探索》，载《党风》2019 年第 12 期。

查工作的制度基础，例如，纪委既受本级党委领导又受上级纪委领导的双重领导体制就是"十二大"党章明确的。

1986年12月，第六届全国人民代表大会常务委员会第十八次会议决定设立中华人民共和国监察部，标志着我国行政监察体制的恢复。1987年6月，中华人民共和国监察部正式成立。1993年1月开始实行党的纪律检查机关和行政监察机关合署办公。2007年9月，国务院成立国家预防腐败局。

检察院行使监察权的实践起源于1989年8月广东省人民检察院反贪污受贿工作局挂牌成立，最高人民检察院反贪污贿赂总局后于1995年11月正式设立。随着1996年《刑事诉讼法》的修改，贪腐、渎职案件成为检察院的自侦案件。

第四，2012年至今。2016年11月，中共中央办公厅印发《关于在北京市、山西省、浙江省开展国家监察体制改革试点方案》，决定在北京市、山西省、浙江省开展国家监察体制改革试点工作。2017年11月，国家监察体制改革试点工作在全国推开。2018年2月底前，31个省级、340个市级、2849个县级监察委员会全部完成组建。2018年3月17日，机构改革方案经过全国人大会议通过，国务院监察部和国家预防腐败局并入国家监察委员会。2018年3月23日，中华人民共和国监察委员会在北京揭牌成立。

二、纪检监察队伍现状、特点与存在的问题

（一）纪检监察队伍现状及特点——以陕西为例

据笔者从省纪委监委了解的数据，截至2020年8月底，陕西省市区（县）三级纪检监察机关和派驻派出机构总编制数有17 600人，实际现有14 395人。其中，省级编制679人，现有590人；十个设区的市编制2523人，实有2203人；县区编制10 857人，现有8801人；乡镇的编制不固定，平均不到3人。

第一，编制与实际工作人数呈现"倒挂"的现象。编制分布呈现正金字塔结构，体现为基层人数多、省级单位人数少。由于借调、助勤的需要，每年省纪委监委需从市、区县抽调干部七八百人，所以实际工作中投入的人力

是倒金字塔结构。

第二，编制构成多样化。省级纪委监委机关队伍相对齐整，主要是行政编制。市县级的编制构成相对多样，往往是同时存在行政编、事业编、政法专项编。

第三，经历和专业背景各异。纪检监察队伍人员主要由以下三种人员构成：原纪委干部、检察院转隶干部和近年新招聘遴选干部。不同来源的纪检监察干部，其专业背景不同。例如，原纪委干部主要从事党务工作，检察院转隶的干部为法学科班出身。专业背景多样导致队伍内部对一些问题的认识理解不一，这也正是纪检监察培训的意义所在。通过培训可以统一纪检监察队伍的思想，最终达到行为一致的效果。

（二）基层纪检监察队伍存在的问题

当下纪检监察队伍面临的问题主要表现为以下三个方面：

第一，纪检监察队伍的团结与工作积极性面临挑战。首先，在纪检监察队伍中存在"同工不同酬"问题。纪委监委队伍中检察院转隶的干部在原单位享受政法专项津贴。为保障转隶干部的权益，这些转隶干部岗位调整至纪委监委后享受了纪委监委的补贴，保证转隶后收入不至下降。但对检察院转隶干部的补贴导致同一部门的纪检监察干部因工作经历不同而收入不同，这就造成部分纪检监察干部心理不平衡，从而影响到纪检监察队伍的整体团结。其次，职务晋升标准不统一。纪委监委干部沿用传统公务员晋升路径，在年龄、资历、任职时间相同的情况下，相较于司法转隶干部，原纪委干部更容易获得晋升，这也是影响队伍团结性和干部工作积极性的隐患所在。

第二，熟人社会中个人安全保障问题。区县基层纪检监察干部处于人际关系复杂的熟人社会中，履行职责后受到打击报复的情况时有发生。纪检监察组织对干部本人及其家人的安全提供何种程度的保障直接关系到最终执纪执法的效果。

第三，纪检监察干部身心健康和家庭关系问题。高强度、高压力的纪检监察工作，相较于常人更易接触到社会阴暗面，这些都是诱发纪检监察干部身心健康问题的诱因。纪检监察工作中常见的专案工作模式使得纪检监察干部出差时间长、频率高，极易引起家庭矛盾。

三、相关制度对纪检监察干部的基本要求

（一）纪检监察队伍高素质专业化目标的确定

1. 纪检监察队伍高素质专业化要求的提出。纪检监察队伍高质量专业化目标的确定来自于党中央对高素质专业化队伍的强调。2017 年 6 月 29 日召开会议，中共中央政治局审议《关于适应新时代要求大力发现培养选拔优秀年轻干部的意见》，首次提到建设一支高素质专业化干部队伍。党的十九大报告中，针对新时代党的建设总要求所提的八个方面任务，明确"建设高素质专业化干部队伍"。针对纪检监察队伍提出高素质专业化的要求，2019 年 12 月 6 日，习近平在中共中央政治局研究 2020 年经济工作研究部署党风廉政建设和反腐败工作的会议上第一次将"高素质、专业化"要求应用于纪检监察干部队伍建设。2020 年 1 月 13 日至 15 日，在中央纪委十九届四次全会上习近平总书记明确提出"强调建设高素质专业化干部队伍"。

2. 纪检监察队伍高素质专业化要求的内涵。对纪检监察队伍高素质专业化的要求，笔者理解为"德才兼备、又红又专"。"德""红"主要体现为政治素质高。

第一，政治忠诚。政治忠诚是纪检监察队伍的立身之本、履职首要，是纪检监察干部的第一品质。纪检监察机关是政治机关，因此纪检监察队伍要格外强调政治性。对纪检监察干部来讲，品质品德的第一位便是是政治品质、政治品德，要做到对党的绝对忠诚。

第二，廉洁奉公。"打铁还需自身硬"，纪检监察干部只有自身清廉，才能在案件办理的过程中有底气。

"才""专"主要体现为能力强、水平高、办事依法依纪。这要求纪检监察干部既要懂法律，又要懂纪律。在履职的过程中既要遵守法律的规定，又要注意纪律的要求。在工作的过程中注意实体正义的同时强调程序正义，在把握政策的前提下做到责罚相适应，同时将程序正义原则贯穿在执纪执法工作始终。

（二）纪检监察干部（监察官）的职业伦理要求

纪检监察干部的职业伦理，即在党的领导下依法行使国家监察权的监察人员所应当遵守的职业道德准则，是社会道德伦理观念在监察领域结合监察实践的具体体现，是纪检监察干部依法履职的基本遵循。纪检监察干部职业伦理形成于监察实践中，并受到监察文化的影响，约束纪检监察干部的业内和业外行为，反映纪检监察干部整体的职业信仰、职业精神、职业追求、职业原则、职业文化、职业修养、职业风貌，保障纪检监察干部依法行使国家监察权。关于职业伦理对于监察官队伍的重要性，笔者曾写过文章，这里不做赘述。[1]

1. 纪检监察干部（监察官）职业伦理的特点。对纪检监察干部（监察官）职业伦理的要求集中体现在四个方面：

第一，政治性。纪检监察机关所处的特殊位置和承担的重要职责决定了必须把对党忠诚作为工作的首要政治原则、队伍的首要政治本色、干部的首要政治品质。监察官必须带头旗帜鲜明讲政治，不断增强"四个意识"、坚定"四个自信"，做到"两个维护"。对此，《监察官法》第12条规定，监察官应当坚持中国共产党的领导和社会主义制度，具有良好的政治素质，从任职条件上突出了政治要求。第14条规定，监察官的选用"坚持德才兼备、以德为先""突出政治标准"，从选用标准上突出了政治要求。

第二，坚定性。纪检监察的对象是所有掌握公权力人员，纪检监察的职权包括监督执纪问责和监督调查处置。巨大的权力要求纪检监察干部守得住原则与底线，时刻保持对腐蚀、围猎的警觉。

第三，责任感。权力就是责任，责任就要担当。纪检监察干部履行党的纪律检查和国家监察两项职责，必须依规依纪依法正确行使权力，坚持职责法定，确保依法履职。在"三不"一体推进的背景下，要提升纪检监察干部的责任感，要促进制度不断完善，更要以案促改，加强公职人员思想道德教育、法治教育、廉洁教育。

---

〔1〕　褚宸舸、姜云飞：《监察官职业伦理建设之我见》，载《清风》2022年第2期。

第四，严格性。首先在规范要求方面，《监察官法》第6条规定监察官应当严格履职，第7条规定监察官权力应当严格约束，第10条规定监察官应当严守纪律，第12条、第13条规定监察官应当严格准入，第42条规定监察官应当接受最严格监督。监察官职业伦理必须贯彻好严管严治的要求，在要求监察官做表率方面，《监察官法》规定监察官义务之一就是"模范遵守宪法和法律"。

2. 纪检监察干部（监察官）职业伦理的分类和内容。基于道德层次性理论，监察官职业伦理可以分为底线伦理和德性伦理。底线伦理是监察官的最低出发点，是监察官遵守的一般道德规范，它确立了监察官职业伦理秩序得以形成的基本规则。监察官的底线伦理就是监察官应遵守的最低限度的道德要求和行为规范，包括廉洁、公平正义、审慎、独立、安全保密、文明守礼。德性伦理是监察官追求的高尚价值，是监察官在一般道德规范基础上向上的目标。现阶段，我国监察官的德性伦理包括绝对忠诚、服务人民、主动作为、刚正不阿。

（1）监察官的底线伦理具体包括：

第一，廉洁。廉洁是成为党员的标准和六大纪律之一，《中国共产党廉洁自律准则》和《条例》细化了廉洁的行为规范和纪律责任，使之成为每一名共产党员的刚性约束。廉洁履职也是公务员的法定义务之一，是考核公务员的重要内容。《监察官法》对监察官应当廉洁提出要求。《监察官法》第4条规定："监察官应当忠诚坚定、担当尽责、清正廉洁，做严格自律、作风优良、拒腐防变的表率。"而且把廉洁作为监察官任职条件和考核标准之一。《监察官法》第12条第1款规定："担任监察官应当具备下列条件：……（三）具有良好的政治素质、道德品行和廉洁作风……"；第37条规定："监察官的考核应当按照管理权限，全面考核监察官的德、能、勤、绩、廉，重点考核政治素质、工作实绩和廉洁自律情况。"监察官不得逾越廉洁的底线。

第二，公平正义。监察官对公平正义的坚守，就是要严格遵守党内法规和国家法律，适用纪律法律人人平等，坚持实体公正和程序公正。其一，严格遵守党内法规和国家法律。《监察官法》第5条规定监察官应当以事实为依据，以法律为准绳，第10条规定监察官的义务之一就是模范遵守宪法和法律。坚持纪律法律面前一律平等。其二，坚持实体公正。《监察官法》规定监察官的义务之一就是"秉公执法"。监察官在查明事实基础上，要准确适用纪律和法律，要对结论充分说理。监察官作出处分要精准。纪律处分种类有五种，政务处分种类有六种。监察官必须以事实为依据，以纪律法律为准绳，精准作出处分，坚持纪法情理，实现政治效果、社会效果、纪法效果的统一。其三，坚持程序公正。《监察官法》第 6 条规定监察官"应当严格按照规定的权限和程序履行职责"。注重当事人合法权益保障。

第三，审慎。审慎要求监察官履职过程中头脑清醒、谨言慎行，做事周到务实。《监督执纪工作规则》规定纪检监察机关办案要"事实清楚、证据确凿、定性准确、处理恰当、手续完备、程序合规"，其中"清楚""确凿""准确""恰当""完备""合规"所体现出来的伦理价值之一就是审慎。审慎伦理是由监察官的职业责任决定的，是化解监察官职业风险的必然要求。《监察法》赋予了监察机关 15 项调查措施，监察官适用任何一项调查措施都要慎之又慎。

第四，独立。《宪法》规定"监察委员会依照法律规定独立行使监察权，不受行政机关、社会团体和个人的干涉"，《监察法》对此进行了重申。《监察官法》也作出专门规定，《监察官法》第 8 条规定：监察官依法履行职责受法律保护，不受行政机关、社会团体和个人的干涉。保障监察官独立履职。监察官独立履职源自监察权的独立性和监察官职责的专业性。《监察官法》规定监察官应当"坚持民主集中制，重大事项集体研究""监察官在职权范围内对所办理的监察事项负责"。法官、检察官一般更强调判断的独立，而监察官更强调执行的独立。

第五，安全保密。党内法规和国家法律规范对坚守办案安全底线作出明确规定。《监察法》《监察官法》对违反规定发生办案安全事故等明确追究责任。安全伦理要求监察官在办案中要树立安全意识，并将这种意识贯穿整个工作过程。不得在未制定安全防范工作预案情况下开展相关工作，不得在未安装全程同步录音录像设备的场所进行谈话、讯问，不得在未保障被调查人必要的饮食、休息和安全条件下开展讯问等。《监察法》第 56、65 条对监察官提出了"保守秘密"的要求，《监察法》《监察官法》明确对"窃取、泄露调查工作信息，或者泄露举报事项、举报受理情况以及举报人信息"的行为追究责任。《监察官法》第52条规定："监察官有下列行为之一的，依法给予处理；构成犯罪的，依法追究刑事责任：……（五）窃取、泄露调查工作信息，或者泄露举报事项、举报受理情况以及举报人信息的……"监察官保密伦理要求，对参与办理的案件保密。监察官在办案过程中知悉的党和国家秘密、商业秘密和个人隐私等也要严格保密。监察官保密期限不仅是在工作中，即使离岗离职后，也要遵守脱密期相关规定。

第六，文明守礼。文明守礼要求是监察官要遵守礼仪伦理，监察人员的仪表、举止、言谈等合乎伦理道德规范。《监察官法》要求对影响监察官队伍形象的违纪违法行为依法追究责任。《监察官法》第52条第2款规定："监察官有其他违纪违法行为，影响监察官队伍形象，损害国家和人民利益的，依法追究相应责任。"礼仪规范融合在监察程序之中，通过监察行为体现出来。监察官对待检举控告的信访群众，接待应当热情，举止应当规范，不得推诿塞责。监察官在审查调查过程中，对待被调查人、涉案人员及其家属，必须着装正式统一，用语规范文明，不得态度蛮横。监察官在工作之外也要举止文明，做遵纪守法的表率。文明守礼的职业伦理要求监察机关应当加强文化建设。

（2）监察官的德性伦理具体包括：

第一，绝对忠诚。忠诚规则是监察官职业伦理的首要规则，也是监察官职业伦理有别于其它法律职业伦理之处，《监察法》也把忠诚作为监察官的首要素质。党章把"对党忠诚老实"规定为党员的义务，《中国共产党纪律处分条例》把"对党不忠诚不老实"作为违反政治纪律的行为规定了处分措施，使党员对党忠诚有了刚性约束。忠诚是对监察官作为公务员的政治要求，"忠于宪法""忠于国家""忠于人民""忠于职守"是法定义务。忠诚是监察官作为监督者的政治要求。《监察法》第55条规定"建设忠诚、干净、担当的监察队伍"，《监察官法》第12条规定监察官必须"坚持中国共产党领导""具有良好的政治素质"，对党忠诚、政治过硬已经上升为法定要求。

第二，服务人民。监察官在履行职责过程中要正确处理好与人民群众的关系，把全心全意为人民服务作为高尚的职业追求。监察官行使的监察权归根到底属于人民。所以，监察官在履职中首先要明确人民群众作为反腐败的主体地位。监察官在履行职责中，必须坚持以人民为中心，凡是人民群众反映强烈的问题都必须认真对待。推动反腐败向基层延伸，向群众身边延伸，严肃查处群众身边的腐败问题和不正之风，增强人民群众的获得感、幸福感。

第三，主动作为。主动学习、主动作为、主动接受监督。监察官应当把主动学习当做始终如一的追求。《监察官法》把政治、理论、业务培训作为监察官管理的重要内容。监察机关遵循"主动作为"的原则，不同于司法机关，司法机关强调中立性。《监察官法》第 52 条对于"不履行或者不正确履行监督职责，应当发现的问题没有发现，或者发现问题不报告、不处置，造成恶劣影响"规定了相应的法律责任。监察官要主动接受监督，主动配合，让权力在阳光下运行。

第四，刚正不阿。刚正不阿就是刚强正直，不逢迎，不偏私。《监察官法》把"勇于担当、敢于监督，坚决同腐败现象作斗争"作为监察官的法定义务。刚正不阿的斗争精神是纪检监察机关的优良传统，对于监察官履职尽责有重要意义。监察官执纪执法的对象都是具有职务身份地位的人，拥有一定社会资源，如果监察官缺乏敢于斗争精神，缺乏刚正不阿意志品质，怕得罪人，就会奉行"好人主义"。《监察官法》第 52 条规定："监察官有下列行为之一的，依法给予处理；构成犯罪的，依法追究刑事责任：……（二）不履行或者不正确履行监督职责，应当发现的问题没有发现，或者发现的问题不报告、不处置，造成恶劣影响的……"把不履行或者不正确履行监督职责等作为责任追究的情形，旨在塑造监察官刚正不阿的品质。

如果一个监察官想合格，那么他必须符合底线伦理的要求；如果他不满足于合格，那么他可以在底线伦理基础上向着更高道德标准——德性伦理而努力，最终成为一名模范监察官。

四、《监察官法》的具体规定

（一）《监察官法》的立法过程

《监察官法》的立法依据是《监察法》第 14 条："国家实行监察官制度，依法确定监察官的等级设置、任免、考评和晋升等制度。"

《监察官法》的起草工作是中纪委负责的。中纪委起草后交全国人大常委会走立法程序，审议三次表决通过，成为法律。2019 年 12 月 3 ~ 17 日中央纪委将起草的草案下发省级纪委系统内征求意见。笔者作为省监委特约监察员，这个时候就看到了草案，于是加紧研究，在 2020 年结合草案发表了一篇论文。[1]

这个法律包括总则，附则和主体三大部分，主体部分里又包括了职责、义务和权利；条件和选用；任免；管理；考核和奖励；监督和惩戒；职业保障。

（二）监察官的范围

依据《宪法》《监察法》等法律规定，监察官范围的设定要体现监察工作的特点与有利于监察工作的有效展开。据此，准确理解和把握监察官的范围，基于三方面因素：一是从决策机制看，监察工作坚持党的领导，实行民主集中制，重大事项要集体决策、严格履行审批程序。二是从法定职责看，监察机关依法履行监督、调查、处置的职责，其中监督是第一职责、首要职责。监察机关要通过加强教育、日常监督、专项整治等多种方式实施监督检查，对职务违法犯罪问题进行调查处理，开展监察问责，提出监察建议等，从事这些工作都是在行使监察权、履行监察职责。三是监察工作的特点是团队协作、集体作战，日常工作和专项工作相结合，监察人员依据职责分工和组织的安排开展工作。不论在哪个岗位，只要承担具体监察职责，都应当依

---

〔1〕 褚宸舸、王阳：《我国监察官制度的立法构建——对监察官范围和任职条件的建议》，载《浙江工商大学学报》2020 年第 4 期。

法接受管理和监督。

综合前述因素，《监察官法》没有对监察官实行如法官、检察官那样的员额制管理，而是在第 3 条中以列举的方式规定了应当纳入监察官范围的四类人员：各级监察委员会的主任、副主任、委员；各级监察委员会机关中的监察人员；各级监察委员会派驻或者派出到中国共产党机关、国家机关、法律法规授权或者委托管理公共事务的组织和单位以及所管辖的行政区域等的监察机构中的监察人员、监察专员；其他依法行使监察权的监察机构中的监察人员。同时，《监察官法》第 3 条规定，对各级监察委员会派驻到国有企业的监察机构工作人员、监察专员，以及国有企业中其他依法行使监察权的监察机构工作人员的监督管理，参照执行本法有关规定。将各级监察委员会机关和派驻派出机构的监察人员统一纳入监察官范围，是实现国家监察全面覆盖的需要，也是加强党对反腐败工作的集中统一领导和深化国家监察体制改革的必然要求。

（三）监察官的条件

成事之要，关键在人。实现新时代纪检监察工作高质量发展，关键在于建设一支政治素质高、忠诚干净担当、专业化能力强、敢于善于斗争的纪检监察干部队伍。按照"信念坚定、为民服务、勤政务实、敢于担当、清正廉洁"的好干部标准，着力培养选拔党和人民需要的忠诚干净担当的好干部。为此，《监察官法》在突出政治过硬、本领高强的基础上，对监察官的条件、选用等作出明确规定，推动了监察官管理具体化、制度化、法律化，为建设高素质专业化监察官队伍提供了法律保障。在任职条件和选用标准上，坚持德才兼备、以德为先，突出政治标准；在能力素养上，要求熟悉法律、法规、政策，具备相应的专业知识和能力，具备高等学校本科及以上学历等；在任职限制上，设定更为严格的底线，如规定曾经受到党纪、政务重处分的不得担任监察官，确保队伍过硬。

（1）政治要求。监察官必须带头旗帜鲜明讲政治，不断增强"四个意识"、坚定"四个自信"、做到"两个维护"。对此，《监察官法》第 12 条规定，监察官应当坚持中国共产党领导和社会主义制度，具有良好的政治素质，从任职条件上突出了政治要求。第 14 条规定，监察官的选用"坚持德才兼备、以德为先""突出政治标准",从选用标准上突出了政治要求。"坚持德才兼备、以德为先",既是选用监察官的原则,也是评价监察官的标准。"德"主要是指监察官的政治品质和道德品行,其中第一位的是政治品德、政治品质。"以德为先"突出德的主导作用,"君子挟才以为善,小人挟才以为恶。挟才以为善者,善无不至矣;挟才以为恶者,恶亦无不至矣"。突出政治标准对监察官来讲,尤其要做到从政治上认识反腐败斗争,不断提高政治判断力、政治领悟力、政治执行力。

(2)能力素养。纪委监委合署办公,纪检监察干部必须熟练把握党纪国法"两把尺子",做到纪法双施双守、精准运用政策策略,实现纪法贯通、法法衔接。担任监察官应当具有一定的知识水平和素养,具有从事监察工作所要求的专业基础和能力。因此,《监察官法》在担任监察官的学历条件上明确规定,应当"具备高等学校本科及以上学历",在工作能力条件上明确规定,"熟悉法律、法规、政策,具有履行监督、调查、处置等职责的专业知识和能力"。对任职的文化程度作出规定,是相关法律的通行做法。《监察官法》将监察官文化程度明确为"高等学校本科及以上学历"。"本科及以上学历",是指高等教育中的本科、研究生学历教育。另外,对于《监察官法》施行前的监察人员不具备这一学历条件,通过接受培训和考核的方式完成过渡。主要是考虑到历史原因,实行"老人老办法"。

(3)任职限制。《监察官法》第13条规定,有下列情形之一的,不得担任监察官:①因犯罪受过刑事处罚,以及因犯罪情节轻微被人民检察院依法作出不起诉决定或者被人民法院依法免予刑事处罚的;②被撤销中国共产党党内职务、留党察看、开除党籍的;③被撤职或者开除公职的;④被依法列为失信联合惩戒对象的;⑤配偶已移居国(境)外,或者没有配偶但是子女均已移居国(境)外的;⑥法律规定的其他情形。监察官手握监察权,肩负党和人民的重托,必须以更高的标准、更严的纪律提出要求、设定条件。法律上通常把因犯罪受过刑事处罚、被开除公职、被开除党籍等作为相关公职人员的任职限制。与之相比,《监察官法》第13条对监察官设定了更为严格的任职限制,如规定"被撤职""被撤销中国共产党党内职务、留党察看"的不得担任监察官,"裸官"不得担任监察官等,确保队伍过硬。

（四）监察官的选用制度

《监察官法》贯彻党的组织路线，在第 15 条至第 18 条规定了选用的程序和要求，设计了多种选用监察官的途径。规定选用监察官"采用考试、考核的办法，从符合监察官条件的人员中择优选用"，这是监察官选用程序、标准的总体要求。选用监察官必须经过严格的考试、考核的程序，坚持在符合条件的基础上择其优秀者而用之的标准。

在此基础上，选用监察官的途径主要有：一是依照法律和国家有关规定，采取公开考试、严格考察、平等竞争、择优录取的办法录用监察官。二是从党的机关、国家机关、事业单位、国有企业等机关、单位从事公务的人员中，选择符合任职条件的人员担任监察官。相关机关、单位的人员可以通过调任、转任的方式担任监察官。三是在从事与监察机关职能职责相关的职业或者教学、研究的人员中选拔或者聘任符合任职条件的人员担任监察官。

选用监察官的具体程序，视其选用方式、拟任职务等方面的不同，应当符合相应法律法规的规定。通过监察官任职条件、选用程序要求等制度设计，使监察机关能够引进党建、法律、财政、金融、审计、信息化、外事等各方面人才，好中选优、优中选强，确保监察官队伍来源广泛、精干优良。纪检监察机关是党内监督和国家监察专责机关，广大纪检监察干部肩负党和人民的重托，其能力和素质如何，直接影响工作的质量和水平。纪检监察机关坚持树立正确选人用人导向，强化政治把关，突出政治标准，把政治上的"两面人"挡在门外；把握专业化路径，科学选人，确保新进人员具备较高的专业素养和专业能力；坚持五湖四海、任人唯贤，进一步优化干部队伍结构。下更大气力把队伍建强、让干部过硬，亦是履行新时代纪检监察机关职责使命的内在要求。[1]

（五）监察官的义务

《监察官法》第二章"监察官的职责、义务和权利"中，列出了监察官应履行的九项义务，突出了政治责任、政治标准。其中第 10 条明确了监察官

---

〔1〕《习近平谈治国理政》（第 3 卷），外文出版社 2020 年版，第 550 页。

应当履行的义务：自觉坚持中国共产党领导，严格执行中国共产党和国家的路线方针政策、重大决策部署；模范遵守宪法和法律；维护国家和人民利益，秉公执法，勇于担当、敢于监督，坚决同腐败现象作斗争；依法保障监察对象及有关人员的合法权益；忠于职守，勤勉尽责，努力提高工作质量和效率；保守国家秘密和监察工作秘密，对履行职责中知悉的商业秘密和个人隐私、个人信息予以保密；严守纪律，恪守职业道德，模范遵守社会公德、家庭美德；自觉接受监督；法律规定的其他义务。

（六）监察官的考核

考核是落实党管干部原则的重要环节，是指按照规定的权限、标准和程序，对政治素质、履职能力、工作实绩、作风表现等所进行的了解、核实和评价。《监察官法》立足监察官队伍结构特点，充分借鉴吸收已有规定和实践做法，兼顾与相关规定之间的衔接，在第 36 条至第 39 条中对监察官规定了严格的考核制度。对监察官的考核应当以其职位职责和所承担的工作任务为基本依据，区分领导成员与非领导成员，按照有关法律法规的规定执行。

一是规定了考核标准，要求全面、客观、公正予以考核。二是规定了考核的方式，实行平时考核、专项考核和年度考核相结合。三是规定了考核的内容，全面考核德、能、勤、绩、廉，重点考核政治素质、工作实绩和廉洁自律情况。四是规定了考核结果的运用，将考核结果作为调整监察官等级、工资以及监察官奖惩、免职、降职、辞退的依据。同时，还规定了监察官在考核中的权利，对考核结果有异议的，可以申请复核。考核作为监察官管理的重要环节，是对监察官选用的再检验，是对监察官政治表现、工作实绩等的动态评价，是监察官奖惩、升降、任免的重要依据，对于促进监察官履职尽责、提升素质，推动建设高素质专业化监察官队伍具有重要作用。

（七）监察官的奖惩

奖励制度是指对在监察工作中有显著成绩和贡献，或者有其他突出事迹的监察官、监察官集体，给予奖励。《监察官法》第 41 条规定监察官有下列表现之一的，给予奖励：一是履行监督职责，成效显著的；二是在调查、处置职务违法和职务犯罪工作中，做出显著成绩和贡献的；三是提出有价值的监察建议，对防止和消除重大风险隐患效果显著的；四是研究监察理论、总结监察实践经验成果突出，对监察工作有指导作用的；五是有其他功绩的。

《监察官法》第 52 条规定，监察官有下列行为之一的，依法给予处理；构成犯罪的，依法追究刑事责任：一是贪污贿赂的；二是不履行或者不正确履行监督职责，应当发现的问题没有发现，或者发现问题不报告、不处置，造成恶劣影响的；三是未经批准、授权处置问题线索，发现重大案情隐瞒不报，或者私自留存、处理涉案材料的；四是利用职权或者职务上的影响干预调查工作、以案谋私的；五是窃取、泄露调查工作信息，或者泄漏举报事项、举报受理情况以及举报人信息的；六是隐瞒、伪造、变造、故意损毁证据、案件材料的；七是对被调查人或者涉案人员逼供、诱供或者侮辱、打骂、虐待、体罚、变相体罚的；八是违反规定采取调查措施或者处置涉案财物的；九是违反规定发生办案安全事故，或者发生安全事故后隐瞒不报、报告失实、处置不当的；十是其他职务违法犯罪行为。

监察官有其他违纪违法行为，影响监察官队伍形象，损害国家和人民利益的，依法追究相应责任。《监察官法》第 54 条进一步明确规定了实行监察官责任追究制度，对滥用职权、失职失责造成严重后果的，终身追究责任或者进行问责。监察官涉嫌严重职务违法、职务犯罪或者对案件处置出现重大失误的，应当追究负有责任的领导人员和直接责任人员的责任。

五、纪检监察干部队伍的学科化、专业化培养

纪检监察队伍是法治监督体系的重要组成部分。党的十八大以来，基于党风廉政建设和反腐败斗争严峻复杂的形势，亟需建设一支"忠诚干净担当""高素质专业化"的纪检监察干部队伍。纪检监察学历教育和人才培训是保障纪检监察干部队伍人才供给的有效途径。关于该方面的研究，可以参阅笔者发表过的两篇论文。[1]

----

〔1〕　参见褚宸舸：《论纪检监察学的研究对象和学科体系》，载《新文科教育研究》2022 年第 2 期。褚宸舸、齐飞：《论"新法学"视阈下纪检监察专业的建设》，载《法学教育研究》2022 年第 1 期。

（一）构建纪检监察一级学科

我国纪检监察工作实践的需求、变革和发展为该领域学科、专业建设和人才培养工作的发展提供了源动力。高校及时回应时代变革所带来的一系列问题，加快纪检监察学科、专业建设的发展逐渐成为理论界、教育界的共识。在此背景下，在国家学位委员会、教育部明确纪检监察学作为法学门类下独立的一级学科之前的"前学科"阶段，一些高校开始在普通高等教育本科或者研究生层次开展纪检监察专业人才培养。

但是纪检监察学科、专业建设，不仅要以高校为主体，尊重学科建设和人才培养的内在规律，依规依纪依法、科学有序推进，而且要发挥中央纪委国家监委、教育部等部门的重要作用。例如，教育行政部门在相关专业目录中增设纪检监察专业名称和代码，确保专业设置有据可依。2021 年 12 月，将纪检监察学一级学科（编号 0308）纳入《硕士、博士学位授予和人才培养学科专业目录（征求意见稿）》的法学门类（编号 03）中，面向社会征求意见。2022 年 2 月 24 日，教育部发布《关于公布 2021 年度普通高等学校本科专业备案和审批结果的通知》，在法学门类法学专业类增设"纪检监察"专业。

（二）培养高素质专业化的纪检监察人才

《监察官法》既是贯彻实施《监察法》的要求，也是实现纪检监察队伍高素质专业化发展的客观需要。《监察官法》中关于"监察专业""监察官职前培训""业务培训"的规定，对纪检监察学科、专业和课程建设提出具体要求。其一，加强监察学科建设，培养专业化人才。《监察官法》第 32 条规定："国家加强监察学科建设，鼓励具备条件的普通高等学校设置监察专业或者开设监察课程，培养德才兼备的高素质监察官后备人才，提高监察官的专业能力。"其二，提升监察官的政治素质和业务素质。《监察官法》第 29 条规定："初任监察官实行职前培训制度。"第 30 条规定："对监察官应当有计划地进行政治、理论和业务培训。培训应当突出政治机关特色，坚持理论联系实际、按需施教、讲求实效，提高专业能力。监察官培训情况，作为监察官考核的内容和任职、等级晋升的依据之一。"

纪检监察学的设立是培养德才兼备的高素质专业化纪检监察人才的必然

要求。原有纪检监察研究、教学因为没有独立学科、专业的支撑，存在分散性、低水平等问题。需要打破原有学科壁垒，面向纪检监察实践，构建全面系统的知识、话语、理论体系，从学科建设、专业设置、理论研究、课程教材体系和人才培养模式等方面契合纪检监察实践的需要，从而推动现有纪检监察干部队伍在知识结构、思维方式方面正规化，为提升依规依纪依法履职本领，推进反腐败工作规范化、法治化、正规化提供知识保障和智力支撑。同时，通过设立纪检监察学科，能够汇聚学科队伍，搭建更广阔平台，造就一批在国内外有广泛影响的纪检监察理论人才，同时培养我国在国际反腐败合作、巡视巡察、企业廉洁内控方面的紧缺人才。

第十八讲　证据的收集、审查与运用

西北政法大学纪检监察学院讲师　张佐国

调查职务违法、犯罪案件是监察机关的法定职责，而调查案件首先要查明案件真实情况。证据对于监察机关办案而言有着决定性的作用，监察调查活动要围绕证据展开。证据不仅是监察机关查明案件事实的唯一依据，而且也对最终认定被调查人是否有职务违法犯罪行为以及罪责大小起着决定性的作用。另外，从审判角度来看，诉讼活动也是围绕证据展开的，证据是诉讼基石和基础要素，无证据则无裁判。我国在全面推进以审判为中心的诉讼制度改革中，明确提出要全面贯彻证据裁判原则，严格依法收集、固定、保存、审查、运用证据。因此，收集、审查并运用证据查明真实情况，是监察机关办理职务违法犯罪案件的基础和核心。

一、监察案件证据的收集

获取证据是开展证据评价和发挥证据证明作用的前提。在围绕证据而设定的取证规范、证据规则以及证明标准等规则中，证据收集和取证规范具有基础性的地位。监察机关调查的案件既可能是职务违法案件，也可能是职务犯罪案件。案件性质的不同则决定了证据合法性标准的不同，证据收集的规范标准也会有所区别。

《监察法》有关证据收集方面的规范过于抽象和概括，无法给调查取证工作以明确指引。而《监察法实施条例》则对证据使用的整体规则作了较多补充，解决了监察法和刑事诉讼法的衔接问题，但该条例并没有体现对不同性质案件证据使用的分类要求。监察体制改革之前，职务违法及犯罪案件执行着不同的价值标准和规范标准，《监察法》实施后，除了部分监察措施是职务犯罪案件独有，监察机关办理职务违法及犯罪案件所采取的监察措施是多元混合的，并未完全体现不同性质案件证据合法性标准的不同分类要求。

（一）监察案件的证据种类

证据是查明案件事实的依据，一切可以用于证明案件事实的材料都是证据。证据的收集是监察机关办案的必经阶段，也是实现证明任务、查明案件事实的基础和前提。证据种类即法律对证据形式的规定，体现了证据合法性的要求。《监察法》《监察法实施条例》都对监察证据的种类作出了明确规定。监察案件中的证据是指以法律规定的形式表现出来的，能够证明监察机关所调查事项的真实情况的材料。

《监察法》并未区分监察案件中职务违法及犯罪案件不同的证据种类，而是通过规定职务犯罪证据种类来阐明证据种类的衔接问题。《监察法》第33条第1款规定，由监察机关依法收集的、可以在刑事诉讼中作为证据使用的证据材料包括物证、书证、证人证言、被调查人供述和辩解、视听资料、电子数据等。《监察法实施条例》规定可以用于证明案件事实的材料都是证据，但未在证据种类和证据收集方式上区分职务违法及犯罪案件，只是在证据审查上规定了监察机关应依照《监察法》和《监察法实施条例》规定收集证据材料，经审查符合法定要求的，在刑事诉讼中可以作为证据使用。具体来说，《监察法实施条例》第59条规定的监察证据种类包括：①物证；②书证；③证人证言；④被害人陈述；⑤被调查人陈述、供述和辩解；⑥鉴定意见；⑦勘验检查、辨认、调查实验等笔录；⑧视听资料、电子数据。可见，《监察法》与《监察法实施条例》关于证据种类的规定完全一致，且均未对不同性质案件区分不同的证据种类，也不区分不同性质案件证据的收集方式。

（二）监察案件证据收集的原则

证据的收集必须遵循正确的原则，否则证据的效力和证明力都会受到影响。《监察法》第33条第2款规定，监察机关收集、固定、审查、运用证据时，应当与刑事审判关于证据的要求和标准相一致。对于职务违法和职务犯罪事实的认定，不仅需要言词证据，而且也要有其他证据作为支撑。从监察证据种类来看，除了证人证言、被害人陈述以及被调查人陈述、供述和辩解这三种言词证据监察机关可以直接获取外，其他几类证据均涉及证据的收集和调取工作。证据的收集往往是监察机关自身采取监察措施予以获取，但监察机关按规定报请批准后，也可以依法向有关单位和个人调取证据。

1. 全面客观原则。证据必须经过查证属实，才能作为定案的根据。认定案件事实应当以证据为根据，全面、客观地收集并固定被调查人是否存在职务违法、职务犯罪情节以及情节轻重的各种证据，并最终形成相互印证、完整稳定的证据链。

全面收集证据就是要从不同的角度去收集能证明所有案件事实的所有证据材料。既不能只收集支持某事实主张的证据而不收集否定该事实的证据，也不能只收集证明案件主要事实证据而不收集证明案件次要事实的证据。客观收集证据就是要尊重客观事实，从客观实际出发，收集客观存在的证据材料。既不能用主观猜想去代替客观事实，也不能按主观需要去收集证据，更不能弄虚作假去伪造证据。

2. 合法有效原则。监察案件证据收集中，不仅要注意全面客观地收集所有能反映案件信息的证据，还要注意证据收集方式本身的合法性和规范性。以非法方式取得的证据，不具备证据能力，也不能被法庭采纳。合法性、客观性、关联性是证据的三个基本属性，也是监察机关调查取证工作的基础和出发点。合法有效原则要求监察机关在调取证据过程中，既要从案件的事实出发挖掘实体证据，又要遵守调取、收集证据的程序性规定。只有严格依照规定法定程序收集证据，才能使所收集的证据合法有效。监察调查程序中收集的证据，经调查核实，确认或者不能排除以非法方法收集证据的，对有关证据依法予以排除，不得作为案件定性处置、移送审查起诉的依据。非法取证的应当依法处理，另行指派调查人员重新调查取证。

3. 主动及时原则。监察案件针对的是职务违法及犯罪案件，针对的是行使公权力的特殊主体，因此在收集证据中，必须要做到主动、及时，以免失去收集证据的机会。《监察法》明确规定监察机关行使调查职权时，有权依法向有关单位和个人了解情况并收集、调取证据，有关单位和个人应当如实提供。主动收集证据要求监察机关应主动对已取得的证据材料进行认真分析并从中寻找新的线索。及时收集证据要求监察机关按照调查提纲迅速展开调查取证，既包括从正面收集，也包括从反面收集证据，并且还要注意证据的自然特性和客观情况的变化。

（三）证据收集具体程序和要求

1. 物证。物证是指以其外部特征、物质属性、存在状况等证明案件真实情况的一切物品和痕迹。《监察法》规定监察机关在调查过程中，可以调取、查封、扣押用以证明被调查人涉嫌违法犯罪的财物、文件和电子数据等信息。

收集物证应当收集原物。监察机关调取、查封、扣押用以证明被调查人涉嫌违法犯罪财物的，应当收集原物。在程序上，收集原物原件时，应会同持有人或者保管人、见证人，当面逐一拍照、登记、编号，开列清单。由在场人员当场核对、签名，并将清单副本交由财物、文件的持有人或者保管人。但是特殊情况下，也可以收集原物的复制品等。在收集物证时，对原物不便搬运，不易保存，依法应当由有关部门保管、处理，或者依法应当返还的，或者因保密工作需要不能调取原物的，可以将原物封存，并拍摄、制作足以反映原物外形和特征的照片、录像、复制品。调取复制品或复印件，应特别注明出处、原件保存单位，并应由原件保存单位加盖公章。复制件、复制品应与原物、原件一致，必要时应进行鉴定。

监察机关运用搜查措施收集物证需要提前报批，查封、扣押前同样需要严格履行审批手续，报同级监委分管领导审批。在实践过程中，可以在报请批准对被调查人进行搜查措施时，预先判断是否需要同时适用查封、扣押措施，如需要同时进行查封、扣押，就可以一同报请批准，这样既提高了报批效率，又可以在搜查过程中对发现需要查封、扣押的财务和文件等直接予以查封、扣押，提高了收集证据的效率。

在收集程序上，监察机关应当采取适当方法收集物证。《监察法》规定，监察机关可以通过调取、查封、扣押、搜查、勘验检查等措施收集物证。首先，在收集过程中，要认真做好思想工作，促使被调查人交出物证，促使知情人愿意提供有关物证的线索或提交其持有的物证。其次，收集物证时，调查人员不得少于两人，出示证件和出具书面通知书，并会同持有人或者保管人、见证人，当面逐一拍照、登记、编号，开列清单，由在场人员当场核对、签名，并将清单副本交财物的持有人或者保管人。对扣押、搜查、勘验检查取得物证的，还应形成笔录并全过程进行录音录像，留存备查。对被调查人随身携带的物品，以及被调查人或其他相关人员主动上交的财物，可以按照查封、扣押的相关程序办理。再次，通过检查现场来收集物证时，还应注意现场是否得到有效保护，对现场的情况和各种物品要细致、全面地加以检验，以准确提取各种物证。

对物证的保存也应遵守严格的规定。调取、查封、扣押的财物、文件原件，应当设立专用账户、专门场所，确定专门人员妥善保管。对上述物证应严格履行交接、调取手续，定期对账核实，不得毁损或者用于其他目的。对价值不明物品应当及时鉴定，专门封存保管。办案机关查封、扣押的财物、文件经查明与案件无关的，应当在查明后 3 日内解除查封、扣押，予以退还。

2. 书证。书证是指以文字、符号、图画、图表等表达的思想内容来证明有关案件事实的书面文字或其他物品。监察机关收集和调取书证的要求与物证收集基本相同，即主要采取搜查、调取、查封、扣押等监察调查措施收集。

原则上收集书证应当收集原件。但在取得原件确有困难或因保密需要不能调取原件的，可以调取副本或复制件、节录本，但必须由原件的保存单位或个人盖章、签名。书证被更改或有更改迹象的，提供者要作出合理解释，必要时应进行鉴定。另外，向被调查人所在单位及有关部门收集书证时，与案情有关的个人工作记录也应注意收集。收集的材料如涉及国家秘密的，要履行批准手续并应注意保密。调取外文材料作为证据使用的，应当交由具有资质的机构和人员出具中文译本。中文译本应当加盖翻译机构公章。

在程序上，收集书证应当采取适当方法并遵循严格的程序规范。收集书证时，调查人员不得少于两人，并应出示证件和出具书面通知书。摘抄或者复印会议记录、个人记录、私人信件等时，要注意连续性，节录材料不得断章取义。对于已经散落或字迹模糊的书证，应采取裱糊、复印、拍照等保全措施。对采取查封、扣押措施取得书证的，应开列清单，由在场人核对、签名，并将清单副本交书证的持有人或者保管人，还要遵守有关书证保管和搜查、查封、扣押的规定。

3. 证人证言。证人证言是指证人就自己所知道的与案件有关的情况向监察机关所作的陈述。《监察法》规定在调查过程中监察机关可以询问证人等人员，也即取得证人证言的方式主要是通过讯问措施获取。

询问证人应当个别进行。询问证人个别进行是为了防止证人之间互相串供、相互影响，保证其提供的证言的真实性，同时也有利于严格保守案情秘密，保障调查活动顺利展开。证人证言是监察调查活动中的重要证据，如果发生证人相互串供的情形，将极大地影响监察活动的进行。个别询问要求询问同一案件的多个证人时，应当分别进行。询问某一个证人时，其他证人不得在场。另外，询问应由监察机关调查人员进行，调查人员不得少于两人。

询问要提前制定询问方案和询问提纲，针对不同的证人采取不同的询问方式。询问方案的主要内容包括询问需要解决和证明的主要问题，询问中可能发生的意外情况及应急办法等。询问提纲的主要内容包括准备向被询问人提出的重点问题，询问中需要使用的证据及使用的时机和方式，是否需要有关单位或个人协助等。在询问时应当问明证人的基本情况以及与被调查人的关系，但是不得向证人泄露案情。

询问要遵守严格的程序规范。首先，询问可以到证人工作地点、住处或者证人提出的地点进行，必要时也可以通知证人到指定地点进行。到证人提出的地点或指定地点进行的，应当在笔录中写明。其次，调查人员在询问时要出示相关证件和《询问通知书》，并在首次询问时出具《证人权利义务告知书》。再次，询问证人时应保证证人饮食和必要的休息时间，不得采用羁押、暴力、威胁、引诱、欺骗以及其他非法方法获取证言。涉及党和国家秘密、商业秘密及个人隐私的证言，应当严格保守秘密。最后，调查人员所作笔录应制作成"谈话笔录"。证人要求对原证出部分或全部更改时，应重新出证并注明更改原因，但不退原证。笔录制作完成后，应当交被询问人核对。对没有阅读能力的，应当向其宣读。如果记载有遗漏或者差错，应当由证人在笔录上改正或补充，对笔录的修改内容，应由证人签名、捺指印。证人核对无误后，应在笔录末页签名、写明日期、按指印，并在笔录上逐页签名、捺指印。同时，调查人员需现场在笔录上签名。

询问重要证人时应当对询问过程同步录音录像并告知证人。重要案件一般指案情复杂、犯罪情节严重、社会影响力大的案件。重要证人包括重大案件的主要证人，以及有社会影响力的案件的主要证人。对重要证人进行询问时进行录音录像，应当全程进行并保持完整。全程是指从证人进入询问地点到结束询问离开询问地点的全过程，保持完整是指案件调查的每一次询问都要录音录像，完整、不间断的记录每一次询问过程，不得进行剪辑或删改。

询问中几种特殊情况的处理。如果证人请求自行书写的，调查人员也可以要求证人亲笔书写情况说明。证人应当在自书材料上逐页签名、捺指印并在末页写明日期，调查人员应当在首页写明接收的日期并签名。如果询问不通晓当地通用的语言文字的证人，应当为他们翻译。在询问未成年证人时，应当通知其法定代理人或者有关人员到场。询问未成年人，应当通知其法定代理人到场。无法通知或者法定代理人不能到场的，应当通知未成年人的其他成年亲属或者所在学校、居住地基层组织的代表等有关人员到场。询问结束后，由法定代理人或者有关人员在笔录中签名。调查人员应当将到场情况记录在案。

4. 被调查人陈述、供述和辩解。被调查人陈述是指在调查过程中涉嫌职务违法的被调查人对监察机关就涉嫌违法行为作出的陈述。在调查过程中，对涉嫌职务违法的被调查人，监察机关可以要求其就涉嫌违法行为作出陈述。为了防止有的被调查人不配合，监察机关对被要求陈述的被调查人，在必要时可以出具书面通知。"书面通知"是具有法律效力的文书，主要是针对被调查人不按照监察机关口头要求进行陈述时，由监察机关对其出具书面通知，要求其作出陈述。如果被调查人此时再不按照要求作出陈述的，则应当追究其法律责任。同时，要求被调查人就涉嫌的职务违法行为作出陈述，只能由监察机关工作人员来行使，不能委托给其他机关、个人行使。

被调查人供述和辩解是指涉嫌职务犯罪的被调查人，就与案件有关的事实情况向监察机关所作的供述，既包括承认自己有罪的供述，也包括声称自己无罪或者罪轻的辩解。被调查人供述和辩解主要是通过讯问方式收集的，在形式上表现为讯问笔录。讯问的终极目标是发现案件事实的真相，与此同时，根据实体真实的价值观来看，讯问的过程同样是公民的司法保障程序，具有保护人权的独立价值。[1]笔录是作出处置、审查起诉和刑事审判的重要证据。调查中的讯问权只能由监察机关工作人员依法行使，不能委托给其他机关、个人行使。讯问活动要符合《监察法》《监察法实施条例》等法律法规关于具体程序、要求等的规定。

从程序上来说，收集被调查人供述和辩解进行的讯问应当个别进行，调查人员不得少于二人。如果讯问被留置的被调查人，应当在留置场所进行。首次讯问时，应当向被讯问人出示《被调查人权利义务告知书》，由其签名、捺指印。被讯问人拒绝签名、捺指印的，调查人员应当在文书上记明。被讯问人未被限制人身自由的，应当在首次讯问时向其出具《讯问通知书》。讯问一般首先核实被讯问人的基本情况，然后告知被讯问人如实供述自己罪行可以依法从宽处理和认罪认罚的法律规定，最后再讯问被讯问人是否有犯罪行为，让其陈述有罪的事实或者无罪的辩解，应当允许其连贯陈述。调查人员的提问应当与调查的案件相关。被讯问人对调查人员的提问应当如实回答。调查人员对被讯问人的辩解，应当如实记录，认真查核。讯问时，应当告知被讯问人将进行全程同步录音录像。告知情况应当在录音录像中予以反映，并在笔录中记明。

在实践中，还应注意收集被调查人自书供述。因为对于被调查人当庭翻供或者提出讯问中存在非法取证的情况下，自书供述往往更利于法庭衡量讯问笔录的证明力和对案件的综合把握。被调查人请求自行书写说明材料的，应当准许。必要时，调查人员可以要求被调查人自行书写说明材料。被调查人应当在说明材料上逐页签名、捺指印，在末页写明日期。对说明材料有修改的，在修改之处应当捺指印。说明材料应当由 2 名调查人员接收，在首页记明接收的日期并签名。

5. 鉴定意见。鉴定意见是指具有专门知识的人就专业性问题进行鉴定后作出的判断性意见。《监察法》规定监察机关在调查过程中，对于案件中的专门性问题，可以指派、聘请有专门知识的人进行鉴定。解决专门性问题是监

---

〔1〕　秦前红主编：《〈中华人民共和国监察法实施条例〉解读与适用》，法律出版社 2021 年版，第 127 页。

察机关运用鉴定调查措施收集证据的前提。"专门性问题"主要是指监察机关在调查过程中遇到的必须运用专门的知识和经验作出科学判断的问题。这些"专门性问题"在实践中主要包括法医类鉴定，物证类鉴定，声像资料鉴定，会计鉴定，面材料鉴定，技术问题鉴定等。鉴定的主体是监察机关，鉴定措施要经过监察机关相关负责人审批，但当事人有权向监察机关申请启动鉴定。

监察机关可以进行鉴定的具体范围包括：①对笔迹、印刷文件、污损文件、制成时间不明的文件和以其他形式表现的文件等进行鉴定；②对案件中涉及的财务会计资料及相关财物进行会计鉴定；③对被调查人、证人的行为能力进行精神病鉴定；④对人体造成的损害或者死因进行人身伤亡医学鉴定；⑤对录音录像资料进行鉴定；⑥对因电子信息技术应用而出现的材料及其派生物进行电子证据鉴定；⑦其他可以依法进行的专业鉴定。另外，查封、扣押的贵重物品需要鉴定的，也应当及时鉴定。

鉴定的一般流程是在鉴定时出具《委托鉴定书》，由2名以上调查人员送交具有鉴定资格的鉴定机构、鉴定人进行鉴定。鉴定机构和鉴定人应当具有法定资质。鉴定人必须是专门机构中从事专门技术工作的人，必须具有足以解决案件中专门问题的知识和技能，且与案件及被调查人无利害关系或者其他应当回避的情形。实践中如果没有相应鉴定机构，或者根据法律法规等规定，监察机关也可以指派、聘请具有专门知识的人就案件的专门性问题出具报告。

在鉴定过程中，监察机关应当为鉴定提供必要条件。调查人员应持监察机关出具的《委托鉴定书》同鉴定机构及鉴定人取得联系，向鉴定人送交有关检材和对比样本等原始材料，介绍与鉴定有关的情况。调查人员应当明确提出要求鉴定事项，但不得暗示或者强迫鉴定人作出某种鉴定意见。监察机关应当做好检材的保管和送检工作，记明检材送检环节的责任人，确保检材在流转环节的同一性和不被污染。对于涉及估价鉴定的，应明确鉴定基准日。

鉴定事项不得超过鉴定机构项目范围、技术条件。鉴定人应当在出具的《鉴定意见》上签名，并附鉴定机构和鉴定人的资质证明或者其他证明文件。多个鉴定人的鉴定意见不一致的，应当在鉴定意见上记明分歧的内容和理由，并且分别签名。监察机关对于法庭审理中依法决定鉴定人出庭作证的，应当予以协调。

7. 勘验检查、辨认、调查实验等笔录。勘验、检查、辨认、调查实验等笔录是指有关人员对与犯罪有关的场所、物品人身进行勘验、检查、辨认以及模拟案件时作出的情况记载。通过勘验检查、辨认、调查实验措施的运用，可以促使监察机关准确、快速地查明案情。

（1）勘验检查笔录。勘验检查是未亲历案件事实者在案发后对案件有关场所、物品、人身等进行观察和检验的行为。勘验机关是勘验检查职权的主体，勘验检查采取"令状主义"，需要报批后才能进行。监察机关按规定报批后，可以依法对与违法犯罪有关的场所、物品、人身、尸体、电子数据等进行勘验检查。依法需要勘验检查的，应当制作《勘验检查证》；在实践中有些勘验检查工作监察机关调查人员就可以进行。有些勘验检查活动比较复杂，需要更多的专业知识，这就需要监察机关指派或者聘请有专门知识和专业资质的人员进行。需要委托勘验检查的，应当出具《委托勘验检查书》，送具有专门知识、勘验检查资格的单位（人员）办理。但被指派或者聘请参与勘验检查的人员只能就案件中的专门性问题作出结论，而不能涉及案件的法律适用问题。勘验检查应当由 2 名以上调查人员主持，邀请与案件无关的见证人在场。

为了确定被调查人或者相关人员的某些特征、伤害情况或者生理状态，可以依法对其人身进行检查。但是为了保护公民的宪法权利和其他合法权利，保证对人身检查的顺利进行，调查人员在进行人身检查时必须严格依照法律的规定进行。一般的检查可以由监察机关调查人员进行，必要时可以聘请法医或者医师进行人身检查。检查女性身体，应当由女性工作人员或者医师进行。被调查人拒绝检查的，可以依法强制检查。人身检查不得采用损害被检查人生命、健康或者贬低其名誉、人格的方法。对人身检查过程中知悉的个人隐私，应当严格保密。对人身检查的情况应当制作笔录，由参加检查的调查人员、检查人员、被检查人员和见证人签名。被检查人员拒绝签名的，调查人员应当在笔录中记明。

通过勘验检查收集的证据最终应当制作笔录，并由参加勘验检查人员和见证人签名。勘验笔录是办案人员依照法定程序并运用一定的设备和技术手段对勘验对象情况的客观记载，其主要作用在于固定证据及其所表现出来的各种特征，从而鉴别其他证据的真伪，认定案件事实。检查笔录是指办案人员为确定被调查人、被害人、犯罪嫌疑人、被告人的某些特征、伤害情况或生理特征，而对人身进行检验和观察后所做的客观记载。基于电子数据作为证据的科技属性和易于被破坏的特点，为了更好地保存证据，勘验检查现场、拆封电子数据存储介质应当全程同步录音录像。对现场情况应当拍摄现场照片、制作现场图，并由勘验检查人员签名。

（2）辨认笔录。辨认是指为了查明案情、核实证据，调查人员在必要时让被调查人、证人或被害人对与案件相关的人员、物品、场所等进行辨认的活动。一般来说，辨认的主体是被害人、证人或被调查人。监察辨认的主客体存在转换的可能，监察机关也可以让被害人、证人对被调查人进行辨认。《监察法实施条例》规定调查人员在必要时，可以依法让被害人、证人和被调查人对与违法犯罪有关的物品、文件、尸体或者场所进行辨认；也可以让被害人、证人对被调查人进行辨认，或者让被调查人对涉案人员进行辨认。

辨认工作的开展对于辨认人的能力有一定的要求。辨认人对辨认对象描述的越清晰、详细、准确，辨认结果的可靠性就越高，反之则与其他证据的印证程度较低。辨别人员时，除了对被辨认人的数量有要求外，还应考虑其他变量，主要是要确保辨认对象能够得到区分，使辨认对象不至于过度差异。从程序上来看，辨认工作应当由2名以上调查人员主持进行。在辨认前，应当向辨认人详细询问辨认对象的具体特征，避免辨认人见到辨认对象，并告知辨认人作虚假辨认应当承担的法律责任。几名辨认人对同一辨认对象进行辨认时，应当由辨认人个别进行。辨认应当形成笔录，并由调查人员、辨认人签名。辨认人员时，被辨认的人数不得少于7人，照片不得少于10张。辨认人不愿公开进行辨认时，应当在不暴露辨认人的情况下进行辨认，并为其保守秘密。

组织辨认物品时一般应当辨认实物。被辨认的物品系名贵字画等贵重物品或者存在不便搬运等情况的，可以对实物照片进行辨认。辨认人进行辨认时，应当在辨认出的实物照片与附纸骑缝上捺指印予以确认，在附纸上写明该实物涉案情况并签名、捺指印。辨认物品时，同类物品不得少于5件，照片不得少于 5 张。对于难以找到相似物品的特定物，可以将该物品照片交由辨认人进行确认后，在照片与附纸骑缝上捺指印，在附纸上写明该物品涉案情况并签名、捺指印。在辨认人确认前应当向其详细询问物品的具体特征，并对确认过程和结果形成笔录。

辨认笔录应当由主持辨认的调查人员在辨认进行时同步制作，写明辨认的起止时间、地点，主持辨认的调查人员、辨认人、见证人、辨认对象的基本情况和辨认目的；应当如实记录辨认活动的过程和结论，写明辨认人进行辨认的具体情况和现实条件，提供辨认对象的情况，辨认方法和辨认过程中辨认人的态度，辨认结果人签名确认、捺指印，见证人、主持辨认的调查人员也应分别签名。

（3）调查实验笔录。为查明案情，在必要的时候，经审批可以依法进行调查实验。调查实验的作用在于为确定是否立案、查明案情、审查职务违法犯罪证据提供依据。调查实验可以单独进行，也可以在现场勘验过程中进行，但调查实验不是所有案件的必经程序。只有为查明案情，在必要的时候，经审批才可以依法进行调查实验。"必要"体现在只有为了查明案情，监察机关为了确定对案件调查有重要意义的某一事实或现象是否存在，或在某种条件下能否发生、怎样发生，在必要的时候，经过审批之后才可以进行调查实验。

调查实验可以聘请有关专业人员参加，也可以要求被调查人、被害人、证人参加。调查实验有严格程序要求和限制，进行调查实验应当全程同步录音录像，制作调查实验笔录并由参加实验的人签名。进行调查实验禁止一切足以造成危险、侮辱人格的行为。

8. 视听资料和电子数据。

（1）视听资料。视听资料是指可以将重现原始声响或形象的录音录像等用作证明案件事实的材料。收集视听资料应当收集原件。取得原件确有困难或者因保密需要不能调取原件的，可以调取副本或者复制件，但不得剪持有人签名或者盖章。调取视听资料的副本、复制件的，应当书面记明不能调取原物、原件的原因，原物、原件存放地点，制作过程，是否与原物、原件相符，并由调查人员和物证、书证、视听资料原持有人签名或者盖章。持有人无法签名、盖章或者拒绝签名、盖章的，应当在笔录中记明，由见证人签名。

收集视听资料应当严格履行程序手续，还应有提取过程的说明。可以要求有关单位和个人交出被调查人有罪或者无罪的视听资料等证据，有关单位和个人如实提供，但不得采取威胁、引诱当事人等违反法律、有关规定的方式。收集视听资料要注意收集补强证据和配合其他证据收集。收集视听资料应当控制范围并注意保密。收集的视听资料必须与案件具有关联性，不得收集与案件事实无关的视听资料。对收集过程中知悉的国家秘密、商业秘密和个人隐私应当保密。

（2）电子数据。电子数据是指案件发生过程中形成的，以数字化形式存储、处理、传输的，能够证明案件事实的数据。电子数据在物质形态、存在方式及外在特征等方面均有别于传统证据类型，与其他证据相比，电子数据能够更加客观、形象地反映案件事实。

电子数据收集的最佳证据原则、要求和替代措施。收集、提取电子数据，能够扣押原始存储介质的，应当予以扣押、封存并在笔录中记录封存状态。封存电子数据前后，应当拍摄被封存原始存储介质的照片，清晰反映封口或者张贴封条处的状况。封存手机等具有无线通信功能的存储介质，应当采取信号屏蔽、信号阻断或者切断电源等措施。对扣押的原始存储介质或者提取的电子数据，可以通过恢复、破解、统计、关联、比对等方式进行检查。对电子数据涉及的专门性问题难以确定的，可以由司法鉴定机构出具鉴定意见。

收集、提取电子数据应当制作笔录，记录案由、对象、内容，收集、提取电子数据的时间、地点、方法、过程，并附电子数据清单，注明类别、文件格式、完整性校验值等，由调查人员、电子数据持有人（提供人）签名或者盖章；电子数据持有人（提供人）无法签名或者拒绝签名的，应当在笔录中记明，由见证人签名或者盖章。有条件的，应当对相关活动进行录像。无法扣押原始存储介质的，可以提取电子数据，但应当在笔录中记明不能扣押的原因、原始存储介质的存放地点或者电子数据的来源等情况。由于客观原因无法或者不宜采取前款规定方式收集、提取电子数据的，可以采取打印、拍照或者录像等方式固定相关证据，并在笔录中说明原因。收集、提取的电子数据，足以保证完整性，无删除、修改、增加等情形的，可以作为证据使用，也即完整无损无删改的电子数据才是收集到的有效证据。

（四）调取证据的规则

调取是调查职务违法犯罪案件时收集、固定证据的一项重要措施，是指监察机关为获取被调查人涉嫌职务违法犯罪证据，要求有关单位或个人提供相关材料。《监察法实施条例》规定，监察机关按规定报批后，可以依法向有关单位和个人调取用以证明案件事实的证据材料。调取具有很强的针对性，监察机关向有关单位和个人直接获取证据，能够快速了解案件情况，以此掌握关键的物证、书证、视听资料等证据材料。相对于通过主动实施监察措施收集和获取证据来说，调取证据是一种外围取证手段，调取的内容是用于证明案件事实的证据材料，要求被调取的证据内容的事实于所调查的案件事实之间存在某种逻辑上的关联。

从程序上看，调取证据材料时调查人员不得少于 2 人。调查人员应当依法出具《调取证据通知书》，必要时附《调取证据清单》。有关单位和个人配合监察机关调取证据，应当严格保密。调取物证应当调取原物。原物不便搬运、保存，或者依法应当返还，或者因保密工作需要不能调取原物的，可以将原物封存，并拍照、录像。对原物拍照或者录像时，应当足以反映原物的外形、内容。调取书证、视听资料应当调取原件。取得原件确有困难或者因保密工作需要不能调取原件的，可以调取副本或者复制件。调取物证的照片、录像和书证、视听资料的副本、复制件的，应当书面记明不能调取原物、原件的原因，原物、原件存放地点，制作过程，是否与原物、原件相符，并由调查人员和物证、书证、视听资料原持有人签名或者盖章。持有人无法签名、盖章或者拒绝签名、盖章的，应当在笔录中记明，由见证人签名。

另外，调取外文材料作为证据使用的，应当交由具有资质的机构和人员出具中文译本。中文译本应当加盖翻译机构公章。

二、证据的审查认定

证据必须经过查证属实，才能作为定案的根据。审查认定证据，应当结合案件的具体情况，从证据与待证事实的关联程度、各证据之间的联系、是否依照法定程序收集等方面进行综合判断。证据审查认定是使用证据前一个必不可少的环节，也是收集证据和使用证据之间的桥梁，未经认定的证据不具有合法性，既没有证据效力，也不得作为证据使用。

证据审查不仅要关注证据能否解释案件真相的问题，还要关注证据本身是否具有证据资格的问题。对证据资格的审查先于对证据内容的审查，不具有证据资格的证据即便有可能揭示案件真相，也要予以舍弃。[1]证据的审查是办案人员对收集到的证据进行审查和判断，明确其是否具有客观真实性，找出其与案件事实之间的内在联系的活动。同时还要看证据与证据之间，证据与案件事实之间有无矛盾，有利于发现矛盾和排除矛盾，使案件得到正确的处理。

（一）审查原则

1. 证据种类符合法定形式。监察机关收集的证据，应当同《监察法》和《监察法实施条例》规定的证据种类一致。监察证据包括物证，书证，证人证言，被害人陈述，被调查人供述和辩解，鉴定意见，勘验、检查、辨认等笔录，视听资料、电子数据。上述监察证据体系的八大类型，与《刑事诉讼法》中的法定刑事证据种类高度一致，"被调查人供述和辩解"与"犯罪嫌疑人、被告人供述和辩解"仅仅是在监察调查尚未移送司法机关时对不同主体在不同阶段的证据称谓。监察证据体系具有法定性，因此不光要审查监察机关运用监察措施获取的证据，还要对监察机关向有关单位和个人调取的证据进行重点审查，不符合监察证据法定形式的证据均不具备证明效力。

2. 证据收集符合法定程序和要求。证据具有程序性，它不仅与待证事实具有关联性，还是一系列法律行为后的一个结果，是法律程序的产品。既然对证据资格的审查要先于对证据内容的审查，监察机关收集证据的方式就决定了证据的资格和效力。监察机关收集证据应依照《监察法》《监察法实施条例》等规定的程序和要求，违反法定程序和要求收集的证据应当重新收集或

---

〔1〕　杨迎泽、孙悦主编：《刑事证据的收集、审查和运用》，中国检察出版社2013年版，第2页。

予以排除，严禁以威胁、引诱、欺骗及其他非法方式收集证据。在调查过程中，监察机关收集证据分为自行收集和调取证据两种方式。因此要确保证据资格和证明效力，必须要审查证据的收集程序是否合法。尤其是对于言词证据而言，收集程序对其证据资格和证明力有决定性影响。

3. 证据能形成相互印证、完整稳定的证据链。证据必须经过查证属实，才能作为定案的根据。审查认定证据，应当结合案件的具体情况，从证据与待证事实的关联程度、各证据之间的联系、是否依照法定程序收集等方面进行综合判断。监察机关调查职务犯罪案件证据收集机关收集的证据，应当符合定罪量刑的事实证据证明，据以定案的证据均经法定程序查证属实，以及对所认定事实已排除合理怀疑。所有证据均必须查证属实，符合证据客观性、关联性和合法性的总体要求。另外，"口供补强规则"规定了只有被调查人陈述或者供述，没有其他证据的，不能认定案件事实；没有被调查人陈述或者供述，证据符合法定标准的，可以认定案件事实。

（二）证据审查的重点

1. 对物证和书证的审查。物证的审查判断是调查阶段和诉讼活动的中心内容。物证的特点以及物证对其他证据形式的作用，决定了物证的审查判断中，物证的真实性以及是否与案件事实存在关联成为物证审查判断的重点。对物证的审查判断应从物证的关联性、合法性、真实性入手。书证具有实物证据的特征，但也有其特殊性，主要表现在其思想性、稳定性、多样性上。对于书证的审查判断来说，先要审查书证的产生过程和获取过程，同时审查书证的内容是否真实，最后再审查书证与案内其他证据的联系。具体而言：

一是物证、书证是否为原物、原件，是否经过辨认、鉴定。物证的照片、录像、复制品或者书证的副本、复制件是否与原物、原件相符，是否由 2 人以上制作，有无制作人关于制作过程以及原物、原件存放于何处的文字说明和签名。二是物证、书证的收集程序及方式是否符合法律、有关规定。经勘验、检查、搜查提取、扣押的物证、书证，是否附有相关笔录、清单，笔录、清单是否经调查人员、物品持有人、见证人签名，没有物品持有人签名的，是否注明原因；物品的名称、特征、数量、质量等是否注明清楚。三是物证、书证在收集、保管、鉴定过程中是否受损或者改变。四是物证、书证与案件事实有无关联。五是与案件事实有关联的物证、书证是否全面收集。

非法物证的排除及瑕疵补正规则。《监察法实施条例》规定收集物证不符合法定程序，可能严重影响案件公正处理的，应当予以补正或者作出合理解释；不能补正或者作出合理解释的，对该证据应当予以排除。一般来讲，言词证据取证程序存在违法的话，不得通过补正或者合理解释予以补正。但是对于实物证据的收集存在瑕疵的时候，可以允许监察机关对瑕疵证据予以补正，但适用的前提条件是该证据是影响案件公正审理的主要证据，瑕疵补正在内容上应当涵盖补正与合理解释，合理解释是在补正无法进行时候的一种补充，监察活动中的瑕疵补正与刑事诉讼规则中的瑕疵补正规则是一致的。"可能严重影响案件公正处理"是指收集物证、书证不符合法定程序的行为明显违法或者情节严重，可能对监察机关办理案件的公正性造成严重损害；"补正"是指对取证序上的非实质性瑕疵进行补救；"合理解释"是指对取证程序勺瑕疵作出符合常理及逻辑的解释。另外，书证非法证据排除规则和瑕疵补正规则与物证收集审查规则是一致的。

2. 对证人证言的审查。证人证言是由知道案情的人向办案人员所做的有关案件部分或全部事实的陈述，这也意味着其作为具有主观性的人将待证事实表述给证言的接收者，这个传播过程也决定了证人证言较之物证、书证受到主观因素影响的可能性更大。这种影响不仅仅是因为认知主体的认知理解能力限制所带来的影响，还包括证言的传播过程还会受到受众接受能力、主观预判等因素的影响，因此对证人证言的审查规则更为严格。证人证言的特性在于其直接性、易变性及相对客观性。因此对证人证言的审查重点在于审查证人证言的关联性、全面性、合法性（包括取证主体和取证程序合法）、真实性。具体而言：

一是证言的内容是否为证人直接感知。二是证人作证时的年龄，认知、记忆和表达能力，生理和精神状态是否影响作证。三是证人与被调查人、案件处理结果有无利害关系。四是询问证人是否个别进行。五是询问笔录的制作、修改是否符合法律、有关规定，是否注明询问的起止时间和地点，首次询问时是否告知证人有关作证的权利义务和法律责任，证人对询问笔录是否核对确认。六是询问未成年证人时，是否通知其法定代理人或者有关人员到场，其法定代理人或者有关人员是否到场。七是有无以暴力、威胁等非法方法收集证人证言的情形。八是证言之间以及与其他证据之间能否相互印证，有无矛盾。

3. 对被调查人的陈述、供述和辩解的审查。被调查人的陈述、供述和辩解具有直接性、易变性、主观性和复杂性等特点，因此审查的重点在于审查判断被调查人的陈述、供述和辩解的合法性、稳定性、合理性、有无其他证据补强印证、审查翻供的合理性、审查同案其他人员供述的可采性。具体而言：

一是采用殴打、违法使用戒具等暴力方法或者变相肉刑的恶劣手段，使被调查人遭受难以忍受的痛苦而违背意愿作出的供述。二是采用以暴力或者严重损害本人及其近亲属合法权益等进行威胁的方法，使被调查人遭受难以忍受的痛苦而违背意的供述。三是采取非法拘禁等非法限制人身自由的方法收集的被调查人供述。采用刑讯逼供方法使被调查人作出供述，之后被调查人受该刑讯逼供行为影响而作出的与该供述相同的重复性供述，应当一并排除，但下列情形除外：调查期间，根据控告、举报或者自己发现等，调查部门确认或者不能排除以非法方法收集证据而更换调查人员，其他调查人员再次讯问时告知权利和认罪的法律后果，被调查人自愿供述的。

4. 对鉴定意见的审查。鉴定意见具有法律性、科学性和主观性的特点，因此审查判断鉴定意见，要审查鉴定主体、鉴定过程、鉴定结果是否合法，以及审查鉴定意见与同案其他证据之间的一致性。具体而言：

一是鉴定机构和鉴定人是否具有法定资质。二是鉴定人是否存在应当回避的情形。三是检材的来源、取得、保管、送检是否符合法律、有关规定，与相关提取笔录、扣押物品清单等记载的内容是否相符，检材是否充足、可靠。四是鉴定意见的形式要件是否完备，是否注明提起鉴定的事由、鉴定委托人、鉴定机构、鉴定要求、鉴定过程、鉴定方法、鉴定日期等相关内容，是否由鉴定机构加盖司法鉴定专用章并由鉴定人签名、盖章。五是鉴定程序是否符合法律、有关规定。六是鉴定的过程和方法是否符合相关专业的规范要求。七是鉴定意见是否明确。八是鉴定意见与案件待证事实有无关联。九是鉴定意见与勘验、检查笔录及相关照片等其他证据是否矛盾。十是鉴定意见是否依法及时告知相关人员，被调查人及相关人员对鉴定意见有无异议。

5. 对勘验检查、辨认、调查实验笔录的审查。勘验检查、辨认、调查实验笔录的特性在于其记录主体的特定性、记载对象的特定性、笔录内容的客观性、记录方法的多样性以及证明作用的间接性。

对勘验检查笔录的审查，重点在于对勘验检查笔录形式的审查以及对勘验、检查活动合法性的审查。对于勘验检查活动的审查，要审查勘验、检查人员是否违反关于回避的规定，审查对现场保护是否合法、规范，对案件现场范围确定收否准确，复验复查是否符合法律有关规定。

对于辨认笔录的审查，重点在于对辨认笔录形式的审查和辨认活动合法性的审查，尤其是是否存在先见后辨的情形，辨认活动是否违反混杂辨认规则，辨认活动中是否对辨认人进行了暗示。辨认笔录具有下列情形之一的，不得作为认定案件的依据：一是辨认开始前使辨认人见到辨认对象的；二是辨认活动没有个别进行的；三是辨认对象没有混杂在具有类似特征的其他对象中，或者供辨认的对象数量不符合规定的，但特定辨认对象除外；四是辨认中给辨认人明显暗示或者明显有指认嫌疑的；五是辨认不是在调查人员主持下进行的；六是违反有关规定，不能确定辨认笔录真实性的其他情形。

对调查实验笔录的审查，重点依然在于对调查实验笔录形式的审查和调查实验活动科学性的审查，包括调查实验的组织过程、调查实验的科学依据，是否考虑到调查实验中的偶然因素，与调查实验有关的主观因素，审查调查实验的可疑点，调查实验使用的技术手段和设备以及调查实验的策略方法。

6. 对视听资料的审查。视听资料具有高度的准确性、直观性、动态连续性、科技依赖性、易保存性及易篡改性的特性，因此对视听资料的审查，重点在于审查其关联性、合法性和真实性。具体而言：

一是审查视听资料的形式合法性。是否附有提取过程的说明，来源是否合法；是否为原件，有无复制及复制份数；是复制件的，是否附有无法调取原件的原因、复制件制作过程和原件存放地点的说明，制作人、原视听资料持有人是否签名或者盖章；是否写明制作人、持有人的身份，制作的时间、地点、条件和方法。二是审查视听资料的程序合法性。制作过程中是否存在威胁、引诱当事人等违反法律、有关规定的情形。三是审查视听资料的真实性。内容和制作过程是否真实，有无剪辑、增加、删改等情形；制作、取得的时间、地点、方式等有疑问的，应当提供必要证明或者作出合理解释，否则不得作为定案的根据。对视听资料有疑问的，应当进行鉴定。四是内容和制作过程是否真实，有无经过剪辑、增加、删改、结辑等伪造、变造情形。五是内容与案件事实有无关联性。

7. 对电子数据的审查。与传统证据相比，电子证据在形成、形式、保存方式、传播方式、感知方式等方面均存在明显的差异，而且电子数据具有技术依赖性、形式多样性、易于变造性、实时客观性、运算隐蔽性等特征。因此，对于电子数据的审查，主要审查其真实性、合法性和关联性。具体而言：

一是审查电子数据的真实性。是否移送原始存储介质；在原始存储介质无法封存、不便移动时，有无说明原因，并注明收集、提取过程及原始存储介质的存放地点或者电子数据的来源等情况；电子数据是否具有数字签名、数字证书等特殊标识；电子数据的收集、提取过程是否可以重现；电子数据如有增加、删除、修改等情形的，是否附有说明；电子数据的完整性是否可以保证，并应根据保护电子数据完整性的相应方法进行验证；制作、取得的时间、地点、方式等有疑问的，应当提供必要证明或者作出合理解释。对电子数据有疑问的，应进行鉴定或者检验。二是审查电子数据的合法性。收集、提取电子数据是否由二名以上调查人员进行，取证方法是否符合相关技术标准；收集、提取电子数据，是否附有笔录、清单，并经调查人员、电子数据持有人（提供人）、见证人签名或者盖章；没有持有人（提供人）签名或者盖章的，是否注明原因；对电子数据的类别、文件格式等是否注明清楚；是否依照有关规定由符合条件的人员担任近人：是否对相关活动进行录像，电子数据检查是否通过写保护设备接入到检查设备；有条件的，是否制作电子数据备份，并对备份进行检查；无法制作备份且无法使用写保护设备的，是否附有录像。三是审查电子数据的关联性。电子数据与案件事实有无关联；与案件事实有关联的电子数据是否全面收集。

三、证据的使用

证据使用是指诉讼参与主体对证据进行审查，并将证据应用于案件，查明案件事实的活动。证据使用规则主要是从否定层面来规定哪些证据材料不具有证据能力而不能作为定案依据。

（一）证据对案件事实的认定

认定案件事实是监察机关查办案件的基础，而认定案件事实需综合审查运用各类案件证据。一般来说，监察机关审查运用证据认定职务违法犯罪事实的过程，是一个正反面相结合的过程。正面是指对关键构成要件的证明必须完整，达到内心确信。所谓关键构成要件是指职务犯罪是否发生、是否为被调查人所为及被调查人应负何种程度的刑事责任等关键问题。反面是指据以认定构成犯罪事实的证据要排除合理怀疑，达到结论的唯一性。

1. 认定案件事实的步骤。一是分析监察案件所涉职务犯罪罪名的构成要件，找出认定犯罪事实需要证明的关键环节。[1]实践中，证明构成犯罪主要分为主观要件和客观要件。二是围绕认定犯罪事实的关键环节，对全案所有证据进行排列、组合，并对这些证据进行综合比对、分析，看是否能形成完整的证据链条。对于部分因客观原因未能调取的证据，要准确分析其在证据链条里的地位和作用，以及能否采用其他替代证据予以补强。三是在对证据进行综合分析的基础上，判断整个证据的证明体系及各关键环节能否达到内心确信、是否存在合理怀疑。四是将在证据综合分析中产生的合理怀疑再放到全案证据中去综合对比分析，看能否予以排除。对不能合理排除的，要分析判断是否需要补充调查以及如何补充调查。

2. 不同机关收集的证据的效力。《监察法实施条例》对不同审查程序以及审查环节、由不同机关收集的证据的效力作出规定，只要是符合法定程序并且有合法性的证据，不管收集的主体是谁，都可以作为证据使用。《监察法

---

〔1〕 我国行政违法案件的构成要件尚处于学理讨论阶段，法律中本身并未规定具体违法案件的构成要件。

实施条例》第 68 条规定，监察机关对行政机关在行政执法和查办案件中收集的物证、书证、视听资料、电子数据，勘验、检查等笔录，以及鉴定意见等证据材料，经审查符合法定要求的，可以作为证据使用。根据法律、行政法规规定行使国家行政管理职权的组织在行政执法和查办案件中收集的证据材料，视为行政机关收集的证据材料。

对行政机关在行政执法过程中收集的证据，监察机关应视不同的证据种类进行区别使用：一是对行政机关在行政执法过程中收集的物证、书证、视听资料、电子数据等证据材料，经监察机关审查并注明证据材料来源后，可以作为证据使用。二是对涉案人的自书材料，经监察机关审查并注明证据材料来源后，可以作为证据使用。三是对行政机关调取的言词证据不可以直接作为证据使用，监察机关应视情重新取证或进行审查后才能使用。但在当事人死亡、失踪等特殊情况下，监察机关可以采取向行政机关调取等方式，将言词证据作为证据使用。四是行政机关在办案中对谈话的录音录像与言词证据一样，在大多数情况下，需要由监察机关核实或重新讯问被调查人后，决定是否可作为证据使用。

根据《监察法实施条例》第 69 条规定，人民法院、人民检察院、公安机关、国家安全机关等在刑事诉讼中收集的证据材料经审查符合法定要求的，可以作为证据使用。

3. 不同阶段收集的证据效力。《监察法》并未对监察机关证据调取的阶段进行区分，因此监察机关在初步核实阶段收集的证据与立案调查阶段收集的证据具有同等效力，均可以作为刑事诉讼的证据使用。根据《监察法》第38 条、第 39 条的规定，监察机关可以采取初步核实方式处置问题线索，经过初步核实对监察对象涉嫌职务违法犯罪，需要追究法律责任的，应当立案调查。同时，《监察法》又规定监察机关依照本法规定收集的物证、书证、证人证言、被调查人供述和辩解、视听资料、电子数据等证据材料，在刑事诉讼中可以作为证据使用。

4. 不同性质案件的证明标准。

（1）职务违法案件。监察机关调查终结的职务违法案件，应当事实清楚、证据确凿。证据确凿，应当符合下列条件：①定性处置的事实都有证据证实；

②定案证据真实、合法；③据以定案的证据之间不存在无法排除的矛盾；④综合全案证据，所认定事实清晰且令人信服。

（2）职务犯罪案件。监察机关调查终结的职务犯罪案件，应当事实清楚，证据确实、充分。证据确实、充分，应当符合下列条件：①定罪量刑的事实都有证据证明；②据以定案的证据均经法定程序查证属实；③综合全案证据，对所认定事实已排除合理怀疑。证据不足的，不得移送人民检察院审查起诉。

（二）非法证据排除规则

"非法证据排除"既是一个法院定罪量刑时证据采用的裁判规则，也是针对刑事诉讼流程中证据收集机关取证活动的行为规则，这一规则在监察证据的运用过程中依然适用。《监察法》和《监察法实施条例》规定，严禁以暴力、威胁、引诱、欺骗以及非法限制人身自由等非法方法收集证据，严禁侮辱、打骂、虐待、体罚或者变相体罚被调查人、涉案人员和证人。对于调查人员采用暴力、威胁以及非法限制人身自由等非法方法收集的被调查人供述、证人证言、被害人陈述，应当依法予以排除。认定调查人员非法取证的，应当依法处理，另行指派调查人员重新调查取证。

监察案件非法证据排除在宏观层面分为两个阶段，即监察程序阶段的非法证据排除和司法程序阶段的非法证据排除。具体来讲，非法证据排除适用于以下情形：一是采用刑讯逼供等非法手段取得的被调查人供述，一律排除。二是不能排除存在以非法方法取得的被调查人供述，应当排除。三是采用刑讯逼供方法使被调查人作出供述，之后被调查人受该刑讯逼供行为影响而作出的与该供述相同的重复性供述，应当一并排除。四是采用以暴力或者严重损害本人及其近亲属合法权益等进行威胁的方法，使被调查人遭受难以忍受的痛苦而违背意愿作出的供述，应当予以排除。五是采用违背法律规定、影响公正的方式引诱所获取的被调查人供述，根据违法性程度予以裁量排除。六是采用违背法律规定、影响公正的方式相欺骗所获取的被调查人供述，根据违法性程度裁量排除。七是采用非法拘禁等非法限制人身自由的方法收集的被调查人供述，应当予以排除。

（三）移送审查起诉的基本要求

《监察法》第45条规定："对涉嫌职务犯罪的，监察机关经调查认为犯罪事实清楚，证据确实、充分的，制作起诉意见书，连同案卷材料、证据一并移送人民检察院依法审查、提起公诉。"监察机关移送检察机关审查起诉的证据应具备以下基本特征：

第一，合法性。要求证据形式和取证主体、程序应符合法律的有关规定。监察机关调查人员应当严格遵循监察法和相关法律法规的要求，根据法律规定的程序取证，对以非法方法收集的证据应依法予以排除。

第二，关联性。要求每一个具体的证据应对待证事实具有实质性证明意义，且该证明性应达到一定程度和水平。监察机关调查人员应当根据案情，收集与案件事实具有关联性的证据。对与案件无关的人员，不得随意讯问、询问；对与案件无关的财物，不得随意采取调取、查封、扣押、冻结等措施；对已经采取查封、扣押、冻结等措施的财物，应当及时查明其与案情是否有关联性，对于确无关联的，应及时返还。

第三，客观性。要求证据的形式和内容应具有客观性，证据应是人们可以通过某种方式感知的，且是对客观事物的反映。监察机关调查人员在运用证据进行证明活动中，应将主观认识与客观事物相结合，排除合理怀疑以形成内心确信，从而依靠证据认定案件事实。

第四，全面性。要求证据能够证实被调查人有罪或者无罪、犯罪情节轻重的各种证据，保证一切与案件有关或者了解案情的公民，有客观地充分地提供证据的条件。监察机关调查人员在调查职务犯罪案件中，应全面收集被调查人有无违法犯罪以及情节轻重的证据，形成相互印证、完整稳定的证据链。

（四）证据使用的衔接问题

《监察法》规定的证据规则是一个有机统一的整体。不仅肯定了监察证据在刑事诉讼中的证据资格，也从正面对监察机关收集、固定、审查、运用证据提出了要求，即应当与刑事审判关于证据的要求和标准相一致。最后从反面对证据设置了认定标准，即对非法证据的程序性制裁。《监察法实施条例》

也规定，"没有被调查人陈述或者供述，证据符合法定标准的，可以认定案件事实"，《刑事诉讼法》第55条规定，对一切案件的判处都要重证据，重调查研究，不轻信口供。只有被告人供述，没有其他证据的，不能认定被告人有罪和处以刑罚；没有被告人供述，证据确实、充分的，可以认定被告人有罪和处以刑罚。证据确实、充分，应当符合以下条件：①定罪量刑的事实都有证据证明；②据以定案的证据均经法定程序查证属实；③综合全案证据，对所认定事实已排除合理怀疑。因此，《监察法实施条例》"证据符合法定标准的"，应指符合《刑事诉讼法》第55条的规定。

《监察法实施条例》第62条、63条与《刑事诉讼法》第55条第2款完全衔接。《监察法实施条例》第62条、63条对职务违法案件和职务犯罪案件进行区分。对于职务违法案件，规定"应当事实清楚、证据确凿"，这与《刑事诉讼法》以及职务犯罪案件规定的"证据确实、充分"虽然稍有差异，具体体现在"定案证据真实、合法""证据之间不存在无法排除的矛盾""综合全案证据，所认定事实清晰且令人信服"。而《刑事诉讼法》以及职务犯罪案件对定案证据的要求更高，可见对证据的审查认定标准更严格。此外，"证据不足的，不得移送人民检察院审查起诉"的规定，继承了刑事诉讼中"以事实为依据"的基本精神，因此在监察程序中，仍然坚持了疑罪从无原则。《监察法实施条例》第59条第3款规定，监察机关依照监察法和本条例规定收集的证据材料，经审查符合法定要求的，在刑事诉讼中可以作为证据使用。也即监察机关依法收集、符合法定要求的证据都可以在刑事诉讼中使用。